अठारह महापुराण विद्या

पुराणों की दन्तकथाओं के बीच और अतिरिक्त
जो शब्द संपदा और विवेक भंडार विद्यमान है
उस ज्ञानामृत को सूक्ष्म बुद्धि की छलनी से
छान कर जो प्रतीति नवनीत प्राप्त हुआ
वह इस बोधपरक और शोधपरक ग्रंथ में
प्रस्तुत है.

प्रो. रत्नाकर नराले

BOOKS-INDIA.COM
पुस्तक भारती
Since 1990

Pustak Bharati
Toronto, Canada

Author :

Dr. Ratnakar Narale

Ph.D(IIT), Ph.D(Kalidas Sanskrit Univ.);
Prof. Hindi, Ryerson University, Toronto, Canada
web : www.pustak-bharati-canada.com * email : Books.india.books@gmail.com

Book Title : अठारह महापुराण विद्या

पुराणों की दंतकथाओं के बीच और अतिरिक्त जो शब्द संपदा और विवेक भंडार हमारे ऋषि-मुनि मनिषियों ने शताब्दियों की घोर तपस्या से ओतप्रोत भरा है उस ज्ञानामृत को सूक्ष्म बुद्धि की छलनी से छानबीन कर जो प्रतीति-नवनीत प्राप्त हुआ वह क्षीरसार इस बोध परक और शोध परक ग्रंथ में प्रस्तुत किया गया है. आशा है कि जिन भारतीय संस्कृति प्रेमियों, छात्रों, अन्वेशकों को एक ही स्थान पर सभी माहापुराणों की विद्या-ज्ञान पिपासा है उन्हें यह ग्रंथ रुचिकर, ज्ञान वर्धक एवं परम लाभकारी हो.

Published by :
PUSTAK BHARATI (Books India)
 Division of PC PLUS Ltd.
 180 Torresdale Ave.,
 Toronto, Ontario, Canada, M2R 3E4
 email : rnarale@yahoo.ca

Copyright ©2022
ISBN 978-1-989416-31-0

ISBN 978-1-989416-31-0

9 781989 416310

अठारह पुराण अनुक्रम

३. गरुड़ महापुराण 214

४. नारद महापुराण 235

पद्म महापुराण 255

५. ब्रह्म महापुराण 257

६. ब्रह्मवैतर्व महापुराण 267

18 महापुराण
देव-देवता सहस्र नामावलियाँ

अठारह महापुराण विद्या

भूमिका

श्लोक

महापुराण व्याख्या

सर्गश्च प्रतिसर्गश्च वंशो मन्वन्तराणि च ।
वंशानुचरितश्चैव पुराणं पञ्चलक्षणम् ।।

(महापुराण)

दोहा॰ लक्षण पाँच पुराण के, कहे शास्त्र सिद्धांत ।
सर्ग-प्रलय सब सृष्टि का, वंश-काल वृत्तांत ।।

सब वेदों के धर्म का, सकल ज्ञान विशेष ।
संस्कृति भारत की यहाँ, कही सर्व निःशेष ।।

भारतीय इतिहास के, प्राक्तन स्त्रोत पुराण ।
रचे अठारह व्यास ने, महापुराण प्रधान ।।

ब्रह्मा से क्रम सृष्टि का, शिव से प्रलय विनाश ।
चौदह मन्वंतर कथा, रघुकुल का इतिहास ।।

दिया गया विस्तार से, जहाँ समूचा ज्ञान ।
पंचलक्षणी शास्त्र को, कहते "महापुराण" ।।

(अष्टादश महापुराण)

श्लोक

अष्टादश पुराणानि यः शृणोति नरोत्तमः ।
कथयेद्वा विधानेन नेह भूयः स जायते ।।

दोहा॰ कहता सुनता जो इन्हें, नर वह है धीमान ।
पुनर्जन्म से मुक्त वो, विधि का यही विधान ।।

पाँच लाख कुल श्लोक के, कविवर हैं मुनि व्यास ।
दिया महान साहित्य ये, करने को अभ्यास ।।

1

श्लोक

सात्त्विकेषु पुराणेषु महात्म्यमधिकं हरेः ।
राजसेषु च महात्म्यमधिकं ब्रह्मणो विदुः ।।
तद्वदग्नेश्च महात्म्यं तामसेषु शिवस्य च ।
सङ्कीर्णेषु सरस्वत्याः पितृणां च विद्यते ।।

(ब्रह्मा विष्णु महेश)

दोहा॰ ब्रह्म-विष्णु-महेश हैं, जिनके दैवत तीन ।
दैवी विषय पुराण के, तीन गुणों में लीन ।।

सात्त्विक गुण है भक्ति का, रजस सृजन का नाम ।
तमस प्रलय का गुण कहा, त्रिमूर्ति जिनका नाम ।।

"सात्त्विक" – वराह विष्णु हैं, नारद गरुड पुराण ।
भागवत वायु छह सभी, करते ज्ञान प्रदान ।।

"राजस" में ब्रह्माण्ड हैं, भविष्य, मार्कंडेय ।
वामन ब्रह्म पुराण भी, ब्रह्मवैवर्त ज्ञेय ।।

"तामस" गुण के हैं कहे, अग्नि मत्स्य शिव स्कन्द ।
कूर्म लिंग के साथ में, छह का है यह वृंद ।।

ब्रह्म सृष्टि का आदि है, मध्य विष्णु शुभ नाम ।
जो आता सो जात है, प्रलय शिवा का काम ।।

इतिहासपुराणाभ्यां वेदं समुपबृंहयेत् ।

दोहा॰ वैदिकज्ञान विकास के, साधन-ग्रंथ पुराण ।
वेदों में उल्लेख है, "पुराण" शब्द प्रमाण ।।

श्रुतिस्मृतिपुराणोक्तफलप्राप्त्यर्थम् ।

दोहा॰ श्रुति स्मृति सब में है किया, पुराण का उच्चार ।
कैवल्य प्राप्ति का यही, मार्ग और आधार ।।

वेद विदित प्रतिपाद्य को, जन के अंतर्याम ।

करते ग्रंथ पुराण हैं, पहुँचाने का काम ।।

यो विद्याच्चतुरो वेदान्सङ्गोपनिषदो द्विजः ।
न चेत्पुराणं संविद्यान्नैव स स्याद्विचक्षणः ।।

दोहा॰ सकल वेद-वेदांग का, पा कर भी सब ज्ञान ।
पुराण को जाने बिना, नहीं खरा विद्वान ।।

आत्मा पुराणं वेदानां पृथगङ्गानि तानि षट् ।
यच्च दृष्टं हि वेदेषु तद्दृष्टं स्मृतिभिः किल ।
उभाभ्यां यच्च दृष्टं हि तत्पुराणेषु गीयते ।।

दोहा॰ पुराण आत्मा वेदों का, औ उनके छह अंग ।
श्रुति-स्मृति सब का ज्ञान है, पुराण गाते संग ।।

पुराणे हि कथा दिव्या आदिवंशाश्च धीमताम् ।
कथ्यन्ते ये पुराऽस्माभिः श्रुतपूर्वा पितुस्तव ।।

दोहा॰ पुराण ही इतिहास है, समान दोनों नाम ।
वक्ता पिता पुराण है, सब शास्त्रों का धाम ।।

पुराणं सर्वशास्त्राणां प्रथमं ब्रह्मणा समृतम् ।।

दोहा॰ सर्वशास्त्र से युक्त जो, पहला आदि पुराण ।
सबसे पहले था किया, ब्रह्मा ने निर्माण ।।

आख्यानैश्चाप्युपाख्यानैर्गाथाभिः कल्पशुद्धिभिः ।
पुराणसंहितां चक्रे पुराणार्थविशारदः ।।

दोहा॰ जो ब्रह्मा ने था कहा, करके उसको याद ।
लिखे अठारह व्यास ने, पुराण उसके बाद ।।

आख्यान-उपाख्यान औ, गाथा कल्प विचार ।
गूँथे पुराण व्यास ने, उपकरणों से चार ।।

“आख्यानों“ में है वही, जो दृष्टा का ज्ञान ।

सुनी हुई जो है कथा, है वही "उपाख्यान" ।।

राजप्रशंसा के कथन, जो शास्त्रों को ज्ञात ।
वक्ता जिनका ना पता, "गाथा" है वह बात ।।

"कल्प" वेद का अंग जो, करता सूत्र प्रदान ।
श्रौत-गृह्य-संस्कार की, सत्ता जहाँ प्रधान ।।

इतिहासपुराणानि मया सृष्टानि सुव्रत! ।
य एते चतुरो वेदो गूढार्था: सततं स्मृता: ।
अतस्त्वैतानि सृष्टानि बोधायैषां महामुने! ।।

दोहा॰ ज्ञान वेद का ना मिले, करके घोर प्रयास ।
रचे तदर्थ पुराण हैं, कहते हैं मुनि व्यास ।।

पूराणपूर्णचन्द्रेण श्रुतिज्योत्स्ना: प्रकाशिता: ।

दोहा॰ इसी व्यास की देन से, जग में दिव्य प्रकाश ।
श्रुति के असुलभ ज्ञान का, हुआ सुलभ विकास ।।

प्रीणनाय मुकुन्दस्य न वृत्तं न बहुज्ञता ।
न दानं न तपो नेज्या न शौचं न व्रतानि च ।
प्रीयतेऽमलया भक्त्या हरिरन्यद्विडम्बनम् ।।

दोहा॰ पुराण हमको दे गए, भक्तियोग का ज्ञान ।
उपनिषदों में जो कहा, पुराण का है दान ।।

अहिंसा परमो धर्मो अहिंसैव परं तप: ।
अहिंसा परमं दानमित्याहुर्मुनय: सदा ।।
न वेदैर्न च दानैश्च न तपोभिर्न चाध्वरै: ।
कथंचित्स्वर्गतिं यान्ति पुरुषा: प्राणिहिंसका: ।।

दोहा॰ सब से ऊँचा धर्म है, कहते हमें पुराण ।
मानवता के वासते, पूर्ण अहिंसा ज्ञान ।।

जाम्बवे भारतं वर्षं तीर्थं त्रैलोक्यविश्रुतम् ।
कर्मभूमिर्यतः पुत्र तस्मात्तीर्थं तदुच्यते ।।

दोहा॰ जंबुद्वीप में है बसा, भारत देश महान ।
तीनों जग में एक है, पावन तीर्थस्थान ।।

इसी तीर्थ के योग से, कहते हमें पुराण ।
भारत मानव के लिए, "कर्मभूमि" का स्थान ।।

गीत

भारत राष्ट्रगीतम्

स्थायी

भारतं कर्मभूमिरस्माकं, भारतं स्वर्गभूमिरस्माकम् ।

अंतरा–1

अस्ति राष्ट्रं समृद्धं सुवर्णं, यस्य तुङ्गो हिमाद्रिः किरीटम् ।
पीयूषं हि नदीषु च नीरं, पावनं पादयोः सिन्धुतोयम् ।।

अंतरा–2

रविरश्मिः प्रभा यस्य उक्ता, कुण्डले तारका यस्य मुक्ता ।
दर्शनम् अस्य देशस्य रम्यं, वर्णनं सुन्दरं ज्ञानगम्यम् ।।

अंतरा–3

यत्र सिंहा हरिणा अटन्ति, शुकाः पिका मयूरा रटन्ति ।
सर्वभूतेषु प्रीतिश्च सख्यं, प्रकृतेः रक्षणं कर्म मुख्यम् ।।

अंतरा–4

परनारी मता यत्र माता, परपुमान् तथा स्वस्य भ्राता ।
यत्र शाँतिरहिंसा नरत्वं, अनुकम्पा सदाचारतत्त्वम् ।।

अंतरा–5

यस्य पुत्राश्च कन्याश्च वीराः, ज्ञानक्षेत्रे रणे ये च धीराः ।
वेदवाक्यं मतं यत्र मन्त्रं, वाङ्मये भारतं पञ्चतन्त्रम् ।।

अनुपदम्

नमो नमो नमो जन्मभूमे । नमो नमो नमो मातृभूमे ।
नमो नमो नमः पुण्यभूमे । नमो नमो नमः पूज्यभूमे ।।

गीत

"कर्मभूमि" भारत

स्थायी

कर्मभूमि ये भारत हमारा, सारी दुनिया में हमको है प्यारा ।

इसका इतिहास सुंदर नियारा, दिव्य भारत हमारा जियारा ।।

अंतरा–1

इसकी धरती है सोने की माटी, इसके सिर पर हिमालय की चोटी ।

इसकी नदियाँ हैं अमृत की धारा, इसके पग में समुंदर किनारा ।।

अंतरा–2

इसकी आभा है अंबर की ज्योति, चाँद सूरज हैं कुण्डल के मोती ।

रम्य अनुपम है इसका दीदारा, विश्व का है ये उज्ज्वल सितारा ।।

अंतरा–3

इसकी वायु में सौरभ घनेरा, इसका मंगल है साँझ और सवेरा ।

इसमें आनंद है अद्भुत अपारा, ये है कुदरत का मनहर नज़ारा ।।

अंतरा–4

मोर कोयल पपीहे हैं गाते, टेर कुहू हैं मंजुल सुनाते ।

संग सावन का शीतल फुहारा, सारे वतनों में ये है दुलारा ।।

अंतरा–5

पर नारी यहाँ पर है माता, भाईचारे का सबमें है नाता ।

यहाँ इंसानियत का बसेरा, शुभ शाँति अहिंसा का नारा ।।

अंतरा–6

इसकी संतानें हैं वीर ज्ञानी, संत योगी कलाकार दानी ।

स्नेह सेवा शराफत का डेरा, स्वर्ग से प्रिय है देश मेरा ।

स्वर्ग से प्रिय है देश हमारा ।।

(कोरस)

जय हो जय हो, तेरी जय हो जय हो, जय हो जय हो, सदा जय हो जय हो ।

जय हो जय हो, तेरी जय हो जय हो, जय हो जय हो, सदा जय हो जय हो ।।

अठारह महापुराणों के पाँच लक्षण

(महापुराण)

दोहा॰ सभी पुराणों ने कहे, विषय न्यूनतम पाँच ।
यहाँ कहे हैं विषय वे, करके सब की जाँच ।।

लक्षण १

सर्ग

(कूर्म, गरुड, पद्म, ब्रह्म, ब्रह्मवैवर्त, ब्रह्माण्ड, भागवत, मरस्य, मार्कंडेय, लिंग, वराह और वायु पुराण से)

(पहला विषय, सर्ग)

दोहा॰ त्रिलोक था आरंभ में, तिमिराच्छन्न स्वरूप ।
गोचर ना था कुछ कहीं, सब कुछ ऊर्जा रूप ।।

यह ऊर्जा ही "ब्रह्म" है, निर्गुण-निराकार ।
सगुण रूप में जो बना, "सत् रज तम" व्यापार ।।

ब्रह्म विभाजित फिर हुआ, त्रिगुण रूप साकार ।
सत्-रज गुण विष्णु-ब्रह्मा, तम गुण शिव आकार ।।

तीन गुणों से फिर बना, पंच भूत का नीर ।
जलमय सब ब्रह्माण्ड था, कहीं दिखे ना तीर ।।

(सर्ग)

दोहा॰ आया क्षण जब सर्ग का, उगा नीर पर अण्ड ।
हिरण्यमय वह गर्भ था, ब्रह्म रूप ब्रह्माण्ड ।।

नर का माने नीर है, आयन माने सर्ग ।

नर पर जो आयन हुआ, "नारायण" वह भर्ग ।।

स्वयं हुआ जो भर्ग था, "स्वायंभुव" वह सर्ग ।
कहीं न कोई भूमि थी, सब कुछ जो था स्वर्ग ।।

(फिर)

दोहा० दिवस उगा जब ब्रह्म का, स्पष्ट होगया नीर ।
अँधियारा सब हट गया, नीर लगे अब क्षीर ।।

तल क्षीरसागर का बना, नारायण की सेज ।
नारायण के संग था, श्रीलक्ष्मी का तेज ।।

(नाभि कमल)

दोहा० नारायण की नाभि से, उगा कमल का फूल ।
सिंहासन सम कमल के, पद्मनाभ थे मूल ।।

दिव्य फूल पर पद्म के, ब्रह्मा थे आसीन ।
ब्रह्मा के मुख चार थे, चारों तप में लीन ।।

यह ब्रह्मा का दिवस था, यही सर्ग प्रारंभ ।
जब आएगी रात, तब, विसर्ग का आरंभ ।।

विसर्ग प्रलय से सृष्टि का, शिवजी का है काम ।
अतः प्राप्त शिव को हुआ, प्रलयंकर है नाम ।।

ब्रह्मा जी का एक दिन, कहलाता है कल्प ।
समय अत्यधिक दीर्घ है, कोई नहीं विकल्प ।।

(प्रजापति)

दोहा० ब्रह्मा ने निज देह से, किए प्रजापति सृष्ट ।
इक्किस परम प्रजा पिता, यथा अधः निर्दिष्ट ।।

कश्यप, कर्दम, यम, स्थाणु, अत्रि, अंगिरस, हेति ।
वसिष्ठ, मरीचि, प्रचेता, नारद, पुलह, प्रहेति ।।

भृगु, शेष, संस्त्रय, नेमी, मनु, दो सनत्कुमार ।
दक्ष, क्रतु, विकृत, धर्मा, सृष्ट किए संसार ।।

सुपुत्र कश्यप अदिति के, बारह थे आदित्य ।

उनमें मनु विवस्वान था, रूप सूर्य का सत्य ॥

"सात महर्षि, कुमार दो, चौदह मनु मनजात ।
प्रजापति मैंने किए," बोले ब्रह्मा तात ॥

(प्रजा निर्माण)

दोहा॰   ब्रह्मा सुता सरस्वती, गायत्री भी नाम ।
शतरूपा, सावित्री, ब्रह्माणी अभिधान ॥

सृष्टि के निर्माण में, ब्रह्मा जी के साथ ।
ब्रह्माणी का भी सदा, लगा हुआ था हाथ ॥

ब्रह्मा निर्मित सृष्टि के, संरक्षण का काम ।
नारायण नारायणी, सँभालते अविराम ॥

(प्रजाएँ)

दोहा॰   कश्यप पत्नी अदिति के, ग्यारह सुत थे रुद्र ।
आठ वसु, बारह आदित्य, और एक था इंद्र ॥

दूजी पत्नी दिति से, असुर प्रजा उत्पन्न ।
तारक, हिरण्यकश्यपु, शंबरादि व्युत्पन्न ॥

क्रोधवशा कुल में हुए, अज गज सर्प तुरंग ।
सरिसृप वानर सिंह गौ, विहंग श्वान कुरंग ॥

लक्षण १-अ

भूगोल और खगोल शास्त्र

(अग्नि, कूर्म, गरुड, नारद, पद्म, ब्रह्माण्ड, भागवत, मार्कंडेय, लिंग, वराह, वायु, विष्णु और शिव पुराण से)

(भूमंडल सर्ग)

दोहा॰   प्रजा-सर्ग के साथ ही, भूमंडल विस्तार ।

नदियाँ पर्वत ताल भी, पादप का संभार ।।

प्राणी मानव देवता, वनस्पति संसार ।
जहाँ बसें आनंद में, भूमि की दरकार ।।

(भूमंडल)

दोहा॰ भूमंडल का गठन है, पंच भूत का खेल ।
जिनके कण–कण में सना, तीन गुणों का मेल ।।

पाँच भूत के नाम हैं, क्षिति अप मरुत द्यु तेज ।
जो हैं समस्त विश्व में, बिना किसी परहेज ।।

(ज्योतिश्चक्र)

दोहा॰ भूमंडल के साथ ही, ब्रह्मा ने निर्माण ।
कीन्हा ज्योतिश्चक्र भी, स्थापन योग्य प्रमाण ।।

सूर्य चंद्र ब्रह्मांड में, तारागण नक्षत्र ।
नवग्रह ज्योतिर्लोक में, फैल गए सर्वत्र ।।

(नक्षत्र)

मुक्तक॰ सत्ताईस नक्षत्र हैं, भ्रमण करत आकाश ।
नौ स्वामी हैं जिन्हे, आकाश गंगा में बसे ।
रवि स्वामी हैं जिन्हे, कार्तिक उत्तरा-फाल्गुनी पूर्वाषाढ़ा ।
सोम स्वामी है जिन्हें, रोहिणी हस्त श्रवण नक्षत्र ।
मंगल स्वामी हैं जिन्हे, मृगशिरा चित्रा धनिष्ठा नक्षत्र ।
बुध स्वामी हैं जिन्हे, आश्लेषा ज्येष्ठा रेवती नक्षत्र ।
बृहस्पति स्वामी हैं जिन्हे, पुनर्वसु विशाखा पूर्वाभाद्रपद नक्षत्र ।
शुक्र स्वामी हैं जिन्हे, भरणी पूर्वाफाल्गुनी उत्तराषाढ़ा नक्षत्र ।
शनि स्वामी हैं जिन्हे, पुष्य अनुराधा उत्तराभाद्रपद नक्षत्र ।
राहु स्वामी हैं जिन्हे, आर्द्रा स्वाति शतभिषा नक्षत्र ।
केतु स्वामी हैं जिन्हे, अश्विन मघा मूल नक्षत्र ।।

(भुवन)

दोहा॰ ब्रह्मा ने सब विश्व के, चौदह किए विभाग ।
नाम "भुवन" या "लोक" से, जाना है हर भाग ।।

ऊपर वाले सात हैं, नीचे वाले सात ।
ऊपर "ऊर्ध्वलोक" है, "अधोलोक" तले ज्ञात ।।

(चौदह भुवन)

दोहा॰   पहला जग "भूर्लोक" है, दूसरा "भुवर्लोक" ।
"स्वर्गलोक" है तीसरा, चौथा "महर्लोक" ।।
पंचम जग "जनलोक" है, छठा जग "तपोलोक" ।
"सत्यलोक" है सातवाँ, सात इति "ऊर्ध्वलोक" ।।

"अतल" प्रथम यमलोक है, "वितल" द्वितीय यमलोक ।
"सुतल" लोक है तीसरा, चतुर् "तलातल" लोक ।।
"महातल" कहा पाँचवाँ, छठा "रसातल" लोक ।
"पाताल" कहा सातवाँ, इति सात "अधोलोक" ।।

(नरक)

दोहा॰   देव शास्त्र अपमान या, गुरु बांधव अवमान ।
चौर्यकर्म स्त्री–हरण या, खंडन देवस्थान ।।

पापी नर के वास के, नरक कहे इक्कीस ।
यथा पातक तथा उसे, द्वार देत यम ईश ।।

(इक्कीस नरक)

मुक्तक॰   नाम इक्कीस नर के ।
तामिस्र अंधशिखा रौवर ।
महारौवर कुम्भीपाक कालसूत्र ।
आसिंपवन सकूरमुख अंधकूप ।
विभोजन संदेश तप्तमूर्ति ।
वज्रकण्टकशाल्मली वैतरणी पुयोद ।
प्राणरोध विशसन लालभक्ष ।
सारमेयादन अवीचि अय:पान ।।

दोहा॰   समग्र चौदह भुवन में, अपने–अपने लोग ।
नदियाँ पर्वत ताल भी, वनस्पति आयोग ।।

(सप्तद्वीप)

दोहा॰   पृथ्वी ही भूलोक है, सप्तद्वीप का संच ।

मानवादिक जगत के, प्राणिमात्र का मंच ।।

सात द्वीप भूलोक के, सात नाम से ख्यात ।
जिनमें "जंबूद्वीप" है, सर्वश्रेष्ठ प्रख्यात ।।

नाम अन्य छह द्वीप के, "कुश "क्रौंच" "शाक" "प्लक्ष" ।
"पुष्कर" "शाल्मल" नाम हैं, पुराण में अध्यक्ष ।।

(सप्तसागर)

दोहा॰ सप्तद्वीप को घेरते, विविध समुंदर सात ।
"लवण" "इक्षु" "जल" "दधि" "सुरा," "क्षीर" "स्वादु विख्यात ।।

(प्रियव्रत वंशज)

सप्तद्वीपपरिक्रान्तं जम्बुदीपं निबोधत।
अग्नीध्रं ज्येष्ठदायादं कन्यापत्रं महाबलम।
प्रियव्रतोअभ्यषिञ्चतं जम्बूद्वीपेश्वरं नृपम्।।

दोहा॰ पुत्र मनु स्वायंभुव का, "प्रियव्रत" बहु विख्यात ।
सप्तद्वीप के भूप थे, सुत प्रियव्रत के सात ।।

राज्य "आग्नीध्र" भूप का, जंबूद्वीप महान ।
"मेधातिथि" का प्लक्षद्वीप, "कुश" का ज्योतिष्मान ।।

पुष्करद्वीप "सावन" का, क्रौंचद्वीप "द्युतिमान" ।
छठा द्वीप था शाल्मली, जहाँ नृप "वपुष्मान" ।।

शाकद्वीप था सातावाँ, राज्य "हव्य" का भव्य ।
सातों द्वीप महान थे, पौराणिक जो दिव्य ।।

(अगली पीढ़ी)

दोहा॰ मेधातिथि के सात थे, महान सुत विख्यात ।
सात देश के भूप थे, प्लक्षद्वीप पर ज्ञात ।।

सात देश के नाम थे, "आनंद, "ध्रुवक" वर्ष ।
"शिशिर" "शांतभव्य" "सुखोद्य," "शिव" औ "क्षेमक" वर्ष ।।

राजा ज्योतिष्मान के, सात पुत्र थे ख्यात ।
सात वर्ष के भूप थे, कुशद्वीप पर प्रख्यात ।।

सात वर्ष के नाम थे, "धृतिमान" "स्वैरथकर" ।
"कपिल" "वेणुमंडल" तथा, "लवण" और "प्रभाकर" ।।

द्युतिमन के सुत सात ने, किए सात सरकार ।
"कुशल" "मनोनुग" "दुंदुभी," "उश्न" "पवन" "अँधकार" ।।

वपुष्मान के सात थे, वीर पुत्र प्रख्यात ।
वर्ष सात के भूप थे, शाल्मद्वीप पर ज्ञात ।।

सात देश के नाम थे, "रोहित" "जीमुत" वर्ष ।
"विद्युत" "मानस" "सुप्रभा," "हरित" "श्वेत" इति वर्ष ।।

भूप हव्य के सात थे, शूर पुत्र प्रख्यात ।
वर्ष सात के भूप थे, शाकद्वीप पर ज्ञात ।।

सात वर्ष के नाम थे, "मौदक" "कोमर" वर्ष ।
"जलज" "मनचिक" "कुसुमोत्तर," "महादृम" आदि वर्ष ।।

(जंबूद्वीप)

जम्बूद्वीप: समस्तानामेतेषां मध्य संस्थित: ।
भारतं प्रथमं वर्षं तत: किंपुरुषं स्मृतम् ।।
हरिवर्षं तथैवान्यन्मेरोर्दक्षिणतो द्विज ।
रम्यकं चोत्तरं वर्षं तस्यैवानहिरण्यम् ।।
उत्तरा: कुरवश्चैव यथा वै भारतं तथा ।
जंबूद्वीपस्य सांजबूर्नाम हेतुर्महामुने ।।

दोहा॰ सप्तद्वीप का मध्य है, जंबूद्वीप प्रधान ।
मरकज जंबूद्वीप का, पर्वत "मेरु" महान ।।

महाराज "आग्नीध्र" के, नौ थे पुत्र महान ।
नौ विभाग कर द्वीप के, राजा बने सुजान ।।

"नाभि" नृप हेमवर्ष का, "इलावृत" मेरुवर्ष ।
"किंपुरुष" हेमकूट का, "हरि" का निषाधवर्ष ।।

"रम्यक" निलाचलवर्ष का, "हिरामन" श्वेतवर्ष ।
"भद्राश्व" मलयवर्ष का, "कुरु" राज्य शृंगवर्ष ।।

गंधमादनवर्ष का, राजा "केतुमाल" ।
नौ वर्षों पर भूप नौ, करते गए कमाल ।।

(भारतवर्ष)

दोहा॰ भूप नाभि का पुत्र था, राजा "ऋषभ" महान ।
"भरत" पुत्र था ऋषभ का, शाश्वत जिसका मान ।।

भूप भरत का देश है, जाना "भारतवर्ष" ।
गिरिवर भारतवर्ष के, नभ को करते स्पर्श ।।

"लवण" सिंधु से व्याप्त है, जंबूद्वीप महान ।
दक्षिण में गिरि मेरु के, भारत का है स्थान ।।

उसके आगे "किंपुरुष," आगे है "हरिवर्ष" ।
उत्तर में गिरि मेरु के, तीन कहे हैं वर्ष ।।

"रम्यक" जाना प्रथम है, उत्तर दिश में वर्ष ।
"हिरण्यमय" है दूसरा, तृतीय है "कुरु" वर्ष ।।

चारों दिश में मेरु के, खड़े हैं पर्वत चार ।
"मंद्र" खड़ा है पूर्व में, पश्चिम "विपुल" कतार ।

"गंधमादन" दक्षिण में, उत्तर खड़ा "सुपार्श्व" ।
जामुन के दृम से ढ़का, जंबुद्रप का पार्श्व ।।

चारों दिश में मेरु के, चार सरोवर व्याप्त ।
"अरुण" "असित" "मानस" तथा, "महाभद्र" पर्याप्त ।।

शिखर मेरु का है कहा, ब्रह्मा जी का धाम ।
महान पावन स्थान का, "मनोवती" है नाम ।।

मनोवती के पूर्व में, "अमरावती" महान ।
जाना है जो इंद्र का, इंद्रपुरी भी स्थान ।।

मेरु पर आग्नेय में, "राजोवती" महान ।
अग्निदेव का जो कहा, उज्ज्वलतम है स्थान ।।

दक्षिण में जो है बसा, "संयमणी" है धाम ।

जाना है इस स्थान में, यम देव का मुकाम ।।

आगे फिर नैर्ऋत्य में, "कृष्णांजन" है स्थान ।
निर्ऋति भी है जो कहा, कृष्ण देव के नाम ।।

पश्चिम दिश में है बसा, "श्रद्धावती" महान ।
जाना है इस धाम को, वरुण देव का स्थान ।।

आगे फिर वायव्य में, "गंधवती" है धाम ।
जाना है इस तीर्थ को, वायु देव का स्थान ।।

उत्तर दिश में है बसा, "ब्रह्मपुरी" का धाम ।
कहा महोदय भी जिसे, कुबेर जी का स्थान ।।

(पर्वत)

दोहा॰ भारत में गिरि सात हैं, पर्वत तुंग महान ।
अन्य कहीं ना पूज्य हैं, गिरिवर कहे समान ।।

"महेंद्र" "मलय" "सह्याद्रि" हैं, "ऋक्षगिरि" "शुक्तिमान" ।
"विंध्याद्री" "परिभद्र" हैं, जाने गए महान ।।

(नदियाँ)
(हिमालय से)

दोहा॰ सरिताएँ बाईस हैं, जानी गईं महान ।
हिमगिरि है जाना गया, जिनका उगमस्थान ।।

गंगा सबसे पूज्य है, भागीरथी सुनाम ।
अलकनंदा जाह्नवी, मंदाकिनी महान ।।

यमुना कालिंदी कही, कृष्णा भी है नाम ।
सरयू गंगा से मिली, जहाँ पले थे राम ।।

मुक्तक॰ सरस्वती सिंधू कुहू चंद्रभागा ।
शतद्रु इसवती वितस्ता विपासा ।
देविका गोमती वाहु धूतपापा ।
दृष्टवती कौशिकी तृतीया ।
इक्षु गंडकी निश्चिरा ब्रह्मपुत्रा ।।

(महेंद्र पर्वत से)

मुक्तक॰ महेंद्र पर्वत से चली, नदियाँ जानी छह ।
क्रतुतुल्या इक्षुमा त्रिसमा,
लांगलिनी वंशधरा त्रिविदा ।।

(मलय पर्वत से)

मुक्तक॰ मलय पर्वत से चली, जानी नदियाँ चार ।
उत्पलवती, पुष्पांजली, ताम्रवर्णी, कृतमाला ।

(ऋक्ष पर्वत से)

मुक्तक॰ ऋक्ष पर्वत से चली, नदियाँ सोलह नाम ।
नर्मदा शोना श्रोणी दशर्णा ।
चित्रकूट तमसा पिप्पला करतोया ।
पिश्चिका वालुवाहिनी जंबुला सीतरजा ।
शुक्तिमति मरुका त्रिदिवा नीलोत्पला ।।

(प्रतिभद्र पर्वत से)

मुक्तक॰ नदियाँ चली प्रतिभद्र से, जानी तेरह नाम ।
वेदश्रुती वेदवती वृत्रागिणी पर्णशा ।
सतिरा महति अवंति वंदना परा ।
चर्मण्वती वेत्रवती विदिशा शिप्रा ।।

(विंध्य पर्वत से)

मुक्तक॰ विंध्य पहाड़ से चली, नदियाँ तेरह नाम ।
तापी पायोशिणी वैतरिणी निर्विंध्या ।
कुमुदवती शितिवाहु तोया भद्रा वेण्वा ।
महागौरी निषधा अंतशीला दुर्गा ।।

(सह्याद्री पर्वत से)

मुक्तक॰ सह्याद्री पर्वत से चली, आठ नदियाँ नाम ।
गोदावरी वेणी भीमा कृष्णा ।
वंजुला सुप्रोग्या कावेरी तुंगभद्रा ।।

(प्रदेप)

मुक्तक॰ विभाग भारत वर्ष के, पुराण कहते नौ ।

कशेरुमन ताम्रवर्ण इंद्रद्वीप ।
गभस्तिमन कटह नागद्वीप ।
सिंहल वरुण सागरद्वीप ।।

(राज्य)

मुक्तक॰ भारतवर्ष के मध्य में, राज्य कहे हैं सात ।
पांचाल कुरु मत्स्य यौधेय ।
पतछर कुन्ती शूरसेन ।।

पूर्व भाग में है कहे, राज्य व्यवस्थित सात ।
पद्म सुत मगध चेदी ।
काश्य विदेह कोशल ।।

भारत के आग्नेय में, कहे छह हैं राज्य ।
कलिंग बंग पुण्ड्र ।
अंग विदर्भ मूलक ।।

भारत के नैर्ऋत्य में, बोले चौदह राज्य ।
पुलिंद अश्मक नय कर्नाट जिमुत ।
कम्बोज घट दक्षिणापथ अबस्थ ।
द्रविड लता श्रीमुख शाक अनर्त ।।

पश्चिम में भारतवर्ष के, राज्य बसे हैं चार ।
सिंधू यवन मथुरा निषद ।।

भारत के वायव्य में, राज्य कहे हैं सात ।
मांडव्य तुषार मूलिक मूश ।
खास महाकेशी महानद ।।

भारत के उत्तर में बने, राज्य कहे हैं छह ।
लंबक स्तन नाग, मद्र वाह्लिक गांधार ।।

भारत के ईशान में, राज्य कहे हैं पाँच ।
त्रिगात्र नील कोलभ अभिशह काश्मिर ।।

लक्षण २

विसर्ग

(दूसरा विषय, विसर्ग)

दोहा॰

ब्रह्मा की जब रात हो, वही प्रलय का काल ।
शिव जी का यह काम है, कोई सके न टाल ।।

विसर्ग का जब काल हो, होता है अँधकार ।
अकाल पड़ता सब तरफ, जग में हाहाकार ।।

एक कल्प के समय तक, सब ओर अंतकाल ।
तीनों जग काले पड़ें, सहते विलय त्रिकाल ।।

एक कल्प के बाद में, फिर से आता सर्ग ।
यही निरंतर चक्र है, जाना सर्ग-विसर्ग ।।

ब्रह्मा विष्णु महेश

स्थायी

आदि ब्रह्म है, मध्य विष्णु है, अन्त सबका महेश है ।
कर्म राम है, धर्म कृष्ण है, ज्ञान सबका गणेश है ।।

अंतरा–1

ब्रह्मा है लाता, विष्णु जगाता, सबको लेजाता महेश है ।
राम रमाता, मन में समाता, ज्ञान का सोता गणेश है ।।

अंतरा–2

ब्रह्म विधाता, विष्णु है धाता, मुक्ति का दाता महेश है ।
राम निभाता, श्याम है भाता, बुद्धि बढ़ाता गणेश है ।।

अंतरा–3

ब्रह्म अनंता, विष्णु नियंता, विश्व का अंता महेश है ।
रघु बलवंता, हरि भगवंता, एकदंता गणेश है ।।

अंतरा–4

ब्रह्मा है मंडन, विष्णु है स्पंदन, जगत निकंदन महेश है ।
राम रघुनंदन, हरि जगवंदन, सब स्वर व्यंजन गणेश है ।।

गीत

राग रत्नाकर, कहरवा ताल 8 मात्रा

प्रलयकाल

स्थायी

प्रलय काल की, हो जब आग ।

अंतरा –1

रूप भयानक, धरा हुआ है, उग्र गुणों से, भरा हुआ है ।
विशाल आँखे, लंबे हाथ, असुर न कोई जाए भाग ।।

अंतरा –2

महाचंडी का, ये अवतारा, अरियन का, करने संहारा ।
यम का फंदा, यहाँ गिरा है, आज डसें जहरीले नाग ।।

अंतरा –3

रुद्र रूप ये, शिव शंकर का, तांडव नाचे, ध्वनि अंबर का ।
प्रचंड गर्जन, हिरदय भंजक, प्रलय काल का, छिड़ा है राग ।।

गीत

राग बिलावल, तीन ताल 16 मात्रा

एकलिंग जी !

स्थायी

गौरी शंकर नटवर भोले! डम डम डम डम डमरू बोले ।

अंतरा-1

गंगा बहती काली जटा से, नाग गले में तुमरे डोले ।

अंतरा-2

तांडव नाचत प्रलय कराने, नैन तीसरे तुमने खोले ।

अंतरा-3

त्रिशूलधारी! की मरजी से, कभी शोले कभी पड़ते ओले ।

लक्षण ३

समय-तिथि-युग-कल्प
काल गणना

(अग्नि, कूर्म, गरुड, पद्म, ब्रह्म, ब्रह्मवैवर्त, ब्रह्माण्ड, मत्स्य, लिंग, वराह, वायु और शिव पुराण से)

(समय)

दोहा॰ काल आकलन के लिए, "निमिष" कहा एकांश ।
आगे भागा जा रहा, पीछे मुड़े न अंश ।।

दिनस्य यः पञ्चदशो विभागो रात्रेस्तथा तद्धि मुहूर्तमानम् ।
नक्षत्रनाथप्रमिते मुहूर्ते मौहूर्तिकारस्तत्समकर्ममाहुः ।।

दोहा॰ "काष्ठा" पन्द्रह निमिष का, "कला" में काष्ठा सीस ।
तीस कला हि "मुहूर्त" है, तीस "घड़ी" अहनीश ।।

मुहूर्त ही शुभ है घड़ी, "अहोरात्र" में तीस ।
पूर्ण एक दिनरात में, "होरा" हैं चौबीस ।।

तीन "घंट का "प्रहर" है, अहोरात्र में आठ ।
मुहूर्त में हैं दो "घटी," अहोरात्र में साठ ।।

अहोरात्र में आठ हैं, कहे प्रहर या "याम" ।
चार-चार दिन-रात में, अलग-अलग हैं नाम ।।

दिनारंभ "पूर्वान्ह" है, बाद "मध्यान्ह" काल ।
फिर होता "अपरान्ह" है, फिर है "सायंकाल" ।।

रात्यारंभ "प्रदोश" है, फिर प्रहर "निषिथ" काल ।

"त्रियमा" जाना तीसरा, भिनसार "उषाकाल" ।।

उषाकाल "प्रत्यूष" है, जाना "ब्रह्ममुहूर्त" ।
अरुणोदय का समय है, "प्रातःकाल" अमूर्त ।।

दिन में तीस "मुहूर्त" हैं, दो-दो "घटी" के बाद ।
सबसे पहला "रुद्र" है, रहें तीस सब याद ।।

अहि, मित्र, पितृ, वसु, वराह ।
विश्वदेव, विधि, सप्तमुखी ।
पुरुहूत, वाहिनी, नक्तकरा ।
वरुण, अर्यमा, भग, गिरीश ।
अजपद, अहिर, पुष्य, अश्विनी ।
यम, अग्नि, विधातृ, कण्ड ।
अदिति, अमृत, विष्णु, द्युति ।
ब्रह्म, समुद्र, इति हैं तीस ।।

(मास)

दोहा॰   बारह माने "मास" हैं, लगभग दिन हैं तीस ।
एक माह में "पक्ष" दो, "शुक्ल" "कृष्ण" जगदीस ।।

बारह उनके नाम हैं,
चैत्र, वैशाख, ज्येष्ठ, आषाढ़ ।
श्रावण, भाद्रपद, आश्विन, कार्तिक ।
मार्गशीर्ष, पौष, माघ, फाल्गुन ।।

(ऋतु)

दोहा॰   पन्द्रह दिन का पक्ष है, दो पक्षों का मास ।
दो मासों की "ऋतु" कही, "वसंत" ऋतु मधुमास ।।

छह ऋतुएँ है वर्ष की, ऋतुपति कहा वसंत ।
"ग्रीष्म" "वर्षा" "शरद" ऋतु, "शीतकाल" "हेमंत" ।।

"शिशिर" ऋतु पतझड़ कही, सर्दी का मौसम ।
  शिशिर ऋतु के साथ ही, जाड़ा होता कम ।।

(अयन)

दोहा॰   छह मासों का "अयन" है, दरसाता रवि स्थान ।
            पृथ्वी के गोलर्ध में, कहाँ रवि विद्यमान ।।

            धनु राशि से सूर्य जब, मकर राशि प्रवेश ।
            "उत्तरायण" आरंभ है, शुभ कार्य में निवेश ।।

            मिथुन राशि से सूर्य जब, कर्क में करे प्रवेश ।
            "दक्षिणायन" प्रारंभ है, उपवास में प्रदेश ।।

            उत्तर–आयण मास हैं, माघ से आषाढ़ ।
            दक्षिण–आयन माह हैं, श्रावण सेती पौष ।।

(सूर्य भ्रमण)

दोहा॰   सुवर्ण रथ है सूर्य का, जिसके घोड़े सात ।
            नाम वही हैं अश्व के, जो छंदों के है ज्ञात ।।

            गायत्री, त्रिष्टुप्, तथा जगति, अनुष्टुप् छंद ।
            पंक्ति, बृहति, उष्णिक् इति, कहे गए सानंद ।।

            हिरण्य रथ पर सूर्य के, फिरते नभ की राह ।
            सेवक रवि भगवान के, रहते प्रति–दो माह ।।

            दानव दो, दो अप्सरा, दो ऋषि, दो गंधर्व ।
            अदिति पुत्र आदित्य दो, संग सूर्य के सर्व ।।

मुक्तक॰   सवार रथ पर सूर्य के, माह चैत्र–वैशाख ।
            आदित्य "धाता, अर्यमा," ऋषिवर "पुलस्त्य," "पुलह" ।
            गंधर्व "तुंबरु," "नारद," अप्सरा "क्रतुस्थली," "पुंजिकस्थला" ।
            दानव "हेति," "प्रहेति" ।।

            सवार रथ पर सूर्य के, माह ज्येष्ठ–आषाढ़ ।
            आदित्य "मित्र, "वरुण," ऋषिवर "अत्रि," "वसिष्ठ" ।
            गंधर्व "हाहा," "हूहू," अप्सरा "मेनका," "घृताची" ।
            दानव "पौरुषेय," "वध" ।।

            सवार रथ पर सूर्य के, माह श्रवण–भाद्रपद ।
            आदित्य "इंद्र, "विवस्वान," ऋषिवर "अंगिरा," "भृगु" ।

गंधर्व "विश्वावसु," "उग्रसेन," अप्सरा "प्रम्लोचा," "अनुम्लोचा" ।
दानव "व्याघ्र," "श्वेत" ।।

सवार रथ पर सूर्य के, माह आश्विन-कार्तिक ।
आदित्य "सविता, "पूष," ऋषिवर "भरद्वाज," "गौतम" ।
गंधर्व "गोमायु," "नंदि," अप्सरा "विश्वची," "घृताची" ।
दानव "अपा," "वता" ।।

सवार रथ पर सूर्य के, माह मार्गशीर्ष-पौष ।
आदित्य "अंश," "भग," ऋषिवर "कश्यप," "ऋतु" ।
गंधर्व "चित्रसेन," "उर्णायु," अप्सरा "उर्वशी," "विप्रचित्ति" ।
दानव "विद्युत," "ऊर्जा" ।।

सवार रथ पर सूर्य के, माह माघ-फाल्गुन ।
आदित्य "त्वष्टा, "जिष्णु," ऋषिवर "जामदग्नि," "विश्वामित्र" ।
गंधर्व "धृतराष्ट्र," "सूर्यवर्च," अप्सरा "तिलोत्तमा," "रम्भा" ।
दानव "बह्मोपेता," "यज्ञोपेता" ।।

(चंद्रमा)

दोहा॰ रजत-रथ को चंद्र के, घोड़े लगते दस ।
ययु त्रिमन वृश रज तुरण्य, यम बल वम मृग हंस ।।

शुक्ल पक्ष में चाँद का, बढ़ता है आकार ।
अमावसा से पूणिमा, पूर्ण रूप साकार ।।

कृष्ण पक्ष में चंद्र का, घटता गोलाकार ।
पूर्णिमा से मावस तक, होता है अँधकार ।।

दस अश्वों के यान पर, होता चंद्र सवार ।
रथ पर सफेद अश्व के, करता चाँद विहार ।।

(तिथि)

दोहा॰ "चांद्र-दिवस" को "तिथि" कहा, शुक्लपक्ष "तिथि-ह्रास" ।
तिथिक्षय से मावस रहे, पन्द्रह दिवस प्रवास ।।

फलदायी होती तिथि, रखने पर विश्वास ।
मंत्र पाठ से पुष्ट है, तिथि का प्रभाव खास ।।

कुतिथियों पर सफल है, फलसिद्धि प्रयास ।
पाप नष्ट हैं मंत्र से, विघ्न हरत उपवास ।।

(अमावस्या)

दोहा॰ बिना चंद्र की रात ये, कृष्णपक्ष का अंत ।
अँधियारे की रात ये, प्रतिपदा पर्यंत ।।

फिर मावस के बाद में, नया चंद्र आरंभ ।
तमस-तिमिर हटने लगे, नष्ट पाप छल दंभ ।।

ब्रह्मा की क्रोधाग्नि से, अग्निज्योति उत्पन्न ।
उसी चंद्र की शक्ति से, प्रतिपदा संपन्न ।।

(पन्द्रह तिथियाँ)

(प्रतिपदा)

दोहा॰ पहली तिथि यह प्रतिपदा, चांद्रपक्ष की शुद्ध ।
अग्निदेव के जन्म की, शुभारंभ की सिद्ध ।।

(द्वितीया)

दोहा॰ चांद्रपक्ष की दूसरी, तिथि जानी है दूज ।
इस पावन तिथि पर रहें, अश्विनिकुमार पूज्य ।।

(तृतीया।

दोहा॰ चांद्रपक्ष की तीसरी, तिथि जानी है तीज ।
शिव-पार्वती विवाह की, रुद्र शक्ति की बीज ।।

(चतुर्थी)

दोहा॰ चतुर्थ तिथि पर पक्ष की, व्रत है जाना खास ।
पावन गणेश जन्म का, तिल का जहाँ सुवास ।।

(पंचमी)

दोहा॰ चांद्रपक्ष की पाँचवी, तिथि अमृत की शुद्ध ।
करते पूजा नाग की, और पिलाते दूध ।।

(षष्ठी)

दोहा॰ चांद्रपक्ष की यह छठी, तिथि शुभ करने काज ।
कार्तिकेय शिशु थे बने, सुरसेनापति आज ।।

(सप्तमी)

दोहा॰ चांद्रपक्ष की सातवी, तिथि सप्तमी पवित्र ।
सूरज की पूजा किए, होते प्रसन्न मित्र ।।

(अष्टमी)

दोहा॰ चांद्रपक्ष की आठवी, तिथि है जानी खास ।
किया सुरों ने आज था, दैत्य "अंधक" विनाश ।।

(नवमी)

दोहा॰ चांद्रपक्ष की तिथि नवी, पावन नवमी नाम ।
असुर वेत्रसुर नाश था, गायत्री का काम ।।

(दशमी)

दोहा॰ दसवी तिथि यह पक्ष की, पवित्र दशमी नाम ।
जानी तिथि अनुकूल है, करने विवाह काम ।।

ब्रह्मा की दस कन्यका, दस देवों के साथ ।
दशमी पर परिणत हुईं, पीले करके हाथ ।।

"पूर्वा" पत्नी इंद्र की, वरुण "पश्चिमा" नाम ।
कुबेर पत्नी "उत्तरा," यम की "दक्षिणा" नाम ।।

"ऊर्ध्वा" पत्नी स्वायं की, शेष की "अधा" नाम ।
अग्नि पत्नी "आग्नेया," "निरति" नैर्ऋता धाम ।।

शंकर पत्नी "ईशना," वायु "वायव्या" नाम ।
दसों दिशा थी पत्नियाँ, दस देवों के नाम ।।

(एकादशी)

दोहा॰ ग्यारहवी तिथि पक्ष की, कुबेर जी के नाम ।
व्रत की तिथि एकादशी, फलाहार-आराम ।।

(द्वादशी)

दोहा॰ बारहवी तिथि पक्ष की, नारायण के नाम ।
शंख चक्र पद्म गदा, चतुर्भुजा भगवान ।।

नारायण-नारायणी, तिथि विवाह की ज्ञात ।
दान-धर्म की है कही, उत्तम दिन में सात ।।

(त्रयोदशी)

दोहा॰ तेरहवी तिथि पक्ष की, कही धर्म के नाम ।
चंद्र देव के बंधु की, करने को सत्काम ।।

(चतुर्दशी)

दोहा॰ चोदहवी तिथि पक्ष की, रुद्र देव के नाम ।
व्रत यह उपवास का, करने पाप तमाम ।।

(पूर्णमासी)

दोहा॰ पन्दहवी तिथि पुर्णिमा, पूर्ण चंद्र की रात ।
पखवाड़े में आयगी, मावस की फिर रात्र ।।

(युग)

दोहा॰ ब्रह्मा के दिन एक है, मानवी वर्षगाँठ ।
"ब्रह्मवर्ष" में मानवी, साल तीन-सौ-साठ ।।

इकहत्तर ब्रह्मवर्ष है, "मन्वंतर" का काल ।
एक "कल्प" का समय है, सहस ब्रह्म के साल ।।

(कल्प)

दोहा॰ चौदह मन्वंतर कहे, एक "कल्प" का काल ।
"अहोरात्र" इक ब्रह्म की, एक कल्प विशाल ।।

कल्प एक सहस्त्र हैं, इक ब्रह्मा का साल ।
आठ हजार इन वर्ष का, ब्रह्मा का "युग" काल ।।

ब्रह्मा के युग सहस हैं, एक "सवन" का काल ।
हजार सवनों का हुआ, इक "त्रिवृत्त" विशाल ।।

सहस्त्र युग हैं ब्रह्म के, दिवस विष्णु का एक ।
नौ सहस्त्र दिन विष्णु के, शिव का दिन है एक ।।

एक कल्प में "चतुर्युग," होते एक हजार ।
मन्वंतर में चार-युग, होत एकहत्तर बार ।।

"ब्रह्मवर्ष" में हैं गिने, चार युगों के काल ।
"सत्" "त्रेता" "द्वापर" "कलि," चार युगों के नाम ।।

सत्य युग में ब्रह्मवर्ष, होते चार हजार ।
त्रेता युग में ब्रह्मवर्ष, होते तीन हजार ।।

द्वापर युग में ब्रह्म के, दो हैं वर्ष हजार ।
कलि युग मैं हैं ब्रह्मवर्ष, होते एक हजार ।।

चार "चरण" का सत्य युग, त्रेता चरणन तीन ।
द्वापर के हैं चरण दो, एक चरण कलि हीन ।।

ब्रह्मवर्ष प्रत्येक में, चतुर्युग दस हजार ।
युग चारों के बीच में, "ब्रह्मासंध्या" चार ।।

ब्रह्मासंध्या एक में, वत्सर अर्ध हजार ।
चारों युग के चक्र में, बारह वर्ष–हजार ।।

(सर्ग–विसर्ग)

दोहा॰ ब्रह्म दिवस के अंत में, आता "विसर्ग" काल ।
"ब्रह्मरात्र" का काल है, जितना काल सकाल ।।

अहोरात्र है ब्रह्म की, एक कल्प का काल ।
एक कल्प के बाद में, नए "सर्ग" की चाल ।।

(चतुर्युग)

श्लोक

दिव्यैर्वर्षसहस्त्रैस्तु कृतत्रेतादिसंज्ञितम् ।
चतुर्युगं द्वादशभिस्तद्विभागं निबोध मे ।।
चत्वारि त्रीणि द्वे चैकं कृतादिषु यथाक्रमम् ।
दिव्याब्दानां सहस्त्राणि युगेष्वाहुः पुराविदः ।।
तत्प्रमाणै शतैः संध्या पूर्वा तत्राभिधीयते ।
संध्यांशश्चैव तत्तुल्यो युगस्यानन्तरो हि सः ।।
कृतं त्रेता द्वापरश्च कलिश्चैव चतुर्युगम् ।
प्रोच्यते तत्सहस्त्रं च ब्रह्मणो दिवसं मुने ।।

दोहा॰ सत युग का है देवता, ब्रह्मदेव भगवान ।
जाप तपस्या साधना, परम पुण्य का काम ।।

त्रेता युग का देवता, सूरज रवि भगवान ।
अर्जन-वर्धन ज्ञान का, भला पुण्य का काम ।।

द्वापर युग का देवता, नारायण भगवान ।
याग-योग का कर्म है, उच्च पुण्य का काम ।।

कलि युग का है देवता, शिव शंकर भगवान ।
दान-धर्म कलि काल में, श्रेष्ठ पुण्य का काम ।।

(मन्वंतर)

दोहा०   चौदह मन्वंतर कहे, एक कल्प का काल ।
छह मन्वंतर हैं हो चुके, सप्तम की अब चाल ।।

हर मन्वंतर के अलग हैं, मनु, ऋषि, दैवत, इंद्र ।
हर मन्वंतर में हुआ, दानव भी असुरेंद्र ।।

(प्रथम मन्वंतर)

मुक्तक०   पहले मन्वंतर का मनु, स्वायंभुव था नाम ।
सप्तर्षि जिसमें हुए,
मरीचि, अत्रि, अंगिरा, पुलस्त्य, पुलह, क्रतु, वसिष्ठ ।
इस मन्वंतर के देवता,
अमित, शुक्र, याम, विश्वभुक, वामदेव ।
इंद्र शचिपति नाम था ।
दानव था वष्कलि नाम ।।

(द्वितीय मन्वंतर)

मुक्तक०   दूजे मन्वंतर का मनु, स्वारोचिष था नाम ।
सप्तर्षि के नाम थे,
ऊर्ज, स्तम्भ, प्राण, वृषभ, तिमिर, दंभोलि, अर्वरीवान ।
इस मन्वंतर के देवता, तृषित, पारावत नाम ।
इंद्र विपश्चित नाम था ।
दानव पुरुकृत्सर नाम ।।

(तृतीय मन्वंतर)

मुक्तक०   तीजे मन्वंतर का मनु, उत्तम जिसका नाम ।
सप्तर्षि के नाम थे,

रथौजा, ऊर्ध्वभाहु, शरण, अनघ, मुनि, शंकु, सुतप।
इस मन्वंतर के देवता,
वशवर्ति, सुधाम, शिव, सत्य, प्रतर्दन ।
इंद्र सुशान्ति नाम था ।
दानव प्रलंब था नाम ।।

(चतुर्थमन्वंतर)

मुक्तक॰ चौथे मन्वंतर का मनु, तामस जिसका नाम ।
सप्तर्षि के नाम थे,
काव्य, पृथु, अग्नि, जन्हु, पिवर, चैत्र, ज्योतिधर्म ।
इस मन्वंतर के देवता, जिन्हें सत्य था नाम ।
इंद्र शिवि था नाम ।
दानव भीमरथ था नाम ।।

(पंचम मन्वंतर)

मुक्तक॰ पंचम मन्वंतर का मनु, रैवत जिसका नाम ।
सप्तर्षि के नाम थे,
वेदबाहु, ऊर्द्ध्वाहु, हिरण्यरोम, सुपर्जन्य, सत्यनेत्र, वेदश्री, स्वधाम ।
इस मन्वंतर के देवता,
अभूतरजस, अश्वमेधस, वैकुण्ठ, अमृत नाम ।
इंद्र ऋभु था नाम ।
दानव नाम था शांत ।।

(छठा मन्वंतर)

मुक्तक॰ छठे मन्वंतर का मनु, चाक्षुस जिसका नाम ।
सप्तर्षि के नाम थे,
हविष्मान, उत्तम, स्वधामा, विरज, मधुश्री, सहिष्णु, अभिमान ।
इस मन्वंतर के देवता,
आद्य, प्रसूत, भाव्य, लेख, पृथुक नाम ।
इंद्र मनोजव नाम था ।
दानव था महाकाल ।।

(सप्तम मन्वंतर)

मुक्तक॰ सप्तम मन्वंतर का मनु, वैवस्वत है नाम,
यही मन्वंतर वर्तमान है, आगे भविष्य सात ।

वैवस्वत को कृष्ण ने, दिया हुआ था योग ।
सप्तर्षि के नाम हैं,
अत्रि, वसिष्ठ, जमदग्नि, कश्यप, गौतम, भरद्वाज, विश्वामित्र ।
देवगण में हैं गिने,
मरुत उनचास, आदित्य बारह, रुद्र ग्यारह, वसु आठ,
विश्वदेव दस, अंगीरसदेव दस, देवगण नौ, दो अश्विनीकुमार ।।
इंद्र पुरंदर नाम है ।
दानव नाम हिरण्याक्ष ।।

(अष्टम मन्वंतर)

मुक्तक॰ भविष्य के अब सात जो, होंगे मन्वंतर ।
उनका विवरण कह रहा, पुराण साक्षात्कार ।।
अष्टम मन्वंतर का मनु, सावर्णि जिसका नाम ।
सप्तर्षि होंगे वहाँ,
अश्वत्थामा, द्वैपान, गालव, दीपिमान, ऋष्यश्रृंग, भार्गव, कृपाचार्य ।
इस मन्वंतर के देवता, होंगे सुतपा, अमिताभ, सुख गण ।
इंद्र नाम होगा बलि ।

(नवम मन्वंतर)

मुक्तक॰ नौवे मन्वंतर का मनु, दक्षसावर्णि वरुण का पुत्र ।
मेधातिथि, धृतिमान, सुतप, वसु, हव्य, स्कन्द, ज्योतिष्मान,
सप्तर्षि के नाम ।
पर, मरीचिगर्भ, सुधर्मा देवता गण नाम ।
अद्‌भुत नाम इंद्र का, दानव कालकाक्ष नाम ।।

(दशम मन्वंतर)

मुक्तक॰ दसवे मन्वंतर का मनु, ब्रह्मसावर्णि नाम ।
अयोमूर्ति, हविष्मान, सुकृति, अव्यय, नाभाग, अप्रतिमौजा, सौरभ,
सप्तर्षि के नाम ।
प्राण देवता गण नाम ।
शान्त इंद्र का नाम ।।

(एकादश मन्वंतर)

मुक्तक॰ ग्यारहवे मन्वंतर का मनु, रुद्रसावर्णि नाम ।

वपुष्मान, हविष्मान, वरुणी, भग, पुष्टि, निश्चर, अग्नितेज ।
सप्तर्षि के नाम ।
वृष देवता गण नाम ।
वृषभ इंद्र का नाम, दशग्रीव दानव नाम ।।

(द्वादश मन्वंतर)

मुक्तक० बारहवे मन्वंतर का मनु, दक्षसावर्णि दक्ष का पुत्र ।
तपस्वी, सुतपा, तपोमूर्ति, तपोरति, तपोधृति, धृति, तपोधन ।
सप्तर्षि के नाम ।
स्वधर्मा, सुतपस, हरित, रोहित देवता गण नाम ।
दिवस्पति इंद्र का नाम, दानव तारकासुर नाम ।।

(त्रयोदश मन्वंतर)

मुक्तक० तेरहवे मन्वंतर का मनु, रौच्य जिसका नाम ।
धर्म, धृतिमान, अव्यय, निशारूप, नित्यत्सक, तत्त्वदर्शी, निर्मोह,
सप्तर्षि के नाम ।
सुरोम, सुधर्म, सुकर्म, चाक्षुष ।
दिवस्पति नाम इंद्र का, दानव त्वष्टिभ नाम ।।

(चतुर्दश मन्वंतर)

मुक्तक० चौदहवे मन्वंतर का मनु, भौत्य जिसका नाम ।
आग्निध्र, अग्निबाहु, मागध, शुचि, अजित, मज्क्त, शुक्र,
सप्तर्षि के नाम ।
सुरोम, सुधर्म, सुकर्म, चाक्षुष ।
शुचि नाम इंद्र का, दानव महादैत्य नाम ।।

लक्षण ४

रघुवंश और हरिवंश

(अग्नि, कूर्म, गरुड, पद्म, ब्रह्म, भविष्य, भागवत, मरस्य, वायु और विष्णु पुराण से)

रघुवंश

(मनु विवस्वान)

दोहा॰ ब्रह्माजी का पुत्र था, मन से जो निर्माण ।
सप्तर्षियों में एक था, "मरीचि" जिसका नाम ।।

कश्यप पुत्र मरीचि का, प्रजापति था ख्यात ।
मानव-दानव का पिता, आदि पुरुष था ज्ञात ।।

कश्यपपत्नी "अदिति" का, मनु पुत्र "विवस्वान" ।
"सूरज" संज्ञा है जिसे, एतिहास में महान ।।

विवस्वान "आदित्य" था, अदिति पुत्र विख्यात ।
राजा था वह अवध का, अग्रगण्य प्रख्यात ।।

(मनु वैवस्वत)

दोहा॰ विवस्वान आदित्य का, "वैवस्वत" था पुत्र ।
चौदह मनु में एक था, "सूर्यवंश" का सूत्र ।।

इसी काल में था हुआ, महाप्रलय जलपात ।
त्राण किया सब जीव का, मनु ने जग को ज्ञात ।।

(इक्ष्वाकु)

दोहा॰ वैवस्वत का पुत्र था, "इक्षवाकु" शुभ नाम ।।
जिसके कुल में थे हुए, रघुवंशी श्रीराम ।।

(जनक)

दोहा॰ इक्षवाकु–सुत "विकुक्षी" से, प्रसिद्ध "मिथीला वंश" ।
"जनक" राज इस वंश के, कहे सूर्य का अंश ।।

(ककुत्स्थ)

दोहा॰ इक्षवाकु सुत शशाद था, जिसका सुत "ककुत्स्थ" ।
ककुत्स्थ का सुत "अनेन" था, जिसका सुत "पृथुलाश्व" ।।

"प्रश्नजीत" सुत पृथुलाश्व का, उसका सुत "युवनाश्व" ।
"मांधाता" नृप पुत्र था, जिसे जानता विश्व ।।

"मांधाता" सुत "पुरुकुत्स," "त्रसदस्यु" उसका पुत्र ।
"अनारण्य" था सुत उसका, "हर्यश्व" जिसका पुत्र ।।

"वसुमन" सुत हर्यश्व का, "सुतन्व" उसका पुत्र ।
"त्रय्यरुण्य" उसका पुत्र, "सत्यव्रत" जिसका पुत्र ।।

सत्यव्रत ही "त्रिशंकु" था, जाना भूप महान ।
"हरिश्चंद्र" था सुत उसका, जग में जिसका नाम ।।

हरिश्चंद्र जाना गया, सच्चाई प्रतिमान ।
"रोहित" उसका पुत्र था, रोहिताश्व भी नाम ।।

रोहित का सुत "चंचु" था, चंचू पुत्र "सुदेव" ।
सुदेव का सुत "भरुक" था, नृप जो सत्य सदैव ।।

(सगर महाराज)

दोहा॰ "बाहुक" पुत्र भरुक का, "सगर" उसका पुत्र ।
सगर हुआ इतिहास में, महान नाम विचित्र ।।

दिव्य सगर महाराज थे, असीम यम के भक्त ।
"असमंजस" उनका पुत्र था, दुराचार से व्याप्त ।।

(भगीरथ)

दोहा॰ निष्कासित वह राज्य से, अंशुमान का पुत्र ।
भूप "भगीरथ" सुत उसका, जाना गया सुपुत्र ।।

(राजा दिलीप)

दोहा॰ भगीरथ सुत "श्रुतनाथ" था, उसका सुत नृप "नाभ" ।

"अंबरीष" सुत नाभ का, जिसे नाम अमिताभ ।।

"सिंधुद्वीप" था सुत उसका, पुत्र उसे "आयुताश्व" ।
आयुताश्व सुत "ऋतुपर्ण" था, दैवी जिसका पार्श्व ।।

"आर्तपर्णी" सुत उसका, जिसका पुत्र "सुदास" ।

सुदास सुत था "मित्रसखा," श्राव्य कहा इतिहास ।।

"अश्मक" उसका पुत्र था, "मूलक" जिसका पुत्र ।
"शतरथ" उसका पुत्र था, "एलावेल" फिर पुत्र ।।

अंगज एलावेल का, भूप "विश्वसह" नाम ।
पुत्र विश्वसह भूप का, भूप "दिलीप" सुनाम ।।

(रघु)

दोहा॰ पुत्र भूप दिलीप का, "दीर्घबाहु" था वीर ।
क्षत्रिय कुल में श्रेष्ठ था, राजा "रघु" रणधीर ।।

राजा रघु सम्राट था, जाना चरित्रवान ।
सुत उसका "अज" भूप था, पावन पिता समान ।।

(राजा दशरथ)

दोहा॰ अज राजा का पुत्र था, "दशरथ" भूप महान ।
सूर्यवंश में श्रेष्ठ था, जिनका सुत "श्रीराम" ।।

(श्रीराम)

दोहा॰ दशरथ के सुत चार थे, राम हटाते विघ्न ।
अनुज जिन्हें बहु प्रिय थे, लखन भरत-शत्रुघ्न ।।

(लव-कुश)

दोहा॰ "लव-कुश" सुत थे राम के, कुश थे अगले भूप ।
रघु सुत सात्त्विक भूप थे, कुश थे रघुवर रूप ।।

नृप कुश का सुत "अतिथि" था, "निषध" अतिथि का पुत्र ।
निषध पुत्र "नल" राज था, "पुंडरीक" नल पुत्र ।।

"क्षेमधन्वा" सुत उसका, जिस का "देवानीक" ।
उसका सुत "अहीन" था, चरित्र जिसका नीक ।।

सुत उसका परिपात्र था, "दल-बल" पुत्र-प्रपौत्र ।
बल का सुपुत्र "औंक" था, औक भूप था पात्र ।।

औंक पुत्र "व्रजनाथ" था, "शंखन" उसका पुत्र ।
शंखन पुत्र "ध्युतिताश्च" था, "विश्वसह" जिसका पुत्र ।।

"हिरण्यनाभ" सुत उसका, उसका सुत था "पुष्य" ।
सुत उसका "धृवसंधि" था, "सुदर्शन" उसका पुत्र ।।

"अग्निवर्ण" था सुत उसका, उसका सुत था "शीघ्र" ।
"मरु" उसका सुत वीर था, "प्रसुश्रुत" उसका पुत्र ।।

"सुसंधि" उसका पुत्र था, जिसका सुत था "मर्ष" ।
मर्ष सुत "सहस्वान" था, "विश्रुतवान" सहर्ष ।।

(बृहद्दल)

दोहा॰ पुत्र "बृहद्दल" भूप था, महाभारत कालीन ।
"बृहत्क्षय" था सुत उसका, पांडु पक्ष में लीन ।।

"ज्ञेय" भूप था सुत उसका, "वत्सव्यूह" था पौत्र ।
"दिवाकर" उसका पुत्र था, "सहदेव" उसका पुत्र ।।

वीर पुत्र सहदेव का, राजा था "बृहदश्व" ।
"भानुरथ" था सुत उसका, सुत उसका "प्रतिकाश्व" ।।

पुत्र "सुप्रतिक" था उसका, सुत उसका "मरुदेव" ।
"सुनक्षत्र" था सुत उसका, भजता प्रजा सदैव ।।

"किन्नर" उसका पुत्र था, "सुपर्ण" उसका पुत्र ।
"बृहद्राज" सुत था उसका, "धर्मी" उसका पुत्र ।।

(शुद्धोधन)

दोहा॰ "कृतंजय" था सुत उसका, "रणंजय" उसका पुत्र ।
"संजय" उसके पुत्र का, "शुद्धोधन" था पुत्र ।।

शुद्धोधन महाराज था, गौतम उसका पुत्र ।
सिधार्थ गौतम शाक्य था, "राहुल" उनका पुत्र ।।

"प्रसेनजीत" सुत उसका, "क्षुद्रक" उसका पुत्र ।
क्षुद्रक का सुत "रणक" था, "सुरथ" रणक का पुत्र ।।

"सुमित्र" सुत था रणक का, अंतिम रविकुल भूप ।
रविकुल था यह अवध का, क्षत्रिय श्रेष्ठ अनूप ।।

हरिवंश

(चंद्र वंश)

दोहा॰ निसर्ग विकसित ब्रह्म से, सब कुछ ब्रह्म स्वरूप ।
ब्रह्मा से निर्माण है, मनव-दानव रूप ।।

पुत्र प्रजापति अत्रि का, अनसूया सुत "चंद्र" ।
वैवस्वत मनु की सुता, "इला" से मिला चंद्र ।।

पुत्र चंद्र का "बुध" हुआ, "पुरुरव" बुध का पुत्र ।
पुरुरव का सुत "आयु" था, तेजस्वी था गात्र ।।

(ययति)

दोहा॰ आयु पुत्र नृप "नहुष" था, इंद्र देव का रूप ।
"ययाति" उसका पुत्र था, महान था वह भूप ।।

दो भार्या थी ययाति की, "शर्मिष्ठा" थी ज्येष्ठ ।
"देवयानी" दूसरी, जानी वधू कनिष्ठ ।।

शर्मिष्ठा सुत "पूरु" था, पांडव कुल का ज्येष्ठ ।
देवयानी का सुत "यदु," यादव कुल का श्रैष्ठ ।।

(यदुवंश)

दोहा॰ यदु सुत "सहस्त्रजीत" था, उसका सुत "शतजीत" ।
"हेहय" सुत शतजीत का, पाता रण पर जीत ।।

हेयय का सुत "धर्म" था, "कुन्ति" धर्म का पुत्र ।
"भद्रसेन" सुत कुन्ति का, "धनक" भद्र का पुत्र ।।

धनक सुत "कार्तवीर्य" था, यदुकुल भूप महान ।
"कार्तवीर्यार्जुन" उसका, पुत्र हुआ बलवान ।।

महीष्मती का भूप था, बसा नर्मदा तीर ।
चक्रवर्ती वह भूप था, महान योद्धा वीर ।।

राजा "मधु" था सुत उसका, सुत जिसका नृप "वृष्ण" ।
"वृष्णि वंश" स्थापक यही, जिसमें जन्मे कृष्ण ।।

बहुत ख्यात यदु वंश था, यादव जिसका नाम ।
करते लोग समाज के, गौ पालन का काम ।। 1

जन्मे थे यदु वंश में, कृष्णचंद्र भगवान ।
जिनका मामा कंस था, महा दुष्ट शैतान ।।

(वृष्णि वंश)

दोहा॰ वृष्णि पुत्र "सुधाजीत" था, नृप "शिनि" उसका पुत्र ।
"सत्यक" शिनि का पुत्र था, "सात्यकी" जिसका पुत्र ।।

महाभारती युद्ध में, पांडु पक्ष का वीर ।
अपराजित था सात्यकी, प्रचंड जिसके तीर ।।

सात्यकी का सुत "जय" था, "कुणी" उसी का पुत्र ।
भूप कुणी का पुत्र था, वीर नृप "अनामित्र" ।।

"प्रश्नि" सुत अनामित्र का, उसका सुत "चित्ररथ" ।
भूप चित्ररथ श्रेष्ठ था, जिसका पुत्र "विदुरथ" ।।

विदुरथ का सुत "शूर" था, "सिनि" शूर का पुत्र ।
नृप सिनि का सुत "भोज" था, "हृदिक" भोज का पुत्र ।।

"शूरसेन" सुत हृदिक का, मथुरा का जो भूप ।
"वसुदेव" जी सुत उसके, गौ धनपाल अनूप ।।

वृष्णि वंश में होगए, माधव श्री यदुनाथ ।
पिता जिन्हें वसुदेव थे, और देवकी मात ।।

देवक कन्या देवकी, कान्हा की थी मात ।
उग्रसेन पितु कंस का, देवक का था भ्रात ।।

लक्षण ५

अठारह महापुराण वृत्तांत

(इस ग्रंथ का पुराण क्रम)

दोहा॰ कहे गए इस ग्रंथ में, अठराह महापुराण ।
पहला अग्निपुराण है, अंतिम स्कन्दपुराण ।।

लिया गया यह क्रम यहाँ, जैसे पुराण नाम ।
पाठक सुविधा के लिए, किया गया यह काम ।।

(प्रचलित पुराण क्रम)

दोहा॰ श्लोकों की संख्या लिए, गिनते हैं सब लोग ।
लघुतम "मार्कण्डेय" में, नौ-सहस्त्र हैं श्लोक ।।

"वामन" पुराण दूसरा, दस हजार हैं श्लोक ।
तीजे "लिंग" पुराण में, ग्यारह हजार श्लोक ।।

चौथे क्रम "ब्रह्माण्ड" में, बारह हजार श्लोक ।
पंचम "ब्रह्म" पुराण में, तेरह सहस्त्र श्लोक ।।

छठवें "मत्स्य" पुराण में, चौदह हजार श्लोक ।
"भविष्य" पुराण सातवाँ, पन्द्रह हजार श्लोक ।।

अष्टम "अग्नि" पुराण में, सोलह हजार श्लोक ।
नवम "कूर्म" पुराण में, अठारह सहस श्लोक ।।

दशम "गरुड" पुराण में, अठारह सहस श्लोक ।
"ब्रह्मवैवर्त" ग्यारहवाँ, अठारह सहस श्लोक ।।

द्वादश "भागवत" पुराण में, अठारह हजार श्लोक ।

"विष्णु" पुराण तेरहवाँ, तेईस सहस श्लोक ।।

चौदहवे "वाराह" में, चौबीस सहस श्लोक ।
"वायु" पुराण पन्द्रहवाँ, चौबीस सहस श्लोक ।।

नारद पुराण सोलहवाँ, पच्चीस सहस श्लोक ।
"पद्म" पुराण सत्रहवाँ, पचपन सहस्त्र श्लोक ।।

सबसे बड़ा पुराण है, जाना "स्कन्द" पुराण ।
अस्सी सहस्त्र से अधिक, श्लोक हैं विद्यमान ।।

मिल कर सभी पुराण में, चार लाख हैं श्लोक ।
भारत से भी अधिक हैं, कहते ज्ञानी लोक ।।

१. अग्नि महापुराण

(मंगलाचरणम्)

ॐ नमो भगवते वासुदेवाय

श्रीयं सरस्वतीं गौरीं गणेशं स्कन्दमीश्वरम् ।
बैह्माणं वह्निमिन्द्रीन्वासुदेवं नमाम्यहम् ।।

दोहा० लक्ष्मी उमा सरस्वती, ब्रह्मा स्कन्द महेश ।
करूँ वंदना अग्नि की, गिरिधर इंद्र गणेश ।।

अग्निनोक्तं पुराणं यदाग्नेयं वेदसम्मितम् ।

दोहा० अग्निदेव से जो स्वयं, हुआ जगत को प्राप्त ।
रचा उसे है व्यास ने, वेदतुल्य पर्याप्त ।। 32

अनिदेव ने था दिया, वसिष्ठ मुनि को ज्ञान ।
वसिष्ठ मुनि ने व्यास को, करने जग कल्याण ।।

सब विद्या से युक्त औ, पराऽपरा का ज्ञान ।
सब वेदों का सार है, महान अग्नि पुराण ।।

पुराण यह विज्ञान का, विशाल हे भंडार ।
विद्यमान है शास्त्र का, सब विध सह विस्तार ।।

कहे गए हैं विष्णु के, दैवी दश अवतार ।
रुद्र वसू आदित्य के, सब इक्कीस प्रकार ।।

विधान पूजा पाठ के, श्लोक-मंत्र के संग ।
ब्रह्म-विष्णु-शिव-सूर्य के, पूजन के सब अंग ।।

देवालय निर्माण का, कहा गया है शास्त्र ।
मूर्ति प्रतिष्ठा की कही, विधियाँ विविध सहस्त्र ।।

वैद्यशास्त्र भूगोल भी, ज्योतिःशास्त्र का सार्थ ।
राजनीति नृपधर्म भी, धनुर्वेद के साथ ।। 39

अस्त्र-शस्त्र प्राचीन जो, सैनिक शिक्षा रीत ।

शब्द-विषय विद्या सभी, छंदशास्त्र संगीत ।।

परिचय भारत का यहाँ, रामाराण का पाठ ।
वर्णन मत्स्यादिक यहाँ, अवतारों का आठ ।।

(और)

दोहा॰ वर्णन सुंदर सृष्टि का, दीक्षा के संस्कार ।
वास्तुशास्त्र ज्योतिष कला, कुशल वणिज व्यवहार ।।

दान धर्म व्रत पुण्य फल, खगोल का अभ्यास ।
स्वर्ग-नरक वर्णन तथा, योग वर्ण-विन्यास ।।

सूर्य-सोम वंशावली, सभी विषय वेदांत ।
जीवन उपयोगी विद्या, अर्थशास्त्र दृष्टांत ।।

गावः प्रतिष्ठा भूतानां गावः स्वस्त्ययनं परम् ।
अन्नमेव परं गावो देवानां हविरुत्तमम् ।।

दोहा॰ प्राणिमात्र की है कही, परम प्रतिष्ठा गाय ।
दुग्धद्रव्य की दायिनी, गौरक्षा की जाय ।।

आग्नेये हि पुराणेऽस्मिन्सवाइ विद्याः प्रदर्शिता ।

दोहा॰ विद्यादिग्दर्शन यहाँ, विश्वकोश के रूप ।
भारतीय संस्कार का, पुराण वेद-स्वरूप ।।

(उस दिन)

दोहा॰ उस दिन की यह बात है, अरण्य नैमिष स्थान ।
शौनक ऋषि सह यज्ञ में, मुनि जन विराजमान ।।

उसी समय पर आगए, सूत, व्यास के शिष्य ।
वर्तमान वे जानते, व्यतीत और भविष्य ।।

(सभा में)

दोहा॰ स्वागत करके सूत का, जब बैठे सब संत ।
प्रश्न पूछने लग गए, मुनिजन और महंत ।।

सब ने मिल कर सूत से, पूछी अंतिम बात ।

सब से पवित्र विश्व में, क्या है कहिए, तात! ।।

(समाधान)

दोहा॰ कहा प्रेम से सूत ने, करके निमिष विचार ।
पूजनीय श्री विष्णु हैं, दस जिनके अवतार ।।

तत्त्व गहन जो सृष्टि के, वासुदेव हैं सार ।
संकट जो हैं विश्व में, वासुदेव हैं तार ।।

मैंने पूछी थी यही, व्यासदेव से बात ।
उत्तर उनका था यही, मुझे अभी है ज्ञात ।।

बात यही मुनि व्यास को, बतला गए वसिष्ठ ।
उनको भी जो थी कही, अगिदेव ने इष्ट ।।

अग्निदेव ने था दिया, उन्हें ब्रह्म का ज्ञान ।
पा कर वह मेरा हुआ, सकल विध समाधान ।।

वही कहूँ मैं आप को, आज पूर्ण विज्ञान ।
जिसको कहता विश्व है, पावन "अग्नि पुराण" ।।

सुनिए अग्नि पुराण को, मुझसे सह विस्तार ।
सुन कर होगा आपका, भवसागर से तार ।।

दशावतार

1-10

(आदि काल में)

दोहा॰ आदि काल में ब्रह्म ने, किए प्रजापति सृष्ट ।
इक्किस परम प्रजा पिता, यथा अध: निर्दिष्ट ।।

कश्यप, कर्दम, यम, स्थाणु, अत्रि, अंगिरस, हेति ।
वसिष्ठ, मरीचि, प्रचेता, नारद, पुलह, प्रहेति ।।

भृगु, शेष, संस्त्रय, नेमी, मनु, दो सनत्कुमार ।

दक्ष, क्रतु, विकृत, धर्मा, सृष्ट किए संसार ।।

सुपुत्र कश्यप अदिति के, बारह थे आदित्य ।
उनमें मनु विवस्वान था, रूप सूर्य का सत्य ।।

संस्थापक था योग का, यज्ञ प्रवर्तक ज्ञात ।
वैवस्वत, मनु का लला, सूर्य वंश का तात ।।

मनु वैवस्वत धर्म्य था, राजनीति विद्वान ।
इक्षवाकु उसका लला, अवध महीप महान ।।

1
मत्स्यावतार

(अग्निदेव ने कहा)

दोहा॰ मनु वैवस्वत एक दिन, कृतमाला के तीर ।
बैठे थे जब ध्यान में, शांत बह रहा नीर ।।

करने अर्पण अर्घ्य फिर, लिया नीर जब हाथ ।
मनु को उस जल में दिखा, छोटा मत्स्य अनाथ ।।

जल में वापस छोड़ने, जभी उठाया हाथ ।
मनु को बोला मत्स्य वो, मुझे न छोड़ो नाथ! ।।

यहाँ अकेला नीर में, मैं हूँ बना अनाथ ।
खाने मुझको नक्र हैं, वहाँ ताक के साथ ।।

कृपया मुझे बचाइये, होंगे बहु उपकार ।
मैं भी राजन्! जगत का, हूँगा कछु हितकार ।।

मानव वाणी मीन की, सुन कर मनु को हर्ष ।
मनु के हिरदय को हुआ, अति अचरज का स्पर्श ।।

मनु ने नन्हे मीन को, कोमलता के साथ ।
रख कर छोटे द्रोण में, जोड़े उसको हाथ ।।

कुछ ही दिन में होगई, मच्छी दीर्घाकार ।
राजा ने उसको दिया, पात्र बड़ा आकार ।।

कुछ ही दिन में फिर हुई, मछली बहुत विशाल ।
राजा ने झष को दिया, रहने को इक ताल ।।

कुछ ही दिन में मीन को, छोटा पड़ा तड़ाग ।
राजा ने उस को दिया, सागर का इक भाग ।।

मनु अचरज में थे पड़े, देख कर चमत्कार ।
बोले, क्या इस मीन का, हो सकता सुविचार? ।।

बोला मनु ने मत्स्य को, निहार बारंबार ।
लगता जैसे विष्णु ने, लीन्हा है अवतार ।।

(मत्स्य)

दोहा॰ मछली बोली, आपने, सही किया अनुमान ।
मत्स्य रूप में विष्णु हूँ, संरक्षक भगवान ।।

प्रलय काल है आ रहा, लेने सब के प्राण ।
तीनों जग के जीव का, करना होगा त्राण ।।

(उन्हीं दिनों में)

दोहा॰ उन्हीं दिनों की बात है, सहसा आयी बाढ़ ।
डूब रहा तिरलोक था, उभरा विघ्न प्रगाढ़ ।।

मनु ने झष के सींग से, बाँधी नाव विशाल ।
सप्तर्षि उस पर चढ़े, मनु जिनके रखवाल ।।

(त्राण)

दोहा॰ नौका में मनु ने लिए, सभी प्रजापति आद्य ।
बीज वनस्पति के लिए, जो प्राणी के खाद्य ।।

नर–मादी सब जीव के, हुए नाव सवार ।
सभी प्रजाएँ बच गईं, नौ थी उनका तार ।।

बाढ़ भयानक आगई, जलथल था संसार ।

लोग विष्णु की शरण में, यथा उन्हें संस्कार ।।

घोर प्रलय के बाद में, नीर हुआ प्रतिसार ।
नए सिरे से फिर हुआ, नूतन प्रजा प्रसार ।।

इसी अवधि में मीन ने, बोला मत्स्य पुराण ।
सुना सभी ने शाँति से, वर्णन पुण्य महान ।।

2
कूर्मावतार

(सुर-असुर युद्ध)

दोहा॰ पुरा काल में था हुआ, सुर असुरों का युद्ध ।
नीच नीति के असुर थे, चरित सुरों का शुद्ध ।।

असुरों के आगे नहीं, चला सुरों का जोर ।
इंद्रदेव की युद्ध में, हार हो गई घोर ।।

आए सुर वैकुण्ठ में, शरण विष्णु के पास ।
देव पक्ष को मदद की, करने को अरदास ।।

इंद्र देव को विष्णु ने, बोला करने काम ।
स्पर्धा असुरों से करो, समुद्रमंथन नाम ।।

विजय तुम्हें देगा यही, तुम्हें इसी में लाभ ।
सत्ता वापस मिल सके, बोले श्री अमिताभ ।।

(समुद्र मंथन)

दोहा॰ असुरों ने जाना नहीं, देवों का यह फाँस ।
अटल हमारी विजय है, उनको था विश्वास ।।

दोनों पक्ष तयार थे, सागर मंथन काम ।
समुद्रमंथन नीर था, क्षीरसागर नाम ।।

मथनी गिरि-मंदार थी, सर्प वासुकी डोर ।
शिवजी ने अपना दिया, गल का साँप अघोर ।।

डरे असुर उस साँप से, गए पूँछ की ओर ।
शीर्ष सुरो ने फिर धरा, बिना किसी भी शोर ।।

सागर जब मथने लगे, सभी लगा कर जोर ।
मंदार डूबने लगा, संकट आया घोर ।।

सुर सारे घबड़ा गए, बिगड़ रहा था काम ।
अभ्यर्थन करने लगे, लिए विष्णु का नाम ।।

नारायण भगवान श्री, सुन कर आर्त पुकार ।
तारण करने आगए, लिए कूर्म अवतार ।।

दिया कूर्म ने पीठ पर, मथनी को आधार ।
ऊपर उठ कर क्षीर में, खड़ा हुआ मंदार ।।

समुद्र मंथन फिर चला, पुन: वेग के साथ ।
देख रहे आकाश से, ब्रह्मा–भोलेनाथ ।।

लक्ष्मी: कौस्तुभ पारिजातक सुरा धन्वन्तरीश्चन्द्रमा: ।
गाव: कामदुधा: सुरेश्वर गजो रंभादिदेवांगना: ।।

(दश रत्न)
दोहा॰ मंथन करते सिंधु से, निकला पहला रत्न ।
"कालकूट" विष नाम का, महा घोर सपत्न ।।

(कालकूट)
दोहा॰ असुरों ने वह ना लिया, करके ऊपर हाथ ।
सुरों के लिए पी गए, विष वह भोलेनाथ ।।

(सुरा)
दोहा॰ रत्न अपर निकला "सुरा," देवी वरुणी नाम ।
देवी असुरों को मिली, सुरापान अभिराम ।।

(पारिजात)
दोहा॰ "पारिजात" था तीसरा, निकला रत्न महान ।
कल्पवृक्ष के साथ में, सजा इंद्र उद्यान ।।

(कौस्तुभ)

दोहा॰ फिर निकला "कौस्तुभ" मणि, चौथा रत्न ललाम ।
मिला रत्न वो विष्णु को, अलंकार के नाम ।।

(कपिला)

दोहा॰ रत्न पुण्यमय पाँचवाँ, दैवी "कपिला" गाय ।
मिला निकेतन स्वर्ग में, कामधेनु कहलाय ।।

(उच्चैश्रवा)

दोहा॰ छठा रत्न "उच्चैश्रवा," अश्व श्वेत था रंग ।
गतिमय वाहन इंद्र का, मृदुतम जिसके अंग ।।

(ऐरावत)

दोहा॰ "ऐरावत" गज साँतवाँ, निकला रत्न विशाल ।
चार शुंड का गज यही, प्राणी-जगत कमाल ।।

(अप्सरा)

दोहा॰ रत्न आठवाँ "अप्सरा," परियाँ सुंदर चार ।
जिन्हें स्थान अमरावती, सजा इंद्र दरबार ।।

(लक्ष्मी)

दोहा॰ "लक्ष्मी" नौवा रत्न थीं, बनी विष्णु की दार ।
धनदेवी नारायणी, नमन करे संसार ।।

(धन्वंतरी)

दोहा॰ दशम रत्न "धन्वन्तरी," लाया अमृत साथ ।
अमर देव सब हो गए, सफल इंदिरानाथ ।।

3

वराहावतार

दोहा॰ कश्यप-दिति का पुत्र था, दैत्य दनु हिरण्याक्ष ।
ब्रह्मदेव का जप किए, पाया लाभ समक्ष ।।

ब्रह्मा से उसने लिया, ऐसा इक वरदान ।

अमर शक्तिशाली बना, और हुआ बलवान ।।

वर उसको ऐसा मिला, शस्त्र सके ना मार ।
किसी पुरुष से युद्ध में, उसे मिले ना हार ।।

(फिर)

दोहा॰ असुरों का राजा बना, सुर हारे सब युद्ध ।
स्वर्ग हाथ में आगया, कोई सुर न विरुद्ध ।।

पृथ्वी से सब स्वर्ग तक, उसे मिला अधिकार ।
जीत कर फिर वरुण के, पाताल पर प्रहार ।।

(मंत्रणा)

दोहा॰ तीनों जग के देवता, गए विष्णु के द्वार ।
बोले तीनों जगत का, करिए अब उद्धार ।।

त्रिभुवन पर हैं असुर के, निर्घृण अत्याचार ।
किसी न सुर से वह रुके, न ही सके वह हार ।।

गीत

धर्म विलाप

स्थायी

सुनो रे प्रभो!
धर्म का आर्त विलाप ।

अंतरा–1

फूट-फूट कर रुदन ये इसका,
दम घुटने का सुनो रे सिसका ।
पुण्य के सिर पर पाप चढ़ा है,
दंभ से, अनीति का है मिलाप ।।

अंतरा–2

अपमानित सम्मान झुका है,
सदाचार का काम रुका है ।
अनाचार सब ओर बढ़ा है,
जन गण तन-मन में संताप ।।

अंतरा-3

सत् के माथे दाग लगा है,
पग-पग पर दिन-रात दगा है ।
प्रश्न गहन अब आन पड़ा है,
कैसे नष्ट करें ये पाप ।।

दोहा॰ सुन कर उनकी प्रार्थना, विष्णु हुए तैयार ।
लेकर तीक्ष्ण कराल के, "वराह" का अवतार ।।

द्वंद्व हुआ पाताल में, हिरण्याक्ष के साथ ।
मरा असुर घायल हुए, जीते लक्ष्मीनाथ ।।

अधर्म की वह हार थी, मिली धर्म को जीत ।
श्रीधर उसके साथ हैं, जिसे धर्म से प्रीत ।।

4

नृसिंहावतार

(हिरण्यकश्यपु)

दोहा॰ भाई हिरण्यनाभ का, हिरण्यकश्यपु नाम ।
शुत्र बन गया विष्णु का, बगैर किसी लगाम ।।

मारा हिरण्यनाभ को, वराह था अवतार ।
लेने बदला विष्णु से, भाई हुआ उतार ।।

पाने को बल हस्ति का, अक्षय करके प्राण ।
ब्रह्मा का जप-तप किया, पाने को वरदान ।।

जप-तप बारह वर्ष का, दिया इष्ट परिणाम ।
ब्रह्मा प्रसन्न होगए, बोले क्या है काम? ।।

अजेय मुझको कीजिए, ब्रह्मदेव भगवान! ।
मरूँ न दिन या रात में, मुझको दो वरदान ।।

कोई पशु ना नर मुझे, शस्त्र अस्त्र तलवार ।

भीतर ना बाहर कहीं, मुझे सके ना मार ।।

ना नभ में, ना नीर में, ना भू पर जब पाँव ।
नर मुझ पर ना कर सके, कोई घातक घाव ।।

"तथास्तु" कह कर ब्रह्म ने, दिया उसे वरदान ।
"अमर वीर मैं हो गया," उसने लीन्हा मान ।।

पा कर उस वरदान को, महाबली वह दुष्ट ।
स्वर्ग जीत कर होगया, दुराचार संतुष्ट ।।

(श्री विष्णु)

दोहा॰ देव लोग सब स्वर्ग के, बेघर हुए हताश ।
हार मान कर विवश वे, गए विष्णु के पास ।।

कहा इंद्र ने विष्णु को, करो हमारा तार ।
असुर सुरों पर कर रहा, भीषण अत्याचार ।।

कहा विष्णु ने इंद्र को, चिंता करो न, तात! ।
उपाय मैं कुछ सोचता, करने सुयोग्य बात ।।

(प्रह्लाद)

दोहा॰ हिरण्यकश्यपु असुर का, पुत्र चार में ज्येष्ठ ।
नाम उसे प्रह्लाद था, भक्त विष्णु का श्रेष्ठ ।।

यत्न पिता ने सौ किए, नास्तिक करने पुत्र ।
परावृत्त वह ना हुआ, ना वह बना कुपुत्र ।।

हर प्रयत्न में हार कर, पिता हुआ नाराज ।
बोला वह, प्रह्लाद को, मारूँगा मैं आज ।।

मुझे न ऐसा चाहिए, पुत्र विष्णु का भक्त ।
रोंदूँगा-काटूँगा उसे, पी जाऊँगा रक्त ।।

(मगर)

दोहा॰ मरा न उसके हाथ से, बचा पुत्र हर बार ।
रक्षक जिसके विष्णु हों, कौन सकेगा मार? ।।

(एक दिन)

दोहा॰
इक दिन पूछा असुर ने, कैसी है यह बात ।
मार न सकता मैं तुझे, दिन हो या हो रात ।।

मारे मैंने वीर हैं, शूर असुर बलवान ।
कोई बचा न सामने, डरते हैं भगवान ।।

कहा पिता को पुत्र ने, मेरे तारक विष्णु ।
भक्तों के रक्षक वही, जिनकी लीला जिष्णु ।।

विष्णु सदा सर्वत्र हैं, सर्वाधिक बलवान ।
आकर देखो शरण में, तभी सकोगे जान ।।

(हिरण्यकश्यपु)

दोहा॰
सुन कर कहना पुत्र का, आया पितु को क्रोध ।
दिखा मुझे वो है कहाँ, लूँगा मैं प्रतिशोध ।।

मुझे मिला वरदान है, ब्रह्मा जी से आप ।
अमर असुर मैं हो गया, कर सकता हूँ पाप ।।

बुला विष्णु को तू यहाँ, उसकी होगी हार ।
बता मुझे वो है कहाँ, दूँगा उसको मार ।।

(प्रह्लाद)

दोहा॰
कण–कण में वो है बसा, दिन हो या फिर रात ।
उसका वैरी जो बने, उसका होगा घात ।।

कही पुत्र ने तात को, ठीक पते की बात ।
मगर न माना वो पिता, मारी उसने लात ।।

उठ कर फिर प्रह्लाद ने, जोड़े उनको हाथ ।
कहा पिता को पुत्र ने, बहुत विनय के साथ ।।

कहाँ दिखा दूँ आपको, विष्णु देव का रूप ।
कोई ऐसी वस्तु ना, जो ना विष्णु स्वरूप ।।

वहाँ महल का स्तंभ था, भीमकाय पाषाण ।

क्या इसमें वो विष्णु है, देने मुझे प्रमाण? ।।

अवश्य इसमें विष्णु हैं, बोल पड़ा प्रह्लाद ।
देखो इसको भंग कर, जो हो उसके बाद ।।

समझ न पाया दुष्ट वो, मति जिसकी थी भ्रष्ट ।
पा कर भी चेतावनी, साफ शब्द में स्पष्ट ।।

बड़े जोर से स्तंभ पर, कीन्हा गदा प्रहार ।
स्तंभ भंग वह होगया, और फिर चमत्कार ।।

(नरसिंह)

दोहा॰   प्रकट होगए विष्णु श्री, लेकर नृसिंह रूप ।
आधा देह मृगेंद्र का, अधा नरेंद्र भूप ।।

प्रकट हुए नरसिंह जब, नमन कियो प्रह्लाद ।
देख विष्णु को सामने, उस बालक को ल्हाद ।।

गदा उठाई असुर ने, मगर न पाया मार ।
पकड़ा उसको विष्णु ने, फँसा असुर इस बार ।।

लड़ न सका अब असुर वो, न ही सका वह भाग ।
उसे लिटया गोद में, हतबल था वह काग ।।

संध्या का वह काल था, ना ही दिन ना रात ।
ना जल ना आकाश में, न भूमि पर थी लात ।।

निजि पंजे से सिंह ने, फाड़ा उसका पेट ।
बिना शस्त्र मर कर वहाँ, अचल गया वह लेट ।।

5

वामनावतार

(राजा बलि)

दोहा॰   कुपौत्र नृप प्रह्लाद का, बलि नामक सरदार ।

असुरों का राजा बना, त्रिलोक पर अधिकार ।।

दानवीर था कर्ण सा, मगर क्रूर खूँखार ।
देवों पर करता सदा, भीषण अत्याचार ।।

निष्कासित सुर होगए, अमरावती विनष्ट ।
दुःख इंद्र का देख कर, हुआ अदिति को कष्ट ।।

कश्यप ऋषि को अदिति ने, कही इंद्र की बात ।
बोली, मैं कैसे करूँ, देवों का दुख शाँत ।।

कहा उसे पतिदेव ने, करो "पयोव्रत" आप ।
महाविष्णु पर ध्यान कर, करो उग्र तप-जाप ।।

प्रभाव से संकल्प के, प्रकट विष्णु साक्षात् ।
महाविष्णु ने अदिति को, पूछा "क्या है बात" ।।

सुन कर अदिति की व्यथा, देवों के प्रति प्यार ।
लूँगा अब अवतार मैं, बन कर पुत्र तिहार ।।

हुआ पुत्र जब अदिति का, बौना-गिट्ठा रूप ।
नाम उसे वामन मिला, मुख पर तेज अनूप ।।

देने आशिष पुत्र को, आए ऋषिवर सात ।
सूर्य ब्रह्म कुबेर जी, सोम बृहस्पति तात ।।

(एक दिन)

दोहा॰ बलि राजा ने एक दिन, अश्वमेध का यज्ञ ।
किया जभी संपन्न था, आए भार्गव तज्ञ ।।

वामन भी पहुँचे वहाँ, लेने उसमें भाग ।
तेजस्वी मुख देख कर, नृप बलि को अनुराग ।।

स्वागत वामन का किए, दिया मान का स्थान ।
बोले, क्या दूँ आपको, दान धर्म वरदान? ।।

वामन बोले, दीजिए, तीन कदम भू-दान ।
जहाँ तीन मैं पग रखूँ, होगा वह मम स्थान ।।

बलि ने बौना देख कर, कीन्हा मन अनुमान ।
कितनी लेगा भूमि ये, ठिगना नर अनजान ।।

"तथास्तु" बलि ने कहा, बिना जान परिणाम ।
देखा शुक्राचार्य ने, बलि राजा का काम ।।

बलि राजा को शुक्र ने, कह दी सच्ची बात ।
वामन ही प्रभविष्णु हैं, भूमि मत दो, तात! ।।

वचन भंग मैं ना करूँ, हुँगा मैं बदनाम ।
तीन कदम भू-दान से, होगा मम सम्मान ।।

(तब)

दोहा॰ वामन तन बढ़ने लगा, बहुत शीघ्र आकार ।
घेरा पहले पाँव ने, अखिल विश्व संसार ।।

कदम दूसरा जब रखा, घिरा सर्व स्वर्लोक ।
वामन के दो कदम ने, व्याप्त हुआ तिरलोक ।।

पाँव तीसरा अब कहो, कहाँ रखूँ, बलिराज! ।
बलि बोला मम शीर्ष पर, रख दो वामन! आज ।।

वामन अपने पाँव को, रख कर बलि के शीश ।
भेज रहे पाताल में, महाविष्णु जगदीश ।।

बलि पहुँचा पाताल में, मिला इंद्र को स्वर्ग ।
त्रिभुवन में आनंद था, देख रहे थे भर्ग ।।

6

परशुरामावतार

(क्षत्रिय राजा कार्तवीर्यार्जुन)

दोहा॰ महीष्मती का भूप था, कार्तवीर्य क्षत्रिय ।
भार्गव उसके राज्य में, द्विज-ब्राह्मण थे प्रिय ।।

ब्राह्मण कुल के मुख्य थे, जमदग्नि मुनि महान ।
सुपुत्र उनके वीर थे, भार्गव परशुराम ।।

कार्तवीर्य के पाप से, करने जग को मुक्त ।
जन्म लिया था विष्णु ने, "परशुराम" उपयुक्त ।।

(दत्त वरदान)

दोहा॰   कार्तवीर्य नृप ने किए, जप तप घोर महान ।
प्रसन्न दत्तात्रय हुए, और दिए वरदान ।।

उसे सहस-भुज बल मिला, मिले शस्त्र भी दिव्य ।
कार्तवीर्य ने जीत कर, राज्य बढ़ाया भव्य ।।

(एक दिन)

दोहा॰   शिकार करके विपिन में, कार्तवीर्य इक दिन ।
क्लांत बहुत था होगया, हुए थे वस्त्र मलिन ।।

पास दिखा आश्रम उसे, जमदग्नि का पुराण ।
आश्रम में वह रुक गया, करने को विश्राम ।।

आश्रम में उसको दिखी, इच्छाधारी गाय ।
कार्तवीर्य को धेनु ने, नेहा दिया लगाय ।।

आया जभी विनाश का, निश्चित काल समीप ।
नेहा लग कर मृत्यु से, खाया भूल महीप ।।

(कार्तवीर्य)

दोहा॰   राजा ने मुनि से कहा, मुझे चाहिये गाय ।
कामधेनु मुझको दिए, डालो प्यास मिटाय ।।

गौ है मेरे काम की, कृपा करो मुनिराय! ।
गैया मुझको दीजिये, मेरी हो यह गाय ।।

मुनि ने आकर क्रोध में, उसे किया इनकार ।
निराश होकर भूप वो, चला गया इस बार ।।

मध्य रात में एक दिन, राजा के सरदार ।

धेनु चुरा कर ले गए, जमदग्नि को मार ।।

परशुराम जी आगए, जब आश्रम में लौट ।
देख पिता के देह को, खाए हिरदय चोट ।।

परशुराम ने तब वहीं, करी प्रतिज्ञा घोर ।
मारूँगा सब जगत के, क्षत्रिय राजा चोर ।।

परशुराम ने युद्ध में, मारे क्षत्रिय वीर ।
लड़ने आए दुष्ट जो, राजा भट रणवीर ।।

यही उपक्रम था चला, जग में इक्कीस बार ।
अन्य वर्णरक्षा कियो, परशुराम अवतार ।।

7

श्रीरामावतार

गीत

विष्णु का अवतार

स्थायी

राम विष्णु का है अवतारा, असुर निकंदन सिरजनहारा ।

अंतरा–1

अधम धरा पर जब–जब छाते, प्रभु नर रूप में तब तब आते ।
काम ये उनको लगे पियारा, भव सागर का वही किनारा ।।

अंतरा–2

शिव शंकर है प्रलय को लाता, ब्रह्म विधाता, विष्णु चलाता ।
राम रमैया परम सुखारा, हरि! हरि! जिसने आर्त पुकारा ।।

अंतरा–3

राम रतन सुंदर अभिरामा, चारु चरित सिमरूँ सियरामा ।
भजले नाम राम का प्यारा, नर योनि नहीं मिलै दुबारा ।।

(सूर्य वंश)

दोहा॰ आदि काल में ब्रह्म ने, किए प्रजापति सृष्ट ।

इक्किस परम प्रजा पिता, यथा अधः निर्दिष्ट ।।

कश्यप, कर्दम, यम, स्थाणु, अत्रि, अंगिरस, हेति ।
वसिष्ठ, मरीचि, प्रचेता, नारद, पुलह, प्रहेति ।।

भृगु, शेष, संस्त्रय, नेमी, मनु, दो सनत्कुमार ।
दक्ष, क्रतु, विकृत, धर्मा, सृष्ट किए संसार ।।

सुपुत्र कश्यप अदिति के, बारह थे आदित्य ।
उनमें मनु "विवस्वान" था, रूप सूर्य का सत्य ।।

संस्थापक था योग का, यज्ञ प्रवर्तक ज्ञात ।
वैवस्वत, मनु का लला, सूर्य वंश का तात ।।

मनु "वैवस्वत" धर्म्य थे, राजनीति विद्वान ।
"इक्षवाकु" उनका लला, अवध महीप महान ।।

इक्षवाकु के वंश में, हुए महान "ककुत्स्थ" ।
"मांधाता" नृप धर्म्य थे, "हरिश्चंद्र" सत्यस्थ ।।

"भगीरथ" उनके वंश में, राजा हुए महान ।
भगीरथ कुल में "रघु" हुए, "दीर्घबाहु" संतान ।।

रघु के सुत "अज" राज थे, "दशरथ" नृप के तात ।
दशरथ सुत "श्रीराम" थे, रविकुल रवि विख्यात ।।

(रामावतार की कथा)

श्लोक

यदा यदा हि धर्मस्य हानिर्भवति भीषणा ।
तदा तदा स आयाति, भूमौ नारायणः स्वयम् ।।

दोहा॰ जब-जब हानि धर्म की, होत पाप के हाथ ।
आता रक्षक धर्म का, जैसे श्री रघुनाथ ।।

रावण का जब भर गया, घड़ा पाप से पूर्ण ।
जन्म लिया श्रीविष्णु ने, रामरूप परिपूर्ण ।।

(राम जन्म)

दोहा॰ चैत्र मास जब आगया, सबको उत्कट आस ।
दशरथ सुत के जन्म का, समय आगया पास ।।

चंपत राहु केतु थे, लक्षण सब प्रतिकूल ।
भाग विश्व के जब जगे, शुभ ग्रह थे अनुकूल ।।

तब शुभ शुभ पल चार में, विधि के ज्यों आदेश ।
दशरथ के सुत आगये, हर्षित कोशल देश ।।

कौशल्या की गोद में, आये राघव राम ।
वदन सुमंगल कमल सा, नील वर्ण घनश्याम ।।

शिशु के कर को देख के, हुए वसिष्ठ प्रसन्न ।
बोले, कोशल देश के, भाग्य हुए निष्पन्न ।।

शिशु होगा सब विश्व में, धर्म कर्म का वीर ।
सदाचार सद्भाव में, होगा अनुपम धीर ।।

विद्या बुद्धि कुशलता, दया क्षमा भंडार ।
धर्म सुरक्षा के लिये, क्षात्र तेज अंगार ।।

कैकेयी की कोख में, भरत सुभग अभिराम ।
जन्म सुमित्रा ने दिये, लखन शत्रुघन नाम ।।

गीत

राम जन्म

स्थायी

पायो जी आज, दशरथ नृप सुत पायो ।

अंतरा–1

कमल वदन, सखी! रामचंद्र का, चार चाँद लगायो ।

अंतरा–2

कौशल्या कहे, धन्य भयी मैं, राम रतन मन भायो ।

अंतरा–3

नारद शारद शंकर गौरी, कृष्ण कनाई है आयो ।

अंतरा–4

१. ताड़का वध

दोहा॰ इक दिन विश्वामित्र ने, कहा विनय के साथ ।
हमरी रक्षा कीजिए, दशरथ कोशलनाथ! ।।

कारूषा में असुर हैं, करते अति उत्पात ।
उनकी रानी ताड़का, करती है आघात ।।

सुबाहु मारिच ताड़का, शत्रु हमारे तीन ।
आए हैं परदेस से, राक्षस लज्जा हीन ।।

यज्ञ ध्यान तप तोड़ते, यज्ञ कुंड को फोड़ ।
नीच बचन हैं बोलते, लाज शर्म को छोड़ ।।

ऋषि–मुनि जन को मार कर, यज्ञ किए हैं भंग ।
तपोभूमि में आज कल, बंद भए सत्संग ।।

उन्हें मदद लंकेश की, करने कारज हीन ।
उनके छल उत्पात से, संत हुए हैं दीन ।।

(और)

दोहा॰ "असुर मचाते हैं जभी, भू पर अत्याचार ।
प्रभु लेकर अवतार तब, शठ को देते मार ।।

"एक हाथ से असुर को, करते हैं बलवान ।
दूजे कर से फिर उसे, नष्ट करें भगवान ।।

सुन सैशिक की बात को, दशरथ ने तत्काल ।
बोला, "ले लो राम को, बने ताड़का–काल" ।।

अनुमति पितुवर की लिए, माता से आशीष ।
वसिष्ठ गुरु के चरण में, रख कर अपना शीश ।।

हाथ पकड़ कर लखन का, वन को निकले राम ।
राम लखन मुनिवर चले, राह खड़े जन आम ।।

(ताड़का)

दोहा॰ महा दुष्ट है ताड़का, तीखे उसके दाँत ।

59

विशाल काया आसुरी, जीवित नर पशु खात ।।

सुत हैं सुबाहु मारिची, छल में उसके साथ ।
पाप कर्म में हैं लगे, नित तीनों के हाथ ।।

रक्त पिपासु अधम हैं, अत्याचारी ढीठ ।
ऋषि-मुनियन को मार कर, ध्वस्त यज्ञ के पीठ ।।

यज्ञ हमारे बंद हैं, नष्ट पुण्य के कर्म ।
खंडित पूजा पाठ हैं, छाया घोर अधर्म ।।

(और)

दोहा॰ आकर तीनों रात में, हँसते धेनु चुराय ।
अस्थि रक्त मल छोड़ते, गाय हमारी खाय ।।

फल-फूलन के पेड़ भी, जड़ से देत उखाड़ ।
मठ की सुंदर वाटिका, कीन्ही सर्व उजाड़ ।।

अगस्त्य आश्रम ध्वस्त है, मुनि मंडल है नष्ट ।
असुरों के आतंक से, सब संतन को कष्ट ।।

जाना हमने है जहाँ, उसी मार्ग के पास ।
आएगी वह ताड़का, खाने तुमरा माँस ।।

झपटेगी जब आप पर, सुबाहु सुत के साथ ।
आत्म सुरक्षा के लिए, लड़ो, लखन-रघुनाथ! ।।

मारेगा उस दुष्ट को, ब्रह्मचारी का बाण ।
शर से तुमरे, रामजी! जाएँ उसके प्राण ।।

पिशाच पापी भ्रष्ट को, मारेगा जो क्षात्र ।
पाप न उस नर को लगे, वही पुण्य का पात्र।।

नारी कोई ना कहीं, इतनी पापन दुष्ट ।
जितनी पामर ताड़का, मति जिसकी है भ्रष्ट ।।

नर हो, या नारी, रघो! जो है पापी स्पष्ट ।
पापी को जो दंड दे, क्षात्र वही है इष्ट ।।

राम-लखन को ताड़का, निहार वन के बीच ।
जगी प्यास मृदु माँस की, उसके मन में नीच ।।

ज्यों ही समीप आगए, मुनिवर लछमन राम ।
खड़ी सामने ताड़का, करने अपना काम ।।

उसके साथ सुबाहु था, खाने लखन कुमार ।
पीछे मारिच था खड़ा, मायावी मक्कार ।।

पीने रघुपति का लहू, खाने उनका माँस ।
झपटी उन पर ताड़का, आकर उनके पास ।।

सुबाहु लपका लखन पर, खाने लछमन माँस ।
मारिच पीछे था खड़ा, लिए विजय की आस।।

(मुनिवर)

दोहा॰ मुनि फिर बोले, रामजी! छोड़ो अपना तीर ।
मारो शर से ताड़का, अनुमति है, रघुबीर! ।।

(तब)

दोहा॰ अच्छा! कह कर राम ने, छोड़ा शिव का बाण ।
हृदय छिन्न करके तभी, लीन्हे उसके प्राण ।।

दूजे शर से लखन के, भया सुबाहु ढेर ।
तीर तीसरा लखन का, मारिच रखा उधेड़ ।।

डरा राम से मारिची, गया कारुषा छोड़ ।
दंडक वन में जा बसा, फिर से धीरज जोड़ ।।

मारिच ने लंकेश को, बतलाया सब हाल ।
रावण बोला मैं उन्हें, हनूँ बिछा कर जाल ।।

२. सीता स्वयंवर

(जनक दरबार)

दोहा॰ राजा जनक विदेह के, सद्‌गुण के भंडार ।
ब्रह्मज्ञान का स्रोत थे, अखंड गंगा धार ।।

पीने निर्मल नीर वह, आते ज्ञानी लोग ।

राजा के दरबार में, पाते अमृत भोग ।।

याज्ञ्यवल्क्य मांडव्य मुनि, अष्टावक्र सुजान ।
पाते नृप की संगती, और आत्मसम्मान ।।

विदेह के दरबार में, आते सज्जन लोग ।
तात्त्विक वाद–विवाद में, बिसराते मन शोक ।।

उन यतियों में एक थे, अष्टावक्र सुजान ।
मनीषियों में प्रमुख थे, तत्त्व विवाद प्रधान ।।

(अष्टावक्र)

दोहा॰ आठ अंग विकलांग थे, टेढ़े–मेढ़े वक्र ।
वाणी मेधा श्रेष्ठ के, जाने अष्टावक्र ।।

ज्ञानी अष्टावक्र थे, सर्वश्रेष्ठ धीमान ।
ओज–तेज से दीप्त थे, विदग्ध सूर्य समान ।।

(याज्ञवल्क्य)

दोहा॰ दूजे ज्ञानी विश्व में, याज्ञवल्क्य मतिमान ।
महासिंधु थे बोध के, अथाह जिनका ज्ञान ।।

विदेह के दरबार में, उन्हें उच्च सम्मान ।
याज्ञवल्क्य मुनि भी जिन्हें, कहते थे मतिमान ।।

ज्ञाता अनुपम वेद के, प्रचंड सद्‌गुणवान ।
ब्रह्मज्ञान के विज्ञ थे, कर्मयोगी महान ।।

आतम ज्ञान निधान थे, यथा मनु विवस्वान ।
तेजस्वी मार्तंड थे, स्मृति के स्तंभ प्रधाान ।।

(मैत्रेयी)

दोहा॰ याज्ञवल्क्य की विद्यार्थिनी, मैत्रेयी शुभ नाम ।
करके संयम साधना, पायी बहु सम्मान ।।

साथ पराशर विज्ञ के, हुआ दीर्घ आलाप ।
मुनिवर ने बोला उसे, मार्ग मिटाने पाप ।।

कर्म त्याग निष्काम है, सबसे ऊँचा योग ।
सर्व त्याग से श्रेष्ठ है, कहते ज्ञानी लोग ।।

मैत्रेयी ने पूर्णतः, किए स्वर्थ का त्याग ।
साध्वी को परमार्थ में, मिला मुक्ति का मार्ग ।।

(और)

दोहा॰ कर्मकुशल मिथिलेश थे, प्रचंड योद्धा वीर ।
नैन मूँद कर मारते, शब्दवेध से तीर ।।

मुनिजन गुणिजन की सभा, पाती सुख आनंद ।
तात्त्विक-धार्मिकविषय पर, जो भी उन्हें पसंद ।।

साधु संत समाज में, सबको था विश्वास ।
समाधान सब को मिले, जनक राज के पास ।।

जनक राज को प्राप्त था, गणेश का वरदान ।
सरस्वती ने था दिया, उन्हें परम विज्ञान ।।

सुष्ठु सुशोभित सुघट था, राजा का दरबार ।
सिंहासन अभिरूप था, रत्नजड़ित मनहार ।।

मणि मंडित नृप मुकुट था, भूषण थे अनमोल ।
पीतांबर था रेशमी, गुण थे हीरक तोल ।।

दानवीर मिथिलेश थे, कल्पवृक्ष अनुरूप ।
खाली हाथ न भेजते, कभी किसी को भूप ।।

(मिथिला में)

दोहा॰ दूर दूर से वीर थे, आए मिथिला देश ।
कुंभकर्ण के संग था, मंडप में लंकेश ।। 251

मंडप मंगल था सजा, भूमंडल पर एक ।
जिससे सुंदर था कभी, कोई सका न देख ।।

परम कला से था बना, विशाल मंडप गोल ।
बढ़कर स्वर्ग महान से, शोभा थी अनमोल ।।

ऊँचे पद पर जनक थे, सुता जानकी साथ ।
कौशिक मुनि के संग थे, बैठे कोशलनाथ ।।

सीता मोहक थी सजी, कोमल कली गुलाब ।
भई न ऐसी सुंदरी, श्रीलक्ष्मी के बाद ।।

भव्य मंच पर मध्य में, शिवधनु शोभित बाण ।
दिव्य धनुष को देख कर, भूले सबके भान ।।

(शुभ घोषणा)

दोहा॰ शुभ मुहुर्त जब आगया, हुआ पर्व आरंभ ।
सचिव सुदामा ने किया, पूजन विना बिलंब ।।

"शिव-धनु पर दरबार में, जोड़ेगा जो तीर ।
जीतेगा प्रतियोगिता, वही श्रेष्ठतम वीर ।।

"वरमाला उसके गले, डाले सीता आज ।
चुना जाएगा वर वही, नरवर तीरंदाज" ।।

वीरों को नृप ने कहा, "जो न सके शर जोड़ ।
हारा वो प्रतियोगिता, जावे मिथिला छोड़" ।।

(फिर)

दोहा॰ एक-एक कर आगए, धनुष उठाने वीर ।
ना धनुष उनसे उठा, न ही चढ़ सका तीर ।।

हारे रावण असुर भी, कुंभकर्ण सम शूर ।
निकले मिथिला छोड़ कर, घमंड चकनाचूर ।।

(राम)

दोहा॰ कौशिक मुनि =फिर राम को, करके शुभ संकेत ।
बोले, "राघव! आइए, मंगल चित्त समेत" ।।

पाकर मुनि से अनुमति, खड़े हुए श्री राम ।
बोले शिव से रामजी, "सफल बने मम काम" ।।

छू कर चरणन जनक के, लीन्हे आशीर्वाद ।
सीता ने की प्रार्थना, करके दुर्गा याद ।।

बोली, माते! अंबिके! सफल बनें श्री राम ।
मेरी सुनिये अर्चना, शिवजी, ओ भगवान! ।।

(तब)

दोहा॰ सब शठ जब मिथिला तजे, वीर बचे श्री राम ।
जन-गण विस्मित देखते, खड़ा युवक अभिराम ।।

नृप से आज्ञा पाइके, करके उन्हें प्रणाम ।
आए धनु के पास वे, लेकर शिव का नाम ।।

सिया देखती नेह से, राघव प्रभा विलास ।
करती शिव से प्रार्थना, राम विजय की आस ।।

जन-गण हरि को देखते, अति अचरज के साथ ।
बड़े-बड़े हारे, वहाँ, क्या करलें रघुनाथ ।।

किसी को न कछु था पता, क्या कर सकते राम ।
ज्ञात न उनको, राम हैं, मनुज रूप भगवान ।।

(आश्चर्य)

दोहा॰ नारद थे बरसा रहे, पुष्प सिया पर फेंक ।
आशिष राघव को दिये, मंगल परम अनेक ।।

नारद मुनिवर जानते, विधि विधान के लेख ।
मुनवर शिव से कह रहे, उमा रही है देख ।।

पत्थर से भारी बड़ी, जो थी धनुष कमान ।
नारद आशिष से बनी, हल्की फूल समान ।।

खींची डोरी राम ने, बिना किसी भी पीड़ ।
टूटा झट से शिव-धनु, ज्यों हि चढ़ाया तीर ।।

(बधाइयाँ)

दोहा॰ खींचत डोरी बाण की, ज्यों ही श्री रघुनाथ ।
टूट गया धनु हाथ में, शुभ लक्षण के साथ ।।

चकित हुए जन-गण सभी, देख राम की जीत ।
सबने जय सियराम के, गाए मंगल गीत ।।

राघव को अति हर्ष से, जनक बधाई देत ।

आशिष दीन्हे राम को, शुभ कामना समेत ।।

विजय राम की देख कर, सीता के मन तोष ।
जनपद के जन, मोद में, खोये अपने होश ।।

लख कर अद्भुत काम वो, सभा हुई गंभीर ।
बोली, रवि सम तेज ये, कौन भला है वीर ।।

(तब)

दोहा०   वर माला लाई सिया, वर उसके श्री राम ।
बाहु–हार श्री राम का, सिय को सजा ललाम ।।

ताली पीटी हर्ष से, सबने मिल कर साथ ।
गाए नारे, जन सभी, जय सिय! जय रघुनाथ! ।।

गीत

राम–नाम सुहाना

स्थायी

राम–नाम सत् नाम सुहाना, श्री राम जय राम, जय जय रामा ।

अंतरा–1

पीत पितांबर कटि पर सोहे, छवि निरंजन मन को मोहे ।
दशरथ सुत रघुवर श्री रामा, सीतापति रघुनंदन नामा ।।

अंतरा–2

कमल लोचन सूरत प्यारी, मंगल मुख मूरत मनहारी ।
परम पुरुष परमेश्वर रामा, सुर नर पूजित हरि अभिरामा ।।

अंतरा–3

रघुपति राघव दीन–दयाला, भगतन के अविरत प्रति पाला ।
परम आतमा रूप ललामा, अंतर्यामी हिरदय धामा ।।

३. कैकेयी का षड्यंत्र

गीत

राम की बातें राम ही जाना

स्थायी

सुख आना है या दुख आना, राम की बातें राम ही जाना ।
तिलक लगे कल, या बनबासा, राम ही जाने राम की भासा ।।

अंतरा-1

शीश मुकुट कंचन मणिवर का, पीत पीतांबर शुभ कटि पर था ।
कानन कुंडल मन को भाते, हार गले के नयन लुभाते ।
मुंदरी मंगल रघुनंदन की, पग में खड़ाऊँ कठ चंदन की ।
राजपुत्र सजा था सुंदर, देख प्रफुल्लित हुआ सुमंत्र ।
हो अभिषेका या बनबासा, राम का निर्णय राम के पासा ।।

अंतरा-2

सिया सजी थी राजकुमारी, केश वेश सुशोभित भारी ।
सचिव संदेसा लाया माँ से, बोला सुस्मित राम, रमा से ।
साथ सचिव के मैं जाता हूँ, आशिष माँ का ले आता हूँ ।
द्वार तक चली पति के संगा, आओ जल्दी कही धर अंगा ।
सिया खड़ी है धर मन आसा, राम ही देवे उसे दिलासा ।।

अंतरा-3

जन जनपद के ऋषि-मुनि सारे, राजा अतिथि आन पधारे ।
समारोह की हुई तयारी, मंडप में जन हर्षित भारी ।
माता हठ पर अड़ी पड़ी है, विकट समस्या करी खड़ी है ।
पिता धरा पर चित पड़े हैं, राम सामने चकित खड़े हैं ।
लिखा जा रहा है इतिहासा, राम न जाने कोई निरासा ।।

अयोध्या में

दोहा॰ सिया आ गई अवध में, स्वागत जहाँ महान ।
हर्ष भरा सब नगर था, सज-धज स्वर्ग समान ।।

सुख सागर सा शाँत था, दशरथ का परिवार ।
इन्द्र पुरी सम सुख भरा, भू पर स्वर्ग दुआर ।।

दशरथ बोले सचिव को, अवध राज्य की डोर ।
राम-सिया को सौंप दूँ, समय नहीं अब और ।।

(राजा दशरथ)

दोहा॰ दुर्बल जब होने लगी, जीर्ण देह में साँस ।
दशरथ नृप को होगया, मृत्यु समय अहसास ।।

क्या जाने ये कब बुझे, दीप ज्वलित जो आज ।
उचित समय पर मैं चुनूँ, अपना अब युवराज ।।

(क्योंकि)

दोहा॰ जर्जर अब मैं हो चुका, अंत अवस्था पास ।
पक्का मुझको अब नहीं, जीवन पर विश्वास ।।

निश्चित निर्णय आज लूँ, जन मत के अनुसार ।
चाबी सुत के हाथ दूँ, सिर से उतरे भार ।।

बाल शीश के हैं पके, आँखें दोनों क्षीण ।
टाँगें निर्बल हो गई, बाँहें हैं बलहीन ।।

क्षमता मेरी जीर्ण है, याद गया हूँ भूल ।
साँसें दुर्बल होगयी, गातों में है शूल ।।

कान काम के हैं नहीं, प्राण गए हैं सूख ।
काया थरथर काँपती, मुझे लगे ना भूख ।।

खाना पचता है नहीं, पेट करे तकरार ।
मानो तो अब है मुझे, गया बुढ़ापा मार ।।

सबका मत क्या है कहो, करें उसी अनुसार ।
निर्णय क्या अभिषेक का, किस को पद अधिकार? ।।

अग्रज सुत श्री राम हैं, राम-नाम अविकार ।
"सिंहासन पर सत्य है, अग्रज का अधिकार" ।।

अग्रज सुत राजा बने, शास्त्र किए फरमान ।
"अग्रज पहला स्थान है, ईश्वर का वरदान" ।।

(संकट)

दोहा॰ बतला कर आता नहीं, संकट का आघात ।
लुटती पूँजी जन्म की, पल में बन अज्ञात ।।

चक्कर जब दुर्भाग्य का, चलता अपने आप ।

होता बिन चेतावनी, सब चौपट चुपचाप ॥

रखो सँभाले लाख तुम, दौलत का संदूक ।
खिसके सब कुछ हाथ से, जब हो सिर बंदूक ॥

बनी बात भी बिगड़ती, जब हो पल प्रतिकूल ।
जब आता भूचाल है, पुर बन जाते धूल ॥

गिरती है जब दामनी, मीच न पाओ आँख ।
ऊँचे चौड़े वृक्ष भी, पल भर में ही राख ॥

एक हि कण स्फुलिंग का, दावानल की आग ।
वन को करता भस्म है, कोई सकै न भाग ॥

कालकूट की बूँद से, अमृत भी विष होय ।
विष के उस आघात से, बचा सके ना कोय ॥

(सूक्ति)

दोहा॰ "दुनिया के संकट सभी, राम हटावे मौन ।
संकट जो हो राम पर, उसे घटावे कौन" ॥

(कैकेयी)

दोहा॰ कुब्जा ने जैसे रची, नौटंकी की चाल ।
कैकेयी रचती गयी, नृप पर माया जाल ॥

"दो–वर दीन्हे थे मुझे, रण में, करलो याद ।
आज मुझे वे चाहिए, इस अरसे के बाद ॥

"पहले वर से तुम करो, भरत अवध का भूप ।
दूजे वर से राम को, भेजो वन मुनि–रूप ॥

"राघव बनबासी बने, पूरे चौदह वर्ष ।
वादा पूरण तुम करो, तभी मुझे हो हर्ष" ॥

(राजा दशरथ)

दोहा॰ सुन कर रानी के कड़े, कटुतम तीखे बोल ।
दशरथ नृप का हो गया, हिरदय डाँवा डोल ॥

तन–मन पीड़ा से भरा, हुई बोलती बंद ।

नागिन के उस डंक से, हुई साँस थी मंद ।।

आँखें आँसू से भरी, काया थी बल हीन ।
चक्कर खा कर गिर पड़े, दशरथ क्षण में तीन ।।

सुन कर कटुतम बेतुकी, बेधक पैनी बात ।
मूर्छित दशरथ थे भए, सुन्न पड़े थे गात ।।

४. वनवास गमन

(वनवास गमन)

दोहा०   गंगा जल को रामजी, अपने सिर पर डाल ।
निकल पड़े वनवास को, यथा बुना था जाल ।।

राम–सिया रथ पर चढ़े, लखन चला कर जोड़ ।
गुरुवर, अतिथि, जन सभी, निकले नगरी छोड़ ।।

गीत

चैती : दीपचंदी ताल

चले लंका अवध बिहारी

स्थायी

चले लंका अवध बिहारी, हो रामा,
धनुस जटा धारी ।

अंतरा–1

नीर नयनन सकल नर–नारी,
आरती करत मनहारी । हो रामा०

अंतरा–2

संग सिया है रघुवर प्यारी,
अंग पे पीत वसन डारी ।

अंतरा–3

पीछे लखन परम सुविचारी,
राम–सिया का हितकारी ।

(और)

दोहा०   जनपद के जन थे खड़े, पथ की दोनों ओर ।

१. अग्नि महापुराण

राघव को कर जोड़ते, रो कर करते शोर ।।

सिय पग पर सिर टेकते, जन-गण श्रद्धावान ।
लछमन-स्नेह सराहते, कहत धन्य हैं राम ।।

गाते भजनन भक्ति के, चलते-चलते साथ ।
प्रभु की मंगल आरती, जय सिय जय रघुनाथ ।।

गीत

राग भैरवी

वन को राम चले

स्थायी

वन को राम चले, सत् नाम चले, तज कर धाम चले ।

अंतरा-1

पापी कैकई ममता खोई, कुल-कलहों से नहीं घबराई ।
रामलला से गादी छीनी, छल से भरत के नाम कराई ।
किसी की न दाल गले ।।

अंतरा-2

वचन पिता का पूर्ण कराने, वल्कल धर निकला रघुराई ।
पीछे पीछे लछमन भाई, संग सिया बनवास धराई ।
दिन सुख के हैं ढले ।।

अंतरा-3

अवध पुरी के दुखी नर-नारी, असुवन से सब देत विदाई ।
दसरथ ने गम से दम त्यागे, माता सुमित्रा बिरहाई ।
हिय सबका ही जले ।।

अंतरा-4

सबके दिल के टुकड़े टुकड़े, कैकई मन में थी हरषाई ।
भरत राम का सच्चा भाई, गादी अवध की जिन ठुकराई ।
फल छल के न फले ।।

अंतरा-5

वाह रे राम और लछमन भाई, धन्य-धन्य तू, सीतामाई! ।
जाओ तुमको राखे राई, ब्रह्मा विष्णु शंकर साईं ।

71
अठारह महापुराण विद्या

आशिष देत तले ।।

(फिर)

दोहा॰ राघव ने सबको कहा, जाओ घर अब आप ।
स्नेह तिहारा मिल गया, अधिक न लो अब ताप ।।

हम तुमरा सुमिरण करें, मन ही मन दिन-रात ।
करो सफल वनवास तुम, फिर मिलते हैं साथ ।।

५. चित्रकूट में भरत भेंट

दोहा॰ कहा भरत ने मातु को, "कीन्हा तू अन्याय ।
दूँगा माते! राम को, नीति नियम से न्याय ।।

"जाऊँगा मैं विपिन में, जहाँ गए हैं राम ।
लाऊँगा मैं बंधु को, वापस अपने धाम" ।।

होते हुए कुलीन तू, कर्म किए हैं हीन ।
पापन कोई और ना, तुझसे अधिक मलीन ।।

माता को यों कोस कर, रोता बारंबार ।
निकल पड़ा, श्री राम को, लाने भरत कुमार ।।

करी भरत ने घोषणा, पूर्ण शपथ के साथ ।
"जाऊँगा मैं विपिन में, लाने को रघुनाथ ।।

"अवध राम का राज्य है, सभी जहाँ सुखभाग ।
वही राज हम फिर करें, लगे न कोई दाग" ।।

(चित्रकूट में)

दोहा॰ भरत विपिन जब आगया, रामचंद्र के पास ।
बोला, नैनन सजल से, मैं हूँ तुमरा दास ।।

"हाथ जोड़ बिनती करूँ, सुनो कृपालु राम ।
लखन सिया को साथ ले, चलिए वापस धाम ।।

"सिंहासन है आपका, ना वह मम अधिकार ।
सेवा तुमरी मैं करूँ, मुझे दीजिए प्यार" ।।

(राम)

दोहा॰   क्षात्र-धर्म ही न्याय है, वन हो, या हो राज ।
        पिता वचन को पालना, सत्य-धर्म का काज ॥

        पितु-आज्ञा पालन करूँ, जब तक तन में जान ।
        सिद्ध करूँगा मैं उसे, देकर अपने प्राण ॥

        धरो न धरना बैठ कर, तुम हो क्षत्रिय वीर ।
        उठो, भरत रघुवर सखे! मन में धर कर धीर ॥

(भरत)

दोहा॰   हरि के आगे हार कर, बोला भरत सुजान ।
        पादुक अपने, हे प्रभो! मुझको दो, श्रीराम! ॥

        आसन पर इनको रखूँ, नृप मैं इनके नाम ।
        शासन, राघव! मैं करूँ, जाकर नंदीग्राम ॥

        राह तिहारी मैं तकूँ, राघव! चौदह वर्ष ।
        तुम ना यदि लौटे तभी, जल जाऊँ सह हर्ष ॥

        तथास्तु लेकर राम से, निकला भरत कुमार ।
        आया लौटा अवध में, सिर पर पादुक धार ॥

६. पंचवटी में निवास

(दंडक वन में)

दोहा॰   दंडक वन में आगए, लखन सिया श्री राम ।
        बोले, "इस वन में करें, सीते! हम विश्राम ॥

        "कैकेयी माँ ने दिया, जो मुझको आदेश ।
        दंडक वन में त्यों मुझे, लाया है परमेश" ॥

गीत

सुंदर पंचवटी

स्थायी

पंचवटी अति सुंदर है, जल धारा गिरि कंदर हैं ।
रंग भरे खग बंदर हैं, मोद विपिन के अंदर है ॥

अंतरा–1

पुष्प लताएँ तरु पर हैं, कमल दलों पर मधुकर हैं ।
चटक चहकते मधु रव हैं, सौरभ अनुपम मनहर है ।
मंगल रंग समुंदर है ।।

अंतरा–2

गिरि मंडल पर हरियाली, पवन शीत प्रभाशाली ।
स्वर्ग भूमि भूतल वाली, स्वयं इन्द्र जिसका माली ।
सींचत धरती अंबर है ।।

अंतरा–3

वीणा लेकर नारद जी, कुबेर गणपति शारद जी ।
किन्नर सुर कोविद सारे, आते पंचवटी के द्वारे ।
ब्रह्मा विष्णु शंकर हैं ।।

(कुटिया)

दोहा॰ योजन दस जब आगए, दक्षिण दिश में राम ।
बोली नद गोदावरी, "कुटिया रचो ललाम" ।।

निर्मल नदिया नीर में, किया उन्हों ने स्नान ।
दीन्हा माँ गोदावरी, उन्हें कृपा वरदान ।।

वर लेकर जब आगए, पंचवटी में राम ।
बोले इस स्थल रम्य को, चलो बनाएँ धाम ।।

निकट पाँच वटवृक्ष के, समतल भूमि देख ।
पर्ण कुटी की नींव की, गाड़ी सिय ने मेख ।।

लछमन लाया काट कर, बल्ली छत–सामान ।
बनी सिया के चाह की, कुटिया स्वर्ग समान ।।

बाड़ा चारों ओर था, आगे फाटक द्वार ।
बाहर हरियाली हरी, फूलों का सिंगार ।।

(कुटिया के पास)

दोहा॰ निर्मल जल फल मधुर थे, पंचवटी में ढेर ।
आम्र वृक्ष पर कोकिला, मयूर करते टेर ।।

हरियाली में हरिण का, दिखता मनहर नाच ।
छाया देते थे घने, बरगद विशाल पाँच ।।

सीता सजती सुंदरी, कुसुमों के शृंगार ।
लछमन लाता काट कर, ईंधन, फल-आहार ।।

चूल्हा आँगन में लगा, करने रोटी पाक ।
सीता के सह रामजी, काटत सब्ज़ी शाक ।।

७. शूर्पणखा राक्षसी

(शूर्पणखा, एक दिन)

दोहा॰ जैसा था विधि ने रचा, भाग्य करम का खेल ।
इक दिन वन में होगया, चार जनों का मेल ।।

सीता बगिया में खड़ी, सींच रही थी घास ।
चूल्हा आँगन में जला, रामचंद्र थे पास ।।

राघव लेकर टोकरी, चुगत रहे थे फूल ।
लछमन झाड़ी काट कर, खोद रहा था मूल ।।

ऐसे में इक कामिनी, आई राघव पास ।
विषय वासना में रता, करने अपना नास ।।

(और)

दोहा॰ मुख मंगल श्री राम का, जब देखा अभिराम ।
कुलटा बोली राम को, कौन कहाँ तव धाम ।।

मुखड़ा राज कुमार सा, लगता तेरा, नाथ! ।
वन में लाया क्यों, सखे! इस नारी को साथ ।।

बोली दुष्टा, राम को, लाज शर्म सब छोड़ ।
बिना किसी संकोच के, विषय वासना जोड़ ।।

नगरी तज कर क्यों यहाँ, कुटिया में है वास ।
चल अब मेरे संग तू, मजे चखाऊँ खास ।।

जटा-जूट को छोड़ दे, वल्कल करके त्याग ।

मुझसे लगन लगाइके, चल! चलते हैं भाग ।।

तन मम सुगठित देख ये, यौवन से भरपूर ।
सब कुछ तुम पर वार दूँ, चलो यहाँ से दूर ।।

(राम)

दोहा॰ राघव बोले, श्रीमती! सीता मेरी दार ।
उधर खड़ा तरु काटता, भाई लखन कुमार ।।

नाम ध्येय अपना कहो, को है तुमरा गाँव ।
बहिना! सुख से बैठ कर, भोजन करके जाव ।।

कंद मूल की शाक है, फल मीठे रसदार ।
गरम रोटले हैं बने, बीच सिया का प्यार ।।

(कुलटा)

दोहा॰ सुन कर बैना राम के, उसको आया क्रोध ।
बोली, सिय को खाइके, तुझे सिखाऊँ बोध ।।

रूप सुहाना छोड़ कर, किया रूप विकराल ।
आँखें मोटी लाल सी, बिखरे भूरे बाल ।।

खड़ी हुई वो क्रोध में, खड्ग हाथ में धार ।
ऊँची तगड़ी राक्षसी, अधम असुंदर नार ।।

बोली, मेरे बंधु हैं, बसे समुंदर पार ।
बीर बिक्रमी असुर है, कोई सकै न मार ।।

भाई दशमुख है महा, धीर असुर लंकेश ।
कुंभकर्ण मम भ्रात है, विभिषण के प्रति द्वेष ।।

खर–दूषण मम बंधु हैं, महावीर बलवान ।
"शूर्पणखा" मम नाम है, रानी मुझको जान ।।

(और)

दोहा॰ मुनि मर्दन भाता हमें, रुचिकर नर का माँस ।
मेरे संगी तुम बनो, आओ मेरे पास ।।

तजो सिया को, हे सखे! मैं हूँ तेरी नार ।
मंत्र मुग्ध करदूँ तुम्हें, करलो मुझसे प्यार ।।

सीता को मैं खा हि लूँ, लक्ष्मण को भी साथ ।
तभी अकेले तुम मेरे, हो जाओगे नाथ ।।

(फिर)

दोहा॰   इतना कह कर पापिनी, बड़े वेग के साथ ।
लपकी सिय को मारने, खड्ग घुमा कर हाथ ।।

विद्युत गति से लखन ने, कीन्हा परशू वार ।
कटी नाक उस धृष्ट की, सिय को सकी न मार ।।

(फिर, लंका में)

दोहा॰   गाली बकती राक्षसी, लंका पहुँची नीच ।
रोई ऊँचे शोर में, राज सभा के बीच ।।

सनी रक्त से राक्षसी, देख सभा के लोग ।
हाय! हाय! करने लगे, भरा भवन में सोग ।।

कोलाहल ऊँचा मचा, धधक उठा सब देश ।
लंका पर बिजली गिरी, क्रुद्ध हुआ लंकेश ।।

८. खर-दूषण राक्षस

(खर)

दोहा॰   खर बोला, बहिना प्रिये! हम हैं तेरे साथ ।
कौन तुम्हें घायल कियो, बोलो सारी बात ।।

किसका आया मरण है, घोर दुखों के साथ ।
नाक कान पद खड्ग से, काटूँ उसके हाथ ।।

टुकड़े करके देह के, कर दूँ उसका नास ।
मुंडी उसकी काट कर, लाऊँ तेरे पास ।।

(दूषण)

दोहा॰   बहिना का मुख देख कर, दूषण भया अवाक् ।
राक्षस बोला, कौन वो, जिसने काटी नाक ।।

कहाँ शत्रु का वास है, क्या है उसका नाम ।
साथ दुष्ट के कौन हैं, करता क्या है काम ।।

काटूँगा उसका गला, भाग न पावे चोर ।
चुप होजा तू अब जरा, अधिक मचा मत शोर ।।

(रावण)

दोहा॰ निहार बहिना की व्यथा, रावण के मन क्रोध ।
बोला, इस दुष्कर्म का, लेंगे हम प्रतिशोध ।।

बोलो को वो वीर है, बोलो उसका नाम ।
सेना अपनी भेज कर, करता उसे तमाम ।।

हम बलशाली वीर हैं, सेना हमरे पास ।
खर–दूषण को भेज कर, करते उसे खलास ।।

कैसे वो लड़ पाएगा, हमरे दल के साथ ।
खर–दूषण के सामने, होगी उनकी मात ।।

(शूर्पणखा)

दोहा॰ देख बंधु का प्यार वो, क्रोधित जिसका गात ।
बहिना ने उसको कही, वन की सारी बात ।।

दसरथ सुत हैं दो युवा, राम–लखन हैं नाम ।
सुंदर तरुणी साथ है, पंचवटी है धाम ।।

दंडक वन में है बसा, पंचवटी का धाम ।
सह्याद्रि के विपिन में, कुटिया है अभिराम ।।

(युद्ध)

दोहा॰ निकले खर–दूषण तभी, लेकर सेना साथ ।
राम–लखन से समर में, करने दो–दो हाथ ।।

खड़े राम लछमन हुए, लेकर अक्षय बाण ।
बोले राघव असुर को, राखो अपने प्राण ।।

पाँच निमिष फिर राम थे, खड़े धनुष को धार ।
छठे निमिष खर ने किया, आक्रम बिन–ललकार ।।

राम–लखन के धनुष से, बरसे शर घनघोर ।
खर–दूषण दोनों मरे, बहुत मचा कर शोर ।।

गीत

दादरा ताल 6 मात्रा

शस्त्रधर राम

स्थायी

श्री राम धरे जब, शस्त्र हाथ में, पाप न कोई बचना ।
बचना, साँप न कोई डसना ।।

अंतरा–1

असुरों ने जब, संकट कीन्हा, राघव ने है रक्षण दीन्हा ।
अब, डर नहीं मन में बसना, बसना ।।

अंतरा–2

विघ्न कष्ट सब, राम उबारे, पाप ताप सब राम उतारे ।
अब, राम सहारा अपना, अपना ।।

९. सीता अपहरण

(मारिच)

दोहा॰ मारिच राक्षस आगया, सिय–कुटिया की ओर ।
बना हुआ मृग सुनहरा, झूठ उचक्का चोर ।।

(सीता)

दोहा॰ कांचन–मृग को देख कर, चरता चारों ओर ।
बोली, कैसा चतुर है, चंचल ये चित चोर ।।

पति अरु देवर को सिया, लगी बुलाने पास ।
"आओ तुरत" पुकारती, देखो अचरज खास ।।

उसको लाओ पकड़ कर, बने पालतू मीत ।
कुटिया में उसको रखूँ, उससे जोड़ूँ प्रीत ।।

मीठी बातें मैं करूँ, निश–दिन उसके साथ ।
उठो पकड़ कर लाइयो, मृग को, प्रिय रघुनाथ! ।।

लेखा विधि का हो यथा, वैसे होता काम ।
विषम घड़ी हो जब लिखी, सुमति होत नाकाम ।।

पंडित होते मूढ़ हैं, गोते खात सुजान ।
मृगजल पीने मन करे, माया सकै न जान ।।

कर्म-फलों का फेर ये, कठपुतली का खेल ।
सीता हो या राम हो, लेना पड़ता झेल ।।

माया सीता पर चली, निहार मृग का रूप ।
उसके आगे राम भी, हार गए सुरभूप ।।

(रावण)

दोहा॰ भिक्षां देहि! का किया, मुख में शुभ उच्चार ।
रावण आया भिक्षु बन, मन में नीच विचार ।।

वचन लखन के भूल कर, आई रेखा पार ।
रावन ने पकड़ी सिया, रामचंद्र की नार ।।

उठाय काँधे पर उसे, वायुयान में डार ।
दक्षिण दिश में उड़ गया, लेकर रघु की दार ।।

(जटायु)

दोहा॰ उसी समय था जा रहा, उड़ता एक विहंग ।
जटायु, गाता नाम को, भक्ति भाव के संग ।।

सुन सीता की हाँक वो, "मुझे बचाओ नाथ!" ।
पंछी मुड़ कर आगया, शीघ्र वेग के साथ ।।

आया जब खग वीर वो, वायुयान के पास ।
देखी उसने जानकी, रोती हुई उदास ।।

जटायु ने लंकेश को, बोला, "स्त्री को छोड़" ।
"पर नारी को छेड़ना, पाप बहुत है घोर" ।।

(मगर)

दोहा॰ रावण ने तलवार से, कीन्हा उस पर वार ।
हुए विहंग जटायु पर, बारंबार प्रहार ।।

वीर जटायु ने कहा, "सत्य-धर्म की आन ।
नारी-रक्षा मैं करूँ, चाहे निकले प्राण ।।

"नारी-रक्षा पुण्य है, जिसमें जात न पात ।
सबसे ऊँचा धर्म है, सबसे अच्छी बात" ।।

(तब)

दोहा॰ लड़ते लड़ते खड्ग का, लगा जोर से वार ।
कटा पंख जटायु का, बही रक्त की धार ।।

विहंग अब ना उड़ सका, अधमूआ प्रभु-दास ।
गिरा भूमि पर धाँय से, गिनत आखिरी साँस ।।

आसमान से खग गिरा, लिए राम का नाम ।
हड्डी पसली चूर थी, फिर भी मुख में राम ।।

१०. राम-हनुमान मिलन

श्लोक

इतिहासयनन्यं किं वरिष्ठं मिलनं मतम्?।
विश्वे श्रेष्ठतमं पुण्यं रामहनुमतोर्मतम् ।। 1

पूज्यं महत्त्वपूर्णं च स्मर्तव्यं रोमहर्षदम् ।
धार्मिकं हार्दिकं रम्यं सुखदंचैतिहासिकम् ।। 2

लेख्यं च पठितव्यं च रोमाञ्चकं च सुन्दरम् ।
श्राव्यं गेयं च श्रोतव्यं शुभं हृद्यं सनातनम् ।। 3

पवित्रं मङ्गलं धन्यं भावनं तुष्टिदायकम् ।
गुह्यं गूढं च वन्द्यं च रोचकं पापमोचकम् ।। 4

दोहा॰ सबसे उत्तम कौनसा, मिलन जगत में एक?।
मेल राम-हनुमान का, जाना सबसे नेक ।।

वरिष्ठ जग इतिहास में, अपूर्व विश्वमहान ।
रामचंद्र से जब मिले, पवन पुत्र हनुमान ।।

हुआ न होगा फिर कभी, इससे मेल वरेण्य ।
स्मरण मिटाता पाप है, अटूट देता पुण्य ।।

महत्त्वपूर्ण शुभ पूज्य है, धार्मिक हार्दिक रम्य ।

रोचक रोमांचक तथा, संकट मोचक गम्य ।।

लेखनीय पठनीय जो, ज्ञेय गेय सुभ नाम ।
श्रव्य श्राव्य मंगल तथा, पावन है वरदान ।।

वन्दनीय है गूढ़ भी, सुख दायक जो मेल ।
हृद्य सनातन गुह्य का, विधि ने खेला खेल ।।

राम मिले हनुमान से, लिया मोड़ इतिहास ।
मिला कीश श्री राम से, बना राम का दास ।।

इतना सुंदर दिव्य सा, सुना कभी न मिलाप ।
इतना शुभ परिणाम हो, इतनी गहरी छाप ।।

(अत:)

दोहा॰ मिलने रघुवर राम से, दूत बना हनुमान ।
बहुत सोच विधि ने किया, अनुपम ये अनुमान ।।

गीत

राग काफी, कहरवा ताल 8 मात्रा

रामदास

स्थायी

रघु मिलन को आया दास पवन सुत ।
शिव की है माया गंगाधर की ।
किष्किंधा के घन गिरि वन में । सुग्रीव दूत, रे ।।

अंतरा–1

वाणी कपीश की, शुद्ध सुसंस्कृत ।
देगई रामजी को, बिसवास रे ।
सामने जो है खड़ा, राम के । राघव दास, है ।।

अंतरा–2

वाली ने सुग्रीव की, भार्या चुरा कर है ।
राम जी के हाथ, मरण सिधारा रे ।
सुग्रीव कपि को, राज मिला । अंगद नंद, है ।।

अंतरा–3

शिवजी लीन्हे, रूप कपि के ।
सिया खोजके, वापस लाने ।
राम–सिया को, साथ मिलाने । दैवी रूप, है ।।

(राम–हनुमान मिलन)

दोहा॰ "मिलन राम–हनुमान का, अमित परम इतिहास ।
राम चरण में आगया, रामचंद्र का दास ।।

"इससे बढ़ कर अरु नहीं, मेल किसी का खास ।
चल कर आया आप ही, दास राम के पास ।।

"परम विधाता ने दिया, रघुवर को वनवास ।
संगम सरिता का भया, बिना मिलन की आस ।।

"गंगा से यमुना मिली, यमुना बनी महान ।
रामचंद्र के मेल से, बना कीश भगवान ।।

"कारण–साधन जब मिलें, ठीक बने अनुमान ।
नारायण–नर मिलन ही, रामचंद्र–हनुमान" ।।

(तथा ही)

दोहा॰ सुख में संगी हैं सभी, दुख में टिकै न कोय ।
जो संकट में साथ हो, सच्चा साथी होय ।।

सदा सभी से यों मिलो, जैसे तन से प्राण ।
को जाने किस वेश में, आन मिलें भगवान ।।

(हनुमान)

दोहा॰ देखा राघव को जभी, कपि का हर्षित गात ।
रोम–रोम हनुमान का, पुलकित सुख के साथ ।।

मंद हास्य मुख पर लिया, हृदय बसा कर राम ।
जोड़े दोनों हाथ को, किया विनम्र प्रणाम ।।

चरणन शीश झुकाय कर, लीन्हो पद रज भाल ।
उत्तमतम रसना किए, बोला, "जय जगपाल!" ।।

(अथ)

दोहा॰ सविनय वाणी में कहा, मंगल मय तव रूप ।
मुखमंडल के तेज से, लगते हो सुरभूप ।। 433

वल्कल कटि पर शोभते, कर में धनुष तिहार ।
महावीर हो तुम, प्रभो! मैं नत तुम्हें निहार ।।

(फिर राम बोले)

दोहा॰ हनुमत! अब हमको कहो, क्यों सुग्रीव कपिराज ।
किष्किंधा को छोड़ कर, इस गिरि पर है आज ।।

११. राम-सुग्रीव मिलन

(हनुमान)

दोहा॰ चलिए! कह कर चल पड़े, पहुँचे सुग्रीव पास ।
राम-लखन दो बंधु के, संग राम का दास ।।

गिरि पर, वन की राह से, चढ़े राम-हनुमान ।
लखन लला पीछे चला, गाता जय जय राम! ।।

ऊँचे टीले पर दिखा, सुग्रीव नृप का धाम ।
किला मनोरम था बना, कपि सेना का काम ।।

(सुग्रीव)

दोहा॰ कपि सँग देखे राम को, हरषाया सुग्रीव ।
कपिवर राघव से मिला, जोड़ ग्रीव से ग्रीव ।।

काँधे पर श्रीराम के, रख कर अपना शीश ।
ढारे मोती अश्रु के, हर्षित गात कपीश ।।

(राम)

दोहा॰ सजल नयन श्री राम ने, कहा कुशल अरु क्षेम ।
पास बिठा कर कीश को, जतलाया निज प्रेम ।।

राघव ने सुग्रीव का, धरा हाथ में हाथ ।
बतलाई कपिराज को, "दो-वर" वाली बात ।।

लेकर आज्ञा राम से, सुग्रीव नृप कपिराज ।
दीन्ही वानर सैन्य को, बढ़ने की आवाज ।।

अंगद, कुंजर, केसरी, जाँबवंत, नल, नील ।
सुषेण, दधिमुख, मारुती, हरि, हनुमान, अनील ।।

सुंद, सुमाली, पुंडरी, सब सेनानी कपिवीर ।
हुए सज्ज दल बल लिए, युद्ध कुशल रण धीर ।।

टिड्डी दल सम छा गए, निष्ठा से सह जोश ।
किष्किन्धा से चल पड़े, करते जय जय घोष ।।

१२. सेतु बंधन

(सागर तीर पर)

दोहा॰ लंका आगे देख कर, कपि गण में था जोश ।
उछल कूद कर, कर रहे, "रामचंद्र-जय" घोष ।।

राम सोचते, किस तरह, जाएँ सागर पार ।
सीता खोजन-काज का, करिए सोच विचार ।।

(निर्णय)

दोहा॰ निर्णय कीन्हा, हम रचें, सागर सेतु विशाल ।
देख-देख जिसको रहे, त्रिलोकनाथ निहाल ।।

सदृढ़ ऐसा पुल बने, ढहे न हमरे बाद ।
अमर विश्व में चिर रहे, शाश्वत उसकी याद ।।

(तब)

दोहा॰ जितनी जल्दी हो सके, बने सेतु अभिराम ।
पता न रावण को चले, गोपनीय हो काम ।।

नील बनायो योजना, अंगद शिल्पाकार ।
हनुमत-नल लाते शिला, सुग्रीव था सरदार ।।

(अत:)

दोहा॰ आज्ञा सुग्रीव से लिए, सैनिक सब तत्काल ।
अपने-अपने काम में, करने लगे कमाल ।।

पत्थर गिरि से काट कर, ढोते कपि दल भार ।
गिरि से सागर तक खड़े, लंबी किए कतार ।।

सीता के शुभ नाम से, हुआ शिला का न्यास ।
विशाल सेतु प्रकल्प का, हुआ शुरू आयास ।।

गीत

सेतु बंधन

स्थायी

श्री राम का शुभ नाम लिख-लिख, पवन सुत शिला तरै ।
जल सेतु बंधन, सिंधु तारण, कपीश दल सेवा करै ।।

अंतरा-1

जाँबवंत सुग्रीव हनुमत, राम-काज करन खटै ।
नल नील अंगद ऋष मरुत कपि, राम का शुभ नाम रटै ।।

अंतरा-2

भानु आतप तनु तपा कर, स्वेद बिंदु जल में गिरै ।
उस पूज्य पावन नीर में, शिला सेतु तारन काज करै ।।

अंतरा-3

लंका दहन, रावण हनन, सिंधु योजन दूर उड़ै ।
कपि वायुपुत्र वानर दल, सब राम जाप का मोद लुटै ।।

(राम-नाम)

दोहा॰ बिंदु-बिंदु से सिंधु है, शिला-शिला से पूल ।
पग-पग आगे बढ़ चले, निश-दिन कपि मिलजूल ।।

जाँबवंत, नल, नील भी, सुग्रीव, कपि हनुमान ।
ऋष्य, मरुत, अंगद सभी, लिखै राम का नाम ।।

राम-नाम से काम हो, राम-नाम से गीत ।
राम-नाम हर साँस में, राम-नाम से जीत ।।

राम-नाम ही आर है, राम-नाम ही पार ।
संकट मोचन काज में, राम-नाम असि-धार ।।

राम-नाम में तार है, भवसागर का पार ।
बिना नाम के हार है, रघुवर जीवन सार ।।

राम-नाम सुख देत है, सब विध दुक्ख मिटाय ।
भाता मुख में नाम है, हिरदय राम बिठाय ।।

मोती राघव नाम है, पावन अंतर्ज्योत ।
राम-नाम मन शाँति है, आत्मज्ञान का स्त्रोत ।।

राम-नाम जादू चले, जहर बने अमरीत ।
बने अघट भी सुघट है, बने हार से जीत ।।

राम-नाम रटते रहो, मन में धर कर धीर ।
राम-नाम पत्थर तरे, लाँघन सागर नीर ।।

राम-नाम इस आर है, राम-नाम उस पार ।
राम-नाम मझधार है, राम नाम संसार ।।

राम-नाम से आदि हो, राम-नाम से अंत ।
राम-नाम से काम हो, कहते सज्जन संत ।।

राम-नाम लिख-लिख बना, सागर सेतु विशाल ।
पावन शाश्वत सेतु को, विश्व लखे चिरकाल ।।

गीत

राग दुर्गा, दादरा ताल 6 मात्रा

राम नाम

स्थायी

राम लिखो, नाम लिखो, राम लिखो, नाम रे ।

अंतरा-1

शिला तरे, सेतु बने, स्वेद बिंदु ढार रे ।
राम जपो, नाम रटो, तभी बने काम रे ।।

अंतरा-2

जादू भरा, महा भला, राम राम-नाम रे ।
काम करो, काम करो, राम को लो थाम रे ।।

अंतरा-3

राह तके, सिया वहाँ, रात दिवस जाग के ।

87

अँगुठी को देख देख, कहे प्रभो राम रे ।।

(लंका प्रवेश)

दोहा॰   राम–नाम गाते चले, लाँघत सागर नीर ।
पुल से लंका आगए, राघव के कपि वीर ।।

आई सेना राम की, लेकर सब सामान ।
स्थान कहा हनुमान ने, लड़ने को आसान ।।

१३. लंका दहन

(लंका में हनुमान)

दोहा॰   कपि ने रावण से कहा, सुनो, प्रभो! लंकेश ।
भेजा है श्री राम ने, तुमको शुभ संदेश ।।

सीता लौटा दो, प्रभो! अभी प्रेम के साथ ।
पछताओगे तुम मगर, करके दो–दो हाथ ।।

(रावण)

दोहा॰   सुन कर भी शुभ बात वो, उसे न आई जाग ।
बोला, कपि की पूँछ में, अभी लगा दो आग ।।

अपमानित करदो उसे, होगा ठीक दिमाग ।
लौट न आवेगा पुनः, डर कर जावे भाग ।।

(मगर)

दोहा॰   ज्यों ही कपि की पूँछ को, रावण ने दी आग ।
बंधन सारे तोड़ कर, शीघ्र गया कपि भाग ।।

महल–महल फिर कूद कर, कहता "जय जय राम" ।
आग लगी सब नगर में, जले असुर के धाम ।।

जलें असुर के महल हीं, और न था उत्पात ।
जल ना जावे वाटिका, उत हैं सीता मात ।।

हनुमत कूदा महल पर, बन कर रावण काल ।
जले असुर के महल ही, सिया सुरक्षित हाल ।।

(विभीषण)

दोहा॰ उस लंका के द्वीप पर, जहाँ असुर सरकार ।
सौम्य विभीषण एक था, सदाचार अवतार ।।

भाई से वह लड़ पड़ा, देने सद् उपदेश ।
बोला, सीता छोड़ दे, मम भाई लंकेश ।।

बोली उसने बंधु को, सदाचार की रीत ।
पर नारी को छेड़ कर, मिले न तुझ को जीत ।।

रख कर पत्नी राम की, खोएगा तू प्राण ।
अभी समय है सुलह का, करले अपना त्राण ।।

रावण को निज बंधु की, जची नहीं वह बात ।
भाई को तब क्रोध में, मारी उसने लात ।।

और विभीषण को तभी, कटुतम बचनन बोल ।
भगा दिया निज भवन से, द्वार महल का खोल ।।

गीत

राग भैरवी, कहरवा ताल

जै हनुमान

स्थायी

जै हनुमान जै जै, जय हनुमान, जै हनुमान महान ।
जै हनुमान सुजान, जै हनुमान तूफान ।।

अंतरा–1

सागर लाँघन जै हनुमान, जानकी ढूंढन जै हनुमान ।
सेतु बंधन जै हनुमान, प्रणाम तुमको जय हनुमान ।।

अंतरा–2

लंक जरावन जै हनुमान, लखन संजीवन जै हनुमान ।
असुर निकंदन जै हनुमान, प्रणाम तुमको जय हनुमान ।।

अंतरा–3

अंजनी नंदन जै हनुमान, सब दुख भंजन जै हनुमान ।

हे जग वन्दन श्री हनुमान, प्रणाम तुमको जय हनुमान ।।

१४. राम-रावण युद्ध

(कुम्भकर्ण और मेघनाद)

दोहा॰ रावण राजा वीर है, मायावी तूफान ।
कुंभकर्ण पर्वत यथा, महाकाय बलवान ।।

इन्दजीत लंकेश का, मायावी है पूत ।
उसके कर ब्रह्मास्त्र है, जैसे यम का दूत ।।

समर भयंकर जब छिड़ा, कुंभकर्ण के साथ ।
रक्षा करने को बढ़े, बाण लिए रघुनाथ ।।

छोड़ा रघु ने वज्र सा, कुंभकर्ण पर तीर ।
गया शीश को छेदता, गिरा धरा पर वीर ।।

मेघनाद रण में बढ़ा, लेकर सेना साथ ।
कपि दल आया लौट कर, हाय! हाय! रघुनाथ! ।।

बरसे अक्षय लखन के, और राम के बाण ।
इन्द्रजीत झट रुक गया, करने अपना त्राण ।।

छोड़ा फिर ऐन्द्रास्त्र को, लक्ष्मण ने घमसान ।
शीश काट कर ले गया, इन्द्रजीत के प्राण ।।

(रावण)

दोहा॰ रावण के जब सब मरे, भाई, सुत, सरदार ।
एक बचा वह आप ही, करने को प्रतिकार ।।

मारूँगा मैं राम को, और लखन को साथ ।
आज इसी रण पर करूँ, रघु कुल का मैं घात ।।

रथ पर चढ़ कर आगया, बरसाने शर पात ।
कहर मचाया असुर ने, जैसे झंझावात ।।

(फिर)

दोहा॰ झट से तब श्री राम ने, लेकर शिव का नाम ।

छोड़ा अपने बाण को, नाभि किए निशान ।।

(और)

दोहा॰ बाण उदर में ज्यों लगा, बोला, मेरे भ्रात! ।
सखे विभीषण! क्यों किया, तूने मेरा घात ।।

रथ से नीचे गिर पड़ा, रावण, फट कर पेट ।
हाय हाय! करता हुआ, गया धरा पर लेट ।।

१८. अयोध्यापति राम

(अवध में)

दोहा॰ राघव-सीता को लिए, आया पुष्पक यान ।
जनपद जन थे गा रहे, राघव के गुण गान ।।

नर-नारी छोटे बड़े, जनपद के सब लोग ।
खूब सजाने अवध को, प्रचुर किए उद्योग ।।

गलियाँ-कूचे नगर के, साफ किए बाजार ।
घर-मंदिर नौ रंग से, भूषित राज दुआर ।।

राजमार्ग पर फूल के, बिछे गलीचे लाल ।
खड़ी किनारे नारियाँ, लेकर पूजा थाल ।।

गीत

राम-सिया घर आए

स्थायी

आज, राम-सिया घर आए, सखी! घर-घर दीप जलाओ ।

अंतरा-1

दशरथ नंदन, चरणन बंदन, कमल नयन हरि आयो ।
सखी! मंजुल गीत सुनाओ ।।

अंतरा-2

जनक नंदिनी, अवध की रानी, हर्ष की ज्योत जगाई ।
सखी! दर्शन करने आओ ।।

अंतरा-3

अंजनी नंदन, सब जग वन्दन, हनुमत लीला दिखायो ।
सखी! अवध में आनंद छायो ॥

दोहा॰ रामचंद्र राजा बने, सीता रानी आज ।
जय जय नारे अवध में, बजे सुमंगल साज ॥

धन्य-धन्य दशरथ हुए, कौशल्या बड़भाग ।
राजा राघव सा नहीं, हुआ, न होगा बाद ॥

"भूखा कोई ना जहाँ, ना ही प्यासा कोय ।
निर्धन बेघर भी नहीं, राज्य राम का होय ॥

"कामुक मूढ़ न क्रूर हो, दुष्ट न मक्खीचूस ।
अनपढ़ नास्तिक ना जहाँ, कोई हो कंजूस ॥

"भक्तिहीन कोई न हो, व्याकुल हो ना दीन ।
अनृत कोई नर न हो, अधर्म में जो लीन ॥

"जनता के सुख के लिए, चलता है हर काज ।
न्याय नीति से जो चले, वही राम-का-राज" ॥

गीत

राम-राज्य

स्थायी

रामराज्य का नाम ही, जग में स्वर्ग का धाम ।

अंतरा-1

जहाँ न कोई दोष रोष हो, जन-गण मन संतोष कोश हो ।
हिरदय की सुख संपद् राम ॥

अंतरा-2

श्रम आश्रम का सदा भोग हो, वैर भाव का नहीं रोग हो ।
भाई हो संपूरण ग्राम ॥

अंतरा-3

जग में नारी सजे शेरनी, युवती बाला लगे मोरनी ।
घर आंगन में मंगल काम ॥

१६. लव-कुश

(रामचंद्र के बाद)

दोहा॰ बाद यज्ञ के जब हुआ, सीता का निर्वाण ।
भविष्य के रघुवंश का, प्रश्न हुआ निर्माण ।।

रामराज्य श्रीराम ने, करके विविध विभाग ।
बाँट दिया रघुवंश में, विना किसी अनुराग ।।

(राजा तक्ष, पुष्कल, अंग, चंद्रकेतु)

दोहा॰ सिंधु-देश नृप भरत थे, तक्षशिला के तक्ष ।
तक्ष भरत के पुत्र थे, सदा कार्य में दक्ष ।।

पुष्कल भाई तक्ष के, सुत भरत के कनिष्ठ ।
पुष्कलावती नृप बने, आशिष दिए वसिष्ठ ।।

लक्ष्मण के सुत अंग औ, चंद्रकेतु पुखराज ।
दोनों मिल कर बँट करें, कारापथ का राज ।।

(राजा अतिथि)

दोहा॰ प्रसन्न मन कुश राज थे, कुमुदवती के संग ।
"अतिथि" महान सुत उनके, महावीर उत्तुंग ।।

पराक्रमी रणधीर थे, प्रतापवान विशाल ।
रघुकुल रीत यथा चली, सदा वचन का पाल ।।

(राजा निषाद)

दोहा॰ अतिथि राज के बाद में, निषद बने अधिराज ।
पुत्र अतिथि के निषद थे, पूजे जिन्हें समाज ।।

निषदराज ने राज्य का, किया बहुत विस्तार ।
सागर तक सीमा बढ़ी, विशाल था अधिकार ।।

(राजा नल)

दोहा॰ निषदराज के बाद में, नल हुए महाराज ।
तेजस्वी वह वीर थे, वरेण्य तीरंदाज ।।

(राजा नभ)

दोहा॰ नल राजा के बाद थे, उनके पुत्र सुजान ।

सात्त्विक नभ राजा बने, मिला बहुत सम्मान ।।

(राजा पुंडरीक)

दोहा॰ राजा नभ के बाद में, उनके पुत्र महान ।
पुंडरीक राजा बने, धनुर्वेद विद्वान ।।

(राजा क्षेमधन्वा)

दोहा॰ पुंडरीक अधिराज का, जभी हुआ देहांत ।
क्षेमधन्वा नृप बने, उनके पुत्र प्रशांत ।।

क्षेमधन्वा महान थे, सबसे उनको प्रीत ।
निश-दिन प्रजा प्रसन्न थी, गाती उनके गीत ।।

(राजा देवानीक)

दोहा॰ क्षेमधन्वा दिवं गए, रघुपति शांत स्वभाव ।
भूप देवानीक बने, सत् से जिन्हें लगाव ।।

मधुवच देवानीक थे, प्रजा करत सम्मान ।
आदर शत्रु समाज भी, करता उन्हें प्रदान ।।

(राजा अहीनग)

दोहा॰ गुजरे देवानीक जब, पुत्र अहीनग ज्येष्ठ ।
सिंहासन पर आगए, और नृप बने श्रेष्ठ ।।

(राजा परित्राय)

दोहा॰ जभी अहीनग चल बसे, कुमार पारित्राय ।
बने सुशासक अवध के, राजा विशालकाय ।।

(राजा शिल)

दोहा॰ मृत्यु पिता की जब हुई, शिल बने महाराज ।
शीलवान विद्वान थे, रघुकुल के युवराज ।।

(राजा उन्नाभ)

दोहा॰ राजा शिल के बाद में, अधिप बने उन्नाभ ।
राजा शिल के पुत्र ये, तेजस्वी अमिताथ ।।

(राजा वज्रनाभ)

दोहा॰ पराक्रमी उन्नाभ थे, राजा विष्णुस्वरूप ।
वज्रनाभ उन्नाभ के, पुत्र अवध के भूप ।।

(राजा शंखण)

दोहा॰ वज्रनाभ थे वज्र से, तेजस्वी बलवान ।
शंखण उनके पुत्र थे, पैने पिता समान ।।

(राजा व्युशिताश्व)

दोहा॰ जग जेता शंखण बने, महाराजाधिराज ।
उनके सुत व्युषिताश्व भी, भीषण तीरंदाज ।।

(राजा विश्वसह)

दोहा॰ वीर विश्वसह पुत्र थे, व्युषिताश्व के महान ।
हिरण्यनाभ सुत उनके, विष्णु अंश भगवान ।।

(राजा हिरण्यनाभ)

दोहा॰ हिरण्यनाभ प्रधान थे, दैवी जिनका रूप ।
सब गुणियों में मुख्य थे, अवध राज्य के भूप ।।

सुत इनके कौशल्य थे, कला कुशल कृतकाम ।
कर्णधार कौशल्य के, जैसा उनका नाम ।।

(राजा कौशल्य)

दोहा॰ पीछे हिरण्यनाभ के, उनके सुत कौशल्य ।
जिनके शासन काल में, करतब का वैपुल्य ।।

सुत उनके ब्रह्मिष्ठ थे, सब वेदों का ज्ञान ।
नाम ब्रह्मज्ञानी उन्हें, सरस्वती वरदान ।।

(राजा ब्रह्मिष्ठ)

दोहा॰ ज्ञानी नृप ब्रह्मिष्ठ थे, उदार उनका पुत्र ।
ज्ञानी था वह पुत्र भी, पिता समान सुपुत्र ।।

(राजा पुत्र)

दोहा॰ राजा "पुत्र" दयालु थे, शासक न्याय प्रवीण ।
पुत्र "पुत्र" का पुष्य था, न्याय-नीति शौकीन ।।

(राजा पुष्य)

दोहा॰ पुत्रराज के बाद में, आए पुष्य कुमार ।
पुष्य पुत्र "ध्रुवसंधि" थे, बातों के सरदार ।।

(राजा ध्रुवसंधि)

दोहा॰ पुष्य पुत्र ध्रुवसंधि जी, करते वन्य शिकार ।
एक समय मारे गए, खुद ही हुए शिकार ।।

(राजा सुदर्शन)

दोहा॰ बाल पुत्र ध्रुवसंधि के, वीर सुदर्शन नाम ।
बाद पिता के नृप बने, शासक थे कृतकाम ।।

बालक तेजस्वी बड़े, न्याय कुशल भूपाल ।
अवध राज्य पर दीर्घ था, उनका शासन काल ।।

अग्निवर्ण उनका लला, बना दिया युवराज ।
विरत सुदर्शन हो गए, देकर सुत को राज ।।

(राजा अग्निवर्ण)

दोहा॰ वृद्ध सुदर्शन ने दिया, अग्निवर्ण को राज्य ।
आप पतोवन में गए, जैसा रीतिरिवाज ।।

अग्निवर्ण शासक रहे, यथा योग्य कुछ काल ।
फिर व्यसनों में लग गए, विलास मग्न त्रिकाल ।।

विना पुत्र नृप चल बसे, गर्भवती थी दार ।
प्रजा कर रही पुत्र का, आतुर इन्तेजार ।।

रानी तब तक होगई, सिंहासन आरूढ़ ।
बाट जोहती थी प्रजा, यथा रीत थी रूढ़ ।।

गीत

राग मिश्र, कहरवा ताल 8 मात्रा

जै श्री राम

स्थायी

जै श्री राम भजो मन मेरे, नाम प्रभू के गारे ।

जनम-जनम के पाप उतारे, तन के ताप उबारे ।।

ग- मप रे-नि़ नि़सा- साग रे-सा-, ग-प पध- ध- निसांधप ।

सांसांसां सांसांसां सांरें नि-ध पधसांसां-, सांसां सांरे निधम पग - - मरेसाग- ।।

अंतरा-1

घेरेंगे जब मेघ घनेरे, घोर अँधेरे कारे ।

या छेड़ेंगे भय दुस्तारे, मन वीणा की तारें ।

छोड़ेंगे यदि साथ पियारे, भव सागर मझधारे ।।

निसांसां-रें- सांसां निधप धनिसांसां-, निसांसां सांनि-ध- निसांसां- ।

नि- सां-सां-सां- निसां सां-निधप-, धनि धपम- पध निसांसां- ।

निसांसां-सां- सांरें निधप धनि-सां-, धसां सां-निध मपग - - मरेसाग- ।।

अंतरा-2

बोलेंगे जब शबद दुखारे, निर्दय दुनियावारे ।

या काटेंगे साँप विषारे, भूखे वदन पसारे ।

रोएँगे जब गम के मारे, तेरे प्राण बिचारे ।।

अंतरा-3

झेलेंगे तब रामजी प्यारे, तन मन के दुख सारे ।

खेलेंगे हरि खेल सुखारे, हरने विघ्न तुम्हारे ।

लेलेंगे प्रभु परम कृपारे, शरण में साँझ सकारे ।।

गीत

राग खमाज, कहरवा ताल 8 मात्रा

रामायण

रामायण की अमर कहानी, मुनिवर कह गए ध्यानी, रे ।

राम कथा की अमृत वाणी, सुन सुन जन भए ज्ञानी, रे ।।

♫ पधम-गग रेसा सासाग गपम-म-, गमपप पप धसां निधपम मधपमग ।

गमध धध- ध- धनिधनि पधप -, गम पप पप धसां निधपम मधपमग ।।

अंतरा-1

राम-नाम का चल कर जादू,

पाप ताप सब भागे, रे ।

पापी लुटेरा रत्नाकर भी, बन गयो बाल्मीकि आगे, रे ।।

♫ गमध निसांसां सां- निनि सांरें निसांनिध,
नि-नि निसांसां सांसां पनिसांरेंनिसां- नि-धप ।
ग-ग मध-ध- धनिधनिपध प-, गम पप पपधसां धपगम मधपमग ।।

अंतरा-2

वचन पिता का सिर पर धर के, त्यागा राज को हासी, रे ।
सौतन माँ की तृप्ति करने, बना राम वनवासी, रे ।।

अंतरा-3

सुख-दुख दोनों समान कर के, जस कहती है गीता, रे ।
साथ पति के वन को निकली, धर्मचारिणी सीता, रे ।।

१७. श्रीराम सहस्त्रनामावलि

मुक्तक०

अक, अकल्मष, अकारवाच्य, अकीर्तिनाशन, अक्रूर ।
अक्षय, अगद, अग्रगण्य, अघनाशन, अचल ।।

अच्युत, अजेय, अतिथि, अतीन्द्र, अतीन्द्रिय ।
अतुल, अदीनात्मा, अधर्मशत्रु, अधिकारी, अधोक्षज ।।

अध्यात्मयोगनिलय, अनन्त, अनन्तगुणगम्भीर, अनन्तदृष्टि, अनर्थनाशन ।
अनसूयक, अनादि, अनादिनिधन, अनिर्देश, अनिर्विश ।।

अनिल, अनुकूल, अनुत्तम, अपरिच्छेद्य, अप्रमेय ।
अप्रमेयात्मा, अभय, अभिराम, अभिवन्द्य, अभ्यन्तरस्थ ।।

अमरश्रेष्ठ, अमल, अमृत, अमृतवपु, अमृतांशु ।
अमृतेश, अमृत्यु, अमोघ, अयन, अयोध्यापति ।।

अयोनि, अरिमर्दन, अलङ्करिष्णु, अवधनरेध, अवधपति ।
अवधबिहारी, अवधेश, अव्यक्तलक्षण, अव्यय, असंसृष्ट ।।

अहङ्कार, अहल्यापावन, अहल्यापावन, आजानुबाहु, आजानुबाहु ।
आत्मयोनि, आत्मवान, आदिकर्ता, आदित्य, आदिदेव ।।

आदिपुरुष, आदिपुरुष, आनन्द, आनन्दविग्रह, आशु ।
आश्रितवत्सल, आश्रितवत्सल, ईश, ईश्वर, उग्र ।।

उत्तम, उत्तारण, उदारकीर्ति, उद्योगी, उपेन्द्र ।
ऊर्जित, ऋक्षवानरसंघाती, ऋतु, एकपत्नी, एकबाणी ।।

कठिन, कपर्दी, कपिवरस्वामी, कपिस्वामी, कपीशपति ।
कबन्धमथन, कमलनयन, कमललोचन, कमलाक्ष, कमलानन्दवर्धन ।।

(एक सौ)

कमलानाथ, कमलापति, कम्बुग्रीवशिवप्रिय, करकमल, करुण ।
करुणार्णव, कर्ता, कर्मकृत्, कर्मसाक्षी, कर्मिणे ।।

कलङ्कघ्न, कलाधर, कलानाथ, कलानिधि, कल्प ।
कल्पवृक्ष, कल्मषध्वान्तप्रभञ्जनविभावसु, कल्याणद, कल्याणप्रकृति, कवची ।।

कवि, कव्यवाह, काकुत्स्थ, कान्त, कामद ।
कारुण्य, कारुण्यसागर, काल, कालकर्ता, कालचक्रप्रवर्तक ।।

कालज्ञानी, कालशेष, कालस्वरूपी, कालात्मा, काव्य ।
किरीटी, कीर्तिद, कुण्डली, कुमुद, कुम्भकर्णप्रभा ।।

कुशपिता, कृपाकर, कृपापीयूषजलधि, कृष्ण, केशिघ्न ।
कैटभमर्दन, कोदण्डी, कोमलाङ्ग, कोशलेय, कौशल्याकुमार ।।

कौशल्यानंदन, कौशल्यासुत, कौशिकप्रिय, कौसतनाथ, कौसल ।
कौसल्येय, क्षयवृद्धिविवर्जित, क्षीराब्धिकृतकेतन, क्षीराब्धिनिलय, खड्गधर ।।

खड्गी, खरध्वंसी, खरध्वंसी, खरमर्दन, खरारि ।

रघुराज, गदापद्मरथाङ्गभृत्, गभीरात्मा, गरुडध्वज, गिरीश ।।

गुणग्राही, गुणनिधि, गुणभृत्, गुणश्रेष्ठ, गुणसम्पन्न ।
गुणसागर, गुणाकार, गुरु, गुहावास, गोपति ।।

गोपवल्लभ, गोपिगोपालसंवृत, गोप्ता, गोवर्धनधर, गोविन्द ।
ग्रसिष्णु, ग्रहपति, घनप्रभ, घनश्याम, चक्री ।।

चण्ड, चण्डांशु, चतुर्बाहु, चतुर्मूर्ति, चतुर्वर्गफल ।
चन्द्रचर, चाणूरमर्दन, चापबाणधर, चित्तहर, चित्रकूटसमाश्रय ।।

(दो सौ)

चिद्रूप, चीरकृष्णाजिनाम्बर, जगतस्तस्थुष, जगतांपति, जगत्कर्ता ।
जगत्त्राता, जगद्गुरु, जगन्नाथ, जटामुकुटमण्डित, जटायुप्रीतिवर्धन ।।

जटिल, जनकपुत्रीपति, जनकप्रियकृत्, जनकात्मजापति, जनार्दन ।
जनेश्वर, जन्मरहित, जयन्तत्राणवरद, जयी, जरामरणवर्जित ।।

जरामरणवर्जित, जानकीजीवन, जानकीनाथ, जानकीपति, जानकीलक्ष्मणोपेत ।
जानकीवल्लभ, जानकीश, जामदग्न्यजित, जामदग्न्यमहादर्पदलन, जाम्बवत्प्रभु ।।

जाम्बवदाश्रय, जितकाम, जितक्रोध, जितलोभ, जितवारीश ।
जितामित्र, जिताराति, जितारि, जितारिषड्वर्ग, जितेन्द्रिय ।।

जिष्णु, जीवनसारथि, जेता, जैत्र, ज्ञानगम्य ।
ज्ञानभव्य, ज्ञानस्कन्ध, ज्येष्ठ, ज्योतिष्, ज्योतिष्मत् ।।

तत्त्व, तत्त्वज्ञ, तत्त्ववादी, तत्त्वस्वरूपी, तत्त्वात्मा ।
तपन, तपस्वी, तपस्वीश, तपोवास, तमसश्छेत्ता ।।

ताटकान्तक, ताडकान्तकृत, ताड़कारि, तारक, तेजोधर ।
त्रयी, त्रिकालज्ञ, त्रिगुण, त्रिदशाधिप, त्रिमूर्ति ।।

त्रिलोकरक्षक, त्रिलोकात्मा, त्रिलोकेश, त्रिविक्रम, त्रैलोक्यनाथ ।
दक्ष, दण्डकारण्यवासकृत्, दयाकर, दशकण्ठारि, दशग्रीवशिरोहर ।।

दशमुखांतक, दशरथकुमार, दशरथतनय, दशरथनंदन, दशरथसुत ।
दशरथात्मज, दशास्यद्विपकेसरी, दसमुखारि, दांत, दामोदर ।।

दाशरथी, दिवस्पति, दिव्य, दिव्यायुध, दिव्यायुधधर ।
दीप्तास्य, दुरासद, दुर्ज्ञेय, दुर्धर्ष, दुर्वादलश्याम ।।

(तीन सौ)

दुष्कृतिघ्न, दुष्टदमन, दुस्सह, दुस्स्वप्ननाशन, दूशणारि ।
दूषणप्रिशिरोऽरि, दृढ़, दृढप्रज्ञ, देव, देवचूडामणि ।।

देवदेव, देवर्षि, देवहितावह, देवाग्रणि, देवाधिदेव ।
देवासुरनमस्कृत, देवेन्द्र, देवेश, द्युतिमत्, द्रव ।।

द्विजेश्वर, धनुधारी, धनुर्धर, धनुर्वेद, धन्वी ।
धन्षपाणि, धरणिपुत्रीपति, धराधार, धराधीश, धर्म ।।

धर्मधेनु, धर्मी, धाता, धाम्न, धार्मिक ।
धीर, धीरोदात्तगुणोत्तर, धुर्य, धृतशरधनुष, ध्येय ।।

ध्रुव, ध्वजी, नक्तंचरान्तक, नक्षत्रमाली, नखायुध ।
नगधर, नभोगति, नय, नयी, नर ।।

नरसिंह, नवकमलदलस्पर्धिनेत्र, नाकेश, नाथ, नानालंकारदीप्त ।
नारण, नारायण, नित्य, नित्यकल्याण, नित्यतृप्ताय ।।

निदाघ, निधानगर्भ, निधि, निरञ्जन, निराकुल ।
निरामय, निराश्रय, निरीह, निर्गुण, निर्मल ।।

निर्लेप, निर्विकल्प, निर्विकार, निर्व्याज, निवृत्तविषयस्पृह ।
निवृत्तात्मा, निश्शब्दाय, निष्कलङ्काय, नीतिमत्, नीललोहित ॥

नीलोत्पलश्याम, नीलोत्पलाक्ष, नृसिंह, नेता, नैकरूप ।
नैसर्गिकसुहृदे, न्यायी, पक्ष, पद्मनाभ, पद्मलोचन ॥

पद्माक्ष, पनुमानप्रभु, परंज्योति, परंधाम, परंब्रह्म ।
परण, परपुरञ्जय, परबलापहृत्, परब्रह्म, परम ॥

(चार सौ)

परमगोचर, परमधार्मिक, परमपुरुष, परमात्मा, परमार्थगुरु ।
परमेश्वर, परमेष्ठी, पराकाश, परात्पर, परात्परम ॥

परार्थवृत्ति, परार्थैकप्रयोजन, परिवृढ, परेश, पर्जन्य ।
पवन, पवित्रपाद, पशुपति, पापघ्न, पापनाशकृत् ॥

पापनाशन, पापारि, पारग, पितृभक्त, पितृभक्त ।
पिनाकमथन, पीतवसन, पीतवासा, पीतांबर, पीनाकी ॥

पीताम्बरधारी, पुण्डरीकविशालाक्ष, पुण्डरीकाक्ष, पुण्य, पुण्यकीर्ति ।
पुण्यकृतागम, पुण्यचारित्रकीर्तन, पुण्यद, पुण्याधिक, पुण्योदय ॥

पुराणज्ञ, पुराणपुरुष, पुराणपुरुषोत्तम, पुरातन, पुरुष ।
पुरुषपुङ्गव, पुरुषोत्तम, पुरुष्टुत, पुरुहूत, पुष्कर ॥

पुष्कराक्ष, पूज्य, पूरयिता, पूर्ण, पूर्णमूर्ति ।
पूर्वभाषी, प्रकृति, प्रजागर, प्रजापति, प्रजापतिपति ॥

प्रणव, प्रतप्ताय, प्रतापवत्, प्रपितामह, प्रभविष्णु ।
प्रभु, प्रमाणभूत, प्रसन्न, प्रांशु, प्राणिनांप्राण ॥

प्रियंवद, प्रिय, प्रीतिवर्धन, प्रेरक, प्लवगाधिपराज्यद ।

फलमूलाशी, बदरीनिलय, बद्धपदमासनस्थ, बलिमर्दन, बली ।।

बहुश्रुत, बालिप्रमथन, बालीहंता, बुध, बृहद्गर्भ ।
ब्रह्म, ब्रह्मगर्भ, ब्रह्मचारी, ब्रह्मण्य, ब्रह्मवर्धन ।।

ब्रह्मा, ब्रह्मेश, भक्तकायस्थ, भक्तजनप्रिय, भक्तप्रिय ।
भगवत्, भगवान, भग्नेशकार्मुक, भद्र, भरतवन्दित ।।

(पाँच सौ)

भरताग्रज, भर्ग, भवबन्धविमोचन, भवबन्धैकभेषज, भवभञ्जन ।
भवानीप्रियकृत्, भव्य, भव्यप्रमोदन, भाग्यद, भीमपराक्रम ।।

भुवनेश्वर, भूतकृत्, भूतवाहन, भूतात्मा, भूतादि ।
भूतानांशरण्य, भूतावास, भूतिकृत्, भूत्य, भूदेववन्द्य ।।

भूपति, भूलीलापति, भूशय, भूषण, भोक्ता ।
भ्राजिष्णु, मंगल, मंगलद, मंगलमय, मखत्राता ।।

मणिपूर, मत्स्यरूप, मथन, मदन, मध्यस्थ ।
मनहर, मनोरंजक, मनोरंजन, मनोरूपी, मनोवेगी ।।

मनोहर, मनोहारी, मन्त्रज्ञ, मन्त्रभावन, मन्दराद्रिनिकेतन ।
मर्यादापुरुषोत्तम, महत्, महर्षि, महाकल्प, महागर्भ ।।

महातपस्, महादेव, महादेवाभिपूजित, महाद्युति, महाधनुष ।
महान, महानिधि, महापटु, महापुरुष, महाबाहु ।।

महाभाग, महाभीम, महाभुज, महाभुज, महामति ।
महामना, महायज्ञ, महायोगी, महावटु, महाविष्णु ।।

महावीर्य, महासार, महेश्वर, महोदर, महोरस्क ।
माधव, मायामानुषचारित्र, मायामारीचहन्ता, मारीचमथन, मितभाषण ।।

मितभाषी, मित्रवंशप्रवर्धन, मुखकमलमिलल्लोचन, मुदावास, मुनि ।
मुनिसत्तम, मुनिसेवित, मुसली, मृतवानरजीवन, मेखली ॥

मेघश्यामल, मोक्षद, यज्ञ, यज्ञपालक, यज्ञरक्षक ।
यज्ञस्वरूपी, युगाय, रघु, रघुकुमार, रघुकुलतिलक ॥

(छह सौ)

रघुकुलमणि, रघुगौरव, रघुतनय, रघुनंद, रघुनन्दन ।
रघुनाथ, रघुनायक, रघुपति, रघुपुङ्गव, रघुबर ॥

रघुबीर, रघुराज, रघुराय, रघुवंशकुमार, रघुवंशमणि ।
रघुवर, रघुवीर, रघुश्रेष्ठ, रघूत्तम, रघूद्वह ॥

रञ्जन, रत्नगर्भ, रमण, रमापति, रमेश ।
रम्य, रवि, रविकुलमणि, राक्षसान्तकृत्, राघव ॥

राघवेंद्र, राजाराम, राजीवलोचन, राजेन्द्र, राम ।
रामचंद्र, रामभद्र, रामायणी, रावणारि, रुद्र ॥

रैणुकेयबलापह, रोगहर्ता, रोचिष्णु, लक्ष्मणप्रिय, लक्ष्मणाग्रज ।
लक्ष्मणानुचर, लक्ष्मीविश्वम्भराभर्ता, लवकुशपिता, लवपिता, लाङ्गली ॥

लोककृत्, लोककृत्, लोकगर्भ, लोकचरित, लोकज्ञ ।
लोकत्रयाश्रय, लोकभावन, लोकभृत्, लोकवन्द्य, लोकसाक्षी ॥

लोकसार, लोकात्मा, लोकाध्यक्ष, लोकाभिराम, लोकारिमर्दन ।
लोहिताक्ष, वक्रदंष्ट्राय, वन्द्य, वरद, वरदाता ॥

वरदान, वरप्रद, वरेण्य, वर्णवाह्याय, वर्णश्रेष्ठ ।
वर्णाश्रमकर, वर्णी, वर्ण्य, वर्ण्यगुणोज्ज्वल, वशी ॥

वसुद, वसुश्रव, वाग्मी, वाङ्मय, वाचस्पति ।
वाणारिमर्दन, वामांकारूढ़सीता, वालखिल्याय, वालिमर्दन, वासुदेव ।।

विक्रमोत्तम, विगतकल्मष, विद्यानिधि, विद्याराशि, विद्वत्तम ।
विधाता, विनीतात्मा, विपुलांस, विप्रप्रिय, विभीषणपरित्राता ।।

(सात सौ)

विभीषणप्रतिष्ठाता, विभीषणवरप्रद, विभीषणश्रीद, विभु, वियद्गोप्ता ।
विररस, विराधवधपण्डित, विरिञ्च, विलक्षण, विवस्वत् ।।

विविक्त, विशारद, विशालाक्ष, विश्वकर्ता, विश्वकर्मा ।
विश्वकृत्, विश्वक्सेन, विश्वगोप्ता, विश्वदृशे, विश्वभावन ।।

विश्वभोक्ता, विश्वभोजन, विश्वमूर्ति, विश्वयोनि, विश्वरूप ।
विश्वरूपी, विश्वसृज्, विश्वहर्ता, विश्वात्मा, विश्वामित्र ।।

विश्वामित्रप्रिय, विश्वामित्रप्रिय, विश्वामित्रभयापह, विश्वेश्वर, विष्टरश्रवसु ।
विष्णु, विष्णुअवतार, विहायसगति, वीतरागाय, वीतसाध्वस ।।

वीर, वीरघ्न, वीर्यवत्, वेदवित्तम, वेदात्मा ।
वेदान्तपार, वेद्य, वैकुण्ठाय, वैद्युतप्रभ, वैष्णव ।।

व्यक्ताव्यक्तस्वरूपधृत्, व्यापक, व्यापी, व्यालमर्दन, व्रतफल ।
शक्ति, शक्तित्रयफल, शक्तिमान, शङ्कर, शङ्करस्तुत ।।

शङ्ख, शङ्खभृत्, शङ्खी, शतमूर्ति, शतानन ।
शतावधानी, शत्रुघ्नाय, शत्रुजित्, शत्रुतापन, शत्रुतापन ।।

शब्दपति, शब्दागोचर, शब्दातिग, शमन, शम्भवे ।
शरण, शरणागतवत्सल, शरण्य, शरण्यत्राणतत्पर, शरासनविशारद ।।

शर्वरीपति, शांतमूर्तिं, शान्त, शान्ति, शान्तिवर्धन ।

शाङ्‍र्गपाणि, शाङ्‍र्गी, शाश्वत, शास्त्रकर, शास्त्रतत्त्वज्ञ ।।

शास्त्राय, शिव, शिवध्यानतत्पर, शिवपूजारत, शिवरूप ।
शिवलिंगप्रतिष्ठाता, शिवारम्भाय, शिशिरात्मक, शुचि, शुभलक्षण ।।

(आठ सौ)

शूर, शेष, शेषशायी, शौरि, श्याम ।
श्यामल, श्यामाङ्‍ग, श्रियःपति, श्री, श्रीद ।।

श्रीधर, श्रीनिवास, श्रीपति, श्रीमान, श्रीमानप्रमेयपराक्रम ।
श्रीराम, श्रीवल्लभ, श्रीवास, श्रीश, श्रुतिसागर ।।

श्लक्ष्ण, षडाश्रय, संन्यासी, संवत्सर, संश्रिताभीष्टदायक ।
संसारतारक, संसारभयनाशन, संहृत, सङ्‍कल्प, सच्चिदानन्दविग्रह ।।

सत्तामात्रव्यवस्थित, सत्य, सत्यकीर्ति, सत्यपराक्रम, सत्यवत् ।
सत्यवाक्, सत्यवादी, सत्यवास, सत्यविक्रम, सत्यव्रत ।।

सत्यसन्ध, सदसन्मय, सदाचार, सद्गति, सनातन ।
सनातनतम, सन्नद्ध, सप्तजिह्व, सप्ततालप्रभेता, सप्ततालप्रभेत्ता ।।

सम, समञ्जस, समर्थ, समात्मा, समृद्धिमत् ।
सम्पूर्णकाम, सम्पूर्णाङ्‍ग, सम्भव, सरोजनयन, सर्गस्थित्यन्तकृत् ।।

सर्यादापुरुष, सर्वकामद, सर्वकोविद, सर्वगत, सर्वगाय ।
सर्वगुणोपेत, सर्वगोचर, सर्वजित्, सर्वज्ञ, सर्वतीर्थमय ।।

सर्वतोमुखाय, सर्वदर्पितासुरमर्दन, सर्वदुःखविमोक्षकृत्, सर्वदुःखातिगाय, सर्वदृक् ।
सर्वदेवमय, सर्वदेवस्तुत, सर्वदेवादि, सर्वदेवाधिदेव, सर्वदेहिनांशरण्य ।।

सर्वपावन, सर्वपुण्याधिकप्रद, सर्वपुण्याधिकफलप्रद, सर्वभूतसुहृद, सर्वभूतात्मक ।
सर्वभूतात्मा, सर्वभूतानामक्षोभ्य, सर्वभूतानुकम्पन, सर्वभूताशयस्थित, सर्वभूतेश ।।

सर्वयज्ञफलप्रद, सर्वयज्ञाधिप, सर्वलोकपूज्य, सर्वलोकमहेश्वर, सर्वलोकसुखावह।
सर्वलोकेश, सर्वलोकेश्वर, सर्वव्यापी, सर्वशक्तिमान, सर्वसिद्धिद ।।

(नौ सौ)

सर्वाघगणवर्जित, सर्वात्मा, सर्वादि, सर्वामरमुनीश्वर, सर्वायुधविशारद।
सर्वावास, सर्वेश, सर्वेश्वरेश्वर, सर्वेषांप्रभु, सर्वोपाधिविनिर्मुक्त ।।

सविता, सहस्रपाद, सहस्रमूर्ति, सहस्राक्ष, सहिष्णु।
साक्षी, सात्त्विक, साधु, सामगेय, सामवेदप्रिय ।।

सारज्ञ, सासितूणधनुर्बाणपाणि, सिंहस्कन्ध, सिद्धिद, सियापति।
सियारमण, सियावर, सियावल्लभ, सीतानाथ, सीतापति ।।

सीतारमण, सीताराम, सीतावर, सीतावल्लभ, सीताशोकविनाशकृत्।
सुकीर्ति, सुखद, सुखप्रद, सुखी, सुग्रीववरद ।।

सुग्रीवस्थिरराज्यपद, सुग्रीवेश, सुघोष, सुदीप्तिमत्, सुधी।
सुनिष्पन्न, सुन्दर, सुभुज, सुमनस्, सुमित्रापुत्रसेवित ।।

सुमुख, सुरकार्यहित, सुरार्चित, सुरेन्द्र, सुलभ।
सुललाट, सुलोचन, सुविक्रम, सुव्रत, सुशील ।।

सूक्ष्माय, सूत्रकार, सूर्य, सेतुकृत, सेवकप्रिय।
सेव्य, सौभाग्यद, सौमित्रप्रिय, सौमित्रवत्सल, सौम्य ।।

स्तव्य, स्थविष्ठ, स्थाणु, स्थूल, स्मितभाषिणे।
स्मितवक्त्र, स्मृतसर्वाघनाशन, स्मृतिमत्, स्मृत्यै, स्रग्विणे ।।

स्रष्टा, स्वभावभद्र, स्वभू, स्वयंतेजसे, स्वर्गद।
स्वाधिष्ठान, स्वामी, हंस, हनुमत्प्रभु, हनुमदाश्रय ।।

हरकोदण्डखण्डन, हरि, हरिहर, हली, हारी।
हितकारी, हिरण्यगर्भ, हृत्पुण्डरीकशयन, हृदयहारी, हृषीकेश ।।
(एक सहस्त्र)

१८. सीता सहस्त्रनामावलि

अकलङ्का, अगोत्रा, अग्निशुद्धा, अचिन्त्या, अदितिर्नियता।
अनंता, अनन्तदृष्टिरक्षुद्रा, अनन्तवर्णानन्यस्था, अनन्तशयनानाद्या, अनन्तानन्तमहिमा ।।

अनन्तैश्वर्यसंयुता, अनन्या, अनादिनिधना, अनादिमायासम्भिन्ना, अनादिरव्यक्तगुणा।
अनादिरव्यया, अनाद्यनन्तविभवा, अनावृष्टिभया, अनाहता, अपांयोनि ।।

अभिन्ना, अमृता, अमृताश्रया, अमृत्युरमृतास्वादा, अम्बिका ।
अम्बिकोपान्तसंश्रया, अयुताक्षरी, अयोध्यानिलया, अयोनिजा, अरुन्धती ।।

अवनिजा, अवनिसुता, अवर्णा, अव्ययामेका, अशेषदेवतामूर्तिर्देवता।
अशोच्या, अष्टादशभुजा, असंख्येयाप्रमेयाख्या, आकाशयोनिर्योगस्था, आत्मविद्या ।।

आदित्यवर्णा, आद्या, आप्यायन्ती, इष्टा, ईशवीरणी।
ईशा, ईश्वराणी, ईश्वरार्धासनगता, ईश्वरी, उन्मीलिनी ।।

उर्विजा, उर्वी, एकानेकविभागस्था, ऐन्द्री, ऐश्वर्यरत्ननिलया।
कंसप्राणापहारिणी, ककुद्मिनी, कक्षा, कनकप्रभा, कनकाभा ।।

कपाली, कपिला, कपिलाकन्ता, कमला, कमलालया।
कम्प्रा, कम्बलाश्वतप्रिया, कम्बुग्रीवा, करीषिणी, कर्णिकारिका ।।

कर्मकरणी, कर्षिणी, कला, कलाकलितविग्रहा, कलाकुला।
कलातीता, कलान्तरा, कलावती, कलिकल्मषहन्त्री, कल्याणदा ।।

कल्याणी, कात्यायनी, कान्ता, कामधेनुर्वेदगर्भा, कामपुरा।

कामेश्वरेश्वरी, काम्या, कारणात्मा, कार्यजननी, कालकर्णिका ।।

कालकारिणी, कालरात्रिर्महावेगा, काश्यपी, काष्ठा, किरीटिनी ।
कीर्ति, कुजा, कुण्डलिनी, कुशजननी, कूटस्था ।।

(एक सौ)

कूष्माण्डी, कृष्णरक्तशुक्लप्रसूतिका, केवलानन्ता, कैलासगिरिवासिनी, कोटिसूर्यप्रतीकाशा
कौमारी, कौमुदी, कौशिकी, क्रियावती, क्रियाशक्तिर्जनशक्ति ।।

क्लेशनाशिनी, क्षेत्रज्ञा, क्षोभिका, खरध्वजा, खरारूढा ।
खस्था, खेचरी, ख्याति, गंगा, गणाग्रणी ।।

गणात्मिका, गणेश्वरनमस्कृता, गति, गन्धदायिनी, गन्धा ।
गरुडासना, गान्धर्व, गारुडी, गार्गी, गिरापुत्री ।।

गिरिजा, गुणाढ्या, गुणान्तरा, गुरुन्मती, गुर्वी ।
गुहप्रिया, गुहाम्बिका, गुहावलि, गुहोत्पत्तिर्महापीठा, गुह्यरूपा ।।

गुह्यशक्तिर्गुणातीता, गुह्यातीता, गुह्याविद्या, गुह्योपनिषदुत्तमा, गोप्त्री ।
गोमती, गोश्रीर्गव्यप्रिया, गौरी, चंद्रप्रभा, चण्डविक्रमा ।।

चन्द्रकोटिसमप्रभा, चन्द्रनिलया, चन्द्रवदना, चन्द्रावयवलक्ष्माढ्या, चर्चिका ।
चान्द्री, चिच्छक्तिरतिलालसा, चितान्तस्था, चित्रकूटसमाश्रया, चित्रनिलया ।।

चित्राम्बरधरा, चित्संविन्महायोगेन्द्रशायिनी, चिन्त्यमहिमा, चिन्मयी, चेकितान्यमितप्रभा ।
चैत्री, जगज्जननी, जगज्ज्येष्ठा, जगत्प्रिया, जगत्सम्पूरणीन्दजा ।।

जगद्धात्री, जगद्योनिर्जगन्माता, जगन्मन्त्रप्रवर्तिका, जगन्मयी, जगन्माता ।
जगन्मूर्तिस्त्रिमूर्ति, जगन्मृत्युर्जरातिगा, जगवंदिता, जनकदुलारी, जनकधरणिपुत्री ।।

जनकनंदिनी, जनकपुत्री, जनकसुता, जनकात्मजा, जनसृष्टिविवार्धिनी ।

जनानन्दा, जन्ममृत्युजरातीता, जयदा, जयन्ती, जयश्रीर्जयशालिनी ।।

जरातीता, जरातुरा, जानकी, जितश्रमा, जितेंद्रिया ।
जित्वरी, जैत्री, ज्ञानज्ञेया, ज्ञानमूर्तिविकासिनी, ज्ञानरूपिणी ।।

(दो सौ)

ज्योतिष्टोमफलप्रदा, ज्योतीरूपा, ज्योत्स्नेन्दोर्महिमास्पदा, ज्वाला, ज्वालिनी ।
तत्त्वसम्भवा, तपस्विनी, तपिनी, ताण्डवासक्तमानसा, तापसी ।।

तापिनी, तारा, तारिणी, तार्क्ष्यी, तेजस्विनी ।
त्रिगुणा, त्रितत्त्वमाता, त्रितत्त्वा, त्रिनेत्रा, त्रिभुवनजनयित्री ।।

त्रिविक्रमपदोद्भूता, त्रिविधा, त्रिशक्तिजननी, त्रिशूलवरधारिणी, त्रिसंध्या ।
त्रैलोक्यनमिता, त्रैलोक्यसुन्दरी, दक्षिणा, दर्पिदर्पप्रहर्त्रीं, दशरथपतोहू ।।

दशरथश्रुषा, दहना, दान्ता, दिवापरा, दिविसंस्थिता ।
दिव्यगन्धा, दिव्यगन्धानुलेपना, दिव्यमाल्याम्बरधरा, दिव्या, दिव्याभरणभूषिता ।।

दीक्षा, दीनवत्सला, दीप्ति, दीर्घा, दुःखप्रनाशिनी ।
दुखियारी, दुरतिक्रमा, दुरत्यया, दुरासदा, दुर्गा ।।

दुर्जया, दुर्ज्ञेया, दुर्निरीक्ष्या, दुर्लेखा, दुर्वारा ।
दुर्विज्ञेयस्वरूपिणी, दुष्टधीनाशयित्री, दृषद्वती, देवकी, देवदेवी ।।

देवसेना, देवात्मा, देवी, देवेशी, दैत्यदानवनिर्मात्री ।
दैत्यमथिनी, धनदा, धनप्रिया, धनरत्नाढ्या, धनाध्यक्षा ।।

धन्या, धरणिजा, धरणीसुता, धरा, धरात्मजा ।
धराधरा, धर्मकामार्थमोक्षदा, धर्मज्ञा, धर्मपूर्वा, धर्ममध्या ।।

धर्मलभ्या, धर्मवाहना, धर्मशक्तिर्धर्ममयी, धर्मशास्त्रार्थकुशला, धर्मशीलानिलाशना ।

धर्मात्मा, धर्माधर्मविनिर्मात्री, धर्माधर्मानुवर्जिता, धर्मान्तरा, धर्मोपदेशा ।।

धात्रीशा, धारिणी, धार्मिकाणा, धीमती, धीरा ।
धृति, ध्रुवा, नन्दप्रथमजा, नन्दिनी, नन्ध्या ।।

(तीन सौ)

नरनारायणोद्भवा, नरवाहिनी, नर्मोदया, नलिनी, नवोद्‌भूता ।
नाव्या, नादविग्रहा, नादाख्या, नाभि, नाभिरमृतस्यान्तसंश्रया ।।

नारायणी, निःसंकल्पा, निःसारा, नित्यतुष्टामृतोद्भवा, नित्यदृष्टि ।
नित्यविभवा, नित्यसिद्धा, नित्या, नित्योदिता, निरंकुशरणोद्भवा ।।

निरञ्जना, निरपत्रपा, निरलोका, निराकुला, निरातङ्का ।
निराधारा, निरानन्दा, निरामया, निराश्रया, निराहारा ।।

निरिन्द्रिया, निर्गुणा, निर्यान्त्रा, निर्वर्णा, निर्विकारा ।
निवृत्तिरमृतप्रदा, निवृत्तिर्ज्ञानपारगा, निशुम्भविनिपातिनी, निष्कलामला, निहन्त्री ।।

नीतिज्ञा, नीलोत्पलदलप्रभा, नीलोत्पलश्यामा, नूपुरशोभिता, नृसिंही ।
पङ्कजायतलोचना, पञ्चभूतवरप्रदा, पञ्चब्रह्मसमुत्पत्ति, पतिव्रता, पदमैश्वरी ।।

पदाम्बुजा, पद्मगर्भा, पद्मधारिणी, पद्मनिभा, पद्ममाला ।
पद्मरोधिका, पद्मवासिनी, पद्मासना, पद्मिनी, परदेवता ।।

परमा, परमाक्षरा, परमात्माऽऽत्मविग्रहा, परमात्मिका, परमानन्ददायिनी ।
परमानन्दा, परमालिनी, परमाशक्ति, परमेश्वरी, परमेष्ठिनी ।।

परमैश्वर्यभूतिदा, परा, परागति, परान्तजातमहिमा, परापरविधानज्ञा ।
परापरविभूतिदा, परापरविभेदिका, पराध्यर्या, पापहरा, पार्थिवी ।।

पावनी, पिङ्गललोचना, पिङ्गलाकारा, पीवरी, पुंसामादि ।

पुण्यश्लोका, पुण्या, पुण्योदया, पुरंदरपुरःसरा, पुराणी ॥

पुरुप्लुता, पुरुषरूपिणी, पुरुषान्तरवासिनी, पुरुहूता, पुष्करिणी।
पुष्टिस्तुष्टि, पुष्पनिरन्तरा, पूज्या, पूज्याऽऽपुज्या, पूर्णा ॥

(चार सौ)

पृथ्वी, पोषणी, पौरुषी, प्रकृतिर्गुणा, प्रक्रिया।
प्रचण्डा, प्रणतर्द्धिविवर्धिनी, प्रतिज्ञा, प्रतिष्ठा, प्रतिष्ठिता ॥

प्रत्यक्षदेवता, प्रथमजा, प्रद्युम्नदयिता, प्रधानपुरुषा, प्रधानपुरुषातीता।
प्रधानपुरुषात्मिका, प्रधानपुरुषेशानी, प्रधानपुरुषेश्वरी, प्रधाना, प्रभा ॥

प्रभावती, प्राणरूपा, प्राणविद्या, प्राणशक्ति, प्राणेश्वरप्रिया।
प्राणेश्वरी, प्रियामूर्तिश्चतुर्वर्गप्रदर्शिता, फलश्रुति, बलदा, बलिनी ॥

बलीन्द्रा, बालिका, बीजरूपा, बीजसम्भवा, बीजांकुरसमुद्धति।
बुद्धिमती, बुद्धिर्माता, बृहती, ब्रह्मकला, ब्रह्मभूता ॥

ब्रह्ममूर्तिर्हृदिस्थिता, ब्रह्मर्षिर्ब्रह्महृदया, ब्रह्मवादिमनोलया, ब्रह्मविष्णुशिवप्रिया, ब्रह्मवृक्षाश्रया
ब्रह्मसंश्रया, ब्रह्माणी, ब्रह्मास्या, ब्रह्मोन्द्रोपेन्द्रनमिता, ब्राह्मी ॥

भक्तभद्रदायिनी, भक्तवत्सला, भक्तार्तिनाशिनी, भक्तिगम्यपरायणा, भक्तिमुक्तिप्रदात्रीं।
भगवत्पत्नी, भगिनी, भद्रकालिका, भद्रकाली, भयावनि ॥

भवभावविनाशिनी, भवाङ्गनिलयालया, भवानी, भव्या, भानुमती।
भारती, भाविनी, भिन्नविषया, भिन्नसंस्थाना, भीमा ॥

भीषणा, भुक्तिमुक्तिफलप्रदा, भुक्तिर्मुक्ति, भूकन्या, भूतनया।
भूतान्तरात्मा, भूतिभूषणा, भूपुत्री, भूमिकन्या, भूमिजा ॥

भूमितनया, भूमिसुता, भूसुता, भेदरहिता, भेदाभेदविवर्जिता।

भोक्त्री, भोगदा, भोगदायिनी, भौमी, भ्रुकुटीकुटिलानना ।।

भ्रूमध्यनिलयापूर्वा, मङ्गला, मणिदा, मति, मधुरा ।
मधुराक्षरा, मधुसूदनी, मध्या, मनस्विनी, मनोजवा ।।

(पाँच सौ)

मनोज्ञा, मनोन्मनी, मनोरक्षी, मनोहरा, मन्त्रवाहस्था ।
मन्त्रिणी, मन्दराद्रिनिवासा, मन्मथोद्भूता, मन्युमाता, मयूरवावाहिनी ।।

मरुत्सुता, मलत्रयविनाशिनी, मलवर्जिता, मलहारिणी, मलातीता ।
महती, महाकालसमुद्भवा, महाकाली, महाज्वाला, महादेवाश्रया ।।

महादेवी, महानदा, महानन्दा, महानिद्रासमुद्भूता, महानुभावमध्यस्था ।
महापुरुषपूर्वजा, महापुरुषसंज्ञिता, महापुरुषसाक्षिणी, महाफलानवद्याङ्गी, महाभगवती ।।

महाभागा, महामति, महामन्युसमुद्भवा, महामहिषमर्दिनी, महामहिषवाहना ।
महामाया, महामाहेश्वरी, महामूर्ति, महामोहा, महारात्री ।।

महालक्ष्मी, महाविद्या, महाविभूतिदा, महाविभूतिर्दुर्धर्षा, महाशक्ति ।
महाशक्तिर्मनोमयी, महाशाला, महाश्री, महासुरविनाशिनी, महीपुत्री ।।

महीयसी, महेन्द्रभगिनी, महेन्द्रविनिपातिनी, महेन्द्रोपेन्द्रभगिनी, महेशवृषवाहना ।
महेश्वरपदाश्रया, महेश्वरसमाश्रया, महेश्वरी, महोत्कटा, माङ्गल्या ।।

माता, मातृका, मानिनी, मान्या महादेवमनोरमा, माया ।
मायातीता, मारीभया, माला, माहामाया, माहेश्वरी ।।

मिथिलाकुमारी, मिथिलानंदिनी, मिथिलानन्दा, मिथिलासुता, मुदितमानसा ।
मूलप्रकृतिसम्भवा, मूलप्रक्रुतिरीश्वरी, मेधा, मैथिली, मोक्षप्रदायिनी ।।

मोहनाशिनी, यक्षगन्धर्वसेविता, यथाध्वपरिवर्तिनी, यशस्विनी, यशोदा ।

युगंधरा, युगान्तदलनात्मिका, युगावर्ता, युग्मदृष्टिस्त्रिलोचना, योगदा ।।

योगनिद्रा, योगमाता, योगमाया, योगरूपिणी, योगिज्ञेया ।
योगिनामभयप्रदा, योगिनी, योगेश्वरेश्वरी, योग्या, योजनगंधा ।।

(छह सौ)

योषा, रघुकुलशोभा, रघुत्तमपतिव्रता, रघुनाथप्रिया, रजनी ।
रजोरूपा, रत्नगर्भा, रत्नमाला, रमा, रम्या ।।

राक्षसान्तविधायिनी, राघवपत्नी, राघवप्रिया, राघववल्लभा, राजीवलोचना ।
रात्रिस्त्रिदशार्तिविनाशिनी, रामचंद्रप्रिया, रामप्रिया, रामवक्षःस्थलाश्रया, रामशक्ति ।।

रामा, रावणान्तकरी, रुद्रा, रुद्राणी, रौद्रिकाभेद्या ।
रौद्री, लक्ष्मी, लक्ष्म्यादिशक्तिजननी, लता, ललिता ।।

लवकुशजननी, लवजननी, लिङ्गधारिणी, लीला, लेलिहाना ।
लेलिहानामृतस्त्रवा, लोकमाता, लोहिता, वंशकरी, वंशहारिणी ।।

वंशिनी, वज्रविग्रहा, वडवा, वत्सला, वनमालिनी ।
वनवासगामिनी, वन्ध्या, वपुःसङ्गसमद्भवा, वरदर्पिता, वरदा ।।

वरदायिनी, वरा, वरारोहा, वरार्हा, वरेण्या ।
वर्णरहिता, वशिनी, वसुदेवसमुद्भवा, वसुन्धरासमुद्भवा, वसुमती ।।

वसोर्धारा, वागीश्वरी, वाग्देवता, वाच्या, वाणी ।
वामलोचना, वामहस्ता, वामा, वारिजा, वासवी ।।

वासुंधरेयी, वाह्या, विकृति, विचित्रगहना, विचित्रमुकुटानना ।
विचित्ररत्नमुकुटा, विचित्राङ्गी, विजयदा, विदेहकुमारी, विदेहनंदिनी ।।

विदेहसुता, विदेही, विद्या, विद्याधरनिराकृति, विद्याधरप्रिया ।

विद्याधरी, विद्यामयी, विद्युज्जिह्वा, विद्येश्वरप्रिया, विधर्मा ।।

विनयप्रदा, विनया, विनीता, विन्दुनादसमुत्पत्ति, विन्ध्यपर्वतवासिनी ।
विप्रा, विभावज्ञा, विभावरी, विभावरी, विभ्राजमाना ।।

(सात सौ)

विमला, वियन्मात्रा, वियन्मूर्तिर्देवमूर्तिरमूर्तिका, विरक्ता, विरूपा ।
विरूपाक्षी, विवाहना, विशालाक्षिणी, विशिष्टा, विशोका ।।

विश्वक्तेजसा, विश्वधर्मिणी, विश्वप्रमाथिनी, विश्वम्भरी, विश्वा ।
विश्वामरेश्वरेशाना, विश्वावस्था, विश्वेश्वरी, विश्वेश्वरेश्वरी, विसङ्गा ।।

विहायसी, वीणावादनतत्परा, वीरभद्रहितप्रिया, वीरमुक्तिर्विद्युन्माला, वीरा ।
वृद्धमाता, वृषावेशा, वृषासनगता, वेदरूपिणी, वेदविद्याप्रकाशिनी ।।

वेदवेदाङ्गपारगा, वेदशक्तिर्वेदमाता, वेदान्तविषया, वेदाविद्याव्रतरता, वैदेही ।
वैराग्यज्ञाननिरता, वैराग्यैश्वर्यधर्मात्मा, वैश्वानरी, वैष्णवी, व्यक्ता ।।

व्यक्ताव्यक्तात्मिका, व्याप्ता, व्योमनिलया, व्योममूर्तिर्व्योममयी, व्योमलक्ष्मी ।
व्योमशक्ति, व्योमाधाराच्युता, शंकरार्धशरीरिणी, शंकरेच्छानुवर्तिनी, शक्ता ।।

शक्तिचक्रप्रवर्तिका, शक्तिरनन्ता, शक्तिरव्यक्तलक्षणा, शक्रासनगता, शङ्खचक्रगदाधरा ।
शङ्खिनी, शची, शतरूपा, शतानन्दा, शतावर्ता ।।

शब्दमयी, शब्दयोनि, शम्भुवामा, शर्वाणी, शवासना ।
शशाङ्कावयवाङ्किता, शशिप्रभा, शांकरी, शांतमूर्ति, शाकलामूर्ति ।।

शाक्री, शान्तमानसा, शान्तविग्रहा, शान्ता, शान्ति ।
शान्तिदा, शान्तिवर्धिनी, शान्त्यतीता, शारदा, शाश्वतस्थानवासिनी ।।

शाश्वता, शाश्वती, शास्त्रयोनि, शास्त्री, शिरोहया ।

शिवज्ञानस्वरूपिणी, शिवप्रदा, शिवा, शिवाख्या, शिवात्मा ।।

शिवानन्दा, शिवामृता, शिष्टाशिष्टप्रपूजिता, शिष्टेष्टा, शुद्धकुलोद्भवा ।
शुद्धा, शुद्धि, शुभदा, शुभवरदायिनी, शुभा ।।

(आठ सौ)

शुभ्रा, शुम्भारि, शून्या, शोकनाशिनी, शोभा ।
श्रीकरी, श्रीधरा, श्रीधरी, श्रीनिवासा, श्रीफला ।।

श्रीमती, श्रीरनन्तोरसिस्थिता, श्रीवसुप्रदा, श्रीशा, श्रीसमुत्पत्ति ।
श्रुति, श्रेष्ठा, षडूर्मिपरिवर्जिता, षड्गुणात्मिका, संकर्षणसमुत्पत्ति ।।

संकर्षणा, संकल्पसिद्धा, संक्षोभकारिणी, संधिवर्जिता, संवत्सरा ।
संसारतारिणी, संसारपरिवर्तिका, संसारयोनि, संसारसारा, संसारार्णवतारिणी ।।

सकलकुशलदात्रीं, सकलसिद्धिदा, सकलसिद्धिदायिनी, सकला, सकृद्विभाविता ।
सतांकीर्ति, सत्क्रिया, सत्त्ववेगा, सत्त्वशुद्धिकरी, सत्प्रतिष्ठा ।।

सत्यदेवता, सत्यमात्रा, सत्यव्रता, सत्यसंधा, सत्यसंध्या ।
सत्या, सदाशिवा, सद्भक्तभर्त्री, सद्मना, सनातनी ।।

समाधिस्था, समारूढा, समीक्षा, समुद्रपरिशोषिणी, समुद्रान्तरवासिनी ।
सरस्वती, सरोजनयनासना, सरोजनिलया, सर्गस्थित्यन्तकरणी, सर्वकामधुक् ।।

सर्वकार्यनियन्त्री, सर्वगोचरा, सर्वतोऽक्षिशिरोमुखा, सर्वतोभद्रा, सर्वतोमुखी ।
सर्वदा, सर्वप्रत्ययसाक्षिणी, सर्वप्रहरणोपेता, सर्वभावानामात्म, सर्वभुतेश्वरेश्वरी ।।

सर्वभूतनमस्कृता, सर्वभूतहृदिस्थिता, सर्वभूताशयस्थिता, सर्वमाता, सर्वमावृत्यतिष्ठन्ता ।
सर्वमूर्तिप्रवर्तिका, सर्वयोगेश्वरेश्वरी, सर्ववर्णा, सर्ववादाश्रया, सर्वविज्ञानदायिनी ।।

सर्वविज्ञाना, सर्ववित्, सर्वविद्या, सर्वविद्याऽऽत्मभाविता, सर्वशक्ति ।

सर्वशक्तिप्रदायिनी, सर्वशक्तिमया, सर्वशक्तिविनिर्मुक्ता, सर्वशक्तिसमन्विता, सर्वशक्तिसमुद्भवा

सर्वशक्त्याश्रयाश्रया, सर्वशान्तिकरा, सर्वसमुद्भूति, सर्वसहा, सर्वा ।
सर्वातिशायिनी, सर्वात्मिका, सर्वान्तरस्था, सर्वान्तरा, सर्वार्थसाधिका ।।

(नौ सौ)

सर्वेन्द्रियमनोमाता, सर्वेश्वरप्रिया, सर्वेश्वरी, सहस्त्ररश्मिपद्मस्था, सहस्त्रश्रवणात्मजा ।
सहस्त्राक्षी, सहस्त्राढ्या, सांख्ययोगप्रवर्तिका, सांख्ययोगसमुद्भवा, सांख्या ।।

साध्वी, सामगति, सामवेदा, साम्यस्था, साम्या ।
सावित्री, सिंहरथा, सिंहवाहिणी, सिंहिका, सिथिलेशकुमारी ।।

सिद्धि, सिद्धेश्वरी, सिय, सिया, सीता ।
सीतादेवी, सुकीर्तिश्छिन्नसंशया, सुकुमारी, सुकृतिर्माधवी, सुखदा ।।

सुखसंपदा, सुगन्धा, सुगुणा, सुदर्शना, सुदुर्लभा ।
सुदुर्वाच्या, सुदुष्पूरा, सुद्युम्ना, सुनंदा, सुनाभि ।।

सुनिर्मला, सुन्दरी, सुप्रभा, सुप्रवेशिनी, सुभद्रा ।
सुमङ्गला, सुमन्त्रा, सुमालिनी, सुमूर्ति, सुरभि ।।

सुरा, सुरार्चिता, सुरूपा, सुरेन्द्रमाता, सुशोभना ।
सुषुम्णा, सुसूक्ष्मपदसंश्रया, सुसूक्ष्मा, सुसेना, सुसौम्या ।।

सूक्ष्मा, सूर्यमाता, सूर्यसंस्थिता, सेवा, सेविका ।
सेविता, सौदामनी, सौम्यवदना, सौम्या, स्त्रग्विणी ।।

स्त्रीरत्ना, स्थानेश्वरी, स्मृतिर्व्याप्ति, स्वकार्या, स्वधा ।
स्वयंज्योतिरुत्सुकामृतजीविनी, स्वयम्भूतिर्मानसी, स्वर्णमालिनी, स्वाहा, हंसगति ।।

हंसाख्या, हरिप्रिया, हरिवल्लभा, हरिहरविधिकर्त्रीं, हर्षवर्धिनी ।

हव्यवाहसमुद्भवा, हव्यवाहान्तरा, हिमवत्पुत्री, हिमवन्मेरुनिलया, हिरण्मयी ।।

हिरण्यरजतप्रिया, हिरण्यवर्णा, हिरण्या, हिरण्याक्षी, हृत्कमलोद्भूता ।
हृद्गहा, हृष्टतनूरुहा, हेमाभरणभूषिता, हैमी, ह्लादिनी ।।

(एक हजार)

8

श्रीकृष्णावतार

गीत

राग रत्नाकर, कहरवा ताल 8 मात्रा

कृष्ण हरे!

स्थायी

ब्रह्मा त्वमेव, विष्णुस्त्वमेव, शम्भुस्त्वमेव, कृष्ण सखे! ।
सर्गस्त्वमेव, स्वर्गस्त्वमेव, सर्वं त्वमेव, कृष्ण हरे! ।।

अंतरा–1

ब्रह्मस्वरूपम्, अव्यक्तरूपम्, अचिन्तनीयं, क्लिष्टतरम् ।
कथनातीतं, स्मरणातीतं, सुगमं सुलभं कृष्ण! न ते ।।

अंतरा–2

विष्णुस्वरूपं, मानवरूपं, दृष्टिगोचरं, हर्षकरम् ।
लोचनकमलं, निर्मलविमलं, सर्वसुन्दरं, लक्ष्मीपते ।।

अंतरा–3

देवकीनन्दं, नन्दनन्दनं, राधारमणं, करुणपरम् ।
तिलकचन्दनं, जगद्वन्दनम्, भज गोविन्दं, हरे! हरे! ।।

(हरि वंश)

दोहा॰ ययाति जी के वंश में, यदु–कुरु नृप विख्यात ।
दोनों कुल इतिहास को, भली भाँति हैं याद ।।

यदु कुल में श्रीकृष्ण थे, दैवी जिनके सूत्र ।
कुरु कुल के नृप पांडु थे, पांडव जिनके पुत्र ।।

शूरसेन यदु भूप थे, मथुरा के मतिमान ।
राजा नीति सम्राट थे, जग में ख्यात महान ।।

अग्रसेन यदु भूप का, अविचारी सुत कंस ।
दम्भी मूर्ख शिरोमणी, स्वयं नसायो बंस ।।

दोहा॰ हिंसा उनका काम था, अधम पाप दिन रात ।
नर नारी सब तंग थे, कोड़ों की बरसात ।।

जब जब हानि धर्म की, अधर्म पर आघात ।
प्रभु लेते अवतार हैं, सुनी यही थी बात ।।

पड़े विपत में जन सभी, त्राहि! त्राहि! थे प्राण ।
सबके मुख में प्रार्थना, "पाहि! पाहि! रे माम्" ।।

सब जन कहते, हे प्रभो! कब लोगे अवतार ।
कब आवेगा सुख हमें, सबकी यही पुकार ।।

त्राहि! त्राहि! रे हे प्रभो! भेजो कोई दूत ।
राजा हमरा दुष्ट है, धार्मिक नृप का पूत ।।

अग्रसेन की सोहनी, मथुरा स्वर्ग समान ।
कंसचरों ने है करी, नष्ट और बदनाम ।।

कैसे उसका अब, प्रभो! कर सकते हैं तार ।
कैसे करना चाहिये, दुष्टों का संहार ।।

नारद बोले, "हे प्रभो! कहिए एक उपाय ।
जिससे सकल बचाव हो, जो है होत अपाय" ।।

(प्रभु ने नारद जी से कहा)

दोहा॰ दुष्ट जनों के कष्ट से, जब-जब धरती रोय ।
दुराचार संहार ही, मेरा करतब होय ।।

विनाश करने कंस का, लूँगा मैं अवतार ।
होवे हित यदु वंश का, हल्का हो भू भार ।।

(भगवान् ने नारद जी से कहा)

दोहा॰   लूँगा अब अवतार मैं, करने को कल्याण ।
लेने अपने हाथ से, दुष्ट कंस के प्राण ।।

"अपूर्व होगा आठवाँ, जग में मम अवतार ।
न च भूतो ना भविष्यति, ऐसा जय जयकार" ।।

नारद! करदो कंस को, मन भ्रांति से सचेत ।
नभवाणी के घोष से, करदो उसे सुचेत ।।

आए ना यदि बाज वो, सुन कर भी आह्वान ।
करो तयारी आन की, हरि अवतार महान ।।

(आकाशवाणी)

दोहा॰   सूचित करदो कंस को, नभवाणी के साथ ।
पाप करे तो, जान से, धोएगा वह हाथ ।।

माता जिनकी देवकी, बच्चे होंगे आठ ।
बच्चा उसका आठवाँ, करे कंस का घात ।।

नभ वाणी ने कंस को, सुना दिया ऐलान ।
पुत्र आठवाँ आ रहा, लेने तेरी जान ।।

अगर न आया बाज तू, करने पापी काम ।
कर देगा सुत आठवाँ, तेरा खेल तमाम ।।

(और फिर)

दोहा॰   सुन कर भी ऐलान वो, उसे लगी न लगाम ।
बाज न आया कंस वो, करने ओछे काम ।।

उसने सोचा, बाँसुरी, बजे न, रहे न बाँस ।
अगर देवकी के सभी, कर दूँ पुत्र खलास ।।

फिर उस पापी कंस ने, कीन्हा बहुत कमाल ।
वसुदेव और देवकी, दिये कैद में डाल ।।

गीत
राग आसावरी, कहरवा ताल

देवकी नंदन

स्थायी

देवकी नंदन साँवला काला,
कारी अंधियारी रात में आया ।
कंस निकंदन बाल गोपाला,
लीला दिखा कर मन भरमाया ।।

अंतरा–1

बंदीघर के खुल गए ताले,
सो गए सारे पहरे वाले ।
मूसल वर्षा बादल काले,
बिजली ने घन शोर मचाया ।।

अंतरा–2

लीला हरि की दे गई धोखे,
नींद से भर गई कंस की आँखे ।
सारी रात सबको सुलवाया,
मथुरा में कोई जान न पाया ।।

अंतरा–3

जल भरी जमुना मारग दीन्हा,
छत्र शीश पे शेष ने कीन्हा ।
कंसअरि की देख लो माया,
मथुरा से हरि गोकुल आया ।।

(कृष्ण जन्म)

दोहा॰   बादल गर्जन घोर थी, मौसम था खूँखार ।
श्यामल काला आगया, कान्हा कृष्ण कुमार ।।

आया आधी रात में, अँधियारी जब घात ।
बिजली का घन शोर था, भीषण थी बरसात ।।

(तब)

दोहा॰   प्रकट हुए विष्णु तभी, देने आशीर्वाद ।
बोले, श्री वसुदेव को, रहे तुम्हें यह याद ।।

प्राण बचाने कृष्ण के, सबसे अहम है काम ।
लेजाओ शिशु को अभी, सिर पर, गोकुल ग्राम ।।

(कंस दरबार)

दोहा॰ आये मंत्री कंस के, सभा भरी जब खास ।
मार डालने कृष्ण को, उतावले जो दास ।।

अपने–अपने हुनर के, सबने गाये गान ।
सब बोले, मेरे लिये, यह तो है आसान ।।

कहा एक ने मैं उसे, करूँ आग में भस्म ।
एक निमिष में कृष्ण की, कर दूँ अंतिम रस्म ।।

दूजा बोला फूंक से, भेजूँ नभ से पार ।
तीजा बोला डंक से, डालूँ उसको मार ।।

कोई बोला, शस्त्र से, कोई बन कर बैल ।
कोई बन कर गोप या, कोई बन कर मल्ल ।।

हुआ फैसला अंत में, छोटा है यह काम ।
भेजेंगे हम पूतना, पापन जिसका नाम ।।

जहर पिलादे बाल को, लेकर सुंदर रूप ।
पता चले ना क्यों मरा, बोला मथुराभूप ।।

(पूतना)

दोहा॰ स्वसा कंस की, पूतना, महादेहिनी नार ।
मायास्वरूप धारिणी, छल करती हर बार ।।

आज्ञा लेकर बंधु से, करके नम्र प्रणाम ।
गोकुल आयी पूतना, करने पापी काम ।।

दोहा॰ लीन्हा उसने कृष्ण को, अपनी गोद लिटाय ।
मुख में स्तन को डाल कर, दीन्हा दूध पिलाय ।।

उसी दूध को कृष्ण ने, छोड़ा उसके काय ।
विष बाधा से पूतना, गिरी धरा पर, धाँय! ।।

(तृणावर्त)

दोहा॰ मरी पूतना जब स्वसा, बाल कृष्ण के हाथ ।
रची योजना दूसरी, करने उसका घात ।।

तृणावर्त था कंस का, इक मायावी दास ।
जिसके गुण पर कंस को, गहरा था विश्वास ।।

तृणावर्त इक फूँक से, लाता आँधी वात ।
लेकर उड़ता गगन में, करने नर का घात ।।

गिर कर नर आकाश से, होता चकनाचूर ।
फूँक मात्र से वृक्ष भी, उड़ते कोसों दूर ।।

काँधे पर रख कृष्ण को, निकला वह शैतान ।
फूँक मार कर उड़ गया, पहुँच गया आसमान ।।

दोहा॰ गिरा तृणाव्रत गगन से, उड़ी गगन तक धूल ।
गिरे कृष्ण भी गगन से, गिरता जैसे फूल ।।

(वत्सासुर)

दोहा॰ मधुबन में वह आगया, दुष्ट कंस का दास ।
मारूँगा मैं कृष्ण को, उसको था विश्वास ।।

ठीक समय को जान कर, किया असुर ने वार ।
बचा लिया श्रीकृष्ण ने, उसका दंत प्रहार ।।

विद्युत गति से कृष्ण ने, बछड़ा लिया उठाय ।
गोल घूमा कर जोर से, पटका नीचे, धाँय! ।।

(वत्सासुर वध)

दोहा॰ वत्सासुर जब मर गया, बचे कृष्ण के प्राण ।
गोकुल जन घबड़ा गये, अलग–अलग अनुमान ।।

(कंस दरबार)

दोहा॰ मरा अघासुर, कंस का, मंत्री दुष्ट महान ।
दास पुराना कालिया, आया उसके ध्यान ।।

आज सभा में आगया, बोला क्या है काम ।

मुझे बुलाया क्यों यहाँ, किसके लेने प्राण ।।

(कंस)

दोहा॰ कहा कंस ने दास को, बहुत खास है काम ।
जिसके कारण ध्यान में, आया तुमरा नाम ।।

यमुना के दह में बसो, जाकर तुम तत्काल ।
करो विषैला नीर तुम, और बिछाओ जाल ।।

पानी पीने आयगे, नर, पशु, पक्षी, मीन ।
विष पीकर मर जायगे, प्यासे प्राणी दीन ।।

उन्हें बचाने आयगा, कृष्ण नदी के तीर ।
डस दो उसको तुम, सखे! करो वार गंभीर ।।

(कालिया)

दोहा॰ यमुना नदिया नीर में, दह था एक विशाल ।
इक दिन बैठा कालिया, दह में बन कर काल ।।

जमुना जी के नीर में, उसने जहर मिलाय ।
नीर विषैला कर दिया, नर-पशु सब मर जाय ।।

कान्हा कूदा नीर में, जहाँ कालिया वास ।
डरा सुदामा देख कर, हरि का दिव्य प्रयास ।।

देख नीर में कृष्ण है, आया अपने आप ।
हृष्ट होगया कालिया, जिसके मन में पाप ।।

झपट पड़ा वह कृष्ण पर, करके विष आघात ।
विष की बाधा से हुआ, नीला हरि का गात ।।

कहा कृष्ण ने नाग को, अब भी कहना मान ।
मगर कालिया ने किया, युद्ध बहुत घमसान ।।

कहा कृष्ण ने नाग को, तज दे जमुना नीर ।
सागर में बस जा कहीं, तुझे न दूँगा पीड़ ।।

जमुना नदिया छोड़ कर, जाने हुआ तयार ।

गया शरण वह कृष्ण की, किया स्वयं उद्धार ।।

(कान्हा)

दोहा॰ कालिया ने कृष्ण को, सिर पर लिया उठाय ।
जल से बाहर कृष्ण को, जन को दिया दिखाय ।।

कालीया के शीष पर, नाचत नंद कुमार ।
और बजावत बाँसुरी, जादू भरी अपार ।।

(गोवर्धन)

दोहा॰ इक दिन कान्हा लाड़ला, मुरलीधर गोपाल ।
धेनु चराने आगया, संग गोप थे ग्वाल ।।

उस मधुबन के क्षेत्र में, जहाँ हरी थी घास ।
खेल रहे थे गोप सब, गावर्धन गिरि पास ।।

(प्रकोप)

दोहा॰ खेल रहे थे जब सभी, सखा कृष्ण के साथ ।
आयी मूसलाधार सी, बरसात अकस्मात ।।

वर्षा बढ़ती ही गयी, रुकने का ना नाम ।
जलथल व्रज सब होगया, बिगड़ रहा था काम ।।

गौ-बछड़े, खेती सभी, बहने लगे मकान ।
ब्रजवासी सब डर गये, ढहने लगे दुकान ।।

समझ न पाए, क्या हुआ, किसका हुआ प्रकोप ।
कृष्ण चरण में आगये, ब्रजवासी सब गोप ।।

बोले, अब रक्षा करो, हमरी नंद कुमार! ।
हमें अटल विश्वास है, रक्षक आप हमार ।।

ज्यों ज्यों छल बढ़ता गया, बढ़ा और विश्वास ।
ब्रजवासी सब आगये, शीघ्र कृष्ण के पास ।।

तब)

दोहा॰ गोवर्धन गिरि कृष्ण को, बोला, राधेश्याम! ।
छाया दूँगा में तुम्हें, मैं भी आऊँ काम ।।

गिरिवर वह श्रीकृष्ण ने, उठा लिया सुख साथ ।
कनिष्ठिका पर रख दिया, मुरली दूजे हाथ ।।

व्रजवासी गिरि के तले, खड़े सहित आराम ।
बोले, रक्षक हैं हमें, बंसीधर घनश्याम ।।

(और)

दोहा० गौ-बछड़े, व्रजवाले सभी, खड़े प्रेम के साथ ।
कृष्ण बजावत बाँसुरी, सबने जोड़े हाथ ।।

गीत

राग : भैरवी, कहरवा ताल 8 मात्रा

गोवर्धनधारी

स्थायी

गोवर्धन उठाए हरि, देखो देखो जी लीला खरी ।
उँगली पर धरे, वो समूचा गिरी, और बजाए मिठी बाँसुरी ।।

अन्तरा-1

मथुरा के परे पास में, मधुबन की हरी घास में ।
गोप गोपी सगे, खेल में जब लगे, साथ में थे सखा श्री हरि ।
मूसला वर्षा अचानक गिरी, व्रज में चिंता भयानक पड़ी ।।

अन्तरा-2

व्रज वासी खड़े आस में, थे बड़े आज विश्वास में ।
सब गिरि के तले, लगे सुख से गले, सबने मन में थी आशा धरी ।
चाहे जितनी भी बारिश गिरी, दुख में सबको बचाए हरि ।।

अन्तरा-3

इन्द्र भगवान जब थक गए, बरसा कर बादल अक गए ।
शक्र हार गए, शरमिंदा भये, झट से वर्षा फिर बंद करी ।
बोले तेरी हो जै जै हरि, तेरी लीला है जादू भरी ।।
उँगली पर धरे, तू समूचा गिरी, और बजाए मिठी बाँसुरी ।।

(कंस)

दोहा० मंत्री मण्डल सब मरा, अंधकार में ज्योत ।

बचा अन्त में एक ही, कंस-सचिव प्रद्योत ।।

दीप विहीनी रात में, जगमगता खद्योत ।
मंत्री अब है कंस का, एक मात्र प्रद्योत ।।

(प्रद्योत)

दोहा॰ कही सचिव प्रद्योत ने, कंसराज से बात ।
हुआ न हमसे आज तक, बाल कृष्ण का घात ।।

करें बहाना खेल का, गुप्त बिछाएँ जाल ।
कान्हा जब आए यहाँ, चलिये उस पर चाल ।।

खेलों का मेला रचें, दिखावटी हम भव्य ।
करे निमंत्रित कृष्ण को, बल दिखलाने दिव्य ।।

(मथुरा में, समारंभ)

दोहा॰ क्रीड़ोत्सव का भव्य था, रचा गया पंडाल ।
सजा दिया अभिराम था, कंसराज चंडाल ।।

(चाणूर मुष्टिक)

दोहा॰ ज्यों ही रथ श्रीकृष्ण का, भीतर किया प्रवेश ।
झपट पड़ा चाणूर था, बिना किसी आदेश ।।

मुष्टिक भी बलराम पर, करने उनको शेष ।
ताली कंस बजा रहा, सहित घोर आवेश ।।

(युद्ध)

दोहा॰ हुआ युद्ध घमसान फिर, दो बालक, दो मल्ल ।
बालकृष्ण-बलराम ने, दिखला दिया भुजबल ।।

गुत्थमगुत्था फिर हुआ, उठा पटक घनघोर ।
कंस दास चित पड़ गये, विना मचाए शोर ।।

(कुवलयापीड़)

दोहा॰ हार गये जब कंस के, और मरे सब वीर ।
छोड़ा हरि पर कंस ने, हाथी कुवलयापीड़ ।।

(जब)

दोहा॰ टूट पड़ा वह कृष्ण पर, करने उसको चूर ।
कान्हा हट कर मार्ग से, सरक गया कुछ दूर ।।

चढ़ा करी के पीठ पर, तोड़ा उसका दाँत ।
सिर पर ताड़ा दाँत वो, करने उसका घात ।।

गज धरती पर गिर पड़ा, गया तुरत दम तोड़ ।
अंतिम चेला कंस का, गया जगत को छोड़ ।।

(तब)

दोहा॰ मरा कुवलयापीड़ जब, महान गज निष्पाप ।
मथुरा में अब है बचा, कंस अकेला आप ।।

(कंस)

दोहा॰ मरा कुवलयापीड़ जब, खेल होगया अंत ।
लोक विसर्जित होगये, जिनको हर्ष अनंत ।।

उसी समय पर आगया, कंस कृष्ण के पास ।
जिसने सारे कंस के, मार दिये थे दास ।।

पकड़े उसने कृष्ण के, कस कर दोनों हाथ ।
और उठाया काँध पर, बड़े जोर के साथ ।।

बोला उसने कृष्ण को, अब है तेरा अंत ।
अब न बचेगा तू कभी, मारूँ तुझे तुरंत ।।

(कान्हा)

दोहा॰ कहा कृष्ण ने कंस को, और करो मत पाप ।
पछताने का समय है, वरन मिलेगा शाप ।।

. (कंस)

दोहा॰ कहा कंस ने कृष्ण को, तुझे बचावे कौन ।
दिखा मुझे बल दूध का, अब मत रहना मौन ।।

. (अंत में)

दोहा॰ झपट पड़ा फिर कृष्ण पर, करने उसका घात ।

मगर कृष्ण ने पलट कर, जकड़ी उसकी लात ।।

पकड़ी गर्दन कंस की, उसको लपटा मार ।
पटका उसको भूमि पर, उसके सिर के भार ।।

दोहा॰ हड्डी पसली टूट कर, हुई जभी थी चूर ।
प्राण कंस के देह से, निकल गए थे दूर ।।

(जरासंध)

दोहा॰ ययाति सुत पुरु ख्यात थे, पुरु के सुत दुष्यंत ।
सोम वंश दुष्यंत का, प्रसिद्ध था अत्यंत ।।

बृहद्रथ हुए मगध में, सिंहासन आसीन ।
यह वंशज दुष्यंत का, सबसे था प्राचीन ।।

जरासंध इस वंश का, महा प्रतापी भूप ।
मगर बहुत था पातकी, यथा कंस का रूप ।।

जरासंध ने कृष्ण का, घोर किया अपमान ।
मल्ल युद्ध में भीम ने, ले ली उसकी जान ।।

गीत

गोविंद

श्लोक

गोविन्द इति यो ज्ञातः कृष्णो विन्दति गोधनम् ।
व्रजजनाश्च गावश्च कृष्णं स्निह्यन्ति सर्वथा ।।

गोविन्दो दर्शने तेषां स्वप्नेषु च हरिस्तथा ।
लोचनेषु हरिस्तेषां गोविन्दश्च स्मृतौ सदा ।।

श्रीकृष्णोऽश्रूणि नेत्रेषु बुद्धौ श्यामः सदा हि सः ।
गोविन्दो हृदि सर्वेषां कृष्णो वचसि कर्मणि ।।

गोविन्दो वन्दने तेषां केशवः पूजने च सः ।
आलापेषु स सर्वेषां मुखेषु सर्वदा हरिः ।।

भजनेषु च श्रीकृष्णः कृष्णो देवश्च कीर्तने ।

अर्चनमपि कृष्णाय गायने च हरेः स्तुतिः ।।

गृहे गृहे हरेर्मूर्तिः-हरेः कीर्तिः पदे पदे ।
प्राङ्गणे मोहनस्तेषां गोविन्दश्च वने वने ।।

जनगणेषु गोविन्दः केशवः पशुपक्षिषु ।
शब्दे शब्दे च गोविन्दो ध्वनौ ध्वनौ च केशवः ।।

पञ्चभूतेषु गोविन्दो माधवस्त्रिगुणेषु च ।
त्रिभुवने च गोविन्दः कृष्ण एव कणे कणे ।।

सर्वेऽपि हृदि कृष्णस्य भक्त्या संपूरिता जनाः ।
क्षणे क्षणे दिवानक्तं सर्वे च शरणागताः ।।

१९. महाभारत

दोहा॰ यथा तथा जो था लिखा, पुरुकुल का इतिहास ।
गुरु-शिष्यों ने सब पढ़ा, और किया अभ्यास ।।

हस्तिनपुर में जो घटी, कथा लिखित मुनि व्यास ।
गुरुशिष्यों ने वह पढ़ी, बुझी ज्ञान की प्यास ।।

(पुरु कुल)

दोहा॰ इस पुरु कुल में थे हुए, 'कुरु' राजा गुणवान ।
प्रपौत्र उसके 'शान्तनु,' हुए नरेश महान ।।

शाँतनु के सुत तीन थे, सभी महा विद्वान ।
विचित्रवीर्य राजा बने, भीष्म व्यास भगवान ।।

विविध गुणों के पुत्र थे, विचित्र के भी तीन ।
'पांडु' कुशल, 'धृत' कुटिल थे, 'विदुर' नीति में लीन ।।

अंधश्री 'धृतराष्ट्र' थे, सुत थे विदुर अवैध ।
पांडु बने नृप, नीति से, सिंहासन पर वैध ।।

'शूरसेन' की अंगजा, 'कुंती' मथुरा नार ।
दीदी थी वसुदेव की, पांडु भूप की दार ।।

भार्या दो थीं पांडु की, कुंती 'माद्री' नाम ।
पाँच पुत्र थे पांडु के, धार्मिक वीर महान ।।

कुन्ती के सुत तीन थे, 'भीमार्जुनकौन्तेय'।
माद्री के दो पुत्र थे, युग्म 'नकुल-सहदेव' ।।

अंधे नृप धृतराष्ट्र के, पुत्र हुए थे सौ ।
सभी करम से दुष्ट थे, नाम उन्हें 'कौरव' ।।

'दुर्योधन' सबसे बड़ा, लड़ना उसका काम ।
कन्या धृत की एक थी, 'दुःशीला' था नाम ।।

सुत कुंती का 'कर्ण' था, अंग देश का नाथ ।
नेता कौरव पक्ष का, दुर्योधन के साथ ।।

'भीष्म द्रोण कृप' तीन थे, कुरुकुल के आचार्य ।
कौरव पांडव छात्र थे, ज्ञानार्जन के कार्य ।।

कौरव पांडव बंधु थे, मगर भिन्न थी सूझ ।
जैसी जिसकी सूझ थी, तथा मिली थी बूझ ।।

एक पेड़ पर थे उगे, वे काँटे, ये फूल ।
पांडव ज्ञानी बन गए, कौरव पाए भूल ।।

(वर्णाश्रम)

दोहा॰ द्रोण ब्राह्म थे वर्ण से, ब्राह्मण उनका कर्म ।
अश्वत्थामा द्रोण-सुत, क्षत्रिय उसका धर्म ।।

ब्राह्मण कुल में जन्म था, मगर भिन्न था गात्र ।
अश्वत्थामा था बना, गुण स्वभाव से क्षात्र ।।

गुण पर निर्भर 'वर्ण' हैं, नहीं जन्म का काम ।
वर्ण प्रकृति से बने, 'जाति' स्वार्थ का नाम ।।

पांडव सद् गुण धर्म से, पाए उत्तम ज्ञान ।
कौरव तम गुण में जले, पाए जड़ अज्ञान ।।

दुर्योधन ने द्वेष में, रचे प्रपंच अनेक ।

131

पांडवहत्या के लिए, किए यत्न प्रत्येक ।।

पांडु, पीड़ित रोग से, तजे राज्य अधिकार ।
अंधे फिर राजा बने, करने अत्याचार ।।

(अन्धे धृतराष्ट्र)

दोहा॰ धृत जब राजा बन गए, दुर्योधन को आस ।
राजकुँवर अब वह बने, पांडव उसके दास ।।

(युधिष्ठिर का राज्याभिषेक)

दोहा॰ मगर कुँवर वह ना बना, वह था छोटा भ्रात ।
अग्रज के अधिकार ने, दियी अनुज को मात[1] ।।

. ज्येष्ठ युधिष्ठिर भ्रात का, राजकुँवर अधिकार ।
धर्मराज की नीति से, जनपद जन को प्यार ।।

. तिलक युधिष्ठिर को लगा; राजसूयादि याग ।
दुर्योधन के हृदय को, लगी द्वेष की आग ।।

. (पांडव)

दोहा॰ पाण्डव दल ने देश को, जीत लिया सब ओर ।
धन-दौलत बल मान भी, प्राप्त किया बिन शोर ।।

(कौरवों का दुष्टाचार)

दोहा॰ दुर्योधन ने छल रचे, कपट कुचक्कर घोर ।
पांडव भाई मारने, बहुत लगाया जोर ।।

प्रयोग विष का भीम पर, अर्जुन पर भी वार ।
प्रयास कौरव के सभी, गए सदा बेकार ।।

जिसको राखे रामजी, मार सके ना कोय ।
को मारे उसको कभी, जिसका साई होय ।।

(किन्तु)

---

[1] **मात** = पराजय ।

दोहा॰ कृष्ण गए जब द्वारिका, चली उन्हों ने चाल ।
लगाय पासे द्यूत के, शकुनि बिछाया जाल ।।

गुरु जन सारे देखते, बिना किसी अवरोध ।
चुप बैठे धृतराष्ट्र भी, द्वेष मस्त दुर्योध ।।

किस पर कब क्या आ पड़े, को जाने तकदीर ।
हुआ पांडवों का वही, यथा ललाट लकीर ।।

(जब)

दोहा॰ कुत्ते की दुम वक्र ही, सीधी कभी न होत ।
मूढ़-मगज में ज्ञान की, जला सको ना ज्योत ।।

पयस पिला कर नाग को, जहर बने वह दूध ।
जितना सुख दो दुष्ट को, मिलता दुख, सह सूद ।।

(इस लिए)

दोहा॰ धृतपुत्रों में था यही, तामस गुण का बोध ।
पाप कर्म में मोद था, पुण्य कर्म में क्रोध ।।

एक डाल पर दो उगे, वे काँटे, ये फूल ।
पांडव देते सुख सदा, कौरव देते शूल ।।

(दुष्टाचार)

दोहा॰ पासे लगाय अक्ष के, लूटे पांडव भ्रात ।
देख रहे धृतराष्ट्र थे, बोले ना कछु बात ।।

दुःशासन ने जो बुरे, किए सभा में काज ।
गुरु जन देखत मौन थे, सभी छोड़ कर लाज ।।

आर्त पुकारे द्रौपदी, "कृष्ण! बचाओ आज" ।
सुन कर रोना भगत का, कृष्ण बचायो लाज ।।

(तेरह वर्षीय वनवास)

दोहा॰ दुःशासन ने जो बुरे, किए सभा में काज ।
गुरु जन देखत मौन थे, सभी छोड़ कर लाज ।।

(निर्णय प्रतिज्ञा)

दोहा॰ जीत गए जब द्यूत में, दुर्योधन के भ्रात ।
भेजे पांडव बंधु सब, विपिन द्रौपदी साथ ।।

. दुर्योधन ने है दिया, बारह-वर्ष वनवास ।
एक वर्ष का भी दिया, अज्ञात का निवास ।।

. कौरव पांडव पक्ष में, उभय मिला कर हाथ ।
समझौता निश्चित हुआ, अटल शपथ के साथ ।।

. दुर्योधन ने प्रण किया, धर्मराज के साथ ।
"आधा-आधा राज्य हो, विपिनवास के बाद ।।

. "आधा कौरव राज्य लें, बिना किसी तकरार ।
आधा पांडव को मिले, प्रण से हुआ करार ।।

. "कौरव पांडव बाँट लें, राज्यभार अधिकार" ।
साक्षी गुरुजन, धृत तथा, गवाह था दरबार ।।

(अपितु)

दोहा॰ "जीवित लौट न आ सकें, पूर्ण किए वनवास" ।
दुर्योधन को था यही, अपने पर विश्वास ।।

. वन में पांडव जब गए, कौरव चला कुचाल ।
उनको छल से मारने, बन कर उनका काल ।।

. कभी पिलाया विष उन्हें, कभी तीर तलवार ।
कभी अपहरण के लिए, यत्न सभी बेकार ।।

विपिन वास का वर्ष था, तेरहवाँ जब शेष ।
अज्ञातवास के लिए, चले बदल कर वेश ।।

(युधिष्ठिर)

दोहा॰ धर्म बने "द्विज कंक थे, लेकर ब्राह्मण वेश ।
भीम बवरची रूप में, आया विराट देश ।।

विराट नगरी को चले, अलग-अलग सब भ्रात ।
भिन्न-भिन्न उद्यम लिए, चुपके से इक रात ।।

(अर्जुन)

दोहा॰ पार्थ बन गया नर्तकी, "बृहन्नड़ा" के नाम ।
नृत्य शिक्षिका वह बना, विराट नृप के धाम ।।

(नकुल, सहदेव)

दोहा॰ नकुल बना गजपाल था, गजशाला रखवाल ।
वेश लिया सहदेव ने, विराट का गोपाल ।।

(द्रौपदी)

दोहा॰ दासी बन कर द्रौपदी, आई रानी पास ।
बन कर उसकी सेविका, कीन्ही सेवा खास ।।

पांडव सब इस भाँति से, कीन्हे नगर प्रवेश ।
राज महल से द्रौपदी, निरखत सारा देश ।।

(ततः)

दोहा॰ वर्ष त्रयोदश ढूँढते, धृतपुत्र गए हार ।
मिले नहीं पांडव कहीं, बूझे ना उपचार ।।

पूर्ण हुए वनवास के, जब सब तेरह वर्ष ।
हस्तिनपुर में तब भये, धर्मराज के दर्श ।।

उनको देखे डर गया, दुर्योधन हैरान ।
पांडव जीवित देख कर, सूखे उसके प्राण ।।

धर्मराज ने दास को, भेजा कौरव पास ।
यथा पूर्व इकरार था, माँगा आधा राज ।।

(दुर्योधन और धृतराष्ट्र को उपदेश)

दोहा॰ दुर्योधन, धृत, कर्ण को, बोले सज्जन लोग ।
"दे दो आधा धर्म को, अर्ध करो तुम भोग" ।।

(भीष्म आदि ने कहा)

दोहा॰ कहे भीष्म धृतराष्ट्र से, "सुनो वचन मम, तात! ।
कर्ण, शकुनि, दुर्योध की, मत सुनिए, नृप! बात" ।।

"तीनों बालक हैं युवा, तुम हो बूढ़े बाप ।
नीति नियम सबको कहो, चलो नीति पर आप" ।।

दुर्योधन से फिर कहा, "करो नीति से काम ।
बैर कपट छल से हुआ, नाम तेरा बदनाम ।।

"बैर छद्म अब बस करो, करलो उनसे मेल ।
उनके ही सत् धर्म से, चलता तुमरा खेल ।।

"समान है इस राज्य पर, दोनों का अधिकार ।
मगर नीति-प्रतिकूल है, तुमरा सब व्यवहार ।।

"डरो न तुम यदि धर्म से, दुर्योधन! इस बार ।
स्वयं मरोगे आप तुम, कुल का भी संहार ।।

"जब तक ऊँचे काम हों, तब तक उज्ज्वल नाम ।
जिसके ओछे काम हों, होता वह बदनाम" ।।

दोहा॰ कहा द्रोण ने भीष्म से, "सही तिहारी बात" ।
दुर्योधन से फिर कहा, "बात सुनो तुम, तात! ।।

"कुल अपना अति उच्च है, उज्ज्वल उसका नाम ।
जिससे कुल बदनाम हो, करो न वेसे काम ।।

"उनका आधा दे उन्हें, तू ले आधा राज ।
मीठा फल सत् धर्म का, चख लो कौरव आज" ।।

(धृतराष्ट्र को कर्ण ने कहा)
दोहा॰ कर्ण कहत धृतराष्ट्र से, "गुरुजन धन-के-दास ।
धन अर्जित हमसे किए, श्रद्धा पांडव पास ।।

"सुनो न इनका, ये सभी, पांडव पैरोकार ।
देंगे हित हम ही तुम्हें, तुम्हें हमीं से प्यार" ।।

(धृतराष्ट्र को विदुर जी ने कहा)
दोहा॰ विदुर कहे धृतराष्ट्र से, "सुन भाई! मम बात ।
कौरव जस तव पुत्र हैं, पांडव भी हैं, तात! ।।

"दुर्योधन शकुनी सभी, कपट कुमति भँडार ।
विपरीत उनकी बुद्धि है, सद्गुण के कंगाल" ।।

(सञ्जय ने कहा)

दोहा॰ धृत को संजय ने कहा, "स्वामी! सुनिए बात ।
पुण्य कर्म में लाभ है, पाप करेगा घात ।।

"सीधा पथ जब सामने, क्यों लें उल्टी राह ।
उल्टा पथ वो ही धरे, जिसे मरण की चाह ।।

"शाँति मार्ग जब सामने, लड़ने का क्या काम ।
अशाँति पथ से वो चले, जिसे नरक हो धाम ।।

"कृपा कृष्ण की जब हमें, तब क्यों शकुनी-साथ ।
सुजन संग जब है मिला, क्यों हो दुर्जन नाथ ।।

"सदाचार कहता सदा, रहो कपट से दूर ।
पाप मार्ग अपनाइके, होगे चकनाचूर" ।।

(शकुनि से सनत्सुजात ने कहा)

दोहा॰ शकुनि को फिर प्रेम से, बोले सनत्सुजात ।
"अपना सब तू खो चुका, इनका मत कर घात ।।

"दंभ कपट छल द्यूत हैं, सब चोरी के काम ।
खल बल अत्याचार से, दुर्जन है बदनाम ।।

(सुभाषित)

दोहा॰ "कल जो करना काम है, करो पूर्ण वो आज ।
कल की चिंता जो करे, वही कर सके राज ।।

"अमृत पी कर मर्त्य वो, जिसमें विष की दाह ।
स्वर्ग द्वार खुल कर उसे, मृत्युलोक की चाह" ।।

(दुर्योधन से विदुर जी ने कहा)

दोहा॰ दुर्योधन को विदुर जी, बोले सच्ची बात ।
"धर्मराज अविजेय है, उससे मत लड़, तात! ।।

"संग धर्म को, कृष्ण का, तुझको उनसे बैर ।
उनसे लड़कर, हे सखे! तेरी नहिँ है खैर ।।

"संग धर्म को, कृष्ण का, तुझको उनसे बैर ।

उनसे लड़कर, हे सखे! तेरी नहिं है खैर ।।

"संधि में जब है भला, कहे युद्ध की भाष ।
कुल विनाश का बीज वो, निश्चित उसे विनाश ।।

(तथा ही)
दोहा॰ "सिद्धि सुगम जब सुलह से, चले अन्य वो मार्ग ।
जिसे घृणा है धर्म से, अधर्म से है राग ।।

"शाँति सभी ने जब कही, चले युद्ध की ओर ।
आत्मघात से ना डरे, वही दुष्ट है घोर ।।

"सुजान सुवचन जब कहे, बंद करे वह कान ।
शुभ शब्दों से चिढ़ जिसे, दुख में उसके प्राण ।।

"संग सुरों का छोड़ कर, असुरों से हो प्रीत ।
दुष्ट जनों की वह सुने, अशाँति का जो मीत ।।

(और भी)
दोहा॰ "जिसके मन में क्रोध है, सत् वचनों से बैर ।
सुरपुर में रहते हुए, रखे नरक में पैर ।।

"सिर पर लटका खड्ग हो, भरे नींद में रैन ।
सिर पर गठरी पाप की, उसे कलुष में चैन ।।

"सदाचार को छोड़ कर, भरे डाह की आग ।
तन में तामस हो भरा, विष में जिसका राग ।।

"पीने गंगा नीर हो, फिर भी विष की प्यास ।
पुण्य नहीं हो भाग्य में, उसे पाप का पाश ।।

"तज कर सज्जन संग को, धरे दुष्ट का हाथ ।
संकट से जो ना डरे, विनाश उसके साथ ।।

"दुआर मिल कर स्वर्ग का, जिसे नरक की चाह ।
विनाश जिसका हो लिखा, चले पतन की राह" ।।

(संजय)
दोहा॰ संजय से हरि ने कहा, "सुनो शाँति की रीत ।

आदर के सह सुलह हो, तभी सुलह में जीत" ।।

संजय बोला कृष्ण से, "सत्य तिहारे बोल ।
राज्य पुण्य पर पाप का, होता मिट्टी मोल" ।।

(दुर्योधन से शकुनि के मन्त्री कणिक ने कहा)

दोहा॰ दुर्योधन को कणिक ने, करने को गुमराह ।
बोला, "छल से काम लो, यह है यश की राह ।।

"बल तेरा किस काम का, अगर किया न प्रयोग ।
तिनका पीड़ाहीन भी, देगा विष का रोग ।।

"चिनगी[2] छोटी ही सही, वनाग्नि का है बीज ।
बैरी पर करना दया, आत्मघात की चीज ।।

"रख कर मतलब ध्यान में, बढ़ो कपट से, तात! ।
शक्ति-युक्ति की चाल से, करदो उनका घात ।।

"मारो पांडव छल किए, या फिर बल के साथ ।
भीम करेगा अन्यथा, हमसे दो-दो हाथ ।।

"अर्जुन से भी डर हमें, भीम उसे रखवार ।
पहले वध हो भीम का, फिर अर्जुन पर वार" ।।

(कर्ण व दुर्योधन का संवाद)

दोहा॰ दुर्योधन को कर्ण ने, दिया सखत उपदेश ।
"पांडव को तू भूमि का, मत देना लव लेश" ।।

दुर्योधन ने कर्ण का, मान लिया आदेश ।
"बिना लड़ाई धर्म को, नहीं मिलेगा देश ।।

"ना आधा ना चौथ भी, मिले धर्म को राज ।
लड़ कर हमरी जीत है, यही सही अंदाज" ।।

---

[2] **चिनगी** : चिनगारी ।

(युधिष्ठिर ने कहा)

दोहा॰   सुन कर दुर्योधन का कहा, धर्मराज को खेद ।
          "पी लें हम अभिमान को, बिना किसी भी स्वेद ।।

          "अर्ध राज्य अधिकार है, लड़ने का क्या काम ।
          हम लाएँगे राज्य में, शाँति का पैगाम" ।।

          फिर वह बोला रंज से, "हम शाँति के नाम ।
          अर्ध राज्य यदि ना मिला, लेंगे पाँच हि ग्राम" ।।

(दुर्योधन ने कहा)

दोहा॰   सुन कर कहना धर्म का, बोल पड़ा दुर्योध ।
          "पाँच ग्राम ना दूँ कभी, तुझको करूँ विरोध ।।

          "यह भी मेरा राज्य है, वह भी मेरा राज ।
          संपद् मेरी है सभी, मैं राजा हूँ आज ।।

          "अणी सूक्ष्म सी सूचि की, करे भूमि में छेद ।
          उतनी भी ना दूँ तुम्हें, यही जान लो भेद ।।

          "मरवाँरूगा मैं तुम्हें, मारूँगा मैं आप ।
          रोक सकेगा को मुझे, सबको दूँगा ताप ।।

          "लड़ना चाहो या नहीं, युद्ध तुम्हें अनिवार ।
          सुनलो तुम चेतावनी, होजाओ तैयार" ।।

(दुर्योधन की कुमति)

दोहा॰   इतना कह कर मूढ़ ने, व्यक्त किया अज्ञान ।
          दुर्योधन ने बक दिया, अपना उल्टा ज्ञान ।।

          "थोड़े में ही तृप्त जो, नर वह वैभव हीन ।
          दया क्षमा डर शाँति से, मिले न यश सुख चैन ।।

          "मोद सुखों में मत्त जो, छल प्रमाद में मस्त ।
          डाह क्रोध में रत सदा, वही सुखों से ग्रस्त ।।

          "धर्म-कर्म सब व्यर्थ हैं, मूढ़ जनों के काम ।
          दुराग्रही शठ दुष्ट जो, जग में उनका नाम ।।

"ज्ञान यही मम लाभ का, सदा रखो तुम याद ।
शान मान फल संपदा, देता है उन्माद ।।

"बड़ा प्रभावी ज्ञान ये, देता है कल्याण ।
अहंकार सुख हित करे, शोक दुखों से त्राण ।।

"पर हित में जो नित मरे, उसे शोक दुख पीर ।
निर्लज नर हरदम सुखी, कलियुग में वह धीर" ।।

(दुर्योधन को गान्धारी ने कहा)

दोहा॰ दुर्योधन को प्रेम से, माता बोली, तात! ।
अगर शकुनि से शुभ लगी, सुनलो मेरी बात ।।

"स्वप्न मात्र से ना मिले, राज्य कभी भी, तात! ।
लड़ कर भी, सुत! जय मिले, निश्चित नहिँ है बात ।।

"लड़ने का यदि मन करे, लड़लो उनसे, तात! ।
जो बैरी तन में छुपे, राग-क्रोध दिन रात ।।

"दंभ काम मद वासना, अहंकार के रोग ।
हट जाएँगे जब सभी, करो राज्य का भोग ।।

"यदि चाहो सुख राज्य के, स्वर्ग तुल्य सब भोग ।
दे दो उनकी संपदा, शम का किए प्रयोग ।।

"बीती को तुम भूल कर, सुनलो माँ की बात ।
शाँति से ही सुख मिले, अशाँति से है घात" ।।

(युधिष्ठिर को कुन्ती ने कहा)

दोहा॰ "कुन्ती बोली धर्म को, आर्य करो तुम काम ।
धार्मिक बसते स्वर्ग में, नरक अधम का धाम" ।।

(सूक्ति)

दोहा॰ माता बोली धर्म को, तुम्हें न भ्रम हो, लाल! ।
"राजा करता काल को, या राजा को काल?" ।।

. सुनो सुभाषित, पुत्र! तुम, बिना किसी संदेह ।
"राजा कारण काल का, जस राजा तस गेह" ।।

"धृत की अंधी नीति ही, इस कलिमल का मूल ।
अतः पुत्र! सत् युग किए, दूर करो यह शूल ।।

"रण पर पाकर जीत तुम, करो राज्य उद्धार ।
साम दाम या दंड से, यथा उचित व्यवहार" ।।

(युधिष्ठिर से द्रुपद ने कहा)

दोहा॰ द्रुपद राज ने फिर कहा, "दुर्योधन है मूढ़ ।
कर्ण-शकुनि की बात का, वह ना जाने गूढ़ ।।

"अंधा राजा मौन ही, सहता सुत के पाप ।
अर्थदास गुरुजन सभी, बैठेंगे चुपचाप" ।।

(धृतराष्ट्र और दुर्योधन को सात्यकि ने कहा)

दोहा॰ दुर्योधन को सात्यकी, बोला, सच्ची भाष ।
"लड़ कर तुमरी हार है, कुल का पूर्ण विनाश ।।

"तज दो हठ वह युद्ध का, मरण खड़ा है द्वार ।
समझौते में जीत है, दुराग्रहों में हार" ।।

(दुर्योधन से अर्जुन ने कहा)

दोहा॰ दुर्योधन को पार्थ ने, कहा, "सुनो मम, भ्रात! ।
सब क्यों शठ कहते तुझे, सोचूँ मैं दिन-रात ।।

"दुष्ट, दुरात्मा, घातकी, कहते तुझको लोग ।
कुमति, अधर्मी, पातकी, क्यों यह तुझको रोग? ।।

अहंकार तज दो, सखे! सत्य कहूँ मैं, भ्रात! ।
गुरुजन सज्जन संत भी, कहते हैं यह बात ।।

"सुन कर उनके वचन तुम, अगर करो सत्कार्य ।
कौरव पांडव सब तुम्हें, मानेंगे नृप आर्य" ।।

(धृतराष्ट्र को भीम ने कहा)

दोहा॰ भीमसेन धृतराष्ट्र को, बोला जोड़े-हाथ ।
"लाया कलियुग आपने, कुपुत्र अपने साथ ।।

"पूर्व काल में थे हुए, अष्टादश कुलनाश ।

कलियुग लाया आपने, करने कुल का नाश ।।

"कलियुग कर्ता आप हैं, पीड़ित जनता मौन ।
भ्रम पाकर सब पूछते, इसका कारण कौन? ।।

(अत:)

दोहा॰ कुन्ती माँ ने है कहा, "राजा करता काल ।
कौरव हैं ध्वंसक सभी, बने वंश के काल" ।।

(नकुल ने कहा)

दोहा॰ "धार्तराष्ट्र को प्रेम से, बोला नकुल कुमार ।
पिता पुत्र तुम सत् करो, मन है यही हमार" ।।

(सहदेव ने कहा)

दोहा॰ "भरी सभा में द्रौपदी, तूने की निर्वस्त्र ।
दु:शासन! तुझको हने, रण पर मेरा शस्त्र" ।।

(श्रीकृष्ण को द्रौपदी ने कहा)

दोहा॰ "सहता है चुपचाप जो, पापी जन के पाप" ।
बोली हरि को द्रौपदी, "पाप करे वह आप" ।।

"संजय ने भी है कही, यही आपको बात ।
अजेय अर्जुन-कृष्ण हैं, मत लड़ उनसे, तात!" ।।

(दुर्योधन को कण्व मुनि ने कहा)

दोहा॰ "दुर्योधन को कण्व ने, कहा, "करो मत गर्व ।
पांडु पक्ष में भी बड़े, युद्ध वीर हैं सर्व ।।

"दंभ दर्प से ना चले, उनके आगे काम ।
समझौते में है भला, अभी बचा लो प्राण" ।।

(दुर्योधन को नारद मुनिवर ने कहा)

दोहा॰ नारद मुनिवर ने दिया, दुर्योधन को ज्ञान ।
"हठ छोड़ो रण का, सखे! व्यर्थ न दो तुम प्राण ।।

"मन को निग्रह में रखो, सुबुद्धि से लो काम ।
कुबुद्धि देत विनाश है, कहते सभी पुराण" ।।

(दुर्योधन को श्रीकृष्ण ने कहा)

दोहा॰   दुर्योधन को कृष्ण ने, कही समझ की बात ।
"मेरी सुन कर, जग तुम्हें, नमन करेंगे, तात! ॥

(हे नरेश!)

दोहा॰   "जागो निद्रा से, सखे! अभी समय है ठीक ।
पुत्र बंधु गुरु ना हनो, घड़ी यही है नीक ॥

(हे राजन!)

दोहा॰   "भद्र जनों से बैर कर, निश्चित कुल का नाश ।
दस्ता यथा कुठार का, कुल का करे विनाश ॥

(हे परन्तप!)

दोहा॰   "गर्व दर्प मद को तजो, करो न तुम कुलघात ।
श्रेष्ठ सनातन वंश ये, सुनो परंतप! बात ॥

(हे प्रजानाथ!)

दोहा॰   "दुर्योधन! तुम स्नेह से, अमर करोगे नाम ।
यौवराज्य पद दें तुम्हें, पांडव सब सुखधाम ॥

"दे दो आधा तुम उन्हें, अपने कर से राज ।
घर आई जो लक्ष्मी, करो भोग तुम आज ॥

(हे भूपते!)

दोहा॰   "समझौता करने, सखे! सही समय है आज ।
तुम्हें पुकारत धर्म है, सुनो करुण आवाज ॥

(हे नरेश्वर!)

दोहा॰   "सद् गुरु ज्ञानी दे रहे, तुम्हें परम उपदेश ।
बात शकुनि की मत सुनो, उसमें हैं छल द्वेष ॥

(हे भरतश्रेष्ठ!)

दोहा॰   "हितकारक कटु वचन भी, सुन कर लाभ अमाप ।
दुर्जन के मधु वचन भी, स्वीकृत करना पाप ॥

"मैत्री में ही है भला, हमने कहा उपाय ।
लड़ने का विष घोल कर, तुमने किया अपाय ॥

(हे दुर्योधन!)

दोहा॰ "शाँति में ही लाभ है, नहीं युद्ध का काम ।
शाँति अपनाकर चलो, तभी मिले सम्मान ।।

(प्रबोधन)

दोहा॰ "शाँति करलो, हे सखे! अभी सँभालो होश ।
अब आगे यदि तुम लड़े, तुमरा होगा दोष" ।।

(श्रीकृष्ण को दुर्योधन ने उत्तर दिया)

दोहा॰ सुन कर कहना कृष्ण का, दुर्योधन को खेद ।
बोला, "सुनिए श्रीहरि! तुम ना जानो भेद" ।।

कौरव बोला कृष्ण से, "शाँति व्यर्थ, यदुनाथ! ।
आओ रण पर तै करें, यश है किसके साथ ।।

. "भीष्म द्रोण कृप कर्ण हैं, मेरे दल में वीर ।
डरते हैं सुर भी जिन्हें, कौन उठावे तीर?" ।।

"निश्चित मेरी विजय है, मिलाप का क्या काम ।
लड़ कर जब सब प्राप्त हो, शाँति का क्यों नाम" ।।

(अत:)

दोहा॰ नीति छोड़ धृतराष्ट्र ने, लिया पुत्र का पक्ष ।
कर्ण शकुनि दुर्योध के, एक होगए लक्ष्य ।।

(और भी)

दोहा॰ दुर्योधन का शकुनि पर, अविचल था विश्वास ।
अनीति में, धृतराष्ट्र की, चाह बनी थी खास ।।

(अत:, श्रीकृष्ण ने कहा)

दोहा॰ साम दाम के मार्ग जब, हुए सभी बेकाम ।
हरि बोले, अब धर्म! लो, दंड भेद से काम" ।।

साम दाम अरु भेद में, विफल हुआ जब धर्म ।
अनुमति दे दी कृष्ण ने, करन दंड से कर्म ।।

. दंड नीति से अब लड़ो, मगर नीति के साथ ।
धर्म युद्ध के नियम से, बाँधे सबके हाथ ।।

(सामान्य और नीति युद्ध में भेद)

दोहा॰ आम युद्ध में विजय ही, चाहे भट प्रत्येक ।
नीति-युद्ध में जानिये, हार-जीत सब एक ।।

इसी नीति के युद्ध को, कहा धर्म का युद्ध ।
जीना मरना सम जहाँ, समबुद्धि है शुद्ध ।।

धर्मक्षेत्र पर सम सभी, लाभ-हानि जय हार ।
आज्ञा है यह शास्त्र की, नीति-युद्ध का सार ।।

आज्ञा पाकर कृष्ण से, दोनों दल के क्षात्र ।
कौरव बायीं ओर से, पांडव दक्षिण, मात्र ।।

विशाल कौरव सैन्य के, ग्यारह बने प्रधान ।
सरसेनापति भीष्म थे, परम पूज्य अभिधान ।।

शल्य, जयद्रथ, वाह्लिकी, अश्वत्थामा, द्रोण ।
शकुनि, सुदक्षिण, कृपगुरु, भुरीश्रवा, कंबोज ।।

(पाण्डव पक्ष)

दोहा॰ आए दाँये मार्ग से, पांडव दल के वीर ।
नीति धर्म निष्ठा लिए, धर्मभूमि पर धीर ।।

दक्षिण दिश से आगए, धर्मक्षेत्र में वीर ।
सात दलों में थे सजे, पाण्डव लेकर तीर ।।

सात पांडवी सैन्य पर, धृष्टद्युम्न सरदार ।
जिसके आगे थी सदा, कुकर्मियों की हार ।।

उसके नीचे छह बने, द्रुपद, शिखंडी, भीम ।
चेकितान, भट सात्यकी, विराट सेवा लीन ।।

और अनेकों वीर थे, भीम पार्थ समान ।
समरांगण पर थे खड़े, जहाँ जिसे सम्मान ।।

(दोनों सेना में)

दोहा॰ धर्मराज नृप योग्य था, इस सेना का नाथ ।
दुर्योधन नृप दुष्ट था, उस सेना के साथ ।।

. निहार कातर पार्थ को, रोता हुआ उदास ।
बड़े प्रेम से कृष्ण ने, उसे दिया विश्वास; ।।

(और)

दोहा॰ और सिखाया कृष्ण ने, कर्मयोग का ज्ञान ।
भक्तियोग भी पार्थ को, बुद्धियोग विज्ञान ।।

(अत:)

दोहा॰ सुन कर बचनन कृष्ण के, गई मूढ़ता भाग ।
ज्ञान ज्योति तब धर्म की, पड़ी हृदय में जाग ।।

कब किसको क्या योग्य है, धर्म उसीका नाम ।
वर्ण गुणों से जो मिला, स्वधर्म का वह काम ।।

. रण में क्या कर्तव्य है, जीत मिले या हार ।
समबुद्धि के भाव से, हुआ पार्थ तैयार ।।

(महायुद्ध के प्रथम दिन)

दोहा॰ पहले दिन पर युद्ध के, पांडव पाए हार ।
निहार सैना कौरवी, जिस पर भूत सवार ।।

पहले दिन पर युद्ध के, पाण्डव भये उदास ।
अर्जुन का श्रीकृष्ण पर, अटल रहा विश्वास ।।

(द्वितीय दिन)

दोहा॰ दिवस दूसरे भीष्म से, अभिमन्यु टकराय ।
युद्ध भया घनघोर था, अर्जुन उसे बचाय ।।

(तृतीय दिन)

दोहा॰ दिवस तीसरे कृष्ण ने, उत्तम कहा उपाय ।
गुडाकेश के सामने, शत्रु नहीं लड़ पाय ।।

(चतुर्थ दिन)

दोहा॰ चौथे दिन पर भीम ने, दुर्योधन को ताड़ ।
कौरव दल को पीट कर, दीन्ही भारी मार ।।

दुर्योधन को भीष्म जी, बोले करो विराम ।
उसने उनको डाँट कर, कहा, "करो निज काम" ।।

भले बुरे का मूढ़ वो, दुर्योधन अविचार ।
बोला, "पांडव दल सभी, डालूँगा मैं मार" ।।

(पञ्चम दिन)

दोहा॰   दिवस पाँचवे पार्थ ने, करी द्रोण की हार ।
फौरन द्रोणाचार्य जी, भागे रण से पार ।।

(षष्ठम दिन)

दोहा॰   दुर्योधन के, पार्थ ने, कीन्हे घायल गात ।
छठे दिवस वह भीष्म को, बोला कड़वी बात ।।

(सप्तम दिन)

दोहा॰   कौरव दल को पार्थ ने, पीटा बिन अंदाज ।
दुर्योधन फिर क्रुद्ध था, गुरुजन पर नाराज ।।

बोला फिर श्रीकृष्ण को, दुर्योधन अपशब्द ।
और दुर्वचन पार्थ को, होकर उसने क्षुब्ध ।।

सप्तम दिन दी पार्थ ने, दुर्योधन को मार ।
कौरव ने फिर भीष्म को, कोसा बारंबार ।।

(अष्टम दिन)

दोहा॰   अष्टम दिन भी पार्थ ने, किया शत्रु नुकसान ।
कौरव ने फिर भीष्म का, किया बहुत अपमान ।।

अष्टम दिन भी पार्थ ने, पीटा कौरव सैन्य ।
कौरव रूठा भीष्म से, हुई अवस्था दैन्य ।।

अष्टम दिन पर भीष्म ने, करी प्रतिज्ञा घोर ।
"कल मैं पांडव पक्ष का, डालूँगा बल तोड़" ।।

जैसा जिस का साथ हो, वैसा उसका भाग ।
दुर्योधन जिसका सखा, उसके घर में आग ।।

स्वामी जिसका दुष्ट हो, उसको मिलते कष्ट ।
संगी जिसका भ्रष्ट हो, नाम उसी का नष्ट ।।

(नवम दिन)

दोहा॰   नौवें दिन पर भीष्म ने, कीन्हे पांडव नष्ट ।
रण से भागे हार कर, पांडव पाए कष्ट ।।

(तब)

दोहा॰ करी प्रतिज्ञा भीष्म ने, दुर्योधन के पास ।
"अब मैं पांडव पक्ष का, बहुत करूँगा नास" ।।

. नौवें दिन फिर भीष्म ने, पीटे पांडव वीर ।
आहत पांडव थे हुए, सबके मन को पीड़ ।।

. कहा कृष्ण ने, "मत डरो, होगी हमरी जीत ।
लड़े शिखंडी भीष्म से, संकट जावे बीत" ।।

(दशम दिन)

दोहा॰ वीर शिखंडी आगया, लड़ने लेकर तीर ।
झेल रहे शर भीष्म थे, खड़े समर में धीर ।।

दसवे दिन पर भीष्म जी, बिना किए प्रतिकार ।
शर-शैया पर गिर पड़े, निज प्रण के अनुसार ।।

(अब)

दोहा॰ सुन कर गिरना भीष्म का, अंधा भया उदास ।
बोला, "लगता पुत्र का, विनाश आया पास" ।।

. अंधे ने जब सामने, देखी निश्चित हार ।
'हुआ ये कैसे,' क्रोध में, बोला बारंबार ।।

बोला, "संजय से कहो, आए मेरे पास ।
हमको प्रस्तुत युद्ध का, देने वर्णन खास" ।।

दसवे दिन पर जो हुआ, धृत-संजय संवाद ।
वही व्यास की वाणी में, "गीता" जग में याद ।।

9-10
बुद्ध और कल्की अवतार

(बुद्ध)

दोहा॰ अवतार नवाँ विष्णु का, दूत शांति का "बुद्ध" ।
हन कर माया-मोह को, देगा ज्ञान विशुद्ध ।।

जन्म–मृत्यु के चक्र से, मिले मुक्ति का मार्ग ।
तजने हिंसा पूर्णत:, लेकर मध्य सुमार्ग ।।

(कल्की)

श्लोक

खड्गोद्यतकर: क्रुद्धो हयारूढो महाबल: ।
म्लेच्छोच्छेदकर: कल्की द्विभुजो यो भविष्यति ।।

दोहा॰   होगा दसवाँ विष्णु का, "कल्की" का अवतार ।
करने कलियुग अंत है, आए अश्व सवार ।।

दुष्टों का फिर दमन है, म्लेच्छों का भी अंत ।
कल्पावतार से इसी, होंगे पुण्य अनंत ।।

कृतयुग फिर आरंभ है, होगा नूतन कल्प ।
जग में वैदिक–धर्म से, रहे न अन्य विकल्प ।।

२०. सृष्टि

(आदि ब्रह्म)

दोहा॰   अग्निदेव ने फिर कहा, सृष्टि–सृजन इतिहास ।
वसिष्ठ मुनि थे सुन रहे, बैठे उनके पास ।।

विकास–क्रम के आदि में, सब था ऊर्जा रूप ।
बिना रंग आकार का, केवल ब्रह्म स्वरूप ।।

नहीं कहीं आकाश था, ना दिन, ना रात ।
ना जल, ना थी मही, ना पल–छिन की बात ।।

(सगुण ब्रह्म)

दोहा॰   सत् रज तम गुण तीन से, ऊर्जा का आधार ।
तीन गुणों से पाँच फिर, हुआ भूत विस्तार ।।

सत् का गुण पावित्र्य है, रज का गुण औत्सुक्य ।
तम का गुण जाड्यत्व है, गुण के बिन नैर्गुण्य ।।

आदिब्रह्म से गुण मिले, सगुण ब्रह्म का रूप ।

आदि नारायण वही, गोचर विष्णु स्वरूप ।।

(ब्रह्मांड)

दोहा॰ तीन गुणों से विष्णु ने, प्रथम बनाया नीर ।
बीज बो दिया नीर में, ब्रह्मांड का सुधीर ।।

निकला फिर उस बीज से, अंडा हिरण्य रंग ।
सुवर्ण अंडा फिर हुआ, दो विभाग में भंग ।।

(विश्व)

दोहा॰ एक भाग धरणी बना, भाग दूसरा स्वर्ग ।
दोनों के था बीच में, हुआ गगन का सर्ग ।।

धरती पर सागर बना, क्षीरसागर अभिधान ।
क्षीरसागर पर विष्णु थे, शेषशायी भगवान ।।

महाविष्णु की नाभि से, निकला कमल ललाम ।
कमलासनस्थ प्रकट थे, ब्रह्मा विराजमान ।।

(ब्रह्मा)

दोहा॰ ब्रह्मा ने फिर सृजन का, किया कार्य आरंभ ।
दसों दिशा निर्माण से, न्यास हुआ प्रारंभ ।।

समय किया उत्पन्न फिर, विद्युत बादल मेह ।
सप्त रंग में फिर बना, इंद्रधनुष का देह ।।

सामग्री यों बन गई, बनें यज्ञ संपन्न ।
मंत्र ऋक् यजुस् साम से, वेद हुए उत्पन्न ।।

ब्रह्मा से निर्माण थे, प्रजापति इक्कीस ।
हुईं प्रजाएँ भूमि पर, देख रहे जगदीस ।।

२१. मन्वन्तर

(प्रपंच)

दोहा॰ प्रपंच नश्वर है बना, नशता बारंबार ।
सब कुछ इस संसार का, घूमे चक्राकार ।।

ब्रह्मा का इस चक्र में, योगदान अनंत ।
ब्रह्मा के भी सृजन हैं, ब्रह्मा के भी अंत ।।

इक ब्रह्मा के सृजन से, अंत विसर्जन काल ।
"महाकल्प" जाना गया, शंख-इकतीस साल ।।

ब्रह्मविसर्जन काल में, आती है जो बाढ़ ।
"महाप्रलय" जानी गयी, करती विलय प्रगाढ़ ।।

सात-अरब हैं साल के, ब्रह्मा के दिन-रात ।
दिन ब्रह्मा का कल्प है, पुराण में जो ज्ञात ।।

(मन्तन्तर)

दोहा॰   चौदह विभाग कल्प के, "मन्वन्तर" हैं नाम ।
चौदह मन्वंतर हुए, चौदह "मनु" के नाम ।।

मनु मन्वंतर-भूप है, चार "युगों" का नाथ ।
"कृत," "त्रेता," "द्वापर" तथा, इस "कलि" युग के साथ ।।

चार गुणों का काल है, एक "चतुर्युग" नाम ।
इकहत्तर युग-चतुर हैं, मन्वंतर पदनाम ।।

मनु के जीवन काल को, मन्वंतर है नाम ।
चौदह मन्वंतर कहे, ब्रह्मा का दिनमान ।।

हर मन्वंतर है कहा, हरेक मनु का राज ।
आदि काल से सातवाँ, मन्वंतर है आज ।।

(चौदह मन्तन्तर और चौदह मनु)

दोहा॰   मन्वंतर क्रम एक का, "स्वायंभुव" मनु नाम ।
मन्वंतर क्रम दूसरा, मनु "स्वारोचिष" नाम ।।

मन्वंतर का तीसरे, "उत्तम" मनु है नाम ।
चौथा मान्वंतर कहा, "तापस" मनु के नाम ।।

मन्वंतर है पाँचवाँ, "रैवत" मनु के नाम ।
जाना मन्वंतर छठा, "चाक्षुष" मनु के नाम ।।

सप्तम मन्वंतर कहा, वैवस्वत मनु नाम ।
मन्वंतर फिर आठवाँ, "सावर्णी" के नाम ।।

मन्वंतर नौ का मनु, "दक्षसवर्णी" नाम ।
मन्वंतर दस का मनु, "ब्रह्मसवर्णी" नाम ।।

मनु ग्यारहवाँ आयगा, "धर्मसवर्णी" नाम ।
मनु बारहवाँ आयगा, "रुद्रसवर्णी" नाम ।।

मनु तेरहवाँ आयगा, "देवसवर्णी" नाम ।
मनु चौदहवाँ आयगा, "इंद्रसवर्णी" नाम ।।

२२. भूगोल शास्त्र

(जंबू द्वीप)

दोहा॰ जंबू कुश क्रौंच शाल्मलि, शाक पुष्कर प्लक्ष ।
सात खंड का जगत है, सागर सात समक्ष ।।

इर्दगिर्द सब द्वीप के, रत्नाकर हैं सात ।
लवण इक्षु मधु दधि सुरा, दुग्ध जल - सिंधु ज्ञात ।।

सप्तद्वीप में प्रमुख है, जाना "जंबूद्वीप" ।
ठीक मध्य में द्वीप के, पर्वत "मेरु" महीप ।।

दक्षिण में गिरि मेरु के, हेमकूट हिमवान ।
निषाद पर्वत हैं खड़े, तीनों शोभामान ।।

उत्तर में गिरि मेरु के, पर्वत तीन विशाल ।
श्वेत शृंग गिरि नील हैं, रक्षा करत त्रिकाल ।।

सुमेरु गिरि के शिखर पर, ब्रह्मा का है स्थान ।
इस कारण गिरि मेरु है, माना गया प्रधान ।।

(अधोलोक)

दोहा॰ धरती के नीचे बसा, "अधोलोक" पाताल ।
सात तहों का है बना, दैत्यलोक जंजाल ।।

अतल वितल यमलोक हैं, सुतल तलातल जाल ।
महातल रसातल तले, सप्तम है "पाताल" ।।

विष्णु वास है अतल में, शेषशाय भगवान ।
शेषनाग के शीर्ष पर, पृथ्वी विराजमान ।।

(ऊर्ध्वलोक)

दोहा॰ ऊर्ध्व धरा के "गगन" है, "सूरज" का वह धाम ।
सूर्य किरण काशित करे, गगन वही "नभ" नाम ।।

ऊर्ध्व सूर्य के "चंद्र" का, नभ मंडल विस्तार ।
"तारे" ऊपर चंद्र के, ग्रह मंडल संसार ।।

पार चंद्र के "ग्रह" बसे, बृहस्पति गुरु शुक्र ।
सप्त ग्रहों के पार है, "सप्तर्षि" का चक्र ।।

२३. खगोल शास्त्र

(शुभ-अशुभ मुहूर्त)

दोहा॰ मुहूर्त-दिन शुभ-अशुभ का, वर्णन सह विस्तार ।
करता अग्नि पुराण है, खगोल के आधार ।।

(कुछ उदाहरण)

दोहा॰ चैत्र-पौश का काल है, विवाह के प्रतिकूल ।
शुक्रवार का समय है, यात्रा के अनुकूल ।।

मंगल वा शनिवार है, मुंडन का प्रतिकूल ।
फसल काटने के लिए, बुध का दिन अनुकूल ।।

नए वस्त्र ना पहनिए, बुध से दिन भृगुवार ।
कान चुभोने के लिए, शुभ हैं बुध-गुरुवार ।।

२४. साहित्यशास्त्र

(शब्दशास्त्र)

दोहा॰ शब्दशास्त्र को स्पष्ट है, करता अग्नि पुराण ।

सभी अंग साहित्य के, प्रस्तुत सहित प्रमाण ।।

वचसा वर्धते ज्ञानं सर्वं शब्देन शोभते ।

दोहा॰ ध्वनि से बनते वर्ण हैं, वर्णों से हैं शब्द ।
शब्दों से वाणी बनी, वाणी वाङ्मय-अब्द ।।

सबसे पहले है दिया, वर्ण शास्त्र पर ध्यान ।
स्वर-व्यंजन चौंसठ सभी, उचारण का ज्ञान ।।

(देवनागरी)

दोहा॰ देवनागरी वर्ण के, स्वर जाने इक्कीस ।
स्वर के बिना न सुर जिन्हें, व्यंजन तिरतालीस ।।

आरोही स्वर उच्च जो, जाने गए "उदात्त" ।
अवरोही स्वर निम्न जो, जाने हैं "अनुदात्त" ।।

"स्वरित" कहे हैं मिश्र जो, स्वर इन तीन प्रकार ।
जाने अग्नि पुराण में, अक्षर शास्त्र विचार ।।

(उच्चार)

दोहा॰ आठ स्थान उच्चार के, कहे गए हैं - ओष्ठ ।
मूर्ध्न वक्ष जिह्वा नसा, दाँता तालू कण्ठ ।।

(छंद शास्त्र)

कहता अग्निन पुराण है, छंद शास्त्र विस्तार ।
गायत्री के छंद से, वैदिक छंद प्रकार ।।

(मात्रा)

दोहा॰ "मात्रा" को "कल" भी कहा, "कला" कहा या "मत्त" ।
"लघु" मात्रा ही "ह्रस्व" है, "गुरु" है "दीर्घ" प्रमत्त ।।

(गण)

दोहा॰ गुरुवर पिंगल ने दिया, न स ज य भ र त म गण वृंद ।
मात्रा क्रम से काव्य में, रस डालत है छंद ।।

"गण" में मात्रा तीन हैं, प्रथम द्वितीय तृतीय ।
मात्रा लघु या गुरु रहे, यह वर्णन स्मरणीय ।।

सभी मत्त लघु हों जहाँ, "न" गण वह बन जाय ।
केवल पहली ह्रस्व हो, "य" गण वह कहलाय ।।

लघु केवल हो दूसरी, "र" गण वह हो जाय ।
लघु केवल हो तीसरी, "त" गण जाना जाय ।।

सभी मत्त हों गुरु जहाँ, "म" गण माना जाय ।
केवल पहली गुरु जहाँ, "भ" गण वह दरसाय ।।

गुरु केवल हो दूसरी, "ज" गण समझा जाय ।
गुरु केवल हो तीसरी, "स" गण बोला जाय ।।

(गद्य–पद्य)

दोहा॰

छन्द बद्ध वह "पद्य" है, बिना छंद है "गद्य" ।
गद्य पद्य मिल कर रचा, "चंपू" है वह हृद्य ।।

कल–गति–यति प्रति पाद में, और चरण का अंत ।
नियुक्त हों जिस पद्य में, वह कहलाता "छन्द" ।।

सूत्र युक्त कृत पद्य को, कवि कहते हैं "छन्द" ।
अलंकार रस वर्ण का, मन को दे आनंद ।।

सुंदर लघु गुरु वर्ण का, चार चरण न समान ।
मात्रा संख्या सम जहाँ, "मात्रिक छन्द" प्रमाण ।।

लघु गुरु अक्षर क्रम जहाँ, चारों चरण समान ।
संख्या भी सम वर्ण की, "वर्णवृत्त" है नाम ।।

लक्षण, संख्या सम जहाँ, रहे चरण में चार ।
कहा उसे "सम वृत्त" है, करके छंद विचार ।।

प्रथम तीसरा सम जहाँ, दो अरु चार समान ।
उसे "अर्ध सम" है कहा, दोहा छंद प्रमाण ।।

चारों पद जिस पद्य के, लक्षण में असमान ।
"विषम वृत्त" उसको कहें, जिन्हें छंद का ज्ञान ।।

पाँच न्यूनतम स्वर जहाँ, मन को दें आनद ।
"राग" कहा शृंगार वो, लय भूषित ध्वनि वृंद ।।

चार सुरों में राग ना, ना दो सुर में तान ।
नसें तान कर चीखना, ना कहलाता गान ।।

(नौ रस)

दोहा॰ वाचक के मन भाव जो, होता है उत्पन्न ।
वह निकास जो "रस" कहा, करे पद्य संपन्न ।।

नौ रस जो जाने गए, जागृत करते भाव ।
लज्जत देते काव्य को, मन पर किए प्रभाव ।।

"शृंगार वीर करुण" औ, रस इनके उपरांत ।
"रौद्र हास्य भयानक" तथा, "बीभत्स अद्भुत शांत" ।।

(संधि समास)

संहितैकपदे नित्य नित्या धातूपसर्गयोः ।
नित्या समासवाक्ये तु सा विवक्षामूपक्षते ।।

दोहा॰ दो वर्णों के मेल को, मिला "संधि" है नाम ।
दो शब्दों के योग को, "समास" है अभिधान ।।

(कारक विभक्ति)

कर्ता कर्म च करणं सम्प्रदानं तथैव च ।
अपादानाधिकरणमित्याहुः कारकाणि षट् ।।

दोहा॰ "कर्ता" कारक प्रथम है, द्वितीय कारक "कर्म" ।
तृतीय कारक "करण" है, चतुर्थ "संप्रदान" ।।

पाँचवाँ "अपादान" है, छठा "अधिकरण" नाम ।
छह कारक जाने गए, "विभक्ति" प्रत्यय साथ ।।

(महाकाव्य)

दोहा॰ महाकाव्य में सर्ग हों, छंद काव्य गंभीर ।
विषय वस्तु इतिहास हो, नायक महान वीर ।।

२५. योगशास्त्र

(योग)

दोहा॰ जीवन के सब शत्रु पर, पाने विजय तमाम ।
प्राकृत कुंजी "योग" है, बिना दिए कछु दाम ।।

संधी हो परब्रह्म से, पा कर आत्म ज्ञान ।
यही योग की साधना, लगाय उस पर ध्यान ।।

चार चरण हैं योग के, सत्य अहिंसा पूर्ण ।
श्रद्धा संयम चित्त पर, तन मन से परिपूर्ण ।।

(आसन)

दोहा॰ ध्यान लगाने योग में, आसन प्रथम सोपान ।
शांत चित्त से बैठ कर, विचार पूर्ण विराम ।।

ना नीचा ना उच्च हो, निर्मल स्थान त्रिकाल ।
कुश की दर्भ बिछाय कर, ऊपर मृग की छाल ।।

शुभ्र वस्त्र विस्तार कर, आसन हो तैयार ।
उस आसन पर बैठ कर, चिंतन है हितकार ।।

सर्व गात्र संयत किए, वासना से अलिप्त ।
योगी मौन प्रशाँत हो, रहे ध्यान में लिप्त ।।

एक अग्र के चित्त से, वश में अंतर्याम ।
आत्म शोधना में लगा, मन हो चारों याम ।।

ब्रह्मचर्य में मन लगा, निर्मल निर्भय नित्य ।
संयत संमत मुग्ध वो, योग परायण सत्य ।।

योगी जो इस भाँति से, चित्त करे स्वाधीन ।
शाश्वत पाता शाँति है, अक्षय चिंताहीन ।।

(समाधि)

दोहा॰ ध्यान मग्न योगी रहे, सागर समान शाँत ।
बा ह्य स्पर्श से दूर हो, तन्मय चित्त नितांत ।।

आत्मज्ञान होता तभी, जब भोग से वियोग ।
आत्मा से परमात्म का, होता है तब योग ।।

गीत

योगः

स्थायी

विद्धि त्वं, एतद्धि योगम्... । त्वं, जानीहि योगम् ।।

अंतरा–1

निर्मलतनुषा, निश्चलमनसा ।
विग्रहनिग्रहणम्... । त्वं, जानीहि योगम्... ।।

अंतरा–2

निर्भयभवनं, निश्चयकरणम् ।
सुखबन्धनत्यजनम् । त्वं, जानीहि योगम्... ।।

अंतरा–3

प्रशान्तस्थानं, नितान्तध्यानम् ।
सज्जनसंयोगम् । त्वं, जानीहि योगम्... ।।

अंतरा–4

परजनभजनं, यद्वत् स्वजनम् ।
जनगणपरिचरणम् । त्वं, जानीहि योगम्... ।।

अंतरा–5

न विषयग्रहणं, धनसंग्रहणम् ।
न क्रोधरागमदम् । त्वं, जानीहि योगम्... ।।

गीत

योग

स्थायी

है, नाम इसी का यो...ग, तू, जान इसी को योग ।

अंतरा–1

तन निर्मल हो, मन निश्चल हो,
दूर हों सुख के भो...ग । है, नाम इसी का योग ।।

अंतरा–2

नर निर्भय हो, दृढ़ निश्चय हो,
संयम का उपयोग । है, नाम इसी का योग ।।

अंतरा–3

स्थल प्रशाँत हो, चित नितांत हो,
सत् जन का संजोग । है, नाम इसी का योग ।।

अंतरा–4

कोई न अपना, न ही पराया,
सम जाने सब लोग । है, नाम इसी का योग ।।

अंतरा–5

पूर्ण अहिंसा, तन मन वच से,
कोह रहे ना सोग । है, नाम इसी का योग ।।

अंतरा–6

फल की कामना, विषय वासना,
ना हों ये सब रोग । है, नाम इसी का योग ।।

(प्राणायाम)

दोहा॰ बाह्य स्पर्श बाहर रखे, धरे भृकुटी में चक्ष ।
नासा में सम श्वास हो, ब्रह्म ध्यान में लक्ष्य ।। 963

"रेचन" करके देह से, पूरण हो निःश्वास ।
"पूरक" नूतन श्वास से, भरे देह में साँस ।। 964

मन है जाना सारथी, इंद्रिय जाने अश्व ।
प्राणायाम लगाम है, शरीर है रथविश्व ।। 965

२६. मंदिर शास्त्र

(कला–तंत्र विज्ञान)

दोहा॰ कहता अग्नि पुराण है, मंदिर शास्त्र महान ।
मंदिर-मूरत शिल्प का, कला–तंत्र विज्ञान ।।

सूर्य विष्णु शिवशंभु के, पूजन के सब तंत्र ।
देव-देवता स्तवन के, स्तोत्र और स्तुति मंत्र ।।

मंदिर के निर्माण का, वास्तु शास्त्र विस्तार ।
शिल्प कला विज्ञान का, पुराण यह आगार ।।

(पुण्य कर्म)

दोहा॰ मंदिर का सृष्टा कहा, पुरुष धन्यता प्राप्त ।
विचार भी इस सृजन का, करता पाप समाप्त ।।

मंदिर का सृष्टा करे, पूर्वज का उद्धार ।
मंदिर के निर्माण से, खुले स्वर्ग का द्वार ।।

दो-मंदिर निर्माण से, मिले ब्रह्म का लोक ।
मंदिर पाँच बनाइके, मिलता है शिवलोक ।।

आठ शिवाले जो करे, मिले विष्णु का लोक ।
सोलह ठाकुरद्वार से, शाश्वत है परलोक ।।

धन अर्जन का लाभ क्या, क्या उस धन का मान? ।
बिना किए उपयोग वह, करने देवस्थान ।।

अन्य दान के पुण्य से, उच्च कहा है स्थान ।
दान किया निर्माण में, पवित्र देवस्थान ।।

मूर्ति शिल्प का पुण्य है, सभी शिल्प में श्रेष्ठ ।
मूर्ति शिल्प का काम है, सभी शिल्प में ज्येष्ठ ।।

(मंदिर)

दोहा॰ मंदिर हो श्री विष्णु का, या हो शिव के नाम ।
गणेश का, श्री कृष्ण का, अथवा हों श्रीराम ।।

या हो सूरज देवता, दत्तात्रय हनुमान ।
लक्ष्मी सीता पार्वती, सरस्वती सुखधाम ।।

मंदिर सुंदरतम सजे, शिल्पकला का काम ।
पत्ते बूटे तितलियाँ, घोड़े गज अभिराम ।।

दिव्य दृप्य इतिहास के, अद्वितीय संग्राम ।
प्रसंग वर्णित शास्त्र में, परियाँ रूप ललाम ।।

पावन परिसर शाँति का, जहाँ सुमंगल नाद ।
मदंग वीणा बाँसुरी, घंटा शंख निनाद ।।

उसमें सुखकर नाम के, गा कर प्रभु के गीत ।
भजन सुमंगल ाारती, जोड़े प्रभु से प्रीत ।।

ऋषि मुनि निर्मल चित्त के, जिन्हें न दुख से पीड़ ।
मंदिर भुवन पवित्र में, भक्त जनों की भीड़ ।।

(मूर्ति स्वरूप)

दोहा॰ मछली के आकार का, दिखे मत्स्य अवतार ।
कछुए के आकार का, बने कूर्म अवतार ।।

शंख चक्कर पद्म गदा, वराह का अवतार ।
देह-नर, शीर्ष-केसरी, नृसिंह का अवतार ।।

नील वर्ण चक्रधारी, केशव का अवतार ।
शांत मूर्ति बुद्ध हो, कल्की अश्व सवार ।।

हलधारी बलराम हो, ब्रह्मा के मुख चार ।
शिव के गल में साँप हो, विश्णु गले हो हार ।।

२७. यात्रा शास्त्र

(तीर्थक्षेत्र)

दोहा॰ यात्रा तीरथ क्षेत्र की, देता पुण्य अपार ।
पुण्य मिले जो यज्ञ से, यात्रा दे उपहार ।।

करता मर्तिक मास है, अतीव पुण्य प्रदान ।
सब से उत्तम पुण्य का, पुष्कर तीर्थस्थान ।।

जंबुमार्ग है दूसरा, तंडुलिकाश्रम धाम ।
कुरुक्षेत्र है तीसरा, तीर्थस्थान प्रधान ।।

गंगा बहती हो जहाँ, सब वे क्षेत्र महान ।
पावन जाने हैं गए, प्रयागराज समान ।।

गीत

दादरा ताल, 6 मात्रा

गंगा मैया

श्लोक

जाह्नवी गोमती गंगा गायत्री गिरिजा च य: ।
भागिरथी नु यो ब्रूयात्-पापात्स मुच्यते नर: ।।

स्थायी

गंगा मैया! तू मंगल है माता,
तेरा अँचल है कितना सुहाना ।
तेरी लहरों में है गुनगुनाता,
मैया! संगीत सरगम सुहाना ।।

अंतरा-1

निकली शंकर की काली जटा से,
तुझको भगिरथ ने लाया धरा पे ।
तुझको जन्हू की कन्या है माना,
तेरा इतिहास पावन पुराना ।।

अंतरा-2

तेरे जल में हिमालय की माया,
तुझमें जमुना का पानी समाया ।
सरयु को भी गले से लगाया,
तूने उनको भी दीन्ही गरिमा ।।

अंतरा-3

तेरा तीरथ है लीला जगाता,
सारे पापों से मुक्ति दिलाता ।
तेरे तट पर बसे हैं विधाता,
शिवालय अनेकों, मेरी माँ ।।

(और)

दोहा॰ माघ माह में जो करे, गंगा-यमुना स्नान ।
पुण्य उसे मिले, यथा, करोड़ रुपया दान ।।

शिवजी बोले, पार्वती! काशी क्षेत्र पुराण ।
जाना जो वाराणसी, करता है कल्याण ।।

पवित्र तीर्थस्थान है, सब में जाना "गया" प्रमाण ।
पांडव आए थे गया, करने विष्णु प्रणाम ।।

२८. आयुर्वेद

(सुश्रुत ऋषि)

दोहा॰ धन्वन्तरी ने था कहा, आयुर्वेद का सार ।
सुश्रुत ने सब विश्व में, उसका किया प्रसार ।।

कहा गया इस वेद में, रोगों पर उपचार ।
मनुष्य प्राणी वनस्पाति, सब का यहाँ विचार ।।

हाथी घोड़े गाय के, यहाँ औषधी मंत्र ।
विष बाधा पर भी यहाँ, कहे गए हैं तंत्र ।।

२९. धनुर्वेद

(शस्त्र)

दोहा॰ युद्ध प्रयोगी शस्त्र के, जाने पाँच प्रकार ।
कैसे आयुध फेंकते, बोला सह विस्तार ।।

शस्त्र "यंत्रमुक्त" जिसका, यंत्र युक्त प्रक्षेप ।
"पाणिमुक्त" वह शस्त्र जो, कर से हो निक्षेप ।।

शस्त्र "मुक्तसंधरित" जो, वापस आए लौट ।
शस्त्र कहा "अक्षेप" जो, कर से रहे लपेट ।।

शस्त्र कहा "अविमुक्त" जो, शरीर का हो अंग ।
मुष्टियुद्ध दो मल्ल का, कुश्ती कला दबंग ।।

पाणिमुक्त शर शस्त्र है, धनुर्वेद हथियार ।
गदा शस्त्र अक्षेप है, भाल शल तलवार ।।

(चालीस धनुर्वेद सूत्र)

श्लोक

दण्डचक्रं च वज्रास्त्रं ब्रह्मास्त्रं वारुणायुधम् ।
धर्मचक्रं च सौरास्त्रं सौम्यास्त्रं शिशिरायुधम् ।।
त्वाष्ट्रास्त्रं धर्मपाशं च क्रौञ्चास्त्रं परमायुधम् ।
वायव्यास्त्रं पिनाकास्त्रं ब्रह्मशिरास्त्रमैषिकम् ।।
कङ्कालास्त्रं च सत्यास्त्रं विष्णुचक्रसुदर्शमन् ।
अग्न्यस्त्रं मुसलास्त्रं च मोहास्त्रं कङ्कणायुधम् ।।
इन्द्रचक्रमहावज्रं कालचक्रं सुदामनम् ।
मोदकीशिखरीशस्त्रं शोषणास्त्रं विलापनम् ।।
शूलास्त्रं मानवास्त्रं च कालपाशं च सौमनम् ।
हयशिशरायुधं चण्डं घोरं मायाधरायुधम् ।।
मदनं संवरास्त्रं च चक्रप्रस्थापनायुधम् ।
वज्रतेजप्रभाशस्त्रं नारायणायुधं तथा ।।

दोहा॰ दंडचक्र के गुण सभी, वज्र अस्त्र का योग ।
ब्रह्म अस्त्र का मंत्र भी, वारूणास्त्र प्रयोग ।।

धर्मचक्र का भेद भी, सौरास्त्र का प्रहार ।
सौम्यास्त्र का रहस्य भी, शिशिरायुध का मार ।।

त्वष्ट्र अस्त्र का गौप्य भी, धर्मपाश का मंत्र ।
क्रौंच अस्त्र की शर कला, परमायुध का तंत्र ।।

वायव्यास्त्र प्रक्षेप भी, ऐशिकास्त्र का योग ।
पिनाकास्त्र कैसे चले, कंकालास्त्र प्रयोग ।।

वर्णन ब्रह्मशिरास्त्र का, सत्य अस्त्र विज्ञान ।
विष्णुसुदर्शन चक्र भी, अग्नि अस्त्र का ज्ञान ।।

मूसलास्त्र की साधना, मोह अस्त्र का पाश ।
कंकणास्त्र प्रताड़ना, इन्द्रचक्र से नाश ।।

कालचक्र उत्क्षेपना, सुदामनायुध बोध ।
मोदकीशिखरी तथा, शोषणास्त्र प्रतिशोध ।।

कालपाश को फेंकना, विलापनास्त्र प्रपात ।
मानवास्त्र को छोड़ना, सौमनास्त्र आघात ।।

हयशिरास्त्र प्रयोग भी, शूलास्त्र का निपात ।
मायाधरास्त्र कैसे चले, मदनास्त्र का प्रताप ।।

चक्रप्रस्थापनास्त्र भी, संवरास्त्र संबोध ।
वज्रतेजप्रभास्त्र भी, नारायणास्त्र बोध ।।

३०. आश्रम व्यवस्था

(तीन आश्रम)

दोहा॰ ब्रह्मचर्य गार्ह्यस्थ्य औ, वानप्रस्थ्य-संन्यास ।
मानव जीवन की कहीं, तीन अवस्था खास ।।

प्रथम अवस्था ब्राह्मय है, बचपन का जो काल ।
शैशव स्थिति से लाड़ला, किशोर जब तक बाल ।।

छात्र अवस्था है यही, छूए बिना विलास ।
बह्मचर्य पालन किए, शास्त्रों का अभ्यास ।।

गार्ह्यय अवस्था दूसरी, गृहस्थ जीवन काल ।
वैवाहिक संसार का, समय यही खुशहाल ।।

वनप्रस्थ है तीसरी, अंतिम स्थिति संन्यास ।
उस विरक्त नर के लिए, जिसे मोक्ष की प्यास ।।

पति ने छोड़ा हो जिसे, या हो विधवा नार ।
विवाह फिर से कर सके, शास्त्रों के आधार ।।

३१. वर्णाश्रम धर्म

(धर्म)

दोहा॰ सभी सात मनु ने किया, सदाचार से कर्म ।
प्रजा के लिए कह दिया, वर्णाश्रम का धर्म ।।

"सदाचार ही धर्म है, सत्य अहिंसा दान ।
सेवा शुद्धि दया क्षमा, यात्रा तीर्थस्थान ।।

"सहनशीलता सादगी, सदा शांति से कर्म ।
शास्त्राभ्यास पवित्रता," यही बताया "धर्म" ।।

(समाज सेवा)

दोहा॰ समाज सेवा के लिए, स्वभाव के अधार ।
सेवाभाव विभाग के, "वर्ण" कहे हैं चार ।।

समाज के हर घटक के, कर्म–धर्म व्यापार ।
योग्य व्यवस्था है करी, "गुण" के ही अनुसार ।।

श्लोक

गुणेभ्यो जायते वर्णो वर्णे कोऽपि न जायते ।
वर्णो नैसर्गिको ज्ञातः स्वार्थाज्जातिस्तु निर्मिता ।।

दोहा॰ गुण पर निर्भर 'वर्ण' हैं, नहीं जन्म का काम ।
वर्ण प्रकृति से बने, 'जाति' स्वार्थ का नाम ।।

ब्रह्मक्षात्रवणिक्शूद्राः–चतुर्वर्णाः कृता मया ।
विभाजितानि कार्याणि गुणकर्मानुसारतः ।।

दोहा॰ ब्रह्म, क्षात्र, विश, शूद्र जो, वर्ण कहे हैं चार ।
अनुसार हि गुण कर्म के, प्रकृति के आधार ।।

गीत

वर्ण व्यवस्था

स्थायी

जगत ये, लीला गुणों की सारी,
माया कण–कण पर जिन डारी ।
गुण हैं चीज जनम से भारी,
भजु मन नारायण अवतारी ।।

अंतरा–1

जन्म स्थान हैं मेघ घनेरे, गर्जन शोर बतेरे ।

बादर कारे, घोर अंधेरे, मेचक भय दुस्तारे ।
फिर भी बिजुरी चम चम गोरी,
जय जय, माधव कृष्ण मुरारि ।।

अंतरा–2

गगन मंडल में टिमटिम तारे, लाख हजार बिखेरे ।
दाग लगा है चाँद के मुखड़े, सुंदर शकल बिगाड़े ।
फिर भी प्यारी चाँद चकोरी,
जय जय, दामोदर गिरिधारि ।।

अंतरा–3

जन्म गेह है कीचड़ गारा, कर्दम झील किनारा ।
पद्म पुष्प की पंकज क्यारी, दुर्गम दलदल भारी ।
फिर भी शोभा कमल की न्यारी,
जय जय, पद्मनाभ मनहारी ।।

अंतरा–4

ग्वाल बाल कान्हा ब्रज वासी, नटखट विपिन विहारी ।
रंग साँवला, माखन चोरी, हाथ रंग पिचकारी ।
फिर भी राधा श्याम दीवानी,
जय जय, राधेश्याम! तिहारी ।।

गुणावलम्बिता मात्रं भूतानां वर्णपद्धतिः ।
जात्याः कुलस्य रङ्गस्य नात्र स्थानं न भावना ।।

दोहा॰ केवल गुण आधार हैं, किए "वर्ण" जो चार ।
रंग जाति कुल धर्म का, जिसमें नहीं विचार ।।

गुण–कर्म के आधार ही, वर्ण किए सत्‌नाम ।
जहर जाति का घोल कर, वर्ण भये बदनाम ।।

(ब्रह्मकर्म)

तपः शान्तिः कृपा शुद्धिः–आर्जवं च क्षमा दमः ।
श्रद्धाऽऽस्तिक्यं च सत्यञ्च विप्रधर्मस्य लक्षणाः ।।

दोहा॰ शाँति, शुद्धि, दम, सरलता, तप निग्रह का ज्ञान ।

आस्तिक बुद्धि, विमलता, "ब्रह्म-वर्ण" का काम ।।

रक्षणायान्यवर्णानां यस्य ज्ञानं रतं सदा ।
द्विजो गुरुर्नरो नारी वर्णभेदेन ब्राह्मणः ।।

रक्षण करने अन्य का, रत है जिसका ज्ञान ।
नर नारी उस वर्ण के, द्विज ब्राह्मण अभिधान ।।

(क्षात्रकर्म)

रणे शौर्यं च वीर्यं च चातुर्यमभयं तथा ।
स्वाभाविकं बलं दानं लक्षणं क्षात्रकर्मणः ।।

दोहा॰ ढारस श्रद्धा चतुरता, रण में निर्भय धीर ।
तेज दान बल शूरता, "क्षात्र-वर्ण" का वीर ।।

रक्षणमन्यवर्णानां कृत्वा प्राणसमर्पणम् ।
वर्णभेदानुसारेण क्षात्रधर्मस्य लक्षणम् ।।

दोहा॰ प्राण हथेली पर धरे, रण में देना जान ।
रक्षा तीनों वर्ण की, क्षात्र वर्ण का मान ।।

(वैश्यकर्म और शूद्रकर्म)

वाणिज्यं च कृषेः कर्म वैश्यधर्मस्य लक्षणम् ।
सेवाभावस्य पावित्र्यं शूद्रधर्मस्य सद्गुणः ।।

(वैश्यकर्म और शूद्रकर्म)

दोहा॰ गौधन, कृषि, ब्यौपार हैं, "वैश्य-वर्ण" के काम ।
सेवा-भाव पवित्रता, "शूद्र-वर्ण" का नाम ।।

वर्णः कोऽपि न नीचस्थः सर्वेषु च महानराः ।
अविचारोऽनृतो जातेः सर्ववर्णाः सदा समाः ।।

(वर्ण व्यवस्था में कोई ऊँचा नीचा नहीं)

दोहा॰ ऊँच नीच कोई नहीं, सब हैं वर्ण समान ।
मन गढंत जाति प्रथा, सब हैं वर्ण महान ।।

महापुरुष सर्वत्र हैं, कोई ना अपवाद ।
चारों वर्ण समान हैं, रहे सदा यह याद ।।

वैश्यों में श्रीकृष्ण हैं, क्षत्रिय थे श्री राम ।
शुद्र पुत्र श्री विदुर जी, ब्राह्मण परशुराम ।।

सर्वे भवन्तु सम्मान्याः सर्वे सन्तु समानतः ।
अपमानोऽस्ति वैषम्यं वर्णाश्रमे समानता ।।

दोहा॰ ऊँच नीच कोई नहीं, सब हैं वर्ण समान ।
जाति स्वार्थ्य का काम है, जिसमें है अपमान ।।

जातिः प्रदूषणं हीनं, धर्मनाशाय कारणम् ।
जातिर्निर्मूलनीयैव जातिर्दुरासदं विषम् ।।

दोहा॰ जाति प्रदूषण विश्व के, घट-घट से घट जाय ।
धर्मविघ्न विष जाति का, दुनिया से हट जाय ।।

गीत

जातिकुप्रथा त्यजनीया

स्थायी

शारदा सदा स्मरणीया । स्वरदा वरदा स्तवनीया ।।

अंतरा–1

अनुकम्पा हृदि धरणीया । सेवा मनसा करणीया ।
भारतजननी नमनीया । संस्कृतवाणी स्तवनीया ।।

अंतरा–2

नहि सुखशय्या शयनीया । न नीचचिन्ता चयनीया ।
रजःकामना शमनीया । तमोवासना दमनीया ।।

अंतरा–3

सततसुबुद्धिर्धरणीया । मानसशुद्धिर्वरणीया ।
शुभा सरणिरनुसरणीया । सत्सङ्गतिरभिलषणीया ।।

अंतरा–4

जातिकुप्रथा त्यजनीया । बन्धुभावना भजनीया ।
अखिलसङ्गता करणीया । विश्वे समता भरणीया ।।

अंतरा–5

प्रमत्तकुमतिर्दहनीया । आगतहानिस्सहनीया ।
प्रजाप्रतिष्ठा वहनीया । मया प्रतिज्ञा ग्रहणीया ।।

यथा रथस्य रश्मिश्च हयाश्चक्राणि सारथिः ।
तथा देहस्य चत्वारि गात्राणि सदृशानि च ।।

दोहा॰ अश्व रश्मि रथ के यथा, चक्र सारथी अंग ।
तथा धर्म के चार हैं, चारों वर्ण तुरंग ।।

गीत

राग रत्नाकर, कहरवा ताल 8 मात्रा

वर्ण व्यवस्था

स्थायी

व्यवस्था गुण पर, की करतार
बिना कछु ऊँच नीच विचार ।

अंतरा–1

गुण कर्मों से वर्ण चार हैं, हेतु जाति का है बेकार ।
स्वभाव पर ही सब निर्भर है, यहाँ पर कोई नहीं लाचार ।।

अंतरा–2

रथ के रश्मि अश्व सारथी, चक्र अंग हैं अभिन्न चार ।
एक देह के अंग चार हैं, एक को तीन का आधार ।।

अंतरा–3

जाति पाती में नर भरमाया, वर्ण जनम का फल फरमाया ।
जाति है स्वार्थ्य का आविष्कार, वर्ण पर गुण का हि अधिकार ।।

अंतरा–4

वर्ण चार से जग उजियारा, भूत प्राणी में भाईचारा ।
मिटाय जाति का अंधकार, करिए आपस में अब प्यार ।।

धर्मस्तु स्वस्य न्यूनोऽपि सर्वश्रेष्ठो हि वर्तते ।
परधर्मः प्रशस्तोऽपि स्वधर्मादवरः सदा ।।

दोहा॰ स्वकर्म अपना श्रेष्ठ है, भले हि उसमें दोष ।
सब धर्मों में दोष हैं, कोई ना निर्दोष ।।

171

कर्म स्वाभाविकं नो यत्-तस्मिन्किञ्चिन्न पातकम् ।
स्वस्य त्यक्त्वा कृतं यद्वा परकर्म भयावहम् ।।

(स्वकर्म और परकर्म)

दोहा॰ स्वाभाविक जो कर्म है, उसमें कछु ना पाप ।
अपना तज कर, अपर का, देता है अनुताप ।।

स्वकर्म दोषयुक्तञ्च न त्यक्तव्यं कदाऽपि तत् ।
विनादोषं न धर्मोऽस्ति विनाधूमं न पावकः ।।

दोहा॰ सुख-दुख दोनों हैं जुड़े; शुभ-अशुभ के संग ।
दीप-अँधेरा साथ हैं, धूप-छाँव दो अंग ।।

सुखैः सह यथा दुःखं शुभैः सह यथाऽशुभम् ।
दीपैः सह यथा ध्वान्तं तथा छायाऽऽतपेन च ।।

दोहा॰ अपना कर्म सदोष भी, मत देना तुम त्याग ।
सब कर्मों में दोष हैं, जस धूँए सँग आग ।।

३२. दानधर्म

(दान वरदान)

दोहा॰ दान धर्म का कर्म है, करता पुण्य प्रदान ।
यथा शास्त्र के नियम हैं, तथा देय है दान ।।

मंदिर जा कर दान हो, या हो तीर्थस्थान ।
दाता का मुख पूर्व में, जब देना हो दान ।।

वापस ना माँगे कभी, दिया हुआ जो दान ।
ना बदले में लें कभी, मैत्री या सम्मान ।।

(दाता)

दोहा॰ दाता का अभिरूप है, हर युग में असमान ।
चार युगों में चार है, दाता की पहिचान ।।

सत् युग का दाता करे, देने दान प्रवास ।
त्रेता युग में दातृ के, याचक आता पास ।।

द्वापर युग में याचना, करके मिलता दान ।
कलि युग में अर्जित सदा, सेवा दे कर दान ।।

३३. राजधर्म

(राजा)

दोहा॰ प्रजा सुरक्षा सर्वदा, राजा का है काम ।
जनता का उत्कर्ष हो, राजनीति के नाम ।।

नीति न्याय से नृप चले, बिना किसी अपवाद ।
प्रजाकर्म पहले करे, अपने उसके बाद ।।

सजा न दे निर्दोष को, दोषी को दे दंड ।
संरक्षण पाए सभी, सज्जन संत अखंड ।।

(मंत्री)

दोहा॰ रक्षामंत्री वीर हो, विनयशील हों दूत ।
मंत्री सब निष्णात हों, सच्चे कुलज सुपूत ।।

सैनिक सारे सैन्य के, नर हों वीर महान ।
सेवक सेना के सभी, नर हों निपुण जवान ।।

नौकर सारे राज्य के, नर-नारी बलवीर ।
वैद्य तज्ज्ञ गुरुजन सभी, सक्षम कुशल सुधीर ।।

आज्ञाकारी हों सभी, कोई करे न द्रोह ।
छल छद्म न चोरी करे, ना फरेब ना मोह ।।

रहस्य सारे राज्य के, रखे गुप्त सब काल ।
नियम सभी दरबार के, पालें सब तत्काल ।।

दस ग्रामों पर एक हो, अधिकारी हकदार ।
सौ ग्रामों पर उच्च हो, शासक आज्ञाकार ।।

रखें निगाहें राज्य पर, और गुप्त जासूस ।
ना कोई विप्लव करे, ना कोई ले घूस ।।

(राजा)

दोहा॰ जनता के सब पुण्य में, राजा हो हकदार ।
प्रजा जनों के पाप में, राजा भागीदार ।।

चोरी जब हो राज्य में, राजा दे नुकसान ।
पकड़ा जाए माल तब, राजा ले सामान ।।

राजा ना व्यसनी बने, ना ही करे शिकार ।
जो भी खतरा राज्य को, तुरत करे संहार ।।

साम दाम या दंड से, करे शत्रु का नाश ।
माया तिलस्म भेद से, कर दे विघ्न विनाश ।।

राजा धन अर्जित करे, और करे धन क्षेम ।
सदुपयोग धन का करे, दान करे सह प्रेम ।।

(योग्य राजा)

दोहा॰ शरणागत पर हो क्षमा, दीन दुखी पर प्रेम ।
शरण पड़े को लो गले, पूछे सकुशल क्षेम ।।

लोभ मोह मद को तजे, मत्सर का भी साथ ।
हिरदय में खल ना बसे, वही योग्य जननाथ ।।

आर्त जनों के दुख हरे, कर सेवा उपकार ।
मृदु बचनन से शुभ करे, वह नृप है सुखकार ।।

भूप प्रजा का पुत्र हो, प्रजा पिता–अरु–मात ।
आज्ञाकारी नम्र हो, जन सेवक दिन–रात ।।

शस्त्र–अस्त्र का ज्ञान हो, जाने शास्त्र अनेक ।
क्षात्र पात्र रण वीर भी, लाखों में हो एक ।।

युक्ति वाद का हो गुणी, राजा चतुर अपार ।
बात चीत से मन हरे, बूझे मनोविकार ।।

सत्य शाँति सद्धर्म से, सदा सिद्धि सुख स्पष्ट ।
न्याय नीति निर्धार का, नृप ना होवे नष्ट ।।

(और)

दोहा॰ नृप सद्‌गुण भंडार हो, पावन गंगा नीर ।
चाल चलन में सरल हो, यथा धनुष का तीर ।।

स्नेह सुधा से सब सनें, स्वजन सुजन सत्‌नाम ।
सुखद सुमंगल सादगी, सभी समय सुखधाम ।।

राग द्वेष से दूर जो, अहंकार से गैर ।
उस राजा के राज में, जनता की है खैर ।।

जन-गण मत से राज हो, यथा प्रजा का चाव ।
राजा जनता का सखा, पिता-पुत्र सम भाव ।।

राजा नर, प्रभु है प्रजा, प्रभु का नृप पर राज ।
नृप को प्रभु दंडित करे, यदि हो अनुचित काज ।।

चारों वर्ण समान हों, कोई न ऊँचा एक ।
चार कर्म हैं चार के, समान हैं प्रत्येक ।।

सबका शिष्टाचार हो, सबका हो सत्कार ।
भेदभाव छल बर्ज्य हों, सत्य-धर्म सरकार ।।

(अयोग्य राजा)

दोहा॰ द्वेष दंभ छल कपट भी, वाणी कर्ण कठोर ।
घमंड वाद वितंड का, राजा कहा निठोर ।।

लंपट द्रोही भाव से, कलह अकारण होय ।
कुव्यसनी जिनका धनी, उनका तारक कोय ।।

(मृत्यु)

दोहा॰ चुनें भूप की मृत्यु पर, नया भूप तत्काल ।
बिना भूप न राज्य हो, कभी अल्प भी काल ।।

राजपुत्र ल्वे हाथ में, राजा के अधिकार ।
नृप का यदि ना पुत्र हो, कन्या हो स्वीकार ।।

(राजपुत्र)

दोहा॰ राजपुत्र हो सद्‌गुणी, कुशल ज्ञान भंडार ।

धर्मज्ञान का अभ्यस्त हो, वेदशास्त्र का सार ।।

अर्थशास्त्र का ज्ञान हो, राजनीति पर ध्यान ।
युद्ध कला निष्णात हो, शिल्प कला का ज्ञान ।।

सज्जन की हो संगती, ज्ञानजिन का संग ।
आग्र गुरुजन का करे, आज्ञा करे न भंग ।।

३४. उत्तराधिकार

(उत्तराधिकारी)

दोहा॰ जभी पिता की मृत्यु हो, तब उत्तराधिकार ।
माता को मिलता सभी, घर-जमीन अधिकार ।।

मातु-पिता की मृत्यु पर, संपति का अधिभोग ।
बेटों को सम भाग में, मिल जाता है भोग ।।

जो मृत की ले संपदा, ऋण भी लेता साथ ।
स्त्री जो धन अधिकारिणी, ऋण नहीं देते नाथ ।।

३५. शुभ-अशुभ लक्षण

(राजा)

दोहा॰ अगर कुलक्षण हो खड़ा, बाहर जाते वक्त ।
पहले उसको रोक कर, होना विघ्न विमुक्त ।।

किए विष्णु की प्रार्थना, विघ्न हो सके शाँत ।
अथवा प्रवास स्थगित कर, करो सफर उपरांत ।।

३६. पाप-पुण्य

(कर्मफल)

दोहा॰ पाप कर्म कोई करे, वह अपराध अखंड ।
धुलता प्रायश्चित्त से, पापी का यह दंड ।।

प्रायश्चित्त न जो करे, नर को उस उद्दंड ।
राजा-उसका दे सके, यथा योग्य जो दंड ।।

(दस पाप)

श्लोक

अदत्तानामुपादानं हिंसा चैवाविधानतः ।
परदारोपसेवा च कायिकं त्रिविधं स्मृतम् ।।
पारुष्यमनृतं चैव पैशुन्यं चापि सर्वशः ।
असम्बद्धप्रलापं च वाङ्मयं स्याच्चतुर्विधम् ।।
परद्रव्येष्वभिध्यानं मनसाऽनिष्टचिन्तनम् ।
वितथाभिनिवेशं च त्रिविधं कर्म मानसम् ।।

दोहा० हत्या परदारागमन, असत्य वचन-कटु चौर्य ।
अनिष्ट-चिंतन लालसा, अवैधता छल क्रौर्य ।।

पाप दस कहे शास्त्र में, जिनसे लगता पाप ।
जान बूझ कर जो करे, उसको लगता शाप ।।

श्लोक

अनुष्ठानं निषिद्धस्य त्यागो विहितकर्मणः ।
नृणां जनयतः पापं क्लेशशोकामयप्रदम् ।।
स्वानिष्टमात्रजननात्परानिष्टोपपादनात् ।
तदेव पापं द्विविधं जानीहि कुलनायिके ।।
परानिष्टकरात्पापान्मुच्यते राजशासनात् ।
अन्यस्मान्मुच्यते मर्त्यः प्रायशिचत्या समाधिना ।।

दोहा० पाप कर्म जो हैं कहे, देते शोक क्लेश दुख रोग ।
राजदंड अनुताप औ, मिले नरक का भोग ।।

(पुण्य)

इष्टान्तरजनकं विहितानुष्ठानजन्यं पुण्यम् ।
तस्मादात्मकृतं पुण्यं वृथा न परिकीर्तयेत् ।।

दोहा० विहित कर्म से जो मिले, पुण्य उसे है नाम ।
इष्टफलप्राप्ति भी कहा, वही शास्त्रोक्त काम ।।

मिटते संचित पुण्य से, संचित जो हैं पाप ।

किए पुण्य के कथन से, पुण्य मिटेगा आप ।।

३७. स्वर्ग-नरक

(स्वर्ग)

श्लोक

ब्रह्मणः सदनादूर्ध्वं तद्विष्णोः परमं पदम् ।
शुद्धं सनातनं ज्योतिः परं ब्रह्मेति यद्विदुः ।।
न तत्र विप्र गच्छन्ति पुरुषा विषयात्मकाः ।
दम्भलोभमहाक्रोधमोहद्रोहैरभिद्रुताः ।।
निर्ममा निरहंकारा निर्द्वन्द्वाः संयतेन्द्रियाः ।
ध्यानयोगपराश्चैव तत्र गच्छन्ति मानवाः ।।

दोहा० यही परम पद विष्णु का, शुद्ध सनातन भव्य ।
"परब्रह्म" जाना इसे, परम ज्योत जो दिव्य ।।

स्वर्गलोक को है कहा, नाम त्रिदिव सुरलोक ।
स्तप्त स्वर्ग माने गए, पुराण में स्वः लोक ।।

निर्मम निरहंकार से, द्वंद्व रहित जब योग ।
ध्यान योग हो प्राप्त जब, तभी स्वर्ग का भोग ।।

(नरक)

दोहा० मिले स्वर्ग है पुण्य से, नरक देत है पाप ।
जिसको जो है चाहिए, कर ले निर्णय आप ।।

विष्णु पूज कर पुष्प से, मिले स्वर्ग का द्वार ।
द्वार नरक के बंद हैं, उसे हरेक प्रकार ।।

(नरक द्वार)

दोहा० कई नरक के द्वार हैं, कहता अग्निपुराण ।
यम के दक्षिण मार्ग से, मिले नरक के स्थान ।।

हत्या स्त्री की जो करे, नरक "रौरवा" नाम ।
गौ-हत्यारे को मिले, नरक "महाविच" नाम ।।

आगजनी देती नरक, "महारौरवा" नाम ।
जमीन जो हड़पे उसे, नरक "अमकुम्भ" नाम ।।

चोरी करने से मिले, नरक "तामिश्र" नाम ।
पैतृक हत्या से मिले, नरक "असिपत्र" नाम ।।

अत्याचारी को मिले, नरक "तैलपक" नाम ।
झूठे वचनों से मिले, नरक "महातप" नाम ।।

(पाप-पुण्य लेखा जोगा)

दोहा॰ प्राणी तजता देह है, मरने के पश्चात् ।
धारण नव चोला करे, "अतिवाहक" जो ज्ञात ।।

अतिवाहक धारण किए, आता वह यम द्वार ।
निर्णय उसका यम करे, स्वर्ग-नरक अधिकार ।।

स्वर्ग-नरक में वह रहे, आ कर जितनी देर ।
फिर से उस नर को मिले, जन्म-मृत्यु का फेर ।।

स्वर्ग मिले या नरक ही, निर्णय करते कर्म ।
मुक्ति मिले इस चक्र से, पूर्ण पाल कर धर्म ।।

यम के हाथ हिसाब है, पाप-पुण्य जो कर्म ।
इसी लिए यमदेव को, कहा गया है "धर्म" ।।

बही-खाता यम का रखे, चित्रगुप्त है नाम ।
यम दूतों को भेजना, चित्रगुप्त का काम ।।

३८. व्रत

(कर्मफल)

श्लोक

व्रतमेव परं लोकसाधमं भोगसाधनम् ।
व्रतेनैव जयो यस्मात्तस्मात्सर्वो व्रतं चरेत् ।।
एको धर्मो मनुष्याणां व्रतमेव महात्मना ।
प्रोक्तो नानाविधैस्तन्त्रैः शंकरेण हरिं प्रति ।।

सन्ति यद्यपि भूयांसो लोके धर्मो युगे युगे ।
तथापि व्रतधर्मस्य कलां नार्हन्ति षोडशीम् ।।
देवता दितिपुत्राश्च सिद्धिगन्धर्वकिन्नराः ।
ऋषयाश्च परां सिद्धिमुपवासैरवाप्नुवन् ।।

दोहा॰ पालन धर्माचरण का, "व्रत" कहता है वेद ।
फल पाने के हेतु से, व्रत के नाना भेद ।।

श्लोक

अहिंसा सत्यमस्तेयं ब्रह्मचर्यमकल्कता ।
एतानि मानसान्याहुर्व्रतानि हरितुष्टये ।।
एकभुक्तं तथा नक्तमपुवासमयाचितम् ।
इत्येवं कायिकं पुंसां व्रतमुक्तं नरेश्वर ।।
वेदस्याध्ययनं विष्णोः कीर्तनं सत्यभाषणम् ।
अपैशुन्यमिदं राजन्वाचिकं व्रतमुच्यते ।।

दोहा॰ व्रत धार्मिक सब कृत्य में, करता सिद्धि प्रदान ।
व्रत करते हैं देव भी, ऋषि-मुनि सिद्ध महान ।।

व्रत से मिलता पुण्य है, संतति संपति दान ।
कीर्ति आयु सुख स्वर्ग भी, विद्या गुण सम्मान ।।

(व्रत तिथि)

दोहा॰ तिथियाँ देवी रूप हैं, उपासना व्रत रूप ।
उपासना में शक्ति है, फल जिसके अनुरूप ।।

(प्रतिपदा)

दोहा॰ शुक्ल-कृष्ण के पक्ष की, पहली तिथि का नाम ।
नंदा अथवा प्रतिपदा, कहते सभी पुराण ।।

यही जन्म तिथि अग्नि की, पवित्र जानी खास ।
ब्रह्मा की पूजा कही, और कहा उपवास ।।

(द्वितीया)

दोहा॰ द्वितीया कार्तिक मास की, शुक्लपक्ष दिन याम ।

पूजार्चित यमदेव हों, कृष्ण और बलराम ।।

द्वितीया हंसगा शुभ्रा पात्रपुस्तकधारिणी ।

हंसारूढ सुहासिनी, शुभ्र वस्त्र परिधान ।
देवी पुस्तक धारिणी, द्वितीया का सम्मान ।।

(तृतीया)

तृतीया वृषगा गौरी शूलपात्रधरा मता ।

दोहा० तृतीया शुक्लपक्ष की, चैत्र रहे जब मास ।
शिव–दुर्गा को दीजिए, प्रसाद फल का खास ।।

(चतुर्थी)

नीलोत्पलदलाभासा चतुर्थी मूषकस्थिता ।
परशुं बिभ्रति पात्रं पीतवस्त्रादिसंयुता ।।

दोहा० नीलकमल के पत्र सी, जिसको कांति प्रदान ।
देवी मूषकवाहिनी, पीत वस्त्र परिधान ।।

चतुर्थी शुक्लपक्ष की, माघ रहे जब मास ।
देव गणों को कीजिए, अर्पण पुष्प सुवास ।।

(पंचमी)

दोहा० शुक्लपक्ष की पंचमी, श्रावण से कार्तिक ।
व्रत करता है स्वास्थ्य को, ताजातरार ठीक ।।

(षष्ठी)

दोहा० षष्ठी का व्रत जो करे, भादो–कार्तिक मास ।
केवल फल सेवन किए, उसके विघ्न विनास ।।

(सप्तमी)

दोहा० शुक्लपक्ष व्रत सप्तमी, करती दुःख विनाश ।
दूध पूत धन धान्य दे, सुख में मिले निवास ।।

(अष्टमी)

दोहा० शुक्ल–कृष्ण व्रत अष्टमी, यदि दिन हो बुधवार ।
खा कर गुड़ चावल दही, मिले स्वर्ग का द्वार ।।

(नवमी)

दोहा॰ नवमी अश्विन मास की, शुक्लपक्ष में खास ।
गौरी की पूजा करें, और करें उपवास ।।

(दशमी)

दोहा॰ दशमी का व्रत है कहा, करने को गौ दान ।
देवी महीषारूढा, कृष्णवर्णा महान ।।

दशमी च तिथिस्तासामतीव दयिताऽभवत् ।
तस्यां दध्नाशनो यस्तु सुव्रती भवते नरः ।।

(एकादशी)

श्लोक

संसारसागरोत्तारमिच्छन्विष्णुपरायणः ।
ऐश्वर्यं सन्ततिं स्वर्गं मुक्तिं वा यदिच्छति ।।
स्वर्गमोक्षप्रदा ह्येषा शरीरारोग्यदायिनी ।
सुकलत्रप्रदा ह्येषा जीवत्पुत्रप्रदायिनी ।।

दोहा॰ विष्णुपरायण को मिले, भवसागर से मोक्ष ।
उसे मिले सुख संपदा, विष्णुरूप अपरोक्ष ।।

व्रत महान एकादशी, देता है धनधान्य ।
पूजा विष्णु की कही, करती नर को धन्य ।।

(द्वादशी)

दोहा॰ शुक्ल-कृष्ण व्रत द्वादशी, गौ पूजन दे पुण्य ।
स्नान संगम में किए, मिलता लाभ वरेण्य ।।

(त्रयोदशी)

दोहा॰ त्रयोदशी का व्रत किए, प्रसन्न शिव भगवान ।
इंद्र चंद्र कन्दर्प भी, देते हैं वरदान ।।

(चतुर्दशी)

दोहा॰ कार्तिक मास चतुर्दशी, देती स्वर्ग निवास ।
कृष्णपक्ष के खास हैं, माघ-फाल्गून मास ।।

३९. गायत्री

(गायत्री देवी)

(श्लोक

पूर्वां सन्ध्यां जपंस्तिष्ठेत्साविश्रीमाऽर्कदर्शनात् ।
पश्चिमां तु समासीनः सम्यगृक्षविभावनात् ।।

दोहा॰ पाँच मुखों की देवता, कर में धारण चक्र ।
पद्म शंख डोरी गदा, आसन कमल अवक्र ।।

प्रतिदिन प्रातः कीजिए, गायत्री का ध्यान ।
भक्ति प्रेम से गाइये, गायत्री गुण गान ।।

सायं सिमरण मातु का, तन में देत प्रकाश ।
ज्योत जगा कर ज्ञान की, मन का करे विकास ।।

(गायत्री मंत्र)

दोहा॰ पावन अमृत मंत्र ये, सूर्य देव के नाम ।
देत प्रेरणा बुद्धि को, आत्मतेज निष्काम ।।

नस-नस से हट जात है, पाप कर्म का रोग ।
गायत्री के जाप से, होता स्वास्थ्य निरोग ।।

श्लोक

त्रिभ्य एव तु वेदेभ्यः पादं पादमदूदुहत् ।
तदित्युचोऽस्याः साविश्याः परमेष्ठी प्रजापतिः ।।

दोहा॰ शांत भाव से गाइये, मंतर बारंबार ।
चार वेद का एक ये, पूर्ण ज्ञान का सार ।।

गायत्री का मंत्र हो, होंठ-जीभ के बीच ।
प्रभाव पावन जाप का, धोता मन का कीच ।।

गायत्री के मंत्र में, बसती देवी आप ।
विघ्न विनाशक एक है, पुण्य मंत्र का जाय ।।

साँझ-सवेरे सिमर कर, मुद मंगल यह जाप ।
गायत्री के मंत्र से, मिट जाते हैं पाप ।।

हिन्दी गायत्री मन्त्र ।

ॐ जन्म दाता । स्वर्ग वैभव धाता । पूज्य का ध्यान हम करें ।
ब्रह्मा हम पर कृपा करे ।। 1
ॐ रवि भास्कर को जानिये । सूर्य देव को ध्याइये ।
सूरज हम पर कृपा करे ।। 2
ॐ एकदन्त को जानिये । वक्रतुण्ड को ध्याइये ।
दन्ती हम पर कृपा करे ।। 3
ॐ शिव प्रभु को जानिये । महादेव को ध्याइये ।
शंकर हम पर कृपा करे ।। 4
ॐ नारायण को जानिये । वासुदेव को ध्याइये ।
विष्णु हम पर कृपा करे ।। 5
ॐ धनदेवी को जानिये । श्री माता को ध्याइये ।
लक्ष्मी हम पर कृपा करे ।। 6
ॐ सरस्वती को जानिये । वाग्देवी को ध्याइये ।
विद्या हम पर कृपा करे ।। 7
ॐ गायत्री को जानिये । ब्रह्माणी को ध्याइये ।
माता हम पर कृपा करे ।। 8

(आत्मशुद्धि)

दोहा॰ नस-नस में नर देह के, बहता जीवन प्राण ।
दस प्रधान हैं नाड़ियाँ, बल जिनमें निर्माण ।।

गायत्री को पूजते, विष्णु-शंभु भगवान ।
नर भजते हैं भक्ति से, पावे शुभ वरदान ।।

४०. स्वप्न

(लक्षण)

दोहा॰ भली-बुरी दस्तक कही, सपनों का आगाह ।
आते लक्षण सामने, उचित दिखाने राह ।।

सपने पहले प्रहर में, एक वर्ष में सत्य ।
आते पहर द्वितीय में, छह मासों में सत्य ।।

सपने प्रहर तीसरे, तीन मास में सत्य ।
होते अंतिम प्रहर के, अर्ध मास में सत्य ।।

४१. ब्रह्मज्ञान

(योग)

दोहा॰ अवगत करना ब्रह्म को, जाना "ब्रह्मज्ञान" ।
आत्म-बोध को जानना, जाना सच्चा "ज्ञान" ।।

तत्त्वज्ञान से देखना, आत्मतत्त्व का ज्ञान ।
यही "ज्ञान-विधान" है, अन्य सभी "अज्ञान" ।।

आत्मज्ञान "अध्यात्म" है, परमाक्षर है "ब्रह्म" ।
भूत-भाव विरचित करे, वही कहा है "कर्म" ।।

गीत

राग : रत्नाकर, कहरवा ताल 8 मात्रा

ब्रह्मज्ञान

स्थायी

ब्रह्म ज्ञान की है जहाँ, अंतरंग में चाव ।
वही ज्ञान की प्यास है, अज्ञान से बचाव ।।

अंतरा-1

जिसे अहिंसा परम धर्म है, सुशीलता का लगाव है ।
गुरु सेवा है, पवित्रता है, तन मन पर भी दबाव है ।।

अंतरा-2

विषय वासना जिसे परे हैं, दंभ दर्प का न घाव है ।
जन्म-मृत्यु में, जरा रोग में, दुःख दोष का सुझाव है ।।

अंतरा-3

पुत्र पत्नी में, धन-दौलत में, ममत्वता का न भाव है ।
पाया प्रिय हो या अप्रिय हो, समत्वता का ही ठाँव है ।।

अंतरा-4

अनम्रता का नशा न जिसमें, अनन्य हरि में सुभाव है ।

भीड़ भाड़ में अनासक्ति है, असंगति में खिंचाव है ।।

अंतरा-5

तत्त्वज्ञान से अर्थ देख कर, आत्मज्ञान का प्रभाव है ।
ज्ञान यही है, जिसके होते, अज्ञान का फिर अभाव है ।।

(देह-देही)

दोहा॰ आत्मा ही परब्रह्म है, "देही" जिसका नाम ।
देही न्यारा देह से, "देह" देही का ग्राम ।।

आत्मा "साक्षी" देह में, देखे सब व्यापार ।
आत्म विषय है ध्यान का, निर्गुण्य निराकार ।।

ध्यान लगा कर आत्म पर, हो कर ब्रह्मविलीन ।
सत् न असत् जो ब्रह्म है, पूण। शून्य में लीन ।।

जाना आत्मा पूर्ण है, और ब्रह्म है शून्य ।
यह आत्मा वह ब्रह्म है, आत्मा-ब्रह्म अनन्य ।।

आत्मा ही वह ब्रह्म है, पूर्ण-शून्य समवेत ।
ऋभु ने दीन्हा बोध ये, यही ज्ञान "अद्वैत" ।।

गीत

पूर्णमिदम्

श्लोक

इदं पूर्णं च तत्पूर्णं पूर्णे पूर्णं विलीयते ।
पूर्णात्पूर्णमृणं कृत्वा शेषं पूर्णैव विद्यते ।।

स्थायी

पूर्ण ये भी है, वो भी पूर्ण है, पूर्ण से मिलता सो पूर्ण है ।
पूर्ण से निकला अगर पूर्ण तो, बाकी बचेगा सो पूर्ण है ।।

अंतरा-1

मूल शून्य ही ब्रह्म खर्व है, शून्य से निकला ये सर्व है ।
शून्य नाम ही व्योम पूर्ण है, शून्य से मिल कर ये शून्य है ।।

अंतरा-2

भूत पाँच, गुण तीन हैं कहे, अष्ट वर्ग से ये पूर्ण है ।
पूर्ण ऊर्ध्व अरु मध्य पूर्ण है, अंत में जाकर ये शून्य है ।।

अंतरा-3

आत्म पूर्ण है परमात्म वही, पूर्ण से मिल कर ये पूर्ण है ।
ये भी पूर्ण और पूर्ण वही है, शून्य से मिल कर ये शून्य है ।।

अंतरा-4

प्राण प्राणियों में सब जिसने, डाली धड़कन हर दिल में ।
साँस-साँस में पूर्ण रहे वो, बिन जिसके सब अपूर्ण है ।।

अंतरा-5

कण-कण में एक ईश सना है, शून्य से बढ़ कर विश्व बना ।
जड़ चेतन सब भव्य सृष्टि में, अगम्य होकर भी गम्य है ।।

श्लोक

इदं शून्यं च तच्छून्यं शून्याच्छुन्यं हि जायते ।
शून्ये शून्यं समायुज्य पूर्णं शून्यं हि वर्तते ।।

४२. भगवद्गीता उपनिषद्

(पूर्ववृत्त)

(श्रीकृष्ण ने कहा, हे दुर्योधन!)

दोहा॰ हितकारक कटु वचन भी, सुन कर लाभ अमाप ।
दुर्जन के मधु वचन भी, स्वीकृत करना पाप ।।

मैत्री में ही है भला, हमने कहा उपाय ।
लड़ने का विष घोल कर, तुमने किया अपाय ।।

(दुर्योधन)

दोहा॰ सुन कर कहना कृष्ण का, दुर्योधन को खेद ।
बोला, "सुनिए श्रीहरि! तुम ना जानो भेद" ।।

कौरव बोला कृष्ण को, "शाँति व्यर्थ, यदुनाथ! ।
आओ रण पर तै करें, यश है किसके साथ ।।

भीष्म द्रोण कृप कर्ण हैं, मेरे दल में वीर ।
डरते हैं सुर भी जिन्हें, कौन उठावे तीर? ।।

निश्चित मेरी विजय है, मिलाप का क्या काम ।
लड़ कर जब सब प्राप्त हो, शाँति का क्यों नाम ।।

(अत: श्रीकृष्ण ने)

दोहा॰ साम दाम के मार्ग जब, हुए सभी बेकाम ।
हरि बोले, अब धर्म! लो, दंड भेद से काम ।।

(महायुद्ध)

दोहा॰ पहले दिन पर युद्ध के, पांडव पाए हार ।
निहार सेना कौरवी, जिस पर भूत सवार ।।

दिवस दूसरे भीष्म से, अभिमन्यु टकराय ।
युद्ध भया घनघोर था, अर्जुन उसे बचाय ।।

दिवस तीसरे कृष्ण ने, उत्तम कहा उपाय ।
गुडाकेश के सामने, शत्रु नहीं लड़ पाय ।।

चौथे दिन दी भीम ने, दुर्योधन को ताड़ ।
कौरव दल को पीट कर, दीन्ही भारी मार ।।

दिवस पाँचवे पार्थ ने, करी द्रोण की हार ।
फौरन द्रोणाचार्य जी, भागे रण से पार ।।

दुर्योधन के, पार्थ ने, कीन्हे घायल गात ।
छठे दिवस वह भीष्म को, बोला कड़वी बात ।।

सप्तम दिन दी पार्थ ने, दुर्योधन को मार ।
कौरव ने फिर भीष्म को, कोसा बारंबार ।।

अष्टम दिन भी पार्थ ने, किया शत्रु नुकसान ।
कौरव ने फिर भीष्म का, किया बहुत अपमान ।।

नौवें दिन पर भीष्म ने, कीन्हे पांडव नष्ट ।
रण से भागे हार कर, पांडव पाए कष्ट ।।

दसवे दिन पर भीष्म जी, बिना किए प्रतिकार ।
शर-शैया पर गिर पड़े, निज प्रण के अनुसार ।।

सुन कर गिरना भीष्म का, अंधा भया उदास ।
बोला, "लगता पुत्र का, विनाश आया पास" ।।

अंधे ने जब सामने, देखी निश्चित हार ।
'हुआ ये कैसे,' क्रोध में, बोला बारंबार ।।

दसवे दिन पर जो हुआ, धृत-संजय संवाद ।
वही व्यास की वाणी में, "गीता" जग में याद ।।

(गीता)

भगवद्गीता

भणिता भगवद्गीता भद्रा भगवता भवे ।
भाविकी भास्वरा भूरि भारती भाग्यदायिनी ।।
भञ्जनाय भ्रमं भक्त भावेन भजनं भज ।
भेदभावो भयं भामो भ्रान्तिर्भूतेषु भिद्यते ।।

भगवद्गीता भव भूतों के, भले के लिए भेजी है ।
भगवन् ने भी भक्तियोग से, भली भाँति जो भर दी है ।।
भजलो भगतों भरलो भैया, भण्डार भूति का भगति से ।
भद्र-भाव से भरा भजन ये, भ्रम भगाए भीतर से ।।

(आत्मा)

भुजंगप्रयात छन्द

आत्मा

कटे ना, जले ना, गले ना, झुरे ना ।
वही आतमा है निराकार जाना ।। 1
सभी के दिलों में बसा एक देही ।
अनेकों घटों का कहा एक गेही ।। 2

दोहा॰ ना यह कटे, न जल सके, गले न झुरता प्राण ।
सब देहों में एक है, "अमर" इसे अभिधान ।।

ना ये कटता शस्त्र से, न ही जलावे आग ।
ना ही सूखे वायु से, न ही गलावे आप् ।।

गीत

राग : यमन कल्याण

आत्मा ही ब्रह्म है

स्थायी

अरे! ब्रह्म ही अव्ययी आतमा है ।

अंतरा–1

किसी शस्त्र से ना कटे आतमा ये,
कभी आयु से ना घटे आतमा ये ।
सनातन अनादि, कहा आतमा ये ।।

अंतरा–2

किसी आग से ना जले आतमा ये,
कभी पानी से ना गले आतमा ये ।
अनश्वर अजन्मा, अजर आतमा ये ।।

अंतरा–3

किसी दर्द से ना दुखे आतमा ये,
कभी वायु से ना सूखे आतमा ये ।
करे ना मरे ये, अमर आतमा है ।।

अंतरा–4

किसी से नहीं है जुड़ा आतमा ये,
किसी से नहीं है जुदा आतमा ये ।
न तेरा न मेरा, सर्वदम आतमा है ।।

(कर्म)

दोहा॰ ब्रह्मार्पित जिसका सभी, योगी है वह धीर ।
अलिप्त पापों से यथा, पद्मपत्र से नीर ।।

मैं कुछ भी करता नहीं, गात्र करत हैं कर्म ।
यही जानना सत्य है, गुण कर्मों का धर्म ।।

प्रभु को ज्ञानी पूजते, जिनमें है सुविचार ।
दुखी सुखार्थी लुब्ध भी, भगतन चार प्रकार ।।

पृथ्वी छन्द + शिखरिणी छन्द

मनन

कोई नमन से, कोई भजन से, तुझे पूजता ।
कोई धन तथा, कोई सुख सदा, तुझे माँगता ।।
प्रभो! तेरी लीला, कथन करने में कठिन है ।
मगर पक्के मन से, मनन करना ही यजन है ।।

४३. यमगीता

(वाजश्रवा)

ॐ उशन्ह वै वाजश्रवस: सर्ववेदसं ददौ ।
तस्य ह नचिकेता नाम पुत्र आस ।।

दोहा० वाजश्रवसा नाम का, राजा था विख्यात ।
उद्दालक के नाम से, वह था जग में ख्यात ।।

उद्दालक ने एक दिन, किया "सर्ववित्" यज्ञ ।
दान करी सब संपदा, महा जनों को तज्ञ ।।

(नचिकेता)

दोहा० पुत्र एक था भूप का, नचिकेता शुभ नाम ।
पूछा उसने तात को, करके उन्हें प्रणाम ।।

मुझको बापू आपने, किसे दिया है दान? ।
यम को मैंने है दिया, तुझको पाने ज्ञान ।।

आज्ञाकारी पुत्र वो, पहुँचा यम के पास ।
यम मुझको सब ज्ञान दें, उसको था विश्वास ।।

दिया उसे यमराज ने, उत्तम सा वरदान ।
मगर चाहिये था उसे, प्रश्न का समाधान ।।

बोला वह यमराज को, मुझे दीजिए ज्ञान ।
आत्म और क्या ब्रह्म है, मुझको हो संज्ञान ।।

उत्तर जो नचिकेत को, बोले थे यमराज ।
अग्निदेव हैं दे रहे, वसिष्ठ मुनि को आज ।।

(अग्निदेव बोले)

(यमगीता)

यमगीतां प्रवक्ष्यामि उक्ता या नाचिकेतसे ।
पठतां शृण्वतां भुक्त्यै मुक्त्यै मोक्षार्थिनां सताम् ।। 1 ।।

दोहा॰ उत्तर वह यमराज का, सुन-पढ़ कर अपरोक्ष ।
भुभुक्षु पाते भोग हैं, मुमुक्षु पाते मोक्ष ।।

आसनं शयनं यानपरिधानगृहादिकम् ।
वाञ्छत्यहोऽतिमोहेन सुस्थिरं स्वयमस्थिरः ।। 2 ।।

(यमराज ने कहा)

दोहा॰ मानव पाकर मोक्ष को, अस्थिर को स्थिर मान ।
आसन वाहन चाहता, गृह दौलत सम्मान ।।

भोगेषु शक्तिः सततं तथैवात्मावलोकनम् ।
श्रेयः परं मनुष्याणां कपिलोद्गीतमेव हि ।। 3 ।।

(कपिल सिद्धांत)

दोहा॰ अनासक्ति निर्मोहता, आत्मतत्त्व पर ध्यान ।
उपाय यह करता सदा, मनुष्य का कल्याण ।।

सर्वत्र समदर्शित्वं निर्मम्त्वमसंगता ।
श्रेयः परं मनुष्याणांगीतं पञ्चशिखेन हि ।। 4 ।।

(पंचशिख सिद्धांत)

दोहा॰ तटस्थता समदर्शिता, निर्ममत्व निःसंग ।
साधन हैं कल्याण के, मनुष्य के चतुरंग ।।

आगर्भजन्मबाल्यादियोऽवस्थादिवेदनम् ।
श्रेयः परं मनुष्याणां गंगाविष्णुप्रगीतकम् ।। 5 ।।

(गंगा-विष्णु सिद्धांत)

दोहा॰ गर्भावस्था से जनम, बाल्य किशोर जवान ।
ठीक समझना रूप को, करता है कल्याण ।।

आध्यात्मिकादिदुःखानामाद्यन्तादिप्रतिक्रिया ।
श्रेयः परं मनुष्याणां जनकोद्गीतमेव च ।। 6 ।।

(जनक सिद्धांत)

दोहा॰ आध्यात्मिक, अधिदैव के, अधिभौतिक सब दुःख ।
आते-जाते हैं सदा, सहन करो हँसमुख ।।

अभिन्नयोर्भेदकरः प्रत्ययो यः परात्मनः ।
तच्छान्तिपरमं श्रेयो ब्रह्मोद्गीतमुदाहृतम् ।। 7 ।।

(ब्रह्म सिद्धांत)

दोहा॰ जीवात्मा-परमातमा, अभिन्नता का ज्ञान ।
इनमें भेद न जानना, करता है कल्याण ।।

कर्तव्यमिति यत्कर्म ऋग्यजुःसामसंज्ञितम् ।
कुरुते श्रेयसे संगाज्जैगीषव्येण गीयते ।। 8 ।।

(जैगिष्य सिद्धांत)

दोहा॰ ऋक् यजु साम वेद के, प्रतिपादन का मान ।
निरासक्त सद्भाव से, करता है कल्याण ।।

हानिः सर्वविधित्सानामात्मनः सुखहैतुकी ।
श्रेयः परं मनुष्याणां देवलोद्गीतमीरितम् ।। 9 ।।

(देवल सिद्धांत)

दोहा॰ कर्मों का परित्याग है, आत्मसुखों का यान ।
आकांक्षा का त्याग भी, करता है कल्याण ।।

कामत्यागात्तु विज्ञानं सुखं ब्रह्म परं पदम् ।
कामिनां न हि विज्ञानं सनकोद्गीतमेव तत् ।। 10 ।।

(सनक सिद्धांत)

दोहा॰ इच्छाओं के त्याग से, जाता है अज्ञान ।
प्राप्त ब्रह्म विज्ञान से, होता है कल्याण ।।

(अग्निदेव ने वसिष्ठ से कहा)

प्रवृत्तिञ्च निवृत्तिञ्च कार्यं कर्मपरोऽब्रवीत् ।
श्रेयसां श्रेय एतद्धि नैष्कर्म्यं ब्रह्म तद्धिरिः ।। 11 ।।

दोहा॰ प्रवृत्ति न निवृत्ति भी, करती है कल्याण ।
निष्काम कर्म ब्रह्म है, वही विष्णु भगवान ।।

पुमांश्चाधिगतज्ञानो भेदं नाप्नोति सत्तमः ।

ब्रह्मणा विष्णुसंज्ञेन परमेणाव्ययेन च ।। 12 ।।

दोहा० पाया जिसने ज्ञान है, वह संतों में श्रेष्ठ ।
वह नहिं कहता विष्णु है, या ब्रह्मा है ज्येष्ठ ।।

ज्ञानं विज्ञानमास्तिक्यं सौभाग्यं रूपमुत्तमम् ।
तपसा लभ्यते सर्वं मनसा यद्यदिच्छति ।। 13 ।।

दोहा० ज्ञान विज्ञान आस्तिकी, सौभग्य सुस्वरूप ।
तप से सब उपलब्ध हैं, इच्छा के अनुरूप ।।

नास्ति विष्णुसमं ध्येयं तपो नानशनात्परम् ।
नास्त्यारोग्यसमं धन्यं नास्ति गंगासमा सरित् ।। 14 ।।

दोहा० विष्णु परम पर ध्येय है, श्रेष्ठ तप निराहार ।
वेरेण्य-धन आरोग्य है, पुनीत गंगा धार ।।

न सोऽस्ति बान्धवः कश्चिद्विष्णुं मुक्त्वा जगद्गुरुम् ।
अधश्चोर्ध्वं हरिश्चाग्रे देहेन्द्रियमनोमुखे ।। 15 ।।

दोहा० भाई अन्य कहीं नहीं, कोई विष्णु समान ।
सदैव सब विध विश्व में, हरि हैं विराजमान ।।

इत्येवं संस्मरन्प्राणान्यस्त्यजेत्स हरिर्भवेत् ।
यत्तद्ब्रह्म यतः सर्वं यत्सर्वं तस्य संस्थितम् ।। 16 ।।

दोहा० इसी भाँति भगवान का, करते स्मरण स्वरूप ।
पाए नर निर्वाण जो, होता है तद्रूप ।।

अग्राह्यकमनिर्देश्यं सुप्रतिष्ठञ्च यत्परम् ।
परापरस्वरूपेण विष्णुः सर्वहृदि स्थितः ।। 17 ।।

दोहा० ब्रह्मव्याप्त सर्वत्र है, विश्व ब्रह्म निर्माण ।
सब कुछ ब्रह्म स्वरूप है, सर्व ब्रह्म निर्वाण ।।

यज्ञेशं यज्ञपुरुषं केचिदिच्छन्ति तत्परम् ।
केचिद्विष्णुं हरं केचित्केचिद्ब्रह्माणमीश्वरम् ।। 18 ।।

दोहा० इंद्रिय गोचर जो नहीं, अनादि जिसका नाम ।
जाना जो सब से परे, हृद् में विराजमान ।।

इन्द्रादिनामभिः केचित्सूर्यं सोमञ्च कालकम् ।
ब्रह्मादिस्तम्बपर्यंतं जगद्विष्णुं वदन्ति च ।। 19 ।।

दोहा॰ यज्ञरूप कोई कहे, परमब्रह्म भगवान ।
कोई स्वामी रूप में, कोई शिव के नाम ।।

कोई चंद्र स्वरूप में, कोई सूरज रूप ।
कोई इंद्र स्वरूप में, कोई काल स्वरूप ।।

स विष्णुः परमं ब्रह्म यतो नावर्तते पुनः ।
सुवर्णादिमहादानपुण्यतीर्थावगाहनैः ।। 20 ।।

दोहा॰ परमात्मा परब्रह्म है, वही विष्णु भगवान ।
जा कर जिनके पास फिर, लौटना नहीं नाम ।।

पाया जाता ब्रह्म वो, करके विशाल दान ।
या फिर पवित्र तीर्थ में, करके पावन स्नान ।।

करके व्रत अति घोर या, करके जप तप ध्यान ।
पूजा करके विष्णु की, सुन कर धर्म विधान ।।

ध्यानैर्व्रतैः पूजया च धर्मश्श्रुत्या तदाप्नुयात् ।
आत्मानं रयीनं विद्धि शरीरं रथमेव तु ।। 21 ।।

दोहा॰ आत्मा को जानो रथी, रथ का शरीर नाम ।
बुद्धि रथ की सारथी, मन को जान लगाम ।।

बुद्धिं तु सारथिं विद्धि मनः प्रग्रहमेव च ।
इन्द्रियाणि हयानाहुर्विषयांश्चेषु गोचरान् ।। 22 ।।

दोहा॰ इंद्रिय जाने अश्व हैं, कहो विषय को मार्ग ।
मनीश भेक्ता है कहा, यह है ज्ञान सुमार्ग ।।

आत्मेन्द्रियमनोयुक्तं भोक्तेत्याहुर्मनीषिणः ।
यस्त्वविज्ञानवानभवत्ययुक्तेन मनसा सदा ।। 23 ।।

दोहा॰ अविवेकी जो सारथी, ढीली रखे लगाम ।
संसाररूप गर्त में, गिरता वही, धड़ाम! ।।

न स्त्पदमवाप्नोति संसारञ्चाधिगच्छति ।

यस्तु विज्ञानवान्भवति युक्तेन मनसा सदा ।। 24 ।।

दोहा॰ सुविवेकी जो सारथी, पकड़ी रखे लगाम ।
परम पद प्राप्त है वही, उसे स्वर्ग में धाम ।।

स तत्पदमवाप्नोति यस्माद्भूयो न जायते ।
विज्ञानसारथिर्यस्तु मनःप्रग्रहनान्नरः ।। 25

दोहा॰ वही रथी संपन्न है, सच्चा वही सुजान ।
पाता है पद विष्णु का, पद जो स्वर्ग समान ।।

सोऽध्वानं परमाप्नोति तद्विष्णोः परमं पदम् ।
इन्द्रियेभ्यः पराह्यर्था अर्थेभ्यश्च परं मनः ।। 26 ।।

दोहा॰ परे इंद्रियों से कहा, विषयों का संभार ।
मन विषयों से है परे, बुद्धि मनस् से पार ।।

मनसस्तु शरा बुद्धिर्बुद्धेरात्मा महान्परः ।
महतः परमव्यक्तमव्यक्तात्पुरुषः परः ।। 27 ।।

दोहा॰ बुद्धि परे है आतमा, जो है तत्त्व महान ।
अव्यक्त तत्त्व से परे, परमात्मा है नाम ।।

परे पुरुष से कुछ नहीं, सीमा उसको नाम ।
उसे कहा है परमगति, परम उच्च है धाम ।।

पुरुषान्नपरं किञ्चित्सा काष्ठा सा परा गतिः ।
एषु सर्वेषु भूतेषु गूढात्मा न प्रकाशते ।। 28 ।।

दोहा॰ वही अगोचर भूत में, सभी नजर से पार ।
सूक्ष्म दृष्टि का पुरुष ही, पाता उसे निहार ।।

दृश्यते त्वग्रयया बुद्धया सूक्ष्मया सूक्ष्मदर्शिभिः ।
यच्छेद्वाङ्मनसी प्राज्ञस्तद्यच्छेज्ज्ञानमात्मानि ।। 29 ।।

दोहा॰ वाणी को मन में तथा, मन बुद्धि में विलीन ।
बुद्धि को परम तत्त्व के, करो आत्म में लीन ।।

ज्ञानमात्मनि महति नियच्छेच्छान्तऽऽत्मनि ।
ज्ञात्वा ब्रह्मात्मनोर्योगं यमाद्यैर्ब्रह्म सद्भवेत् ।। 30 ।।

दोहा॰ यम-नियमादिक तत्त्व को, जाने मनुष सुजान ।
ब्रह्म-आत्म अद्वैत को, समझे सो विद्वान ।।

अहिंसा सत्यमस्तेयं ब्रह्मचर्यापरिग्रही ।
यमाश्च नियमाः पञ्च शौचं सन्तोषसत्तपः ।। 31 ।।

दोहा॰ सत्य अहिंसा सादगी, ब्रह्मचर्य परित्याग ।
पाँच तत्त्व ये हैं कहे, "यम" के नाम विराग ।।

स्वाध्यायेश्वरपूजा चाऽसनं पद्मकादिकम् ।
प्राणायामो वायुजयः प्रत्याहारः स्वनिग्रहः ।। 32 ।।

दोहा॰ अंदर-बाहर शुद्धता, पूजा तप स्वाध्याय ।
पाँच तत्त्व संतोष के, "नियम" सत्य कहलाय ।।

शुभे ह्येकत्र विषये चेतसो यत्प्राधारणम् ।
निश्चलत्वात्तु धीमद्भिर्धारणा द्विज कथ्यते ।। 33 ।।

दोहा॰ योगासन में बैठना, करके प्राणायाम ।
इंद्रिय-प्रत्याहर है, "निग्रह" जिसका नाम ।।

पैनःपुन्येन तत्रैव विषयेष्वेव धारणा ।
ध्यानं स्मृतं समाधिस्त्वहं ब्रह्मास्मिसंस्थितिः ।। 34 ।।

दोहा॰ एक विषय में स्थिर रहे, उसे "धारणा" नाम ।
बारबार वह धारणा, "ध्यान" कहा वह काम ।।

"अहं ब्रह्मास्मि" संस्थिति, "समाधि" उसका नाम ।
अनुभव करना यह स्थिति, "ब्रह्मसंस्थिति" धाम ।।

घटध्वंसाद्यथाकाशमभिन्नं नभसा भवेत् ।
मुक्तो जीवो ब्रह्मणैवं सद्ब्रह्म ब्रह्म वै भवेत् ।। 35 ।।

दोहा॰ जैसे घट के ध्वंस से, उसका अंत-प्रकाश ।
बाह्य प्रकाश से युक्त हो, बन जाता आकाश ।।

आत्मानं मन्यते ब्रह्म जीवो ज्ञानेन नान्यथा ।
जीवो ह्यज्ञानतत्कार्यमुक्तः स्यादजरामरः ।। 36 ।।

दोहा॰ सत् स्वरूप नर ब्रह्म में, होता ब्रह्मस्वरूप ।

मुक्त हुआ अज्ञान से, अजर-अमर तद्रूप ।।

(अग्निदेव ने वसिष्ठ से कहा)

वसिष्ठ यमगीतोक्ता पठतां भुक्तिमुक्तिदा ।
आत्यन्तिको लयः प्रोक्तो वेदान्तब्रह्मधीमयः ।। 37 ।।

दोहा॰ यमगीता यह जान कर, वसिष्ठ हैं कृतकाम ।
ब्रह्मबुद्धि जिनको मिली, "आत्यन्तिक-लय" नाम ।। 1224

४४. अग्नि पुराण महात्म्य

(अग्नि पुराण)

दोहा॰ पुण्यतम यह पवित्र है, अग्नि पुराण महान ।
हिंदू संस्कृति का यहाँ, अथाह है विज्ञान ।।

देता है सुख-स्वास्थ्य जो, करके शाँति प्रदान ।
हटते हैं संकट सभी, लख कर अग्नि पुराण ।।

हर पहलू है ज्ञान का, जहाँ पर विद्यमान ।
कही गई वह संहिता, पावन अग्नि पुराण ।।

पढ़ कर इसका एक भी, श्रद्धा से अध्याय ।
यात्रा में जो पुण्य है, घर बैठे मिल जाय ।।

सुन कर इसका गान भी, पाप ताप मिट जाय ।
करके दान पुराण का, भूत-शत्रु पिट जाय ।।

२. कूर्म महापुराण

(कूर्म महापुराण)

दोहा॰ पन्द्रहवाँ हैं मानते, इसको कोई लोग ।
चार संहिता का जभी, होता है संजोग ।।

४५. वेदव्यास

जग में जभी अनीति का, बढ़ता है अज्ञान ।
वेदव्यास आते तभी, देने वैदिक ज्ञान ।।

वेदव्यास हैं आज तक, आए अट्ठाईस ।
आएँगे इस कल्प में, और व्यास उनतीस ।।

अट्ठाइसवें व्यास ने, लिख कर महापुराण ।
दिव्य महाभारत रचा, करने जग कल्याण ।।

(कृष्ण द्वैपायन)

दोहा॰ द्वापर युग के व्यास का, द्वैपायन है नाम ।
सत्यवती के पुत्र थे, द्वीप जिन्हें था धाम ।।

मुनि पराशर थे पिता, ऋग्वेद सूक्तकार ।
रंग सावला पुत्र का, “कृष्ण” कहत संसार ।।

द्वापर युग हैं होगए, अब तक अट्ठाईस ।
व्यास आज तक आगए, संख्या अट्ठाईस ।।

अट्ठाइस जो नाम हैं, देने हमें प्रमाण ।
नाम सभी उस व्यास के, कहता कूर्म पुराण ।।

(अट्ठाईस व्यास)

दोहा॰ “स्वायंभुव” आदिम है, द्वितीय “प्रजापतिव्यास” ।
तृतीय “उशना” नाम है, चतुर्थ “बृहस्पतिव्यास” ।।

पंचम “सविता” नाम है, छठा “मृत्यु” है नाम ।
“इंद्र” नाम है सातवाँ, अष्टम “वसिष्ठ” नाम ।।

नौवाँ "सारस्वत" कहा, दसवाँ नाम "त्रिधाम" ।
फिर ग्यारहवाँ "ऋषभ" है, "सुतेज" द्वादश नाम ।।

तेरहवाँ फिर "धर्म" है, "सचक्षु" अगला नाम ।
पन्द्रहवाँ है "त्रयत्रणी," बाद "धनंजय" नाम ।।

सत्रहवाँ है "कृतंजय," बाद "ऋतंजय" नाम ।
"भरद्वाज" उन्नीसवाँ, फिर है "गौतम" नाम ।।

"वचश्रवा" इक्कीसवाँ, "नारायण" बाईस ।
"तृणविंदु" तेईसवाँ, "वाल्मिक" है चौबीस ।।

"शक्तरि" है पच्चीसवाँ, "पाराशर" छाब्बीस ।
"जतुकर्ण" सत्ताईसवाँ, "कृष्ण" है अट्ठाईस ।।

(अट्ठाईस शिव अवतार)

दोहा॰ अट्ठाइस शिव नाम हैं, लिए हुए अवतार ।
कहता कूर्म पुराण है, नामों का विस्तार ।।

"श्वेत" प्रथम शिव नाम है, "सुतार" द्वितीय नाम ।
"मदन" नाम तृतीय है, "सुहोत्र" चतुर्थ नाम ।।

"कंकण" पंचम नाम है, छठा "लोकाक्षि" नाम ।
सप्तम "जिगिशव्य" नाम है, "दधिवह" अष्टम नाम ।।

"ऋषभ" नाम नौवाँ कहा, "भृगु" है दसवाँ नाम ।
ग्यारहवाँ फिर "उग्र" है, "पुरु" बारहवाँ नाम ।।

"बलि" तेरहवाँ नाम है, "गौतम" अगला पर्ण ।
पन्द्रहवाँ "वेदशीर्ष" है, सोलहवाँ "गोकर्ण" ।।

सत्रहवाँ है "शिखंडक," "जातिमालि" फिर नाम ।
"अट्टाहस" उन्नीसवाँ, "दरुक" बीसवाँ नाम ।।

"लांगलि" है इक्कीसवाँ, "महायाम" बाईस ।
नाम "मुनि" है तेईसवाँ, "शूलि" नाम चौबीस ।।

"पिंड" नाम पच्चीसवाँ, "सहिष्णु" है छब्बीस ।
"सोम" है सत्ताईसवाँ, "नकुलि" अट्ठाईस ।।

४६. योग

(योग)

दोहा॰ जीवात्मा से प्राण का, जाना जो संजोग ।
उसको कूर्म पुराण में, कहा गया है "योग" ।।

आठ "अंग" हैं योग के, पहला "प्राणायाम" ।
निग्रह श्वासोच्छ्वास के, प्राण तथा आयाम ।।

तीन अंग आयाम के, "रेचक" है उछ्वास ।
"पूरक" जाना दूसरा, जिसे कहा है श्वास ।।

"कुम्भक" घट है तीसरा, दो श्वासों के मध्य ।
जहाँ श्वास-उच्छ्वास भी, दोनों निश्चल रुध्य ।।

अंग दूसरा है कहा, यौगिक "प्रत्याहार" ।
पाँच ज्ञान की इंद्रियाँ, मन का हो अधिकार ।।

अंग तीसरा योग का, "आसन" जाना नाम ।
मुद्रा स्थिर हो देह की, हलचल को विश्राम ।।

"यम" वह चौथ अंग है, जिसे अहिंसा नाम ।
नित्य मन-कर्म-बचन हो, क्षमा शांति का धाम ।।

"नियम" अंग है पाँचवाँ, जहाँ शास्त्र अभ्यास ।
जप तप व्रत स्वाध्याय हो, दूर रहे अध्यास ।।

छठा अंग है योग का, पूर्ण लगाना "ध्यान" ।
लेकर मन में ध्येय को, स्थिरता हो परिधान ।।

अंग सातवाँ "धारणा," हिरदय में स्थिर भाव ।
स्थापन मन में लक्ष्य हो, डाँवाडोल अभाव ।।

अंतिम अंग "समाधि" है, तादात्म्य का प्रभाव ।

आत्मा-परमात्मा जहाँ, एक, बिना अटकाव ।।

४७. ईश्वर गीता (सार)

(ईश्वर गीता सार)

दोहा॰ ईश्वर गीता में लिखे, छह सहस्त्र हैं श्लोक ।
ग्यारह कुल अध्याय हैं, पढ़ते भगतन लोग ।।

धर्म कर्म भगवान की, भक्ति साधना भोग ।
कहा गया विस्तार से, करने विनष्ट शोक ।।

शिव शंकर भगवान ने, स्वयं दिया यह धान ।
लोमहर्षण सूत को, करने जग कल्याण ।।

(शिवजी ने कहा)

दोहा॰ परम गुह्य यह ज्ञान जो, सुयोग्य है विज्ञान ।
ब्रह्मभाव को प्राप्त है, सुनता जो सह ध्यान ।।

(आत्मा)

दोहा॰ आत्मा अंतर्याम है, स्वस्थ सूक्ष्म है शान्त ।
अद्वितीय चिन्मात्र है, जब तक हो देहांत ।।

पुरुष वही है प्राण भी, वही काल अव्यक्त ।
वही महेश्वर, अग्नि भी, अजर अमर हर वक्त ।।

यही आतमा ब्रह्म है, जिस से सब उत्पन्न ।
सब कुछ यहीं विलीन है, माया से संपन्न ।।

ना आत्मा गतिशील है, ना गतिप्रेरक प्राण ।
न यह पृथ्वी न तोय है, ना तेज न तूफान ।।

ना ही य आकाश है, ना ही शब्द न स्पर्श ।
ना रस रूप न गंध है, ना ही दुख ना हर्ष ।।

ना वाणी ना हाथ हैं, पैर पायु न उपस्थ ।
पुरुष न है यह प्रकृति, ना यह माया स्वस्थ ।।

कर्ता ना भोक्ता कहा, ना इसको है गात्र ।
आत्मा यह परमार्थतः, अपितु चैतन्य-मात्र ।।

(परमात्मा)

दोहा॰ जैसा जुदा प्रकाश से, सदा है अंधकार ।
वैसे ही परमातमा, जुदा रखे संसार ।।

जैसे ही संसार में, जुदा धूप से छाँव ।
वैसे जुदा प्रपंच से, पुरुष रखे अलगाव ।।

संग होकर हैं जुदा, परमात्मा-संसार ।
साथी से ना पा सके, धूप छाँव-का-प्यार ।।

संग सदा परमातमा, मगर अलग संसार ।
कारण इस संसार को, करता व्याप्त विकार ।।

(अज्ञान)

दोहा॰ "मैं कर्ता हूँ कर्म का, मुझ से यह संसार" ।
विकार यह है बुद्धि का, अज्ञान अहंकार ।।

आत्मा को साक्षी कहे, प्रकृति से है पार ।
भोक्ता, अक्षर, शुद्ध है, यही ज्ञान आधार ।।

विनाश है अज्ञान का, जब आता है ज्ञान ।
तब आता है ध्यान में, आत्मविषय विज्ञान ।।

भ्राँति से उत्पन्न हैं, राग द्वेष सब दोष ।
भ्रम जब सुलझे बुद्धि से, तब है वह निर्दोष ।।

(सृष्टि)

दोहा॰ काल, पुरुष, यह प्रकृति, करे तत्त्व जो व्यक्त ।
जिससे इह सब व्याप्त है, वही ब्रह्म अव्यक्त ।।

इंद्रिय से वह रहित है, इंद्रिय गुण आभास ।
सब का वह आधार है, वह है सब के पास ।।

वही तत्त्व अद्वैत है, इंद्रिय से अज्ञात ।

निराभास निर्गुण वही, सकल सृष्टि में ख्यात ।।

(मैं)

दोहा॰ मैं सृष्टि का मूल हूँ, सर्व व्याप्त भगवान ।
मुझसे यह विस्तार है, सकल सृष्टि उत्थान ।।

पुरुष प्रकृति काल भी, तत्त्व कहे हैं तीन ।
सत्य वही मम रूप है, परम तत्त्व में लीन ।।

जिससे यह संसार है, प्रकृति है वह तत्त्व ।
प्रकृतिस्थ जो निर्गुणी, पुरुष कहा वह सत्त्व ।।

तत्त्व यही पच्चीसवाँ, पुरुष जिसे है नाम ।
स्थित मैं सब के अंतः में, मैं ही वह भगवान ।।

(भक्त)

दोहा॰ अविनाशी मम भक्त हैं, होते सब निष्पाप ।
भक्ति परायण नित्य वे, मेरा करते जाप ।।

मेरी पूजा के लिए, पर्ण पुष्प फल तोय ।
अर्पण करते हैं मुझे, प्रिय मेरा वह होय ।।

जिसे किसी से द्वेष ना, करुणामय हर वक्त ।
न ही किसी से वेदना, मुझको प्रिय वह भक्त ।।

जो हरदम संतुष्ट है, संयत जिसका चित्त ।
योग साधना में लगा, प्रिय वह मेरा भक्त ।।

श्रद्धा से दृढ़ निश्चयी, मन अर्पित जो सक्त ।
मुझमें जिसका चित्त है, मुझको प्रिय व भक्त ।।

किसी को न उद्वेग दे, न जो कभी संतप्त ।
परे हर्ष–आमर्ष से, प्रिय मेरा वह भक्त ।।

पक्षपात से दूर जो, अपेक्षा सभी त्यक्त ।
सुख दुख जिसको सम सदा, प्रिय मुझको वह भक्त ।।

निंदा स्तुति सब सम जिसे, आस्था से हो युक्त ।

204

आसक्ति से दूर जो, प्रिय मेरा वह भक्त ।।

मुझे परायण जो सदा, पवित्र जिसका चित्त ।
स्थिर बुद्धि का महान वो, प्रिय मेरा है भक्त ।।

४८. गौरी सहस्त्रनामावलि

गीत

खयाल : राग दरबारी कान्हड़ा, तीन ताल 16 मात्रा

गौरी-शंकर

स्थायी

छम-छम पायल घुँघरू बाजे,
छम-छम पायल घुँघरू बाजे ।
साथ में डमडम डमरू बोले,
गौरी शंकर तांडव नाचे ।।

अंतरा-1

गल में माला सर्प बिराजे,
कटि पर हिरन की छाला साजे ।
शंख फूँकते बम् बम् भोले,
धरती अंबर संग में डोले ।। छम०

अंतरा-2

सिर पे गंगा, चंद्र जटा में,
तन पर भसम बिभूति शिवा के ।
आँख तीसरी शंकर खोले,
डम् डम डम् डम डमरू बोले ।।

दोहा० पिता हिमालय ने कहे, जिसके सहस्त्र नाम ।
सुता वही थी पार्वती, शिवपत्नी अभिराम ।।

सुनो पार्वती के सभी, पावन सहस्त्र नाम ।
वर्ण-अनुक्रम से दिए, सुलभ किया है काम ।।

(पार्वती देवी सहस्त्र नाम)

मूक्तक०

अकामा अकारा अक्रूरा अक्षक्रीडारति अक्षया ।
अक्षरा अगाधा अघूर्णारुणनेत्रा अजा अट्टाटहासिनी ।।
अणिमादिगुणोपेता अणुरूपा अतीता अनन्ता अनादिनिधना ।
अनेका अन्तर्वर्त्ती अन्नपुष्टि अपराजिता अपर्णा ।।
अप्रमेया अभीरु अमला अमा अमूर्ता ।
अमृतजीविनी अमृतोद्भवा अम्बरवासिनी अम्बा अम्बालिका ।।
अम्बिका अयोध्या अरजा अरागा अर्धबिन्दुधरा ।
अलक्ष्या अवन्तिका अवरवर्णजा अवाची अव्यक्ता ।।
अश्वप्लुति अष्टमी अष्टसिद्धिप्रदा अस्त्रशस्त्रमयीविद्या अहङ्कारा ।
अहङ्कृति आशापूरा आहारपरिणामिनी इकारा इक्षुचापिनी ।।
इच्छा इडा ईश्वरी उकारा उदक्या ।
उदीची उर्वशी ऊर्ध्वकेशी एकचक्षु एका ।।
एकादशी ऐकाररूपिणी ऐन्द्री ओंकारा ओषधि ।
कङ्काली कदली कपालकुण्डला कपालभूषणा कपालमाल्यधारिणी ।।
कम्बुग्रीवा करालदशनानना कराला करुणालया कर्पूरामोदधारिणी ।
कर्पूरामोदनिश्वासा कर्बुरा कर्मनाशा कलङ्करहिता कलशहस्ता ।।
कला कलादेवी कलावती कलिनाशिनी कल्किप्रियाकाली ।
कवित्वदा कविप्रिया काकिनी काञ्ची कात्यायनी ।।
कात्यायनी कादम्बरी कान्ता कान्ति कामतत्त्वानुरागिणी ।
(एक सौ) कामदा कामधेनुः कामबीजवती कामरूपनिवासिनी कामरूपिणी ।।
कामवन्दिता कामाख्या कामिनी कामेश्वरी कायवर्जिता ।
कायस्था काराबन्धविमोचनी कालचक्रभ्रमा कालभू कालरूपिणी ।।
कालवर्तिनी कालिका काली कावेरी काव्यशक्ति ।

काशपुष्पप्रतीकाशा काशी काश्मीरी काष्टा किञ्चिदव्यक्तभाषिणी ।।

कुंकुमप्रिया कुण्डलिनी कुण्डवासिनी कुण्डासना कुमारजननी ।
कुमारी कुमुदवासिनी कुरुकुल्ला कुरुक्षेत्रावनि कुलपूजिता ।।

कुलवागीश्वरी कुलवासिनी कुलविद्या कुशावर्ता कुसुमप्रिया ।
कुसुमा कूटस्था कृतकर्मफलप्रदा कृत्तिवसना कृपावति ।।

कृशोदरी कृष्णा केका कोटराश्रया कोटिरूपिणी ।
कोपनाकृति कोशदा कोशवर्धिनी कोशवासिनी कोशस्था ।।

कौकिला कौमारी कौलिकी कौशाम्बी कौशिकी ।
क्रतु क्रियावती क्रूरा क्लींकारा क्षणदा ।।

क्षत्रिया क्षमा क्षान्ति क्षान्तिकैवल्यदायिनी क्षामा ।
क्षीरार्णवसुधाहारा क्षीवा क्षुधा क्षेमंकरी खगगामिनी ।।

खट्वा खट्वाङ्गधारिणी खड्गधारा खड्गिनी खनि ।
खलहा खेचरी गंगा गण्डकी गन्धप्रिया ।।

गम्भीरा गर्भधारिणी गर्भाशयनिवासिनी गाथा गायत्री ।
गारुडी गीतनृत्यप्रिया गीति गीतिका गुणत्रयविभाविनी ।।

गुरुरूपधरा गुरुस्थिरा गुर्वी गोदावरी गौरी ।
(दो सौ) ग्रर्भाधारधरा ग्रहवती ग्रहवर्जिता ग्रहिणी घनध्वनि ।।

घोरघुर्घुरनादिनी चक्रकोणनिवासिनी चक्रमध्यस्था चक्रवाकिनी चक्रहस्ता ।
चक्षु चण्डपराक्रमा चण्डमुण्डवधोद्धुरा चण्डा चण्डिका ।।

चण्डी चतुसमुद्रशयना चतुराश्रमवासिनी चतुर्दशी चतुर्बाहु ।
चतुर्मुखी चतुर्वर्गफलप्रदा चतुर्वर्णमयी चतुर्वर्णपूजिता चतुष्षष्ट्यभिधावती ।।

चन्द्रकान्ति चन्द्रभागा चन्द्रमण्डलवासिनी चन्द्रमण्डलसङ्काशा चन्द्रिका ।
चम्पा चर्मण्वती चान्द्रीसाक्षयाषोडशीकला चापिनी चामीकररुचि ।।

चामुण्डा चित्रमाया चित्रिणी चिदानन्दा चेतना ।
छत्रच्छायाकृतालया जगज्जीवा जगत्त्रयहितैषिणी जगद्गर्भा जगद्धात्री ।।

जगद्बीजा जगन्माता जङ्गमा जयदा जयदीक्षा ।
जयन्ती जयवर्धिनी जयश्री जया जरवृद्धा ।।

जरायु जलदेवता जलस्था जागृती जाती ।
जालन्धरधरा जितेन्द्रिया जिनमता जिनेन्द्रा जिनेश्वरी ।।

जीर्णवस्त्रा जीर्णा जीवा ज्ञानलोचना ज्येष्ठा ।
ज्योति ज्योत्स्ना ज्वरनाशिनी ज्वाला ज्वालामुखी ।।

ज्वालिनी डाकिनी तडित् तन्द्रा तन्वी ।
तपःप्रिया तपःसिद्धि तपसःसिद्धिदायिनी तपस्विनी तपोनिष्ठा ।।

तपोयुक्ता तमोयुक्ता तरुणी तर्कविद्या तापसी ।
तामसी तारा तारिणी तालुस्था तिलोत्तमा ।।

तीर्थकरप्रिया तीर्था तुरीयका तुलाकोटि तुष्टा ।
(तीन सौ) तुष्टिदा तृप्ति तृष्णा तेजस्विनी तोतुला ।।

त्रयी त्रिकालज्ञा त्रिकोणा त्रिनेत्रा त्रिपदाश्रया ।
त्रिपदी त्रिपुरभैरवी त्रिपुरवासिनी त्रिपुरसुन्दरी त्रिपुरा ।।

त्रिपुष्करा त्रिमूर्ति त्रिलिङ्गा त्रिवर्गफलदायिनी त्रिशक्ति ।
त्रिशुलवरधारिणी त्रिसन्ध्या त्वरा दंष्ट्रोद्धृतवसुन्धरा दक्षजा ।।

दक्षा दक्षकन्या दक्षिणा दक्षिणामूर्ति दण्डनीति ।
दयारम्भा दान्ता दिवागति दीक्षा दीक्षितपूजिता ।।

दीप्तपावकसन्निभा दीप्ता दीर्घकेशी दीर्घनिद्रा दीर्घा ।
दुरानति दुर्गतिनाशिनी दुर्गमा दुर्गा दुर्लभा ।।

दुष्टदानवघातिनी दुष्टम्लेच्छविनाशिनी दृढबन्धविमोचनी देविका देवी ।
देशभाषा देहपुष्टि दोला दोलाक्रीडाभिनन्दिनी दौहित्रिणी ।।

द्युति द्युतिवर्धिनी द्यौ द्रव्यशाक्ति द्वारका ।
धनदा धनदार्चिता धनधान्यविवर्धिनी धनुर्यष्टि धन्या ।।
धरा धर्मदा धर्मवादिनी धात्री धामशालिनी ।
धारा धीरा धृति ध्यानशालिनी नन्दा ।।

नन्ददा नन्दिनी नप्त्री नरमुण्डास्थिभूषणा नरवाहना ।
नरासृक्पानमत्ता नरेश्वरी नर्मदा नवमी नववल्लभा ॥

नागकन्या नागकुण्डला नागदमनी नागपाशधरा नागवल्ली ।
नाभिनालमृणालिनी नारदसेविता नरसिंहिणी नारसिंही नारायणी ॥

नासा नित्यक्लिन्ना नित्या पञ्चभूतनिदाना निधिरूपा ।

(चार सौ) निमेषा निराकारा निराधारा निराश्रया निरीहा ॥

निर्मुण्डा निर्विकारा निर्विशेषा निर्वैरा निशाचरी ।
निष्ठा नीलवर्णा नीला नूतना नृपधर्ममयी ॥

नृपनन्दिनी नृपमान्या नृपवश्यकरी नृपवश्या नृपसेव्या ।
नृमान्या पञ्चपित्तवतीशक्ति पञ्चवातगतिर्भिन्ना पञ्चश्लेष्माशयाधरा पञ्चस्थानविबोधिनी ॥

पटासा पट्टाम्बरधरा पताका पताकिनी पतिव्रता ।
पथिदेवता पद्मकोशाक्षी पद्ममन्दिरा पद्मयोनि पद्मलोचना ॥

पद्महस्ता पद्मा पद्मावती पद्मिनी परब्रह्मप्रबोधिनी ।
परमात्मा परमार्थप्रबोधिनी परापरकलाकान्ता परिखा परिघायुधा ॥

पाञ्चाली पातालवासिनी पानदानकरोद्यता पानपात्रा पानभूमि ।
पापनाशिनी पार्वती पाशहस्ता पिङ्गला पिङ्गा ॥

पितामही पितृमाता पीता पुत्री पुरवासिनी ।
पुरुषाज्ञा पुरुषार्थप्रवर्तिनी पुरुहुतप्रिया पुष्टिदा पुष्पबाणा ॥

पूतना पूर्णकुम्भधरा पूर्णचन्द्रमुखी पूर्णा पृथ्वी ।
पोषणी पौत्री प्रज्ञा प्रज्ञाजनयित्री प्रज्ञापारमिता ॥

प्रतिमाश्रया प्रतीची प्रत्यञ्चा प्रथा प्रबुद्धा ।
प्रबोधिनी प्रभा प्रभावती प्रभाविनी प्रसिद्धा ॥

प्रहेलिका प्रह्लादिनी प्राकारवलया प्राकृता प्राची ।
प्राज्ञा प्रिया प्रीत प्रीति प्रीतिमञ्जरी ॥

प्रेता प्रेतासननिवासिनी प्रोल्लसत्सप्तपद्मा प्रौढा बन्दी ।

(पाँच सौ) बन्धरूपा बन्धूककुसुमारुणा बलदा बलदायिनी बलिप्रिया ।।

बलिमाया बलोद्धता बहिःप्रस्रविणी बहिःस्था बहुवर्णा ।
बहुश्रुति बहुसुवर्णदा बहुसुवर्णा बाणपुङ्खानुवर्तिनी बालक्रीडा ।।

बालग्रहविनाशिनी बाला बालिका बीजरूपा बीजसन्तति ।
बुद्धमाता बुद्धिःसदसदात्मिका बुद्धिदा बृहद्रूपा ब्राह्मणी ।।

ब्राह्मी भक्तवत्सला भगमालिनी भगरूपिणि भगवती ।
भद्रकाली भवसागरतारिणी भवानी भविष्या भव्या ।।

भाववर्जिता भाविन भिन्ना भीमा भीरा ।
भीरुण्डा भुजगाकारशायनी भुजङ्गभूषणा भुवनेश्वरी भुसुण्डी ।।

भूतभाविविभाविनी भूतभीतिहरा भूता भूतात्मा भूतावेशविनाशिनी ।
भूमिगर्भा भूषा भैरवी भोगवल्लभा भोगिनी ।।

भ्रमनाशिनी भ्रमरालका भ्रान्ता भ्रामरी मङ्गला ।
मत्तमातङ्गगामिनी मथुरा मदिरा मदोद्धता मधु ।।

मधुमती मधुमत्ता मधुश्री मधुस्रवा मनःसङ्कल्पसन्तति ।
मनस्तुष्टि मनोगति मन्दगति मन्दा मन्दाकिनी ।।

मन्दिरामोदधारिणी मयूरवरवाहना मर्यादामहोदधौ मषी महाकाली ।
महाकोशी महाग्रहहरा महानिद्रा महाभुजा महाभैरवपूजिता ।।

महामाता महामाया महामारी महामुद्रा महारुण्डा ।
महालक्ष्मी महावर्ता महाविद्या महाशक्ति महाश्वेता ।।

महिषासुरघातिनी महिषी महेज्या महोदरी मांसला ।
(छह सौ) मातङ्गिनी मातङ्गी माता मातामही मातृमण्डलमध्यस्था ।।

मातृमण्डलवासिनी माधवीवल्ली माया मारी माहेश्वरी ।
मीनमूर्तिधरा मीमांसा मुक्ता मुक्तानांपरमागति मुक्ताहारविभूषणा ।।

मुण्डहस्ता मुण्डहस्ता मुहूर्ता मूर्च्छनाग्रामसंस्थाना मूर्ता ।
मूलप्रकृति मूलाधारा मृगत्वक् मृगनाभि मृगमांसादा ।।

मृगया मृगलोचना मृगाक्षी मृडानी मृत्यु ।
मृत्युविनाशिनी मृदुहासिनी मेघमाला मेनापुत्री मैनाकभगिनी ।।

मोक्षदा मोक्षदायिनी यक्षिणी यज्ञविद्या यज्ञा ।
यत्तत्पदानुबन्धा यमुना यातना युद्धकान्क्षिणी योगनिद्रा ।।

योगपट्टधरा योगयुक्ता योगाङ्गा योगिनी योनिमुद्रा ।
रक्तदन्ता रक्तपुष्पावतंसिनी रक्तबीजवधोद्दृप्ता रक्ता रक्ताम्बरधरा ।।

रक्षोघ्नी रजःशुक्रधराशक्ति रजोवृता रति रतिरागिणी ।
रतिरागविवर्धिनी रसवती रसा राक्षसी राजनीति ।।

राजसी राज्यलक्ष्मी रात्रि रूपवर्धिनी रोगनाशिनी ।
रोहिणी रौद्री लक्ष्मी लक्ष्यप्राप्ति लक्ष्या ।।

लघुरूपा लज्जा लम्बोदरी ललिता लेखकप्रिया ।
लेखिनी लेख्या लोकवश्यविभाविनी लोकेशी लोपामुद्रा ।।

वज्रहस्ता वज्रागुधा वदन्या वक्षरूपा वधोद्धता ।
वनदेवता वन्दिस्तुताकारा वरदा वरदायिनी वरधारिणी ।।

वरशस्त्रास्त्रधारिणी वरायुधधरा वरारोहा वरुणार्चिता वर्णमालिनी ।
(सात सौ) वर्तिनी वल्गा वश्यबीजा वश्या वषट्कारा ।।

वसुधा वसुधाकारा वसुधारा वसुप्रिया वसुमती ।
वह्नितन्तुसमुत्थाना वह्निवासिनी वह्निसंश्रया वह्निकुण्डकृतालया वागुरा ।।

वात्याली वाममार्गरता वामा वामाचारप्रिया वायुकुण्डसुखासीना ।
वाराही वारुणी वार्ता विंध्यवासिनी विकराला ।।

विग्रहा विचित्रा विजया वितस्ता विदिग्दिशा ।
विद्यमाना विद्या विद्याविद्येश्वरी विद्युत विनिद्रा ।।

विपंचीपंचमप्रिया विपाशा विभ्रमा विरति विविक्तसेविनी ।
विशारदा विशिखा विशोका विश्वमाता विश्वयोनि ।।

विश्वरूपा विषमोहार्तिनाशिनी विषयाक्रान्तदेहा विषारिः विष्णुमाया ।

वीरनन्दिनी वीरपानमदोत्कटा वीरभू वीरमाता वीरसू ।।

वीरा वृति वृषप्रिया वृषस्यन्ती वृषारूढा ।
वेत्रवती वेदमाता वेदमार्गरता वेदविद्या वेदविश्वविभाविनी ।।

वेदवेदाङ्गधारिणी वेदशक्ति वेला वैद्यचिकित्सा वैद्यमाता ।
वैद्या वैश्या वैष्णवी व्यक्तरूपा शक्ति ।।

शक्तिहस्ता शङ्कराकल्पिनी शङ्खहस्ता शङ्खिनी शतद्रुका ।
शतबाहु शत्रुनाशिनी शरत्कुमुदलोचना शशिस्रवा शाकम्भरी ।।

शाकिनी शान्ता शाम्बरी शाम्बरीमाया शाम्भवी ।
शारदा शुकभाषिणी शारी शालग्रामशिलाशुचि शिखिवर्तिनी ।।

शिवतत्त्वा शिवप्रिया शिववामाङ्गवासिनी शिवा शिवादूती ।
(आठ सौ) शिशुप्रिया शिशूत्सङ्गधरा शिष्या शीतला शुकहस्ता ।।

शुचि शुभलक्षणा शुभा शुभ्राम्बरधरा शुम्भदर्पहरा ।
शूद्रा शून्या शृङ्खला शैलजा शैलवासिनी ।।

शोकनाशिनी शोषणी श्यामकुण्डला श्यामचंडिका श्यामचंद्रिका ।
श्यामा श्रद्धा श्राद्धदेवता श्री श्रुति ।।

श्रुतिधरा श्रेणि श्रेष्ठा श्वासोच्छ्वासगति षट्कोणा ।
षट्चक्रक्रमवासिनी षट्चक्रभेदिनी षडरस्वादलोलुपा षड्जमध्यमधैवता संकर्षणी ।।

संस्काररूपा संस्कृति सकला सती सतीमाता ।
सत्कीर्ति सत्कृति सत्त्वसंस्था सत्परायणा सत्यधर्मपरायणा ।।

सत्यप्रिया सत्यमार्गप्रबोधिनी सत्यमेधा सत्यवर्धिनी सत्या ।
सत्या सत्यागमा सद्गति सद्भूति सनातनी ।।

सन्ध्या सन्मत्तवारणा सप्तधातुमयी सप्तधात्वन्तराश्रया सप्तस्वरमयी ।
समस्तैका सरयू सरस्वती सरस्वती सर्वज्ञानवतीवाञ्छा ।।

सर्वतत्त्वानुबोधिनी सर्वतीर्थमयीमूर्ति सर्वदेवमयीप्रभा सर्वधर्ममयी सर्वमंगला ।
सर्वमङ्गलमङ्गला सर्वमन्त्रमयी सर्वमन्त्राक्षरावलि सर्वलोकमयीशक्ति सर्वलोकैकसेविता ।।

सर्वशास्त्रवतीविद्या सर्वश्रवणगोचरा सर्वसम्पत्तिकारिणी सर्वसिद्धिप्रदाशक्ति सर्वसौख्यवती ।
सर्वसौभाग्यदायिनी सर्वसौभाग्यवर्धिनी सर्वाक्षरमयी सविषा सश्रद्धा ।।

सस्यवर्धिनी सहस्राक्षी साक्षिणी सात्त्विकी साधुजनार्चिता ।
साध्वी सामगायनी सामिधेनी सावित्री सिंहवाहना ।।

सिता सितासितप्रिया सिद्धविद्या सिद्धसरस्वती सिद्धा ।
(नौ सौ) सिद्धिदा सिद्धिरूपा सिन्दूरतिलकप्रिया सिन्दूरारुणवक्त्रा सिन्धु ।।

सुकर्णरसना सुकुला सुकेशी सुगन्धा सुगीति ।
सुगोत्रा सुचक्रा सुचक्षु सुजन्मा सुतन्तु ।।

सुदक्षिणा सुधा सुधाकारा सुधात्मिका सुधामा ।
सुनन्दा सुनाभि सुपथाचारा सुपथ्या सुपर्वा ।।

सुबाणा सुभक्ति सुभगा सुभाग्यदा सुभिक्षा ।
सुमंगला सुमुखी सुमेधा सुरवन्दिता सुरारिघातिनी ।।

सुरूपा सुरोत्तमा सुलिङ्गा सुलेखा सुलोमशा ।
सुवर्णवर्णा सुवस्त्रा सुवृष्टि सुवेणि सुव्यूहा ।।

सुशीला सुश्रोणि सुषुप्ति सुषमा सुषुम्णा ।
सुसंस्कारा सुस्तनी सुस्पर्शा सुस्पृहा सुस्मिता ।।

सुस्मृति सूक्ष्मबुद्धिप्रबोधिनी सूक्ष्मा सूर्यकान्ति सूर्यवाहिनी ।
सृणि सेना सेवा सेवाप्रिया सेवाफलविवर्धिनी ।।

सेव्या सौदामिनी सौभाग्यदायिनी सौभाग्यसुभगाकारा सौम्या ।
स्तनदा स्तनधारा स्तनन्धयी स्थावरा स्थितिसंहारकारिणी ।।

स्थूलमार्गस्थिता स्नुषा स्पर्शवती स्मितास्या स्मृति ।
स्रवन्ती स्रुक् स्रुवा स्वक्षा स्वङ्गा ।।

स्वच्छन्दा स्वछा स्वधामा स्वप्नावस्था स्वयम्भू ।
स्वरूपा स्वर्गति स्वस्था स्वस्थानवासिनी हंसगति ।।

हंसवाहना हंसी हंसोज्ज्वलशिरोरुहा हरिप्रिया हरिप्रिया ।
(एक सहस्र) हस्तिनी हाकिनी हिंगुला हिंसा ह्लींकारी ।।

३. गरुड़ महापुराण

(गरुड़ महापुराण)

दोहा॰ कश्यप मुनि को था दिया, गरुड़ देव ने ज्ञान ।
वेद व्यास ने वह लिखा, करने जग कल्याण ।।

शौनक ऋषि के सामने, रखने दिव्य प्रमाण ।
लोमहर्षण ऋषिवर ने, गाया गरुड़ पुराण ।।

(श्री विष्णु के बाईस अवतार)

दोहा॰ भगवान विष्णु ने लिया, पहला था अवतार ।
ब्रह्मचारी घोर व्रती, किशोर रूप "कुमार" ।।

श्रीविष्णु का दूसरा, "वराह" था अवतार ।
वराह ने पाताल से, किया जगत का तार ।।

विष्णु का था तीसरा, "देवर्षि" अवतार ।
देवर्षि ने था किया, तंत्रों का विस्तार ।।

"नर-नारायण" रूप में, चौथा था अवतार ।
दो काया में विष्णु ने, स्वस्थ किया संसार ।।

"कपिल" मुनीश्वर पाँचवाँ, हुआ विष्णु अवतार ।
सांख्य योग के शास्त्र का, करने विश्व प्रसार ।।

श्री विष्णु का था छठा, "दत्तात्रय" अवतार ।
अत्रि ऋषि का पुत्र था, अनसूया का प्यार ।।

श्री विष्णु का सातवाँ, "आकुतोय" अवतार ।
अकुती-ऋचि का पुत्र ये, करता यज्ञ प्रसार ।।

श्री विष्णु का आठवाँ, "उरुकर्मा" अवतार ।
नाभि-मेरु का पुत्र ये, सिखाता सदाचार ।।

श्री विष्णु ने था लिया, नौवा "पृथु"" अवतार ।
खेती करने फसल की, कीन्हा आविष्कार ।।

श्री विष्णु ने था लिया, "मत्स्य" दशम अवतार ।
महाप्रलय में मत्स्य ने, किया प्रजा का तार ।।

लिया विष्णु ने "कूर्म" का, ग्यारहवाँ अवतार ।
समुद्रमंथन में दिया, मेरु को आधार ।।

विष्णु का "धन्वंतरी," बारहवाँ अवतार ।
देवलोक में बन गए, मुखिया चिकित्सकार ।।

परी "मोहिनी" विष्णु का, तेरहवाँ अवतार ।
अमृत असुरों से लिया, करने सुर उद्धार ।।

विष्णु का "नरसिंह" था, चौदहवाँ अवतार ।
हिरण्यकश्यपु दुष्ट का, करने को संहार ।।

"वामन" बन कर विष्णु का, पन्द्रहवाँ अवतार ।
बलि राजा से छीनने, त्रिभुवन का अधिकार ।।

"परशुराम" था विष्णु का, सोलहवाँ अवतार ।
क्षत्रिय वीरों का किया, दमन इक्कीस बार ।।

"वेदव्यास" था विष्णु का, सत्रहवाँ अवतार ।
मंत्र ऋचाओं की करी, वेद संहिता चार ।।

"नारद" मुनि था विष्णु का, अठारहवाँ अवतार ।
भूत भले का काम ही, जिनका था व्यवहार ।।

विष्णु ने उन्नीसवाँ, लिया "राम" अवतार ।
करने रावण असुर से, हलका भूमि भार ।।

श्री विष्णु ने बीसवाँ, लिया "कृष्ण" अवतार ।
करने रक्षण भद्र का, दुष्ट कंस को मार ।।

लेंगे विष्णु "बुद्ध"का, इक्कीसवाँ अवतार ।
दया क्षमा औ शांति का, देने जग को सार ।।

लेंगे विष्णु "कल्की" का, बाईसवाँ अवतार ।

करने को इस भूमि से, सब दूर दुराचार ।।

४९. उपासना

(विष्णु उपासना)

दोहा॰ कहता गरुड़ पुराण है, उपासना के तंत्र ।
विष्णु लक्ष्मी सूर्य के, पूजन विधि के मंत्र ।।

विष्णु चतुर्भूज श्रीहरी, लिए "सुदर्शन"चक्र ।
पूर्व दिशा जो हैं खड़े, करें विनष्ट कुचक्र ।।

गदा लिए "कौमोदकी," श्री विष्णु भगवान ।
दक्षिण में जो शत्रु हैं, करें शीघ्र अवसान ।।

"सुनंद" हल धारण किए, विष्णु रूप-बलराम ।
पश्चिम के संकट सभी, करें भग्न खलकाम ।।

"शातन" मूसल को लिए, विष्णु देव बलवान ।
उत्तर के सब विघ्न का, करें सदा ही हान ।।

५०. श्री विष्णु सहस्त्रनामावलि

गीत

भजन : राग रत्नाकर, कहरवा ताल 8 मात्रा

विष्णु भगवान

स्थायी

विष्णु स्वाहा है, विष्णु स्वधा है,
वषट् विष्णु ही स्वस्ति है ।
विष्णु यज्ञ है, विष्णु हवि है,
विष्णु ब्रह्म की हस्ती है ।।

अंतरा-1

विष्णु होम है, विष्णु सोम है,
ॐ ॐ का स्तोम है ।
विष्णु व्योम है, विष्णु भौम है,

216

३. गरुड़ महापुराण

रोम-रोम का जोम है ।।

अंतरा-2

विष्णु फूल हैं, विष्णु फल हैं,
विष्णु जल की आहुति है ।
विष्णु मनन है, विष्णु नमन है,
विष्णु भजन और आरती है ।।

अंतरा-3

विष्णु गुरु है, विष्णु मनु है,
विष्णु पुरुष और प्रकृति है ।
विष्णु जिष्णु है, विष्णु सत्य है,
विष्णु कृष्ण शिव प्रभृति है ।।

दोहा० श्री विष्णु के सभी, बोले सहस्त्र नाम ।
वर्ण-अनुक्रम से कहे, सुगम किया है काम ।।

(वर्णाक्षरानुसार)

मुक्तक०

अंबरीश, अक्रूर, अक्षर, अक्षोभ्य, अगाध ।
अग्रज, अग्रणी, अग्राह्य, अघघ्न, अघारि ।।

अचल, अचिन्त्य, अच्युत, अच्युतमूर्ति, अजय ।
अजातशत्रु, अजित, अणु, अतीन्द्रिय, अतुल ।।

अदृश्य, अद्‌भूत, अधाता, अधिष्ठानम, अधृत ।
अधोक्षज, अनंतरूप, अनंतशीर्ष, अनंतश्री, अनंतात्मा ।।

अनन्त, अनन्तदेव, अनन्तरूप, अनन्तश्री, अनन्तस्वरूप ।
अनन्तात्मा, अनन्य, अनय, अनर्थ, अनल ।।

अनादि, अनादिनिधन, अनाद्यंत, अनामय, अनामी ।
अनिकेत, अनिमिष, अनिमेष, अनियम, अनिरुद्ध ।।

अनिर्देश्यवपु, अनिर्विण्ण, अनिल, अनिवर्ती, अनिवृत्तात्मा ।

217
अठारह महापुराण विद्या

अनीश, अनुत्तम, अनेक, अनेकमूर्ति, अन्तक ।।

अपर, अपराजित, अप्रतिरथ, अप्रमत्त, अप्रमेय ।
अप्रमेयात्मा, अभव, अभिजित, अभिरूप, अमरप्रभु ।।

अमल, अमलश्री, अमित, अमितविक्रम, अमिताशन ।
अमित्रजित, अमूर्तिमान्, अमृत, अमृतप, अमृतांशूद्भव ।।

अमृतेशय, अमृत्यु, अमेयात्मा, अमोघ, अमितविक्रम ।
अम्भोनिधि, अयम, अयोनिज, अरविन्दाक्ष, अरिसूदन ।।

अरौद्र, अर्क, अवतार, अवनीश, अविज्ञाता ।
अविधेयात्मा, अविशिष्ट, अव्यक्त, अव्यङ्ग, अव्यय ।।

(एक सौ)

अशोक, अश्वत्थ, अष्टबाहु, अष्टभानु, असंख्येय ।
असुरारि, अहिजित, आत्मयोनि, आत्मवान्, आत्मसंभव ।।

आत्मा, आदित्य, आदिदेव, आदिपुरुष, आद्य ।
आद्यांकुर, आद्यावतार, आनंदकारी, आनंदद, आनंद ।।

आनन्दी, आयुषद, आरुणि, आश्रम, इन्द्र ।
ईज्य, ईश, ईशरक्षी, ईशान, ईश्वर ।।

उत्तमपुरुष, उत्तारण, उत्तम, उत्तालताल, उदीर्ण ।
उदुंबर, उद्भव, उपेन्द्र, उर्जितशासन, ऊर्ध्वग ।।

ऊर्ध्वदेव, ऋक्षनेमी, ऋतुपुरुष, ऋद्ध, ऋभु ।
ऋष्यश्रृंग, एकात्मा, औषध, कंसनिकन्दन, कंसहन्ता ।।

कंसारि, कथित, कदम्बस्थित, कनकाङ्गदी, कपि ।
कपिल, कपीन्द्र, कमलनयन, कमलनाभि, कमलापति ।।

कमलेश, कमलेश्वर, करण, कर्ता, कर्मकर्ता ।
कवि, कांत, कान्हा, काम, कामकृत् ।।

कामदेव, कामपाल, कामप्रद, कामहा, कारण ।
काल, कालकुंज, कालकृत्, कालजित, कालरूप ।।

काला, कालियमर्दन, किरीटी, कुंजबिहारी, कुंडली ।
कुंतली, कुन्द, कुमुद, कुम्भ, कुवलेशय ।।

कुस्तुभ, कूटस्थ, कूर्म, कृतकर्मा, कृतकृत्य ।
कृतज्ञ कृतलक्षण, कृताकृत, कृतागम, कृतान्तकृत् ।।

(दो सौ)

कृति, कृपा, कृपाकारक, कृपालु, कृरकर्मा ।
कृश, कृष्ण, कृष्णचन्द्र, कृष्णभद्र, कृष्णावर्ण ।।

केलिकर्ता, केशव, केशिघ्न, केशिहा, केशीनिषूदन ।
कैटभारि, कौत्स, कौस्तुभलक्षण, कौस्तुभहृदय, क्रतुपुरुष ।।

क्रीडनार्थी, क्रोधकृत्कर्ता, क्रोधहा, क्षाम, क्षितीश ।
क्षुधि, क्षेत्रज्ञ, क्षेमकृत्, क्षोभण, खगासन ।।

खण्डपरशु, गजोद्धारण, गतिसत्तम, गदाग्रज, गदाधर ।
गदाधृष, गभस्तिनेमि, गभीरात्मा, गरुडध्वज, गहन ।।

गिरिधर, गिरिधारी, गिरिपूजक, गीतोपदेशक, गीष्पति ।
गुणभृत, गुरु, गुरूत्तम, गोकुलनाथ, गोकुलपति ।।

गोकुलेश, गोप, गोपकृत्, गोपज, गोपति ।
गोपमुख्य, गोपमोही, गोपवेश, गोपाल, गोपालरूपी ।।

गोपिकागीतकीर्तित, गोपिकापूजित, गोपिकामोहद, गोपिकेश, गोपीकृष्ण ।
गोपीनाथ, गोपीश, गोपेन्द्र, गोप्ता, गोलोकनाथ ।।

गोवर्धन, गोवर्धनधारी, गोविन्ददेव, गोहित, गौरवर्ण ।
गौरांग, ग्रामणी, घन, घनश्याम, घृताशी ॥

चंदनांग, चक्रगदाधर, चक्रधर, चक्रपाणि, चक्रहस्त ।
चक्रायुध, चक्री, चक्रेश्वर, चण्डवेग, चतुरश्र ॥

चतुरात्मा, चतुरानन, चतुर्गति, चतुर्दंष्ट्र, चतुर्बाहु ।
चतुर्भाव, चतुर्भुज, चतुर्मूर्ति, चतुर्वेदवित्, चतुर्व्यूह ॥

(तीन सौ)

चन्दनाङ्गदी, चन्द्रभानु, चन्द्रहास, चन्द्रांशु, चल ।
चाणूरान्ध्रनिषूदन, चारु, चारुचन्द्र, चारुदेह, चारुलीला ॥

चित्रकेतु, चीरद, छिन्नसंशय, जगतसेतु, जगत्कृत् ।
जगदादिज, जगदादिज, जगदीश, जगदीश्वर, जगन्नाथ ॥

जगन्निवास, जनजन्मादि, जनन, जनार्दन, जनेश ।
जनेश्वर, जन्ममृत्युजरातिग, जपापुष्पहस्त, जयंत, जय ॥

जयपाल, जयी, जरासन्धघ्न, जलेश, जह्नुनु ।
जितक्रोध, जितमन्यु, जितामित्र, जीव, जीवन ॥

जेता, ज्ञानगम्य, ज्ञानद, ज्ञानदाता, ज्ञानमुत्तमम् ।
ज्येष्ठ, ज्योतिःरूप, ज्योति, ज्योतिरादित्य, ज्योतिर्गणेश्वर ॥

तत्त्व, तत्त्ववित्, तत्पुरुष, तन्तुवर्धन, तारण ।
तीर्थंकर, तुष्ट, तृणावर्त्तसंहारकारी, तेजस्, तेजोवृष ॥

त्रिककुब्धाम, त्रिदशाध्यक्ष, त्रिदिशाध्यक्ष, त्रिधामा, त्रिनाभ ।
त्रिपद, त्रियुग, त्रिलोकधृक्, त्रिलोकात्मा, त्रिलोकीनाथ ॥

त्रिलोकेश, त्रिविक्रम, त्रिसामा, त्वष्टा, दक्ष ।

दक्षिण, दण्ड, दम, दमन, दमयिता ।।

दयालु, दर्पद, दर्पहा, दानशील, दामबद्ध ।
दामोदर, दारुण, दाशार्ह, दिदृक्षु, दिवःस्पृक् ।।

दिव्यरत्न, दिव्यरूप, दिव्यरूपी, दिव्यलोक, दिव्यवर्ण ।
दिव्यवासस्, दिव्यशस्त्री, दिश, दीपक, दीप्तमूर्ति ।।

(चार सौ)

दुःखहन्ता, दुःस्वप्ननाशन, दुग्धभोक्ता, दुरतिक्रम, दुराधर्ष ।
दुरारिहा, दुरावासा, दुर्ग, दुर्गम, दुर्जय ।।

दुर्धर, दुर्मर्षण, दुर्लभ, दुष्कृतिहा, दृढ़ ।
देव, देवकीनन्दन, देवकीपुत्रद, देवकीसौख्यद, देवकृत् ।।

देवपुत्र, देवपूज्य, देवभाग, देवभृद्गुरु, देववाह्निक ।
देववैकुण्ठनाथ, देवाधिदेव, देवेश, देवेश्वर, दैत्यघ्न ।।

दैत्यनाशी, दैत्यहन्ता, दैत्यारि, द्वारकानाथ, द्युतिधर ।
द्युमन्मानहारी, द्रविण, द्रविणप्रद, द्वारकाकारक, धनंजय ।।

धनुर्धर, धनुर्वेद, धनेश्वर, धन्य, धन्वी ।
धरणीधर, धराधर, धर्म, धर्मकृत्, धर्मगुप ।।

धर्मयूप, धर्मविदुत्तम, धर्माध्यक्ष, धर्मी, धाता ।
धातुरुत्तम, धाम, धुर्य, धृतात्मा, ध्रुव ।।

नक्षत्रनेमि, नक्षत्री, नन्द, नन्दन, नारसिंहवपु ।
नारायण, निग्रह, निधिरव्यय, निमिष, नियन्ता ।।

नियम, निर्गुण, निर्वाण, निवृत्तात्मा, निष्ठा ।
नेता, नैककर्मकृत्, नैकज, नैकमाय, नैकरूप ।।

नैकशृङ्ग, नैकात्मा, न्यग्रोध, पदमनुत्तमम्, पद्मगर्भ ।
पद्मनाभ, पद्मनिभेक्षण, परमस्पष्ट, परमागति, परमात्मा ।।

परमेश्वर, परमेष्ठी, परर्द्धि, परायणम्, परिग्रह ।
पर्जन्य, पर्यवस्थित, पवन, पवित्र, पापनाशन ।।

(पाँच सौ)

पावन, पुण्डरीकाक्ष, पुण्य, पुण्यकीर्ति, पुण्यश्रवणकीर्तन ।
पुनर्वसु, पुरन्दर, पुरातन, पुरुजित, पुरुष ।।

पुरुषोत्तम, पुरुसत्तम, पुष्कराक्ष, पुष्पहास, पूतात्मा ।
पूरयिता, पूर्ण, पृथु, प्रकाशात्मा, प्रग्रह ।।

प्रजागर, प्रजापति, प्रणव, प्रतर्दन, प्रतापन ।
प्रतिष्ठित, प्रत्यय, प्रथित, प्रद्युम्न, प्रधानपुरुषेश्वर ।।

प्रपितामह, प्रभव, प्रभु, प्रभूत, प्रमाण ।
प्रमोदन, प्रसन्नात्मा, प्रांशु, प्राग्वंश, प्राण ।।

प्राणजीवन, प्राणद, प्राणनिलय, प्राणभृत्, प्रियकृत् ।
प्रियार्ह, प्रीतिवर्धन, बभ्रु, बहुशिरा, बीजमव्ययम् ।।

बृहत, बृहद्भानु, बृहद्रूप, ब्रह्म, ब्रह्मकृत ।
ब्रह्मज्ञ, ब्रह्मण्य, ब्रह्मवित, ब्रह्मविवर्धन, ब्रह्मी ।।

ब्राह्मण, ब्राह्मणप्रिय, भक्तवत्सल, भगवान्, भगहा ।
भयकृत, भयनाशन, भयापह, भर्ता, भानु ।।

भारभृत्, भाव, भावन, भास्करद्युति, भिषक् ।
भीमपराक्रम, भुजगोत्तम, भुवोभुव, भूगर्भ, भूतकृत ।।

भूतभव्यभवत्प्रभु, भूतभव्यभवन्नाथ, भूतभावन, भूतभृत, भूतमहेश्वर ।
भूतात्मा, भूतादि, भूतावास, भूति, भूरिदक्षिण ।।

भूर्भुव:स्वस्तरु, भूशय, भूषण, भेषज, भोक्ता ।
भ्रजिष्णु, मङ्गलंपरम्, मधु, मधुसूदन, मनोजव ।।

(छह सौ)

मनोहर, महाकर्मा, महाकोश, महाक्रतु, महाक्रम ।
महाक्ष, महागर्त, महातपा, महातेज, महादेव ।।

महाद्युति, महाद्रिधृक्, महाधन, महानिधि, महान् ।
महाबल, महाबुद्धि, महाभाग, महाभूत, महाभोग ।।

महामख, महामाय, महामूर्ति, महायज्ञ, महायज्वा ।
महार्दि, महार्ह, महावराह, महावीर्य, महाशक्ति ।।

महाशन, महाशृङ्ग, महास्वन, महाहवि, महाह्लद ।
गहीधर, गहीधर, महीभर्ता, महेज्य, महेन्द्र ।।

महेष्वास, महोत्साह, महोदधिशय, महोरग, माधव ।
मान्य, मुकुन्द, मेदिनीपति, मेधावी, यज्ञकृत् ।।

यज्ञगुह्यम्, यज्ञपति, यज्ञभुक्, यज्ञभृत्, यज्ञवाहन ।
यज्ञसाधन, यज्ञाङ्ग, यज्ञान्तकृत्, यज्ञी, यदुश्रेष्ठ ।।

युगादिकृत, युगावर्त, योग, योगविद, योगी ।
योगीश, रक्षण, रणप्रिय, रत्नगर्भ, रत्ननाभ ।।

रथाङ्गपाणि, रवि, रविलोचन, राम, रुचिराङ्गद ।
रुद्र, रोहित, लक्ष्मी, लक्ष्मीवान्, लोकत्रयाश्रय ।।

लोकनाथ, लोकबन्धु, लोकसारङ्ग, लोकस्वामी, लोकाधिष्ठानाम् ।
लोकाध्यक्ष, लोहिताक्ष, वंशवर्धन, वत्सल, वत्सी ।।

वनमाली, वरद, वराङ्ग, वरारोह, वरुण ।

वर्धन, वर्धमान, वषट्कार, वसु, वसुद ।।

(सात सौ)

वसुप्रद, वसुमना, वसुरेता, वह्नि, वाग्मी ।
वाचस्पतिउदारधी, वाचस्पतिरयोनिज, वाजसन, वामन, वायुवाहन ।।

वारुण, वासवानुज, वासुदेव, वरुण, विकर्ता ।
विक्रम, विक्षर, विजय, विजितात्मा, विदारण ।।

विदिश, विद्वत्तम, विधाता, विनय, विनयितासाक्षी ।
विभु, विमुक्तात्मा, विरज, विराम, विरोचन ।।

विविक्त, विशुद्धात्मा, विशोक, विशोधन, विश्राम ।
विश्रुतात्मा, विश्वकर्मा, विश्वक्सेन, विश्वदक्षिण, विश्वबाहु ।।

विश्वभुज, विश्वमूर्ति, विश्व, विश्वयोनि, विश्वरेता ।
विश्वात्मा, विषम, विष्णु, विस्तार, विहायसगति ।।

वीतभय, वीर, वीरबाहु, वीरहा, वृद्धात्मा ।
वृष, वृषकर्मा, वृषप्रिय, वृषभ, वृषभाक्ष ।।

वृषाकपि, वृषाकृति, वृषाही, वृषोदर, वेगवान ।
वेदवित्, वेदविद, वेदाङ्ग, वेद्य, वेधा ।।

वैकुण्ठ, वैखान, वेद्य, व्यक्तरूप, व्यग्र ।
व्यवसाय, व्यवस्थान, व्यादिश, व्यापी, शक्तिमान ।।

शङ्खभृत्, शतमूर्ति, शतानन, शतानन्द, शतावर्त ।
शत्रुघ्न, शत्रुजित, शत्रुतापन, शब्दसह, शब्दातिग ।।

शम्भु, शरण, शरभ, शरीरभूतभृत्, शरीरभृत् ।
शर्म, शर्व, शर्वरीकर, शशबिन्दु, शान्त ।।

(आठ सौ)

शान्तिद, शाङ्‌र्गधन्वा, शाश्वत, शाश्वतस्थाणु, शाश्वतस्थिर।
शास्ता, शिखण्डी, शिपिविष्ट, शिव, शिशिर॥

शिष्टकृत, शिष्टेष्ट, शुचि, शुचिश्रवा, शुभाङ्ग।
शुभाङ्ग, शुभेक्षण, शून्य, शूर, शूरजनेश्वर॥

शृङ्गी, शोकनाशन, शौरि, श्रमण, श्रीकर।
श्रीगर्भ, श्रीद, श्रीधर, श्रीनिधि, श्रीनिवास॥

श्रीपति, श्रीमंत, श्रीमान, श्रीवत्सवक्षा, श्रीवास।
श्रीविभावन, श्रीश, श्रुतिसागर, श्रेय, श्रेष्ठ॥

संकर्षणोऽच्युत, संन्यासकृत, संप्रमर्दन, संवृत, संस्थान।
सतांगति, सत्कर्ता, सत्कीर्ति, सत्कृत, सत्कृति॥

सत्त्ववान्, सत्त्वस्थ, सत्परायण, सत्य, सत्यधर्मपरायण।
सत्यधर्मा, सत्यपराक्रम, सत्यमेधा, सत्यसंध, सत्र॥

सदामर्षी, सदायोगी, सद्गति, सद्भूति, सनातनतम।
सनात्, सन्त, सन्धाता, सन्धिमान्, सन्निवास॥

सप्तजिह्व, सप्तवाहन, सप्तैधा, समयज्ञ, समात्मा।
समावर्त, समितिञ्जय, समीरण, समीहन, सम्भव॥

सम्मित, सम्वत्सर, सर्ग, सर्व, सर्वकामद।
सर्वग, सर्वज्ञ, सर्वतश्चक्षु, सर्वतोमुख, सर्वदर्शन॥

सर्वदर्शी, सर्वदृक्, सर्वदृग्व्यास, सर्वप्रहरणायुध, सर्ववागीश्वरेश्वर।
सर्वविज्जयी, सर्वविद्भानु, सर्वशस्त्रभृतांवर, सर्वसह, सर्वादि॥

(नौ सौ)

सर्वासुनिलय, सर्वेश्वर, सविता, सह, सहस्त्रजित्।
सहस्त्रपात्, सहस्त्रमूर्धा, सहस्त्रांशु, सहस्त्राक्ष, सहस्त्रार्चि॥

सहिष्णु, साक्षी, सात्त्विक, सात्वतांपति, साधु ।
साम, सामग, सामगायन, सिंह, सिद्ध ।।

सिद्धसंकल्प, सिद्धार्थ, सिद्धि, सिद्धिद, सिद्धिसाधन ।
सुखद, सुघोष, सुतन्तु, सुतपा, सुदर्शन ।।

सुधन्वा, सुन्द, सुन्दर, सुपर्ण, सुपात्र ।
सुप्रसाद, सुभुज, सुमुख, सुमेधा, सुयामुन ।।

सुराध्यक्ष, सुरानन्द, सुरारिहा, सुरुचि, सुरेश ।
सुरेश्वर, सुलभ, सुलोचन, सुवर्णबिन्दु, सुवर्णवर्ण ।।

सुवीर, सुव्रत, सुषेण, सुहृत्, सूर्य ।
सृष्टा, सोम, सोमप, स्कन्द, स्कन्दधर ।।

स्तवप्रिय, स्तव्य, स्तुति, स्तोता, स्तोत्र ।
स्थविर, स्थविष्ठ, स्थाणु, स्थान, स्थानद ।।

स्थावरस्थाणु, स्थिर, स्थूल, स्पष्टाक्षर, स्रग्वी ।
स्रष्टा, स्वक्ष, स्वङ्ग, स्वधृत, स्वयंजात ।।

स्वयम्भू, स्ववश, स्वस्ति, स्वस्तिकृत्, स्वस्तिद ।
स्वस्तिदक्षिण, स्वस्तिभुक, स्वाङ्ग, स्वापन, स्वाभाव्य ।।

स्वास्य, हंस, हरि, हलायुध, हवि ।
हविर्हरि, हिरण्यगर्भ, हिरण्यनाभ, हुतभुक, हेतु ।।

(एक सहस्त्र)

५१. शालिग्राम

दोहा० **वर्णन शालिग्राम का, कहता गरुड़ पुराण ।**
प्रकार शालिग्राम के, अरु उसके परिमाण ।।

शंख चक्र गदा पद्म का, सूचक शालिग्राम ।
यह क्रम हो जिस पर वही, "केशव" उसका नाम ।।

चक्र शंख पद्म गदा का, सूचक शालिग्राम ।
यह क्रम हो जिस पर वही, "माधव" उसका नाम ।।

पद्म गदा शंख चक्र का, सूचक शालिग्राम ।
यह क्रम हो जिस पर वही, "नारायण" है नाम ।।

गदा पद्म शंख चक्र का, सूचक शालिग्राम ।
यह क्रम हो जिस पर वही, "गोविंद" कहा नाम ।।

पद्म शंख चक्र गदा का, सूचक शालिग्राम ।
यह क्रम हो जिस पर वही, "विष्णु" कह है नाम ।।

शंख पद्म गदा चक्र का, सूचक शालिग्राम ।
यह क्रम हो जिस पर वही, "मधुसूदन" है नाम ।।

गदा चक्र शंख पद्म का, सूचक शालिग्राम ।
यह क्रम हो जिस पर वही, "त्रिविक्रम" कहा नाम ।।

चक्र गदा पद्म शंख का, सूचक शालिग्राम ।
यह क्रम हो जिस पर वही, "वामन" जाना नाम ।।

चक्र पद्म शंख गदा का, सूचक शालिग्राम ।
यह क्रम हो जिस पर वही, "श्रीधर" जाना नाम ।।

पद्म गदा शंख चक्र का, सूचक शालिग्राम ।
यह क्रम हो जिस पर वही, "हृषिकेश" है नाम ।।

पद्म चक्र गदा शंख का, सूचक शालिग्राम ।
यह क्रम हो जिस पर वही, "पद्मनाभ" है नाम ।।

पद्म चक्र गदा शंख का, सूचक शालिग्राम ।
यह क्रम हो जिस पर वही, "दामोदर" है नाम ।।

चक्र शंख गदा पद्म का, सूचक शालिग्राम ।

यह क्रम हो जिस पर वही, "वासुदेव" है नाम ।।

शंख पद्म चक्र गदा का, सूचक शालिग्राम ।
यह क्रम हो जिस पर वही, "संकर्षण" है नाम ।।

शंख गदा पद्म चक्र का, सूचक शालिग्राम ।
यह क्रम हो जिस पर वही, "प्रद्युम्न" कहा नाम ।।

गदा शंख पद्म चक्र का, सूचक शालिग्राम ।
यह क्रम हो जिस पर वही, "अनिरुद्ध" कहा नाम ।।

पद्म शंख गदा चक्र का, सूचक शालिग्राम ।
यह क्रम हो जिस पर वही, "पुरुषोत्तम" है नाम ।।

गदा शंख चक्र पद्म का, सूचक शालिग्राम ।
यह क्रम हो जिस पर वही, "अधोक्षज" कहा नाम ।।

पद्म गदा शंख चक्र का, सूचक शालिग्राम ।
यह क्रम हो जिस पर वही, "नृसिंह" जाना नाम ।।

पद्म चक्र शंख गदा का, सूचक शालिग्राम ।
यह क्रम हो जिस पर वही, "अच्युत" जाना नाम ।।

शंख चक्र पद्म गदा का, सूचक शालिग्राम ।
यह क्रम हो जिस पर वही, "जनार्दन" कहा नाम ।।

गदा चक्र पद्म शंख का, सूचक शालिग्राम ।
यह क्रम हो जिस पर वही, "उपेंद्र" जाना नाम ।।

चक्र पद्म गदा शंख का, सूचक शालिग्राम ।
यह क्रम हो जिस पर वही, "हरि" कहलाया नाम ।।

गदा पद्म चक्र शंख का, सूचक शालिग्राम ।
यह क्रम हो जिस पर वही, "श्रीकृष्ण" कहा नाम ।।

५२. तीर्थक्षेत्र

दोहा॰ तीर्थक्षेत्र वह स्थान है, जो यात्रा दे पुण्य ।
तट हो गंगा का जहाँ, पाप वहाँ है शून्य ।।

गंगा माँ के तीर पर, जहाँ कहीं भी स्थान ।
धुलते सब पातक वहाँ, मिलता पुण्य महान ।।

सभी क्षेत्र उस तीर पर, यात्रा देते पुण्य ।
हरिद्वार प्रयागराज, काशी अग्रगण्य ।।

गंगासागर द्वारका, कुरुक्षेत्र केदार ।
मथुरा वृंदावन गया, सभी पुण्य के द्वार ।।

तीथक्षेत्र होता वहाँ, जहाँ लगाओ ध्यान ।
घर हो वन हो या कहीं, सिध हो व्रत जिस स्थान ।।

(दृष्टांत)

दोहा॰ किस्सा सुंदरसेन का, कहता गरुड़पुराण ।
शिवरात्री व्रत की कथा, अवसर बहुत पुराण ।।

शिकार करने एक दिन, राजा सुंदर सेन ।
कुत्ता लेकर निकल पड़ा, मन में लेकर चैन ।।

सारा दिन वह घूमता, मगर मिला न शिकार ।
भूखा प्यासा शाम तक, करने लगा विचार ।।

कुत्ता भी भूखा रहा, प्यासा था लाचार ।
उपवन में वे आगए, याम बिताने चार ।।

वहीं बिल्व के वृक्ष पर, बैठ गया वह भूप ।
जपता शिव का नाम वह, होकर वह तद्रूप ।।

अनजाने में तोड़ता, बिल्व पत्र, जप साथ ।
नीचे शिव का लिंग था, जिस पर गिरते पात ।।

शिवरात्री की रात थी, राजा को उपवास ।

शिव की पूजा हो रही, बिल्व पत्र से खास ।।

कुछ वर्षों के बाद में, भूप और वह श्वान ।
दोनों ही जब मृत हुए, आए यम दरबान ।।

लेकर नृप और श्वान को, गए नरक के द्वार ।
मगर द्वार वह ना खुला, करके इन्तेजार ।।

कहा द्वारपाल ने उन्हें, शिव के ये हैं भक्त ।
शिवरात्री का व्रत किए, पाप हुआ है रिक्त ।।

खाते में इनके जमा, नहीं लिखा है पाप ।
स्वर्गद्वार पर जाइये, इनको लेकर आप ।।

५३. आयुर्वेद शास्त्र

(नुसखे)

दोहा॰ नुसखे आयुर्वेद के, कहता गरुड़ पुराण ।
दिए कई अध्याय में, निरोग रखने प्राण ।।

सोता आयुर्वेद का, धन्वंतरी महान ।
सुश्रुत जिसका शिष्य था, पाया वैदिक धान ।।

यहाँ कहा संक्षेप में, वही चिकित्सा शास्त्र ।
रखने लघुतम पद्य को, बिंदु रूप में मात्र ।।

(उपचार)

दोहा॰ पाँच बिंदु में हो सके, सब वैदिक उपचार ।
पहला बिंदु "निदान" है, फिर आते हैं चार ।।

ज्वर के लक्षण परखने, पहले यह लें जान ।
ज्वर से पहले क्या हुआ, उसकी हो पहिचान ।।

क्या खाया-पीया गया, कहाँ गया था रुग्ण ।
बाधा यह कैसे हुई, शीत लगा या उष्ण ।।

"पूर्वरूप" है दूसरा, उपचार का कदम ।
लक्षण जो आरंभ में, हुए प्रकट एकदम ।।

"रूप" कही अगली दशा, सभी चिन्ह जब स्पष्ट ।
तभी "उपशय" का कदम, करने उपाय षष्ट ।।

क्या देनी है औषधी, या देना है लेप ।
क्या खाना-पीना सही, परहेज या प्रक्षेप ।।

"संप्राप्ति" अंतिम कहा, स्वास्थ्यलाभ का स्थान ।
पूर्वरूप में रुग्ण को, लाने का सोपान ।।

(ज्वर)

दोहा॰ क्या यह ज्वर है पित्त का, या कफ है या वात ।
या तीनों का मेल है, विशिष्ट क्या है बात ।।

तापमान क्या रुग्ण का, हिचकी वमन बुखार ।
फोड़े-फुंसी चर्म पर, निद्रालु बीमार ।।

क्षुधानाश सुस्ती तथा, घ्रेरा दुख संनिपात ।
स्वेद प्यास क्षुधा मरी, या है रक्तविकार ।।

(औषधि

दोहा॰ आयुर्वैदिक औषधी, बूटों का है दान ।
सद्गुण उनके वैद्यकी, कहता गरुड़ पुराण ।।

वनस्पति के नाम हैं, करने को उपचार ।
नाम अनेकों हैं कहे, वैद्यकीय आधार ।।

(वनस्पति)

दोहा॰ गोधुम प्रियंगु शाल्मली, मातुलुंग मधु बिल्व ।
मरीच द्राक्षा पिप्पली, अश्वगंध सैंधाव ।।

त्रिफला बबूल खेसरी, गुड़ एरंड पलाश ।
पद्मपत्र तिल हरितकी, अद्रक पनस शिरीष ।।

नीम लवंग शर्करा, पालक हिंगु खजूर ।
तांबुल यव लज्जालुकी, नील सौंफ अमचूर ।।

मेथी प्चंदन धतूरा, अलदी बेल लहसुन ।

देवदार केशर एला, जायपत्र अजवैन ।।

५४. मानव देह

(गरुड़-विष्णु संवाद)

दोहा॰ एक दिन पूछा गरुड़ ने, श्री विष्णु से सवाल्अ ।
कहिए मानव देह का, मुझको हाल-हवाल ।।

विष्णु ने कहा गरुड़ को, शरीरविद्या शास्त्र ।
पंचभूत संबंध भी, क्या है मानव गात्र ।।

(शरीर)

दोहा॰ सात घटक हैं देह के, जिस से बनता अंग ।
सब मावता एक है, चाहे जो हो रंग ।।

"चर्म" कवच है बाहरी, जिस पर उगते बाल ।
"रक्त" नसों में घूमता, रंग जिसे है लाल ।।

"माँस" मूर्ति की मृत्तिका, जिससे बनता देह ।
जिसमें बसता हृदय है, आतमा का गेह ।।

"मेदा" चरबी देह की, कोमलता की बीज ।
"अस्थि" ढाँचा देह का, ताकत वाली चीज ।।

"मज्जा" बसती अस्थि में, करने उसका त्राण ।
"जीवन" जाना आतमा, मानव के हैं प्राण ।।

(पंचभूत)

दोहा॰ कण-कण मानव देह का, पाँच महा हैं भूत ।
तीन गुणों के साथ जो, कार्य करत अद्भुत ।।

क्षिति आप नभ तेज औ, पंचम है आकाश ।
जो जाने इन पाँच को, उसको ज्ञानप्रकाश ।।

क्षिति से बनता चर्म है, हड्डी नाड़ी बाल ।
मिट्टी के अणु लोह से, रंग रुधिर का लाल ।।

पानी से मज्जा बने, और वदन की लार ।
करे द्रवित सब रक्त को, नीर उसे आधार ।।

उर्जा देती तेज है, जिससे लगती भूख ।
स्फूर्ति तृष्णा कांति भी, पुप्प न जाए सूख ।।

राग द्वेष भय मोह औ, लज्जा देता वात ।
देता श्वासोछ्वास है, वृत्ति की हर बात ।।

नभ देता गांभीर्य को, बुद्धि ज्ञानप्रकाश ।
श्रवण शक्ति की चेतना, देता है आकाश ।।

(इंद्रियाँ)

दोहा॰ करती बारह इंद्रियाँ, शरीर के व्यापार ।
पाँच इंद्रियाँ कर्म की, पाँच ज्ञान आधार ।।

"मन" जाना है देह का, सूक्ष्म बुद्धि का धाम ।
"कुशाग्रमति" भी है कही, "चित्त" उसे है नाम ।।

शरीर में जो नाड़ियाँ, दस जानी हैं दिव्य ।
इड़ा पिंगला सुषुम्ना, गांधारी हस्तिजिह्व ।।

पुषा यशा आलंबुशा, कुहू शक्षिणी नाम ।
हर नाड़ी का अलग है, अपना अपना काम ।।

दस हैं श्वासोच्छ्वास की, संज्ञा प्राण अपान ।
तीन नाम जो और हैं, समान व्यान उदान ।।

नाग कूर्म कीकार अरु, देवदत्त धनंजय ।
देह रंध्र से विचरता, दस का यह संचय ।।

केश कहे नर देह शर, साढ़े-तीन करोड़ ।
तीन लाख हैं शीर्ष पर, दो कल्लों को जोड़ ।।

मुख दंदा बत्तीस हैं, बीस सकल नाखून ।
दस पल चमड़ी देह पर, सौ पल का है खून ।।

दस पल मेदा देह में, सहस्त्र पल का ही माँस ।

बारह पल मज्जा कही, औसत नर के पास ।।

(वैश्विक संबंध)

दोहा॰ देह विश्व से है जुड़ा, घनिष्ठ है संबंध ।
तीन भाग का देह है, त्रिभुवन से है बंध ।।

कमर के तले देह का, पाताल सा विभाग ।
ऊर्ध्व कमर के देह जो, भूनि-गगन सा भाग ।।

"तल" तलवे का साम्य है, अखना "वितल" समान ।
"सुतल" जान लो पिंडली, जानु "तलातल" जान ।।

"रसातल" उरु समान है, और कमर "पाताल" ।
"अधोलोक" ये छह कहे, सखने याद त्रिकाल ।।

ऊपर वाली छह कही, इंद्रियाँ "ऊर्ध्वलोक" ।
नाभि कही "भूलोक" है, उदर है "भुवर्लोक" ।।

हृदय कहा "स्वर्लोक" है, कहा गला "महर्लोक" ।
वदन कहा "जनलोक" है, कपाल को "तपलोक" ।।

शीर्ष कहा "सत्लोक" है, कुल चौदह हैं लोक ।
चौदह गात्र शरीर के, देत विश्व आलोक ।।

४. नारद महापुराण

५५. देवर्षि नारद

(नारद मुनि)

दोहा॰ नारद मुनि देवर्षि हैं, लीला के भंडार ।
नारायण के भक्त हैं, गुरु थे सनत्कुमार ।।

नारद मुनि को ज्ञान थे, देते सनकिुमार ।
नारद करते ग्रहण सब, बजाय वीणा तार ।।

सनत् बह्म के पुत्र थे, आजन्म ब्रह्मचर्य ।
नारायण में ध्यान धर, बने गुरुवरवर्य ।।

पीड़ित जनता के लिए, आते दोड़े-भाग ।
दीन-दुखी से था उन्हें, हिरदय से अनुराग ।।

ब्रह्मा के सुत चार थे, श्रीविष्णु के भक्त ।
सनक सनंदन सनत्कुमार, सनातन अनासक्त ।।

चारों प्यासे ज्ञान के, आए "सीता" तीर ।
गंगा की जो उपनदी, पावन उसका नीर ।।

आए नारद तब वहाँ, मिले सनत्कुमार ।
निहार कर देवर्षि को, सब को हर्ष अपार ।।

नारद ने उनको कहा, विष्णु रहस्य समस्त ।
जप तप कैसे सफल हो, बैठ जोड़ कर हस्त ।।

सर्वज्ञात नारद! तुम्हीं, सरबस तुमको ज्ञान ।
तुम्हीं सर्वगामी मुने! त्रिभुवन तुमरा स्थान ।।

वीणा दीन्ही शारदा, नादब्रह्म का स्त्रोत ।
त्रिलोकगामी तुम मुने! विश्वज्ञान की ज्योत ।।

गीत

राग : मालकंस, कहरवा ताल 8 मात्रा

235

मुनिवर नारद

स्थायी

स्वरदा ने मंजुल गाया है,
नारद ने साज बजाया है ।
रतनाकर गीत सजाया है ।।

अंतरा–1

सर्वगामी श्री नारद मुनि हैं,
सर्वज्ञानी सुख दाता हैं ।
जन हित हेतु भ्रमण विशारद,
शुभ संदेशा लाता है ।।

अंतरा–2

नारद जी की वीणा वाणी,
जन का मन हरषाणी है ।
नादब्रह्म का अनहद स्वर वो,
मन का दुख बिसराता है ।।

अंतरा–3

मुनिवर शत शत वन्दन तुमको,
तुम सत् के रखवारे हो ।
दुर्जन के तू काज बिगाड़े,
सत् जन का तू त्राता है ।।

५६. मृकण्डु

(मार्कण्डेय)

दोहा॰ नारद मुनि ने कह दिए, सफल ध्यान के तंत्र ।
बिन श्रद्धा के सिद्ध ना, होंगे कोई मंत्र ।।

श्रीविष्णु को ग्राह्य ना, अभक्त की अरदास ।
बोला था श्रीविष्णु ने, मृकण्डुपितु के पास ।।

सुन कर मुनिवर का कहा, बोले सनत्कुमार ।
कौन मृकण्डु महान हैं, क्या उनका परिवार ? ।।

महा तपस्वी सिद्ध हैं, कीर्ति जिनकी ज्ञेय ।
पुत्र विष्णु का रूप है, ऋषिवर मार्कण्डेय ।।

यथा पिता वह पुत्र है, महान प्रतिभावान ।
बचपन से ही है जिसे, सब शास्त्रों का ज्ञान ।।

पिता-पुत्र के ज्ञान का, शाश्वत है परिमाण ।
श्रीविष्णु की है कृपा, मर्कण्डेय पुराण ।।

८७. गंगा-यमुना

(गंगा यमुना संगम)

दोहा॰ सबसे पावन विश्व में, गंगा-यमुना मेल ।
संगम तीरथ स्थान ये, नैसर्गिक है खेल ।।

संगम प्रयागराज है, इतना पुनीत स्थान ।
पाप जरा ज्वर नाशते, करके पवित्र स्नान ।।

छूकर चरणन विष्णु के, बहता है यह नीर ।
मानव दानव देव सब, आते गंगा तीर ।।

स्मरण मात्र भागीरथी, धोती है सब पाप ।
यज्ञ किए थे तीर पर, ब्रह्मदेव ने आप ।।

सब तीर्थों के तुल्य है, एक यहाँ की बूँद ।
पाते हैं सब भक्त जन, मधु फल आँखें मूँद ।।

(गंगा)

दोहा॰ विष्णुपाद है स्वर्ग में, गंगा उगमस्थान ।
चंद्रमंडल पूज्य से, करती फिर प्रस्थान ।।

आगे गंगा सरित के, होते प्रवाह चार ।
सीता भद्रा चक्षुसी, अलकनँदा की धार ।।

ब्रह्मलोक में फिर चली, “सीता” सरिता धार ।
गिरती मेरु पहाड़ पर, धरती के आधार ।।

गंधमादन पर गिरे, सीता नदी प्रवाह ।
मिलने पूर्व समुद्र को, उसके मन में चाह ।।

माल्यवान गिरि पर गिरे, "चक्षुस" सरित प्रवाह ।
केतुमाल से निकल कर, चलता पश्चिम राह ।।

श्रृंगवान गिरि पर गिरे, "भद्रा" नदी प्रवाह ।
उत्तरकुरु के देश से, चलता उत्तर राह ।।

हेमकूट गिरि पर गिरे, "अलकनंदा" प्रवाह ।
बहता भारतवर्ष से, दक्षिण दिश की राह ।।

(यमुना)

दोहा॰ यमुना कालिंदी नदी, सूजकन्या नाम ।
कालिंदी के तीर पर, मथुरा-गोकुल धाम ।।

वृंदावन में कृष्ण का, प्रिय था यमुना नीर ।
राधा गोपीवृंद का, पनघट यमुना तीर ।।

यमुना के तट पर बसे, व्रज के तीनों ग्राम ।
मथुरा वृंदावन तथा, मधुबनगोकुल धाम ।।

गीत

यमुना रानी

शोकहर छन्द[3]

8, 8, 8, 4 + S

जमुनारानी पवित्रपानी राधाकृष्णविलासधरा ।
पापहारिणी तापहारिणी व्रजवासीजनचित्तहरा[4] ।। 1

---

[3] **शोकहर छन्द :** इस 30 मात्रा वाले महातैथिक छन्द के चरणों में 8, 8, 8, 4 और अंत में एक गुरु मात्रा आती है । यह छन्द गाने के लिये बहुत सुंदर है ।

लक्षण गीत दोहा॰ रचना मात्रा तीस की, गुरु कल से हो अंत ।
विरम मत्त प्रति का, रुचिर शोकहर छंद ।।

गिरिविहारिणी हृदयमोहिनी गोकुलभीतिविनाशकरा ।
शुभसुहासिनी मधुरभाषिणी धेनुवत्समनमोदभरा ।। 2

विमलवारिणी कमलधारिणी सीताराघववरग्रहिणी ।
मंगलवदनी चंचलरमणी पूज्यनीरगङ्गाभगिनी ।। 3

अघटनाशिनी अघनिषूदिनी स्वर्गसेउतरी सुरतटिनी ।
गोपमोहिनी गोपिमोदिनी मधुबनदूबहरितकरिणी[5] ।। 4

सुंदरललना मंजुलबैना नरपशुतरुआह्लादखरा ।
गहरापानी अनहदवाणी कर्णमधुरसुरनादभरा ।। 5

५८. पाप-पुण्य

(यम-भगीरथ संवाद)

दोहा॰ सूर्य वंश में सगर के, हुआ भगीरथ भूप ।
सत्यवचनी महागुणी, हरिश्चंद्र का रूप ।।

इक दिन आए भूप से, मिलने को यमराज ।
स्वागत को हाजिर हुआ, राजा शांत मिजाज ।।

स्वागत करके फिर हुआ, दोनों का आलाप ।
कैसे मिलता पुण्य है, कैसे मिलता पाप ? ।।

यम ने राजा को कहे, पाप-पुण्य के काम ।
बतलाए फल पुण्य के, पातक के परिणाम ।।

(पुण्य)

दोहा॰ श्रेष्ठ कर्म है पुण्य का, करना सात्त्विक दान ।
फल की इच्छा के बिना, एवज या सम्मान ।।

---

[4] इस पद्य में : **धरा** = धारण करने वाली, **हरा** = हरने वाली, **भरा** = भरने वाली, **करा** = करने वाली आदि.

[5] दूब = दूर्वा, लंबी मुलायम घास ।

तड़ाग कूएँ खोदना, कहा पुण्य का काम ।
शिव–हरि मंदिर बाँधना, महा पुण्य का नाम ।।

मंदिर करना स्वर्ण का, जाना है उत्कृष्ट ।
तामा शीशा अश्म या, लकड़ी चूना ईंट ।।

रक्षा मंदिर की करें, या पूजा का काम ।
बाग उगाना पुण्य है, पेड़ लगाना आम ।।

बरगद अशोक निलगिरी, पीपल नीम लुकाठ ।
पथिकन को जो छाँव दें, पात पुष्प फल काष्ठ ।।

मिलता पुण्य महान है, लगाय तुलसी झाड़ ।
पूजा तुलसी पत्र से, मिलता छप्पर फाड़ ।।

स्नान विष्णु को दूध से, पाता पूजक स्वर्ग ।
विशिष्ट तिथि पर व्रत रखे, प्रसन्न होता भर्ग ।।

मिले पुण्य धन दान से, या आश्रय या अन्न ।
भूखे निर्धन को दिए, होते विष्णु प्रसन्न ।।

(पाप)

दोहा॰ साधु–संत को मारना, सबसे भारी पाप ।
स्त्री की लज्जा छेड़ना, देपा पाप अमाप ।।

चोरी डाका डालना, लूटपाट के काम ।
खून खराबा पीटना, पातक है अंजाम ।।

झूठ फरेबी शठ ठगी, मिलावटी व्यापार ।
वचन भंग मिथ्या शपथ, छद्म पाप के द्वार ।।

शास्त्रों का अपमान या, करना गलत प्रचार ।
बदनामी अश्लिलीलता, देता पाप प्रहार ।।

मिथ्या गवाह पाप है, विश्वास किया घात ।
पशु पक्षी को ताड़ना, तथा बड़ों को लात ।।

हरे भरे तरु काटना, मातु पिता का त्याग ।

सुत कन्या को छोड़ना, देत पाप की आग ।।

अनजाने या भूल से, होजाता जो पाप ।
उसका भरना हो सके, करके पश्चाताप ।।

(छह प्रकार)

दोहा॰ विष्णु देव से माँगना, किसी व्यक्ति का नाश ।
"अधम-तमस" वो पाप है, देत नरक का पाश ।।

पूजा का नाटक कहा, "मध्य-तामसी" पाप ।
प्रतिस्पर्धा में पूजना, "उत्तम-तामस" पाप ।।

पूजा की धन लाभ से, "अधम-राजसी" पाप ।
पूजन आदर-प्राप्ति का, "मध्यम-राजस" पाप ।।

मुक्ति चाहना पाप से, बगैर पश्चाताप ।
पूजन इस भ्रम का कहा, "उत्तम-राजस" पाप ।।

(भृगु भगीरथ संवाद)

दोहा॰ भृगु मुनिवर से एक दिन, मिले भगीरथ भूप ।
दो विद्वानों में हुआ, वार्तालाप अनूप ।।

पूछा भगीरथ ने उन्हें, पुण्य अहिंसा सत्य ।
पूजन कैसे विष्णु का, उचित कहा है नित्य? ।।

शास्त्र नियंत्रित वचन है, त्रिकाल जाना स्त्य ।
कथन किया विपरीत जो, जानो सदा असत्य ।।

कार्य वचन सुविचार जो, पालन करके धर्म ।
किसी जीव को क्षति न दे, वही अहिंसा कर्म ।।

हिंसा जाना कर्म वो, उपेक्षता जो धर्म ।
विचार वाणी हस्त से, क्षति देता जो कर्म ।।

काम अहिंसा से किया, देता पुण्य महान ।
करता लाभ प्रदान जो, करे पुण्य वह दान ।।

विष्णु सभी-सर्वत्र है, सर्वव्याप्त सुखकार ।

241

यही विष्णु की अर्चना, यही पुण्य सुविचार ।।

५९. नमन

(हे प्रभो!)

दोहा॰ करिए प्रभु को वंदना, झुक कर बारंबार ।
नमस्कार कर जोड़ कर, शिव मंगल सुखकार ।।

चरणन पर मस्तक रहे, परम भक्ति के साथ ।
नमस्कार मेरा प्रभो! हरदम हे जगनाथ! ।।

हस्तक दोनों जोड़ कर, झुक कर घुटने टेक ।
प्रणाम माथा टेक कर, शत शत लाख अनेक ।।

पाप हरण मम वंदना, एक अग्र कर ध्यान ।
प्रणाम मम स्वीकार हो, मेरे दया निधान ।।

भक्ति भाव शुभ चित्त से, ज्योतिर्मय जगदीश ।
शरणागत का हो सदा, तेरे चरणन शीश ।।

परमात्मा को वंदना, अविचल धर कर ध्यान ।
मन मंदिर में बैठ कर, ध्याऊँ परम महान ।।

(और)

दोहा॰ निराकार भगवान वो, मन में हो साकार ।
देखूँ नाना रूप में, तेजोमय आकार ।।

सब देवों के देवता, परमानंद अपार ।
दीनदयाल दयानिधे, परम पुरुष सुखकार ।।

परम भरोसा एक तू, तू ही मम विश्वास ।
शरण पड़े की, हे प्रभो! तू ही है शुभ आस ।।

मनसा वाचा कर्मणा, अर्पण तन मन प्राण ।
अभिवंदन साष्टांग है, करो विघ्न से त्राण ।।

बसो हृदय में हे प्रभो! निश दिन प्रतिपल आप ।
सिमरण हो हर साँस में, हर धड़कन हो जाप ।।

दश दिश में मुझको दिखे, जगदीश का स्वरूप ।
पहुँचे मेरी वंदना, प्रभु जी तक सुखरूप ।।

ऐसी प्रीती हो मुझे, आस्था श्रद्धा आश ।
किसी वजह से मैं कभी, होऊँ नहीं निराश ।।

(और भी)

दोहा॰ परम लीनतम भाव से, लगाय सुस्थिर ध्यान ।
करूँ निरंतर वंदना, तुमरी दयानिधान ।।

प्रात: मेरी वंदना, अरुणोदय के काल ।
करे प्रार्थना शाम को, स्वागत सायंकाल ।।

सोते मैं सुमिरण करूँ, तल्लिन चित्त लगाय ।
परमेश्वर परमातमा, घट में रहे समाय ।।

जागूँ ले कर नाम मैं, मन में दृढ़ विश्वास ।
रहे भरोसा नाम का, लूँ जब मैं हर साँस ।।

सारे कर्म कलाप मैं, करूँ स्मरण के साथ ।
अकार्य को या स्वार्थ में, लगे न मेरे हाथ ।।

गीत

श्रीकृष्ण स्मरणाष्टकम्
श्लोक छंद

पठेद्य: प्रातरुत्थाय स्तोत्रं कृष्णाष्टकं शुभम् ।
धौत: स सर्वपापेभ्यो विष्णुलोको हि धाम तम् ।।

स्तोत्रं–1

प्रभाते चिन्तयेत्कृष्णं मोहनं स्नानमार्जने ।
प्रार्थनायां च गोविन्दं पावनं करुणाकरम् ।। 1

स्तोत्रं–2

अध्ययने स्मरेन्नित्यं योगेश्वरं जगद्गुरुम् ।
क्रीडने बालगोपालं कार्यकाले जनार्दनम् ।। 2

स्तोत्रं–3

विश्रामे द्वारिकानाथं चिन्तनं वन्दनं हरिम् ।

शयने श्रीधरं ध्यायेत्-निर्विकारं निरञ्जनम् ।। 3

स्तोत्रं-4

प्रवासे सर्वज्ञातारं नृसिंहं सर्वव्यापिनम् ।
पार्थसारथिनं युद्धे रक्षकं चतुराननम् ।। 4

स्तोत्रं-5

उपनयनकाले च पीताम्बरं मनोहरम् ।
विवाहे भाग्यदातारं श्रीपतिं पुरुषोत्तमम् ।। 5

स्तोत्रं-6

मोदे दामोदरं ध्यायेद्-विष्णुं सकलमङ्गलम् ।
दुःखे च परमानन्दं मुरारिं परमेश्वरम् ।। 6

स्तोत्रं-7

सङ्कटे च चतुर्बाहुं नारायणं गदाधरम् ।
चक्रपाणिं हृषीकेशं सर्वकाले सुदर्शनम् ।। 7

स्तोत्रं-8

जन्मदिने स्मरेत्पूज्यं पूजयेद्विश्ववन्दितम् ।
अन्तकाले स्मरेद्देवं देवदेवं सनातनम् ।। 8

श्लोकः

स्मरणाष्टकमेतद्धि पठेद्रत्नाकरस्य यः ।
सर्वकाले शुभं तस्य भवेत्कृष्णानुकम्पया ।।

(तथा ही)

दोहा॰   उद्यम सत् उद्योग हो, करूँ सदा कर्तव्य ।
रत रह कर परमार्थ में, देखूँ जो दृष्टव्य ।।

जीवन यात्रा में करूँ, धैर्य धर्म को धार ।
प्रभु चरणन के स्मरण का, रहे सदा आधार ।।

सत्य सरलता शीलता, सदाचार व्यवहार ।
दया क्षमा उपकार में, तन मन धन दूँ वार ।।

प्रभो! यही मम प्रार्थना, कृपया हो स्वीकार ।
शुद्ध हृदय की वंदना, कृपया हो साकार ।।

तन देवालय हो बना, भक्ति पूर्ण अभिराम ।
रोम-रोम में प्रेम हो, पुण्य विनय का धाम ।।

देह शिवालय शिव बने, पर हित की हो चाव ।
अहंभाव को त्याग कर, सेवा का हो भाव ।।

गायन कीर्तन वंदना, भक्ति पूर्ण मधु गान ।
तेरी महिमा हे प्रभो! गाऊँ सह सम्मान ।।

६०. साधना

(समाधि)

दोहा॰ ध्याता जब तद्रूप हो, ध्येय ध्यान का धाम ।
एक अग्र से लक्ष्य वो, कहा "समाधि" नाम ।।

ध्यान ध्येय पर जब धरे, ध्याता भक्त सुजान ।
सदृढ़ मन की साधना, कही समाधि नाम ।।

वृत्ति में सम भावना, ना हो कलुष विचार ।
स्वार्थ्य दंभ सब हो परे, निर्मल सत् आचार ।।

सज्जन संगति हो सदा, दुर्जन करते हान ।
काम सदा निष्काम हो, विधि विधान पर ध्यान ।।

प्रथम समाधि है कही, बसे वदन में नाम ।
हरदम अपने आप ही, करते कुछ भी काम ।।

बिना यत्न ही नाम का, सहज सुलभ शुभ जाप ।
सुगम समाधि जो खरी, हरती भव के ताप ।।

अखंड जब बहती रहे, पूज्य नाम की धार ।
सरिता में उस तैर कर, होता बेड़ा पार ।।

सात दिवस चलता रहे, निश दिन आठों याम ।
जागे हो या नींद में, बिना व्यर्थ विश्राम ।।

नाम जाप से हृदय में, खिलें सुमन के पुंज ।
अनहद सुमधुर नाद की, बजे कर्ण में गूँज ।।

राजयोग जाना यही, भक्तियोग भी नाम ।
समाधि जानी है यही, सिद्धि की पहिचान ।।

(संयम)

दोहा॰ पाँच ज्ञान की इंद्रियाँ, और कर्म कीं पाँच ।
उनका नियमन है कहा, "संयम" जाना साँच ।।

रखिए संयम देह पर, रख कर पूरण ध्यान ।
ग्यारहवीं मन इंद्रिया, यथा शास्त्र का ज्ञान ।।

कानों पर संयम करें, निंदा टीका टार ।
सुनिए कीर्तन प्रेम से, भक्ति हृदय में धार ।।

जिह्वा पर संयम सदा, आत्मश्लाघ को छोड़ ।
बचनन शुभ बोलें सदा, सदाचार को जोड़ ।।

संग सद्गुणी संत का, देता संत बनाय ।
जैसे चुंबक लोह को, देता स्वगुण लगाय ।।

आखों पर संयम सदा, पाप दृष्टि को टार ।
शुभ घड़ियों को परखना, करने परोपकार ।।

कर से सब शुभ कर्म हों, दीनन पर उपकार ।
करिए सेवा भाव से, पतीत का उद्धार ।।

कर-मुख माला जाप हो, लेकर प्रभु का नाम ।
जनम-जनम फिर पुण्य ये, आजावेगा काम ।।

नाक रहे नित सूँघती, कहाँ पनपता पाप ।
उस आचार-विचार से, सदा परे हों आप ।।

तन की ग्यारह इंद्रियाँ, हरे पराई पीर ।
यही समधि साधना, करती शुद्ध शरीर ।।

६१. प्राणायाम

(नियंत्रण)

दोहा॰ रिक्त उदर से हो सदा, दृढ़ँ निश्चय को ठान ।
नियमित प्राणायाम से, मिलता स्वास्थ्य महान ।।

संयम से मन शुद्ध कर, तन को दें व्यायाम ।
शुचि आसन पर बैठिए, करने प्राणायाम ।।

करें नियंत्रित नासिका, श्वास और निश्वास ।
आत्मशुद्धि का है यही, आध्यात्मिक अभ्यास ।।

आसन पर स्थिर बैठ कर, सीधा रखिए गात ।
करने प्राणायाम का, प्रयतन संध्या प्रात ।।

रेचक-पूरक सिद्ध हों, फिर नियंत्रित साँस ।
मुक्त अनियंत्रित ना चले, श्वास और निःश्वास ।।

भीतर भर कर देह में, स्वल्प समय को श्वास ।
नाक बंद कर रोकिए, फिर करिए निःश्वास ।।

रेचक की गति मंद हो, लंबी करके साँस ।
यथासाध्य कुम्भक करें, विना क्लिष्ट सायास ।।

साँस छोड़ते समय में, उदर पीठ की ओर ।
सिकोड़ लें आराम से, उस कछुए की तौर ।।

पूरक करते उदर को, फिर गुब्बारे की तौर ।
उभरे छाती साथ में, दो कन्धों की ओर ।।

पलड़े प्राण-अपान के, सदा रहें समतोल ।
नाम जाप चलता रहे, ओम्! ओम्! बहुमोल ।।

६२. चतुर्वर्ण

(ब्राह्मण)

दोहा॰ वेद विज्ञ ब्राह्मण कहा, ज्ञान करे जो दान ।
देता है उपदेश जो, कल्याणप्रद महान ।।

राग-द्वेष से जो परे, करता धर्म प्रसार ।
रह कर रत परमार्थ में, करे समाज सुधार ।।

धर्म शास्त्र पढ़ कर करे, विद्या का विस्तार ।
जन्म किसी भी गेह में, हों सब सभ्य विचार ।।

(क्षत्रिय)

दोहा॰ क्षत्रिय नर वह वीर है, संगर में रणधीर ।
संरक्षक वह सूरमा, लोहा जिसे शरीर ।।

तेज ओज भंडार जो, योद्धा निर्भय शूर ।
न्याय-नीति का निपुण वो, जाना भट बहादूर ।।

(वैश्य)

दोहा॰ करता कृषि-व्यवहार जो, दूध-दधि व्यापार ।
वैश्य वर्ण उसको भला, देता है संसार ।।

(शुद्र)

दोहा॰ शुद्र वही जो श्रम करे, सेवा जिसका धर्म ।
जिसके सर्व समाज को, उपयोगी हैं कर्म ।।

सब में सम ही प्राण हैं, सब में सम है रक्त ।
हाड-माँस सम खाल है, एक ईश के भक्त ।।

६३. धर्म

(सद्धर्म)

दोहा॰ दस गुण जो सद्धर्म के, बोले मनु महाराज ।
मानव के उद्धार के, जिन पर सिद्ध समाज ।।

सुखदायी यह धर्म है, जगत सुधारक सूत्र ।
मुक्ति भूक्ति का मूल है, परम सनातन शास्त्र ।।

पहला गुण है धर्म में, रहना धीरज धार ।
नियमों से व्रत पालना, तन मन धन को वार ।।

दया-क्षमा है दूसरा, गुण है कहता धर्म ।

सुख दुख मान अमान को, सह कर करना कर्म ।।

निंदा वचन कठोर ना, बोले मुख के बोल ।
वाणी कोमल मिष्ट हो, शब्द स्वर्ण के तोल ।।

बोलो कुवचन ना कभी, हिरदय दें जो पीर ।
अमृतमय भाषा सदा, जैसा गंगा नीर ।।

रहे सदा सद्भावना, सब के प्रति दिन रात ।
गुण है जाना तीसरा, बोले हैं मनु तात ।।

ईर्षा द्वेष कुवासना, जानो देते पाप ।
वश में मन वाणी जहाँ, वहाँ निवारे ताप ।।

उच्च नीच कोई नहीं, मानव सभी समान ।
सब में ईश्वर एक है, सबका हो सम्मान ।।

चौथा गुण अस्तेय है, पर धन हो अस्पृश्य ।
चौर्य कर्म अध देत है, हत्या के सदृष्य ।।

शौच कहा गुण पाँचवाँ, जैसे गंगा स्नान ।
भीतर-बाहर शुद्धता, मन में प्रभु का ध्यान ।।

संयम सद्गुण है छठा, इंद्रिय निग्रह नाम ।
कुकर्म से रहना परे, परे वासना-काम ।।

सप्तम गुण स्वाध्याय है, वेद वचन का पाठ ।
संत समागम में सदा, याम बिताना आठ ।।

विद्या सद्गुण आठवाँ, सरस्वती वरदान ।
विद्याओं में है भरा, जाना अमृतज्ञान ।।

नौवाँ सद्गुण सत्य है, शिव है सत्य समान ।
असत्य को रखना परे, सद्गुण सत्य महान ।।

दसवाँ गुण अक्रोध है, जो है मन का कीच ।
क्रोध मनुष का शत्रु है, बैठे तन के बीच ।।

६४. गीता सार

(भगवद्गीता)

दोहा॰ भगवद्गीता है सही, पाँच वेद का सार ।
जिसमें है सत्धर्म का, कहा गया विस्तार ॥

अर्जुन को श्रीकृष्ण ने, दिया हुआ उपदेश ।
संजय ने धृतराष्ट्र को, दिया वही संदेश ॥

भारत पंचमवेद के, भीष्म पर्व में खास ।
बोल गए हैं व्यास जी, गीता का इतिहास ॥

योगेश्वर के वचन हैं, निर्मल गंगा नीर ।
डुबकी एक लगाय कर, सुविमल होत शरीर ॥

खुल कर मन की खिड़कियाँ, मन पर पड़त प्रकाश ।
तत्त्व जान कर धर्म का, होता ज्ञान विकाश ॥

गीता का वर्णन यहाँ, देता महापुराण ।
गीता के उपदेश से, करने जग कल्याण ॥

(योग)

दोहा॰ कर्मयोग के ज्ञान से, कहा कर्म निष्काम ।
भक्तियोग कहता करो, लेकर प्रभु का नाम ॥

आत्मज्ञान ही ज्ञान है, कहता गीता सार ।
ब्रह्मज्ञान की नाव से, होता है भव पार ॥

करो कर्म–मन–वचन से, फल की इच्छा त्याग ।
कर्म यही निष्काम है, सांसारिक वैराग ॥

जन्म मरण के चक्र से, पाने अंतिम मोक्ष ।
आजाओ प्रभु चरण में, करने प्राप्त परोक्ष ॥

विहित कर्म का त्याग भी, करो कभी ना आप ।
विधि का यही विधान है, वरना लगता पाप ॥

राग द्वेष छल क्रोध से, रहता परे सुजान ।

सत्य अहिंसा सादगी, योगी की पहचान ।।

अजर अमर आत्मा कहा, जला सके ना आग ।
सूखे ना वह वायु से, जल से ना अनुराग ।।

(आत्मा)

दोहा॰ आत्मा चेतन तत्त्व है, तन में साक्षी रूप ।
अगम अगोचर प्राण है, तन का अचिंत्य भूप ।।

देही जुड़ता देह से, इच्छा से जब स्नेह ।
जन्म-मरण के चक्र में, पड़ता है फिर देह ।।

पाँच इंद्रियाँ ज्ञान की, शरीर पर पहचान ।
जानी हैं रसना त्वचा, आँख नासिका कान ।।

पाँच विषय हैं ज्ञान के, ओझल जिन्हें स्वरूप ।
जिनको जाना श्रवण है, स्पर्श गंध रस रूप ।।

पाँच इंद्रियाँ कर्म की, करती काम समस्त ।
हाथ पाँव मुख देह के, पायु और उपस्थ ।।

बाल यवन वार्धक जरा, यथा शरीर विकार ।
जन्म-मरण भी है तथा, ज्ञानी करे विचार ।।

देह अवस्था चार का, साक्षी है बस एक ।
आत्मा है वह चेतना, शरीर में प्रत्येक ।।

कोई विस्मय से सुने, आत्मा का वृत्तांत ।
सुन कर वर्णन भी, इसे, समझ सके न नितांत ।।

गीत

आत्मा

क आत्मा परमात्मा को जन्म किं मरणं च किम् ।
प्राग्जन्म का गतिः कृष्ण गतिः का मरणोत्तरा ।।

आत्मा देहे तथा ज्ञेयो यथा बिम्बं हि दर्पणे ।
चुम्बके चुम्बकत्वं च यन्त्रे विद्युत्प्रवाहवत् ।।

गुरुत्वाकर्षणं भूमौ द्रवत्वं च जले यथा ।
सात्त्विकेषु सदाचार उपाधिर्व्यवसायिनाम् ।।

ब्रह्मैव परमात्मा स ईश्वरः परमेश्वरः ।
ईशः प्रभुर्जगद्धर्ता येन सृष्टमिदं जगत् ।।

देही ब्रह्मैव देहस्थः चिदात्मा पुरुषस्तथा ।
आत्मा स एव क्षेत्रज्ञो जीवः प्राणश्च चेतना ।।

देहेन देहिनो योगो भूतस्य जन्म कथ्यते ।
वियोगो देहिनस्तस्मात्–उच्यते मरणं तथा ।।

मृत्योरेकस्य भूतस्य जायते जन्म नूतनम् ।
देहाद्देहं सदा देही नूनं भ्रम्यति चक्रवत् ।।

मृत्युर्नास्ति विना जन्म विना मृत्युं न जन्म च ।
जन्ममृत्यू पृथक् ना हि द्वंद्वमेकं मतं बुधैः ।।

जन्ममरणयोर्द्वंद्वं पृष्ठद्वयस्य नाणकम् ।
रहस्यमात्मनः स्पष्टं यो जानाति स पण्डितः ।।

दोहा॰ अविनाशी वो एक है, जो रचता संसार ।
नाश न उसका हो सके, कोई सके न मार ।।

इस विध जिसका ज्ञान है, ज्ञानी वही सुजान ।
ना वह मरता आतमा, न ले किसी की जान ।।

भुजंगप्रयात छन्द

। ऽ ऽ, । ऽ ऽ, । ऽ ऽ, । ऽ ऽ

(आत्मा)

न जन्मा, न आरंभ तेरा कहीं से ।
सदा साथ होते न, जाना किसी ने ।।
न आया कहीं से, न जाता कहीं है ।
निराधार आत्मा, जहाँ था वहीं है ।।

दोहा॰ त्याज्य वस्त्र को छोड़ कर, नये पहनते लोग ।
देही देहों का तथा, करता है उपभोग ।।

252

ना ये कटता शस्त्र से, न ही जलावे आग ।
ना ही सूखे वायु से, न ही गलावे आप् ।।

(कर्मफल)

दोहा॰ क्या लाया तू साथ है, क्या जावेगा साथ ।
कर्म फलों का संग है, जनम-जनम दिन-रात ।।

काम भले तू जो किए, फल उसका मधु होय ।
फल कडुआ नर को मिले, बुरा करे यदि कोय ।।

पुण्य मिले सत्कर्म से, सकृत सुख बरसाय ।
कुकर्म का फल "पाप" है, जिससे दुख तरसाय ।।

फल मीठा या तीत हो, मिलता कल या आज ।
कर्म फलों का चक्र ये, शाश्वत जिसका राज ।।

(अवतार)

दोहा॰ नश कर धर्म, अधर्म का, होता जब अधिकार ।
रक्षण करने धर्म का, लेता मैं अवतार ।।

रक्षण करने भद्र का, असुरों का संहार ।
आता समुचित काल में, लेकर मैं अवतार ।।

सरसी छन्द[6]

16, 8 + ऽ।

(सृष्टिचक्र)

जन्म-मृत्यु के बीच बसी है, क्षणिक अवस्था व्यक्त ।
शाश्वत सभी की बुनियाद है, मूल वही अव्यक्त ।। 1
आते-जाते जीव जगत के, जैसे द्रुम के पात ।

---

[6] **सरसी छंद** : इस 27 मात्रा वाले नाक्षत्रिक छन्द के अन्त में एक गुरु और एक लघु मात्रा आती है । इसका लक्षण सूत्र 16, 8 + ऽ। इस प्रकार है ।

लक्षण गीत दोहा॰ मात्रा सत्ताईस में, गुरु लघु कल से अंत ।
सोलह कल पर यति जहाँ, वह है "सरसी" छंद ।।

सृष्टिचक्र का यही नियम है, सीधी सी है बात ।। 2
चक्र सृष्टि का अनाद्यंत है, शाश्वत नित्य अनंत ।
योनि–योनि के चक्र लगावे, भिक्षुक हो या संत ।। 3

६५. आत्मज्ञान

(देह–देही)

दोहा॰ चोला जिसका देह है, देही उसका नाम ।
साक्षी बन कर देह में, देखे उसके काम ।।

त्याज्य वस्त्र को बदल कर, पहनते हम नवीन ।
बदले आत्मा देह को, होकर कर्माधीन ।।

आत्मज्ञान सर्वोच्च है, सब ज्ञान में प्रधान ।
आत्मज्ञान जिसको नहीं, उसका सब अज्ञान ।।

आत्मा अक्षय अमर है, अजर अचिंत्य अमर्त्य ।
शाश्वत सुखमय सर्वगत, शुद्ध सनातन सत्य ।।

निराकार यह तत्त्व है, पाँच तत्त्व से भिन्न ।
बसा देह में आत्म है, कहीं लगे न अभिन्न ।।

पुण्य कर्म से जीव को, नर का चोला प्राप्त ।
माया से संसार की, होता है वह व्याप्त ।।

आत्मा जैसा देह में, अलंकार में स्वर्ण ।
जिसको ना आकार है, ना ही कोई वर्ण ।।

कर्म बंध से बद्ध वो, बसता साक्षी रूप ।
करे न कुछ भी राज्य में, हो कर भी वह भूप ।।

६६. ब्रह्मज्ञान

(ब्रह्म)

दोहा॰ ब्रह्म एक अद्वैत है, परम पुरुष अभियान ।
शून्य रूप माना वही, जाने उसे सुजान ।।

ब्रह्मन् त्रिगुणातीत है, जिससे विश्व प्रसार ।

परम पुरुष प्रभु ब्रह्म है, सकल विश्व करतार ।।

स्वामी सचिदानंद है, नारायण सुखकार ।
हरिहर है जाना उसे, अमूल सर्वाधार ।।

सब के ही हरि पास है, और सभी से दूर ।
भीतर-बाहर एक है, मन से नहीं सुदूर ।।

पद्म महापुराण

श्लोक
प्रथमं सृष्टि खण्डं हि भूमिखण्डं द्वितीयकम् ।
तृतीय स्वर्गखण्डं च पातालं च चतुर्थकम् ।
पञ्चमं चोत्तरं खण्डं सर्वपापप्रणाशनम् ।।

(पद्म पुराण)

दोहा॰ पाँच खंड में है बँटा, विशाल पद्म पुराण ।
पचपन सहस्त्र पद्य में, वैष्णव भक्ति प्रदान ।।

(विष्णु वंदना)

वसंततिलका छंद
ऽ ऽ । ऽ । । । ऽ । । ऽ । ऽ ऽ
संसारसागरमतीव गभीरपारं ।
दुःखोर्मिभिर्विविधमोहमयैस्तरङ्गै ।।
सम्पूर्णमस्ति निजदोषगुणैस्तु प्राप्तम् ।
तस्मात् समुद्धर जनार्दन मां सुदीनम् ।।
कर्माम्बुदे महति गर्जति वर्षतीव ।
विद्युल्लतोल्लसति पातकसंचयैर्मे ।।
मोहान्धकारपटलैर्मयि नष्टदृष्टेः ।
दीनस्य तस्य मधुसूदन देहि हस्तम् ।।

(पुराण)

प्रथम खंड में भीष्म ने, कहा सृष्टि विस्तार ।
द्वितीय में फिर भीष्म ने, कहे सृष्टि प्रकार ।।

तृतीय खंड में स्वर्ग औ, तीर्थों का तत्त्वज्ञान ।
चौथे में श्रीराम के, जीवन का है ज्ञान ।।

पंचम में पाताल है, छठा राम परिवार ।
कहा है सप्तम खंड में, कृष्ण जीवनी सार ।।

समुद्र मंथन की कथा, वामन का अवतार ।
निरूपण राम चरित का, कृष्ण कथा का सार ।।

हर्ष हिमालय तात का, शिव-पार्वती विवाह ।
कथा स्कन्द के जन्म की, सुर सैन्य में उछाह ।।

वर्णन स्कन्द विवाह का, कृष्ण महिमाख्यान ।
तारकासुर हनन कथा, विष्णु चरित्र बखान ।।

कथन स्वर्ग पाताल का, कार्तिकेय आख्यान ।
वर्णन मार्कण्डेय का, सृष्टि सर्ग का ज्ञान ।।

वर्णन जंबूद्वीप का, सुमेरु का आकार ।
पर्वत भारतवर्ष के, नदियों का विस्तार ।।

उपासना शिव-शक्ति की, विष्णु भक्ति का ज्ञान ।
कहानियाँ ऋषि वृंद की, कहता पद्म पुराण ।।

वर्णन पद्म पराण में, आए कई महान ।
जो हैं अन्य पुराण में, कहे कई हैं स्थान ।।

५. ब्रह्म महापुराण

६७. नैमिषारण्य

(लोमहर्षण ऋषि)

दोहा॰ क्षेत्र नैमिषारण्य था, शौनक ऋषि का धाम ।
बहती सरिता गोमती, करती हुई प्रणाम ।।

यज्ञों की यह भूमि थी, सुंदर था वह स्थान ।
व्यासशिष्य आए वहाँ, लोमहर्षण महान ।।

आज सूत भी थे यहाँ, अपर व्यास के शिष्य ।
पावन मंगल था हुआ, आज यहाँ का दृश्य ।।

आज सृष्टि के सर्ग पर, सरबस हुआ विचार ।
ऋषियों ने पूछा उन्हें, कौन रचा संसार ।।

सुन कर ऋषियों का कहा, किए पश्न स्वीकार ।
ऋषिगण से करने लगे, सग-विसर्ग विचार ।।

मानव-दानव की प्रजा, पशु-प्राणी संसार ।
उद्र आदित्य देव के, सर्व वंश साकार ।।

६८. प्रजापति दक्ष

(ध्रुव वंश)

दोहा॰ प्रजापति इक्कीस जो, ब्रह्मा के थे पुत्र ।
वर्णन कश्यप अत्रि का, और धर्म का अत्र ।।

ब्रह्मा के अंगज हुए, मनुवर स्वायंभुव ।
प्रपौत्र उनके दक्ष थे, दादा जिनके ध्रुव ।।

(दक्ष वंश)

दोहा॰ पचास कन्या दक्ष की, इतिहास में महान ।
जिनसे सारे विश्व की, प्रजा हुईं निर्माण ।।

मुक्तक॰ पचास में से तेरह सुता,

257

कश्यप से किया विवाह,
उन तेरह के नाम हैं,
अदिति दिति दनू क्रोधवशा, मनू कलिका अनला खशा,
सुरभि अरिष्टा सुरसा ताम्रा, तेरहवी थी इरा ।।

पचास में से दस कन्यका, धर्म से किया विवाह,
उन दस कन्या के नाम थे,
अरुंधती वसू यमुना भानू संध्या,
मरुद्वती लंबा संकल्पा मुहूर्ता विष्या ।।

सत्ताईस कन्या दक्ष की, सोम से किया विवाह,
जिनके पावन नाम पर, सत्ताईस है नक्षत्र,
अश्वयुक्ता भरणी सुरभी रोहिणी कृतिका,
पूर्वफाल्गुनी उत्तरफाल्गुनी हस्ता चित्रा मेधा,
अनुराधा ज्येष्ठा पूर्वाषाढा उत्तराषाढा श्रविष्ठा,
प्रोष्ठपादा पूर्वप्रोष्ठपादा श्रावणा रेवती मूला,
मृगशिरा आर्द्रा पुनर्वसा पुष्या अश्लेशा,
स्वाती विशाखा ।।

(कश्यपवंश)

बारह आदित्य पुत्र अदिति के,
मित्र वरुण अर्यम धाता, शक्र अंश विवस्वान पूषा,
भगा विष्णु सविता त्वष्टा ।।

अष्ट वसु पुत्र अदिति के,
आप ध्रुव सोम धरा, सलिल अनल प्रत्युश प्रभासा ।
अनल पुत्र कुमार था, प्रभासा पुत्र विश्वकर्मा ।।

एकादश रुद्र पुत्र अदिति के,
मन्यू मनू महीनस शिव, महान उध्विज काम भव,
उग्रतेज धृतव्रत वामदेव ।

दिति पुत्र दैत्य थे,
हिरण्यकश्यपु हिरण्याक्ष सिंहवक्त्र,

अजमुख गोमुख सूरापद्म वज्रांग ।
दिति कन्या सिंहिका, सिंहिका पुत्र राहु-केतु ।
हिरण्यकश्यपु पुत्र प्रह्लाद, प्रह्लाद पुत्र विरोचन ।।

दनू पुत्र दानव थे,
कालकेय मय पुलमा, विप्रचित्ति नमुची असिलोमा,
केशी दुर्जय अश्वशिरस, अश्वशंकु वेगवान केतुमान,
स्वरभानु अश्वपति अश्वग्रीवन, एकपाद विरुपक्ष एकचक्र,
निकुम्भ शरभ शलभ ।।

अरिष्टा पुत्र गंधर्व थे, सुरसा पुत्र सर्प।
खसा पुत्र यक्ष थे, विद्याधर किन्नर पिशाच सिद्ध भूत ।
सुरभी पुत्र थे पशु, गाय बकरियाँ भैंस ।।

ताम्रा विनाता थी कही, पक्षी जगत की माता ।
पाँच कन्या ताम्रा की,
क्रौंची माता कौवे चिड़ियाँ उलुकों की,
धृतराष्ट्री माता हंसों बतखों की,
श्रेणी माता गरुड़ों की,
विनाता पुत्र अरुण था,
संपाति जटायु बाली सुग्रीव के पिता ।

क्रोधवशा की कन्या नौ,
मृगी माता मृगों की,
मृगमंदा माता अश्व गर्दभ ऊँट की,
सुरभी माता धेनु की,
हरी माता बंदरों की,
भद्रा माता ऐरावत की,
मातंगी माता हाथियों की,
श्वेता माता अष्टहस्तियों की,
शार्दूली माता शेर सिंह की,
कद्रू माता मगरमच्छों की,
कद्रू पुत्र नाग थे,

अनंत वासुकी तक्षक नहुष ।।

मनू कन्या थीं अप्सरा,
उर्वशी पूर्वचित्ति सहजन्या,
मेनका धृताची विश्वाची रंभा, अलंबुषा मिश्रकेशी विद्युत्पर्णा,
तिलोत्तमा अरुणा रक्षिता, मनोरमा केशिनी सुरता ।।

इला वंश वनस्पति, वृक्ष वेली क्षुप घास ।।

६९. कोणारक

(उत्कल)

दोहा॰ उत्कल भारत वर्ष का, देश बहुत उत्कृष्ट ।
लोग जहाँ के विज्ञ हैं, शास्त्र ज्ञान संतुष्ट ।।

योगी पंडित यज्ञ के, मंदिर शिल्प प्रवीण ।
श्रेष्ठ उपासक सूर्य के, उन्नत सर्वांगीण ।।

यहाँ शिल्प है सूर्य का, जाना कोणादित्य ।
कोण सत्य जो अर्क का, कोणारक वह नित्य ।।

"रवि" बारह आदित्य के, सभी एक हैं रूप ।
सब बारह आदित्य का, जाना है वह भूप ।।

(बारह मास के सूर्य)

दोहा॰ धाता सूरज चैत्र में, अर्यम का वैशाख ।
ज्येष्ठ मास है मित्र का, वरुण मास आषाढ़ ।।

श्रावण जाना इंद्र का, भाद्रपद विवस्वान ।
त्वष्टा का अश्विन कहा, विष्णु मास कार्तिक ।।

मार्गशीर्ष अंशुमान का, भग का मास है पौष ।
पूषा महीना माघ है, पर्जन्य का फाल्गुन ।।

गीत

सूर्यनारायण वन्दना

स्थायी

नमामि भास्करं चन्द्रं मङ्गलं च बुधं गुरुम् ।
शुक्रं शनिं च राहुं च केतुयुक्तान्नवग्रहान् ।।

अंतरा-1

आदित्यं भास्वरं भानुं रविं सूर्यं प्रभाकरम् ।
अरुणं मिहिरं मित्रं पूर्णभक्त्या नमाम्यहम् ।।

अंतरा-2

तमोरिं तारकानाथं पापघ्नं रात्रिभूषणम् ।
इन्दुं चन्द्रं विधुं सोमं दण्डवत्प्रणमाम्यहम् ।।

अंतरा-3

मङ्गलाङ्गं महाकायं ग्रहराजं ग्रहाधिपम् ।
अङ्गारकं महाभागं साष्टाङ्ग: प्रणमाम्यहम् ।।

अंतरा-4

बुद्धिमतां बुधं श्रेष्ठं नक्षत्रेशं मनोहरम् ।
बुद्धिदं पुण्डरीकाक्षं कृताञ्जलिर्नमाम्यहम् ।।

अंतरा-5

सौम्यमूर्तिं ग्रहाधीशं पीताम्बरं बृहस्पतिम् ।
तारापतिं सुराचार्यं प्रणिपातो नमाम्यहम् ।।

अंतरा-6

भार्गवं वृष्टिकर्तारं स्वभासाभासिताम्बरम् ।
प्रकाशं शङ्करं शुक्रं सायं प्रातो नमाम्यहम् ।।

अंतरा-7

विघ्नराजं यमं रौद्रं सर्वपापविनाशकम् ।
शनीश्वरं शिवं शुभ्रं शतश: प्रणमाम्यहम् ।।

अंतरा-8

विप्रचित्तिसुतं राहुं रक्ताक्षमर्धविग्रहम् ।।
सिंहिकानन्दनं दैत्यं पुन: पुनो नमाम्यहम् ।।

अंतरा-9

रुद्रप्रियग्रहं कालं धूम्रकेतुं विवर्णकम् ।
लोककेतुं महाकेतुं मुहुर्मुहुर्नमाम्यहम् ।।

७०. इंद्रद्युम्न

(राजा इंद्रद्युम्न)

दोहा॰ सत् युग में इक भूप था, इंद्रद्युम्न था नाम ।
नृप की नगरी दिव्य थी, अवन्ति सुख मय धाम ।।

सदाचार से युक्त थे, राजा के सब काम ।
प्रजा भूप की थी सुखी, सब को था आराम ।।

सत्यनिष्ठ सत्यवचनी, शास्त्र पंडित महान ।
योद्धा वह रणवीर था, चंड वीर बलवान ।।

मुख पर उसके तेज था, उज्ज्वल सूर्य समान ।
उसके हिरदय में सदा, बसे विष्णु भगवान ।।

(अवन्ति)

दोहा॰ शिप्रा नद के तीर पर, बसा नगर वह श्रेष्ठ ।
इस नगरी में था बना, शिव शिवालय वरिष्ठ ।।

महाकाल शुभ नाम था, शिव मंदिर का भव्य ।
शिप्रा तट पर और था, विष्णु शिवालय दिव्य ।।

तीर्थस्थान का क्षेत्र था, इंद्रद्युम्न का देश ।
लक्ष्मी के वरदान से, मंगल था परिवेश ।।

७१. कपोततीर्थ

दोहा॰ ब्रह्मगिरी के विपिन में, रहता था इक व्याध ।
मूक जीव को मार कर, करता पाप अगाध ।।

उसने पशु-पक्षी कई, मुनि के लीन्हे प्राण ।
सोचा उसने ना कभी, क्या होगा परिणाम ।।

शिकारियों में व्याध वो, जितना था अति शूर ।
छोटे पंछी पकड़ने, उतना ही था क्रूर ।।

(एक दिन)

दोहा॰ निकल पड़ा वह एक दिन, लेकर पिंजरा साथ ।
कन्धे उसके जाल था, सोटी उसके हाथ ।।

पंछी उसको आज थे, मिले नहीं कुछ खास ।
दिन भर घूमा विपिन में, थक कर हुआ उदास ।।

इधर–उधर फिर घूमता, भटक गया वह बाट ।
बारिश जब होने लगी, बिगड़ा उसका ठाट ।।

ठंड होगई सब तरफ, और अँधेरी रात ।
बैठ गया तरु के तले, खुद से करता बात ।।

(कपोत–कपोती)

दोहा॰ उसी वृक्ष पर नीड़ था, बना हुआ अति जीर्ण ।
कपोत के परिवार का, परंपरागत शीर्ण ।।

कपोत उस दिन घर रहा, नन्हे शिशु के पास ।
गई कपोती विपिन में, लाने शिशु का ग्रास ।।

रात बीतती जारही, मगर न आयी मात ।
चिंता में व्याकुल हुए, राह देखते तात ।।

लौटी ना अब तक प्रिया, क्या हो सकती बात ।
कपोत को ना था पता, घात कर गई रात ।।

(कपोती)

दोहा॰ प्रिया कपोती है वहीं, करीब उसके पास ।
पिंजरे में है व्याध के, रोती बंद उदास ।।

व्याध वृक्ष के है तले, जहाँ कपोत निवास ।
चला कपोती को पता, वह है घर के पास ।।

(अतिथि देवो भव!)

दोहा॰ उसने देखा, व्याध है, लेटा आँखें मूँद ।
ठिठुर रहा है ठंड से, खान–पान ना बूँद ।।

चल कर आया व्याध है, अतिथि हमरा आज ।

कबूतरी देने लगी, कपोत को आवाज ।।

मुझे छुड़ाओ नाथ! तुम, करें अतिथि सत्कार ।
भूखे-प्यासे व्याध को, ठंड गई है मार ।।

आकर पिंजरा खोल कर, कर दो मुझको मुक्त ।
सेवा करके अतिथि की, कर दें उसको तृप्त ।।

मैं लाती हूँ ढूँढ कर, तुरत कहीं से आग ।
तुम रच दो कुछ लकड़ियाँ, व्याध न जाए जाग ।।

व्याध ऊँघ में सुन रहा, कबूतरी के बोल ।
मगर न देखा व्याध ने, अपने नैना खोल ।।

(व्याध)

दोहा॰ किए कबूतर ने जमा, टहनी तिनके पात ।
लाई आग कबूतरी, गरम कराने गात ।।

आग तेज जब होगई, अतिथि होगया गर्म ।
कहा कपोती ने करूँ, परोपकारी कर्म ।।

दुआर आया अतिथि है, थका पड़ा है सुप्त ।
कूद पडूँ मैं आग में, खा कर हो वह तृप्त ।।

हुआ गर्म उस आग से, व्याध पड़ा वह जाग ।
अवाक् था वह देख कर, आगे जलती आग ।।

गदगद मन उसने कहा, पक्षी ये हैं धन्य ।
कभी न देखे ना सुने, प्राणी ऐसे अन्य ।।

पत्नी कूदी आग में, उन्मन हुआ कपोत ।
वह भी कूदा आग में, ज्योत से मिली ज्योत ।।

७२. राजा हरिश्चंद्र

(सूर्यवंश)

दोहा॰ सुत प्रजापति मरीचि का, कश्यप पुत्र महान ।

कश्यप ऋषि का पुत्र था, आदित्य विवस्वान ।।

वैवस्वत का पुत्र था, इक्ष्वाकु आबाद ।
उसका पुत्र विकुक्षि था, विकुक्षि पुत्र शशाद ।।

शशाद पुत्र ककुत्स्थ था, ककुत्स्थ सुत पृथुलाश्व ।
प्रसेनजित पृथुलाश्व का, प्रसेन सुत युवनाश्व ।।

मांधाता युवनाश्व का, जिसका सुत पुरुकुत्स्थ ।
पुरुकुत्स्थ सुत त्रसदस्यु था, सुत उसे अनारण्य ।।

हर्यश्व अनारण्य का, उसका सुत वसुमनस ।
वसुमनस पुत्र सुधन्वा, जिसे सुत त्रैयारुण ।।

त्रैयारुण पुत्र त्रिशंकु, त्रिशंकु सुत हरिश्चंद्र ।
हरिश्चंद्र जाना गया, राजाओं में इंद्र ।।

(एक दिन)

दोहा॰ त्रेतायुग के आरंभ में, रविकुल में विद्वान ।
हरिश्चंद्र नृप होगया, सत्यशील मतिमान ।।

हरिश्चंद्र नृप पूज्य है, जानत सब संसार ।
गया विपिन में एक दिन, करने वन्य शिकार ।।

झाड़ी में था जब छुपा, सुनी एक आवाज ।
पुकार महिला की करुण, "हमें बचाओ आज" ।।

राजा मृगया छोड़ कर, गया देखने बात ।
किस संकट में कौन है, घटना करने ज्ञात ।।

जाकर देखा भूप ने, ध्यानी विश्वामित्र ।
बैठे हैं एकांत में, जपत वेद के मंत्र ।।

विद्या पर काबू किए, देने उसको मात ।
कौशिक मुनि थे कर रहे, उस पर मंत्राघात ।।

विद्या देवी मुक्त जो, करने लगी विलाप ।
वही भूप ने थी सुनी, हरने को संताप ।।

(विश्वामित्र)

दोहा॰ भग्न हुआ मुनि ध्यान जब, गिरा होगई लोप ।
ध्यान टूटते आगया, कौशिक मुनि को कोप ।।

हाथ जोड़ नृप ने कहा, करने मुनि को शांत ।
जो माँगो सो दूँ गुरो! बिना किए आक्रांत ।।

राजा जो कहता, करे, चाहे जाए प्राण ।
सत् वचनी नृप था वही, जग में सत्य प्रमाण ।।

६. ब्रह्मवैतर्व महापुराण

७३. ब्रह्म

(वैवर्तन)

दोहा॰ सर्ग हुआ जो ब्रह्म से, उत्पत्ति जिसे नाम ।
इस पुराण में है वही, वैवर्तन का काम ।।

वैवर्तन है ब्रह्म से, ब्रह्म कृष्ण का रूप ।
राजसिक यह पुराण है, दैवी ब्रह्म स्वरूप ।।

ब्रह्म ब्रह्मांड भविष्य औ, वामन मार्कण्डेय ।
राजस अन्य पुराण हैं, चार सनातन ज्ञेय ।।

(भह्मवैवर्त)

दोहा॰ चार खंड में व्यास ने, है यह लिखा पुराण ।
ब्रह्मखंड पहला यहाँ, कहत सृष्टि निर्माण ।।

जाना निर्गुण ब्रह्म है, ब्रह्मा त्रिगुण निधान ।
त्रिगुणी ब्रह्मा सगुण है, यही ब्रह्म का ज्ञान ।।

ब्रह्मवैवर्त पुराण में, कृष्ण ब्रह्म का रूप ।
सरस्वती देवी कही, कामधेनु स्वरूप ।।

श्रुति-शास्त्र बछड़े कहे, पीते दूध विशुद्ध ।
ब्रह्मवैवर्त पुराण है, कामधेनु का दुग्ध ।।

वेदव्यास ग्वाला बने, करते दोहन योग ।
ज्ञान पिपासा को मिले, दुग्ध पान का भोग ।।

अखंड है यह शास्त्र की, ज्ञानामृत की धार ।
ब्रह्मवैवर्त पुराण के, खंड बने हैं चार ।।

पुराकाल में कृष्ण ने, दिया ब्रह्म को ज्ञान ।
ब्रह्मा ने फिर धर्म को, वही वैवर्त पुराण ।।

नारायण को धर्म ने, कहा वैवर्त पुराण ।

नारायण से फिर मिला, नारदा जी को ज्ञान ।।

नारद से फिर व्यास को, मिला ज्ञान का स्त्रोत ।
वेदव्यास ने सौति को, वैवर्तन की ज्योत ।।

सौति ने दी ज्योत वह, शौनक ऋषि के हाथ ।
वही नैमिशारण्य में, जगी काँति के साथ ।।

(शौनक ऋषि)

दोहा॰ चार भाग में था कहा, शौनक ऋषि ने ज्ञान ।
वैवर्तन का है वही, जाना महापुराण ।।

बोला पहले भाग में, सुर नर का निर्माण ।
कहा चक्र फिर सर्ग का, जन्म-मृत्यु-निर्वाण ।।

भाग दूसरे में कहा, देवी-देव स्वभाव ।
कैसे उनको पूजना, कैसा हो मनभाव ।।

फिर बोला है पाप का, और पुण्य का खेल ।
कैसे होता कर्म का, स्वर्ग-नरक से मेल ।।

और कहे इस भाग में, स्वर्ग-नरक प्रकार ।
कैसे दुरुस्त हो सकें, नर के विविध विकार ।।

तृतीय भाग पुराण का, आंबिकेय आख्यान ।
गणेश के स्तुति स्तोत्र हैं, भृगु मुनि का व्याख्यान ।।

कहा चतुर्थ विभाग में, बालकृष्ण का जन्म ।
लीलाएँ श्रीकृष्ण की, अद्भुत जो हैं कर्म ।।

७४. त्रिलोक

(त्रिलोक)

दोहा॰ भू-भुवर्-स्वर्लोक हैं, जाने गए "त्रिलोक" ।
वसुंधरा भू-लोक है, स्वर्ग कहा "स्वर्लोक" ।।

अंतर भू से स्वर्ग तक, "भुवर्" कहा है लोक ।

इस त्रिभुवन के ऊर्ध्व में, तीन कहें है लोक ।।

नाम जिन्हें "वैकुण्ठ" हैं, "शैव" और "गोलोक" ।
नारायण-नारायणी, देते हैं आलोक ।।

शिव शंकर शिवलोक में, दुर्गा देवी साथ ।
नंदी सेवक-सेविका, स्वामी भोलेनाथ ।।

कृष्ण वास गोलोक में, मुरलीधर है रूप ।
पीत पीतांबर में सजा, वनमाली प्रारूप ।।

(देवियाँ)

दोहा॰ निकली मुख से कृष्ण के, सरस्वती शुभ नाम ।
मन से निकली लक्ष्मी, देवी सुख की धाम ।।

निकली दुर्गा हृदय से, बनी शंभु की दार ।
श्रीगायत्री जीभ से, करती मंत्रोच्चार ।।

७५. दुर्गा देवी

(दुर्गा)

दोहा॰ दुर्गा अंबा पार्वती, गिरिजा जिसके नाम ।
अष्टभुजा के रूप में, शत्रु दलन है काम ।।

भव से दुर्गा तारती, उतारती है विघ्न ।
भय से अंबा तारती, बन कर वह शत्रुघ्न ।।

जय जय दुर्गा मातु की, करते भगतन लोग ।
गा कर माँ की आरती, दूर हटाते सोग ।।

गीत

भजन : राग दुर्गा, कहरवा ताल 8 मात्रा

दुर्गा माँ

आलाप

जै जै माँ, दुर्गे माँ । जै जै माँ, अंबे माँ ।।

स्थायी

मोहे, भव से तारो दुर्गे माँ; मोरे, विघ्न उतारो अंबे माँ ।
तुम बिन कोई राह नहीं है, भवसागर में चाह नहीं ।।

अंतरा–1

माता तुम हो काली कराली, देवी भवानी शेराँवाली ।
लीला तुमरी सब जग जानत, नारद शारद बरनत माँ ।।

अंतरा–2

नाता तुमरा आदि जनम का, जय जगदंबे जोताँवाली ।
दे दो दरशन सपनन आकर, सुंदर मंगल सज धज माँ ।।

अंतरा–3

माया तुमरी न्यारी निराली, जय जगवन्दे लाटाँवाली ।
जै जै करते महिमा गाकर, शंकर–किन्नर भगतन माँ ।।

७६. दुर्गा बत्तीसी

(दुर्गा के बीस विशेषण)

दुर्गा दुर्गरिशमनी दुर्गापद्विनिवारिणी दुर्गमच्छेदिनी ।
दुर्गमापहा दुर्गमासुरसंहन्त्री दुर्गनाशिनी दुर्गतोद्धारिणी ।।

दुर्गनिहन्त्री दुर्गमज्ञनदा दुर्गमा दुर्गमात्मस्वरूपिणी ।
दुर्गमलोका दुर्गभा दुर्गदैत्यलोकदावानला दुर्गधारिणी ।।

दुर्गमार्गप्रदा दुर्गमविद्या दुर्गमाश्रिता दुर्गमध्यानभासिनी ।
दुर्गनज्ञानसंस्थाना दुर्गमोहा दुर्गमगा दुर्गमार्थस्वरूपिणी ।।

दुर्गमता दुर्गम्या दुर्गमेश्वरी दुर्गमायुधधारिणी ।
दुर्गमांगी दुर्गभीमा दुर्गभामा दुर्गसाधिनी ।।

गीत

राग : दरबारी कान्हड़ा, तीन ताल 16 मात्रा

दुर्गा शंकर

स्थायी

छम छम पायल घुँघरू बाजे, साथ में डम डम डमरू बोले ।
दुर्गा शंकर तांडव नाचे ।।

अंतरा–1

गल में माला सर्प बिराजे, कटि पर हिरन की छाला साजे ।
शंख फूँकते बम् बम् भोले, धरती अंबर संग में डोले ।।

अंतरा-2

सिर पे गंगा चंद्र जटा में, तन पर भसम बिभूति शिवा कै ।
आँख तीसरी शंकर खोले, डम् डम डम् डम डमरू बोले ।।

७७. दुर्गा सहस्त्रनामावलि

दोहा० दुर्गा देवी के सभी, सुनलो सहस्त्र नाम ।
वर्ण-अनुक्रम से दिए, सुलभ किया है काम ।।

मुक्तक० अंगुला अकामा अकारा अक्रूरा अक्षक्रीडारति ।
अक्षया अक्षरा अगाधा अघूर्णारुणनेत्रा अजा ।।

अट्टाटहासिनी अणिमादिगुणोपेता अणुरूपा अतीता अनन्ता ।
अनादिनिधनापुष्टि अनेका अन्तर्वत्ती अन्नपुष्ट अपराजिता ।।

अपर्णा अप्रमेया अभीरु अमा अमूर्ता ।
अमृतजीविनी अमृतोद्भवा अम्बरवासिनी अम्बा अम्बालिका ।।

अम्बिका अयोध्या अरजा अरागा अर्धबिन्दुधरा ।
अलक्ष्या अवन्तिका अवरवर्णजा अवाची अव्यक्ता ।।

अश्वप्लुति अष्टभुजा अष्टमी अष्टसिद्धिप्रदा अस्त्रशस्त्रमयीविद्या ।
अहङ्कारा अहङ्कृति आशापूरा आहारपरिणामिनी इकारा ।।

इक्षुचापिनी इच्छा इडा ईश्वरी उकारा ।
उदक्या उदीची उर्वशी ऊर्ध्वकेशी एकचक्षु ।।

एका एकादशी ऐकाररूपिणी ऐन्द्री ओषधि ।
कङ्काली कदली कपालकुण्डला कपालभूषणा कपालमाल्यधारिणी ।।

कम्बुग्रीवा करालदशनानना कराला करुणालया कर्पूरामोदधारिणी ।
कर्पूरामोदनिश्वासा कर्बुरा कर्मनाशा कलङ्करहिता कलशहस्ता ।।

कला कलावती कलिनाशिनी कलौकल्किप्रियाकाली कवित्वदा ।
कविप्रिया काकिनी काञ्ची कात्यायनी कात्यायनी ।।

कादम्बरी कामतत्त्वानुरागिणी कामदा कामधेनु कामबीजवती ।
कामरूपनिवासिनी कामरूपिणी कामवन्दिता कामाख्या कामेश्वरी ।।

(एक सौ)

कायवर्जिता कायस्था कारा काराबन्धविमोचनी कालचक्रभ्रमा ।
कालभू कालरूपिणी कालवर्तिनी कालिका काली ।।

कावेरी काव्यशक्ति काशपुष्पप्रतीकाशा काशी काश्मीरी ।
काष्टा किञ्चिदव्यक्तभाषिणी कुंकुमप्रिया कुण्डलिनी कुण्डवासिनी ।।

कुण्डासना कुमारजननी कुमारी कुरुकुल्ला कुरुक्षेत्रावनि ।
कुलपूजिता कुलवागीश्वरी कुलवासिनी कुलविद्या कुशावर्ता ।।

कुसुमप्रिया कुसुमा कूटस्था कृतकर्मफलप्रदा कृत्तिवसना ।
कृपावती कृशोदरी कृष्णा केका कोटराश्रया ।।

कोटिरूपिणी कोशदा कोशवर्धिनी कोशवासिनी कोशस्था ।
कौमारी कौलिकी कौशाम्बी कौशिका कौशिकी ।।

क्रतुरूपिणी क्रियावती क्रूरा क्लींकारा क्षणदा ।
क्षत्रिया क्षान्तकैवल्यदायिनी क्षान्ति क्षामा क्षीरार्णवसुधाहारा ।।

क्षीवा क्षुधा क्षेमंकरी खगगामिनी खट्वा ।
खट्वाङ्गधारिणी खड्गधारा खड्गिनी खनि खलहा ।।

खेचरी गंगा गण्डकी गन्धप्रिया गन्माता ।
गम्भीरा गर्भधारिणी गर्भाशयनिवासिनी गाथा गायत्री ।।

गारुडीविद्या गीतनृत्यप्रिया गीति गुणत्रयविभाविनी गुरुरूपधरा ।
गुरुस्थिरा गुर्वी गोत्रा गोदावरी गौरी ।।

ग्रर्भाधारधरा ग्रहवती ग्रहवर्जिता ग्रहिणी घनध्वनि ।
घोरघुर्घुरनादिनी चक्रकोणनिवासिनी चक्रमध्यस्था चक्रवाकिनी चक्रहस्ता ।।

(दो सौ)

चक्षु चण्डपराक्रमा चण्डमुण्डवधोद्धुरा चण्डा चण्डिका ।

चण्डी चतुःसमुद्रशयना चतुराश्रमवासिनी चतुर्दशी चतुर्बाहु ।।

चतुर्मुखी चतुर्वर्गफलप्रदा चतुर्वर्णमयीमूर्ति चतुर्वर्णैश्चपूजिता चतुषष्ट्यभिधावती ।

चन्द्रकान्ति चन्द्रभागा चन्द्रमण्डलवासिनी चन्द्रमण्डलसङ्काशा चन्द्रिका ।।

चम्पा चर्मण्वती चान्द्रीसाक्षयाषोडशीकला चापिनी चामीकररुचि ।

चामुण्डा चित्रमाया चित्रिणी चिदानन्दा चेतना ।।

छत्रच्छायाकृतालया जगज्जीवा जगत्त्रयहितैषिणी जगद्गर्भा जगद्धात्री ।

जगद्बीजा जङ्गमा जयदा जयदीक्षा जयन्ती ।।

जयवर्धिनी जयश्री जया जरवृद्धा जरायु ।

जलदेवता जलस्था जागृती जाती जालन्धरधरा ।।

जितेन्द्रिया जिनमता जिनेन्द्रा जिनेश्वरी जिष्णुमाया ।

जीर्णवस्त्रा जीर्णा जीवा ज्ञविद्या ज्ञानलोचना ।।

ज्येष्ठा ज्योत्स्ना ज्वरनाशिनी ज्वाला ज्वालिनी ।

चंण्डिका तडित् तन्द्रा तन्वी तपःप्रिया ।।

तपःसिद्धि तपसःसिद्धिदायिनी तपस्विनी तपोनिष्ठा तपोयुक्ता ।

तमोयुक्ता तरुणी तर्कविद्या तापसी तामसी ।।

तारा तारिणी तालुस्था तिलोत्तमा तीर्थंकरप्रिया ।

तीर्था तुरीयका तुलाकोटि तुष्टा तुष्टिदा ।।

तृप्ति तृष्णा तेजस्विनी तोतुला त्रयी ।

त्रिकालज्ञा त्रिकोणा त्रिनेत्रा त्रिपदाश्रया त्रिभुवना ।।

(तीन सौ)

त्रिपदी त्रिपुरभैरवी त्रिपुरवासिनी त्रिपुरसुन्दरी त्रिपुष्करा ।

त्रिमूर्ति त्रिलिङ्गा त्रिवर्गफलदायिनी त्रिशक्ति त्रिशुलवरधारिणी ।।

त्रिसन्ध्या त्वरा दंष्ट्रोद्धृतवसुन्धरा दक्षजा दक्षा ।
दक्षिणा दक्षिणामूर्ति दण्डनीति दमाता दयारम्भा ।।
दिवागति दीक्षा दीक्षितपूजिता दीप्तपावकसन्निभा दीप्ता ।
दीर्घकेशी दीर्घनिद्रा दीर्घा दुरानति दुर्गंध्यानभासिनी ।।
दुर्गनाशिनी दुर्गभा दुर्गभीमा दुर्गमगा दुर्गमज्ञानसंस्थाना ।
दुर्गमज्ञाना दुर्गमविद्या दुर्गमांगी दुर्गमा दुर्गमापहा ।।
दुर्गमालोका दुर्गमाश्रिता दुर्गमाश्वरी दुर्गमोहा दुर्गम्या ।
दुर्गसाधिनी दुर्गा दुर्लभा दुष्टदानवघातिनी दुष्टम्लेच्छविनाशिनी ।।
दृढबन्धविमोचनी देविका देवी देशभाषा देहपुष्टि ।
देहहर्षदायिनी दोला दोलाक्रीडाभिनन्दिनी दोलादायिनी दौहित्रिणी ।।
द्युति द्युतिवर्धिनी द्यौ द्रव्यशाक्ति द्वारका ।
धनदा धनदार्चिता धनधान्यविवर्धिनी धनुर्यष्टि धन्या ।।
धरा धर्मदा धर्मवादिनी धात्री धामशालिनी ।
धीरा ध्यवासिनी ध्यानशालिनी नन्दा नन्दिनी ।।
नप्त्री नरमुण्डास्थिभूषणा नरवाहना नरासृक्पानमत्ता नरेश्वरी ।
नर्मदा नवमी नववल्लभा नागकन्या नागकुण्डला ।।
नागदमनी नागपाशधरामूर्ति नागवल्ली नाभिनालमृणालिनी नारसिंही ।
नारसिंही नारायणी नासा नित्यक्लिन्ना नित्या ।।

(चार सौ)

नित्या निदानपञ्चभूता निधिरूपा निमेषा निराकारा ।
निराधारा निराश्रया निरीहा निर्मुण्डा निर्विकारा ।।
निर्विशेषा निर्वैरा निशाचरी निष्ठा नीति ।
नीला नूतना नृपधर्ममयी नृपनन्दिनी नृपमान्या ।।

नृपवश्यकरी नृपवश्या नृपैःसेविता नृमान्या पञ्चपित्तवतीशक्ति ।

पञ्चवातगतिर्भिन्ना पञ्चश्लेष्माशयाधरा पञ्चस्थानविबोधिनी पटासा पट्टाम्बरधरा ।।

पताका पताकिनी पतिव्रता पथिदेवता पद्मकोशाक्षी ।

पद्ममन्दिरा पद्मयोनि पद्मलोचना पद्महस्ता पद्मा ।।

पद्मावती पद्मिनी पनाकृति परब्रह्मप्रबोधिनी परमात्मा ।

परमार्थप्रबोधिनी परापरकलाकान्ता परिखा परिघायुधा पाञ्चाली ।।

पातालवासिनी पानदानकरोद्यता पानपात्रा पानभूमि पापनाशिनी ।

पार्वती पाशहस्ता पिङ्गला पिङ्गा पितामही ।।

पितृमाता पीता पुत्री पुरवासिनी पुरा ।

पुरुषाज्ञा पुरुषार्थप्रवर्तिनी पुष्टिदा पुष्पबाणा पूतना ।।

पूर्णकुम्भधरा पूर्णचन्द्रमुखी पूर्णा पृथ्वी पोषणी ।

पौत्री प्रज्ञा प्रज्ञाजगयित्री प्रज्ञापारमिता प्रतिगाश्रया ।।

प्रतीची प्रत्यञ्चा प्रथा प्रबुद्धा प्रबोधिनी ।

प्रभावती प्रभाविनी प्रहेलिका प्राकारवलया प्राकृता ।।

प्राची प्राज्ञा प्रिया प्रीति प्रीतिमञ्जरी ।

प्रेता प्रेतासननिवासिनी प्रेमा प्रोल्लसत्सप्तपद्मा प्रौढा ।।

(पाँच सौ)

बन्दी बन्धरूपा बन्धूककुसुमारुणा बलदा बलदायिनी ।

बलिप्रिया बलिमाया बलोद्धता बहिःप्रस्रविणी बहिःस्था ।।

बहुवर्णा बहुश्रुति बहुसुवर्णदा बहुसुवर्णा बाणपुङ्खानुवर्तिनी ।

बालक्रीडा बालग्रहविनाशिनी बाला बालिका बीजरूपा ।।

बीजसन्तति बुद्धमाता बुद्धिःसदसदात्मिका बुद्धिदा ।

बृहद्रूपा ब्राह्मणी ब्राह्मी भक्तवत्सला भगमालिनी ।।

भगवती भद्रकाली भवसागरतारिणी भवानी भविष्या ।

भव्या भा भाववर्जिता भाविन भिन्ना ।।

भीमा भीरा भीरुण्डा भुजगाकारशायनी भुजङ्गभूषणा ।

भुवनेश्वरी भुसुण्डी भूतभाविविभाविनी भूतभीतिहरारक्षा भूता ।।

भूतात्मरूपिणि भूतावेशविनाशिनी भूमिगर्भा भूषा भैरवी ।

भोगवल्लभा भोगिनी भ्रमनाशिनी भ्रमरालका भ्रान्ता ।।

भ्रामरी मङ्गला मत्तमातङ्गगामिनी मथुरा मदिरा ।

मदोद्धता मधु मधुमती मधुमत्ता मधुश्री ।।

मधुस्रवा मनःसङ्कल्पसन्तति मनस्तुष्टि मनोगति मन्दगति ।

मन्दा मन्दाकिनी मन्दिरामोदधारिणी मयूरवरवाहना मर्यादाचमहोदधौ ।।

मषी महाकाली महाकोशी महाग्रहहरा महानिद्रा ।

महाभुजा महाभैरवपूजिता महामारी महामुद्रा महारुण्डा ।।

महावर्ता महाश्वेता महिषासुरघातिनी महिषी महेज्या ।

महोदरी मांसला मा मातङ्गिनी मातङ्गी ।।

(छह सौ)

माता मातामही मातृमण्डलमध्यस्था मातृमण्डलवासिनी माधवीवल्ली ।

माया माहेश्वरी मीनमूर्तिधरा मीनी मौनरूपिणि ।।

मीमांसा मुक्ता मुक्तानांपरमागति मुक्ताहारविभूषणा मुण्डहस्ता ।

मुण्डहस्ता मुदवासिनी मुहूर्ता मूर्च्छनाग्रामसंस्थाना मूलप्रकृति ।।

मूलमूर्ता मूलाधारा मृगत्वक् मृगनाभि मृगमांसादा ।

मृगया मृगलोचना मृगाक्षी मृडानी मृत्यु ।।

मृत्युविनाशिनी मृदुहासिनी मेघमाला मेनापुत्री मैनाकभगिनी ।

मोक्षदा मोक्षदायिनी यक्षिणी यज्ञा यत्तत्पदानुबन्धा ।।

यमुना यातना युद्धकान्क्षिणी योगनिद्रा योगपट्टधरा ।

योगयुक्ता योगाङ्गा योगिनी योनिमुद्रा रक्तदन्ता ।।

रक्तपुष्पावतंसिनी रक्तबीजवधोद्दृप्ता रक्ता रक्ताम्बरधरा रक्षोघ्नी ।

रजःशुक्रधराशक्ति रजोवृता रति रतिरागविवर्धिनी रदसेविता ।।

रवन्दिता रसवती रसा राक्षसी राजनीति ।

राजसी राज्यलक्ष्मी रात्रि रिप्रिया रुहुतप्रिया ।।

रूपवर्धिनी रोगनाशिनी रोहिणी रौद्रगति रौद्रगतिनाशिनी ।

रौद्रमंगला रौद्री लक्ष्मी लक्ष्यप्राप्ति लक्ष्या ।।

लघुरूपा लज्जा लम्बोदरी ललिता लामुखी ।

लेखकप्रिया लेखिनी लेख्या लोकवश्यविभाविनी लोकेशी ।।

लोपामुद्रा वज्रहस्ता वज्रायुधा वदन्या वधरूपा ।

वधोद्धता वनदेवता वन्दिस्तुताकारा वप्रिया वरदा ।।

(सात सौ)

वरधारिणी वरशस्त्रास्त्रधारिणी वरायुधधरा वरारोहा वरुणार्चिता ।

वर्णमालिनी वर्तिनी वल्गा वश्यबीजा वश्या ।।

वषट्कारा वसुधा वसुधारा वसुप्रिया वसुमती ।

वह्निनतन्तुसमुत्थाना वह्निनवासिनी वह्निनसंश्रया वह्निकुण्डकृतालया वागुरा ।।

वात्याली वाममार्गरता वामा वामाचारप्रिया वायुकुण्डसुखासीना ।

वाराही वारुणी वार्ता विकराला विग्रहा ।।

विचित्रा विजया वितस्ता विदिग्दिशा विद्यमाना ।

विद्या विद्याविद्येश्वरी विद्युत विनिद्रा विपंचीपंचमप्रिया ।।

विपाशा विभ्रमा विरति विविक्तसेविनी विशारदा ।

विशिखा विशोका विश्वमाता विश्वयोनि विश्वरूपा ।।

विषमोहार्तिनाशिनी विषयाक्रान्तदेहा विषारि वीरनन्दिनी ।

वीरपानमदोत्कटा वीरभू वीरमाता वीरसू वीरा वृत्ति ।।

वृषप्रिया वृषस्यन्ती वृषारूढा वेत्रवती वेदमार्गरता ।

वेदविद्या वेदविश्वविभाविनी वेदवेदाङ्गधारिणी वेदशक्ति वेला ।।

वैद्यचिकित्सा वैद्यमाता वैद्या वैश्या वैष्णवी ।

व्यक्तरूपा शक्ति शङ्कराकल्पिनीकल्पा शङ्खहस्ता शङ्खिनी ।।

शतद्रुका शतबाहु शत्रुनाशिनी शरत्कुमुदलोचना शशिस्रवा ।

शाकम्भरी शाकिनी शान्ता शान्ति शाम्बरी ।।

शाम्बरीमाया शाम्भवी शारदा शारिकाशुकभाषिणी शारी ।

शालग्रामशिलाशुचि शिखिवर्तिनी शिवतत्त्वा शिववामाङ्गवासिनी शिवा ।।

(आठ सौ)

शिशुप्रिया शिशूत्सङ्गधरा शिष्या शीतला शुकहस्ता ।

शुचि शुभलक्षणा शुभ्राम्बरधरा शुम्भदर्पहरा शूद्रा ।।

शून्या शृङ्खला शैलजा शैलवासिनी शोकनाशिनी ।

शोषणीशक्ति श्यामकुण्डला श्यामा श्रद्धा श्रद्धादायिन ।।

श्राद्धदेवता श्री श्रुति श्रुतिधरा श्रेणि ।

श्रेष्ठा श्वासोच्छ्वासगति षट्कोणा षट्चक्रक्रमवासिनी षट्चक्रभेदिनी ।।

षडरस्वादलोलुपा षड्जमध्यमधैवता संकर्षणी संस्काररूपा संस्कृति ।

सकला सती सतीमाता सत्कीर्ति सत्कृति ।।

सत्त्वसंस्था सत्परायणा सत्यधर्मपरायणा सत्यप्रिया सत्यमार्गप्रबोधिनी ।

सत्यमेधा सत्यवर्धिनी सत्या सत्यागमा सद्गति ।।

सद्भूति सनातनी सन्ध्या सन्मत्तवारणा सप्तधातुमयीमूर्ति ।

सप्तधात्वन्तराश्रया सप्तस्वरमयीतन्त्री समस्तैका सरयू सरस्वती ।।

सर्वज्ञानवतीवाञ्छा सर्वतत्त्वानुबोधिनी सर्वतीर्थमयीमूर्ति सर्वदेवमयीप्रभा सर्वधर्ममयीसिद्धि ।

सर्वमङ्गलमङ्गला सर्वमन्त्रमयीविद्या सर्वमन्त्राक्षरावलि सर्वलोकमयीशक्ति सर्वलोकैकसेविता ।।

सर्वशास्त्रवतीविद्या सर्वश्रवणगोचरा सर्वसम्पत्तिकारिणी सर्वसिद्धिप्रदाशक्ति सर्वसौख्यवतीयुक्ति ।

सर्वसौभाग्यवर्धिनी सर्वाक्षरमयीशक्ति सविषा सश्रद्धा सस्यवर्धिनी ।।

सहस्राक्षी साक्षिणी सात्त्विकी साधुजनार्चिता साध्वी ।

सामगायनी सामिधेनी सावित्री सिता सितासितप्रिया ।।

सिद्धविद्या सिद्धसरस्वती सिद्धा सिद्धिदा सिद्धिरूपा ।

सिन्दूरतिलकप्रिया सिन्दूरारुणवक्त्रा सिन्धु सुकर्णरसना सुकेशी ।।

(नौ सौ)

सुगन्धा सुगीति सुचक्रा सुचक्षु सुजन्मा ।

सुतन्तु सुदक्षिणा सुदर्शिनी सुधाकारा सुधाकारा सुधात्मिका ।।

सुधामा सुनन्दा सुनाभि सुपथाचारा सुपथ्या ।

सुपर्वा सुस्वरूपा सुबाणा सुभक्ति सुभगा ।।

सुभिक्षा सुमंगला सुमुखी सुमेधा सुरा ।

सुरारिघातिनीकृत्या सुरूपा सुरोत्तमा सुलिङ्गा सुलेखा ।।

सुलोमशा सुवर्णवर्णा सुवस्त्रा सुवृष्टि सुवेणि ।

सुव्यूहा सुशीला सुश्रोणि सुषुप्ति सुस्वरूपा।।

सुषुम्णा सुसंस्कारा सुस्तनी सुस्पर्शा सुस्पृहा ।

सुस्मिता सुस्मृति सूक्ष्मबुद्धिप्रबोधिनी सूक्ष्मा सूर्यकान्ति ।।

सूर्यवाहिनी सूर्या सृणि सेविता सेवाप्रिया ।

सेवाफलविवर्धिनी सेव्या सौदामिनी सौभाग्यदायिनी सौभाग्यसुभगाकारा ।।

सौम्या स्तनदा स्तनधारा स्तनन्धयी स्थावरा ।

स्थितिसंहारकारिणी स्थूलमार्गस्थिता स्नुषा स्पर्शवती स्मितास्या ।।

स्मृति स्रवन्ती स्रुक् स्रुवा स्वक्षा ।
स्वङ्गा स्वच्छन्दा स्वछा स्वधामा स्वप्नावस्था ।।
स्वयम्भुवा स्वरूपा स्वस्था स्वस्थानवासिनी हंसगति ।
हंसवाहना हंसी हंसोज्ज्वलशिरोरुहा हरिप्रिया हवाहना ।।
हस्तिनी हाकिनी हामाता हामाया हालक्ष्मी ।
हाविद्या हाशक्ति हिंसा ह्रींकारी ह्लादिनी ।।

(एक सहस्त्र)

७८. परिवार

दोहा॰ कुटुंब कुल कुनबा कहा, वंश स्वजन "परिवार" ।
मित्र पड़ोसी स्वजन हैं, आपस में जब प्यार ।।

जननी को "माता" कहा, परदारा भी मात ।
जनक हमारे हैं पिता, पालन कर्ता तात ।।

अन्नदाता है "पिता," भाग्यदातृ भी तात ।
विद्या दाता भी पिता, श्वसुर भी कहा तात ।।

दादी नानी मातुली, बूआ मौसी मात ।
सौतेली माँ मातु है, गुरुपत्नी है मात ।।

दूध पिलाए माता है, माता हमरी गाय ।
धरती लेती गोद में, माता वह कहलाय ।।

गीत

माता

श्लोक

माता या सर्वजीवानां बलदा च शुभप्रदा ।
तां धेनुं शिरसा वन्दे पूज्याममृतदां सदा ।।

स्थायी

हमें जनम जो देती वो माता है,

अरु दूध पिलाती वो माता है ।

अंतरा–1

पेट में पाले, लोरी गा ले,

प्यार उसी का भाता है ।

अंतरा–2

गोद में ले ले, साथ में खेले,

भार सहे भू माता है ।

अंतरा–3

कामधेनु बन, मन की मुरादें,

पूरी करे गौ माता है ।

अंतरा–4

गौरी लछमी, सिया शारदा,

जनम–जनम का नाता है ।

अंतरा–5

जनम की भूमि, धेनु जननी,

स्वर्ग से ऊँची माता है ।

अंतरा–6

कर्मभूमि जो, धर्मभूमि वो,

प्यारी भारत माता है ।

दोहा॰ "पितामह" पिता–के पिता, दादा जी कहलाय ।
"मातामह" मातापिता, नाना भी कहलाय ।।

पितामह के परम पिता, "प्रपितामह" अभिधान ।
मातामह के तात को, "प्रमातामह" शुभनाम ।।

माता की बहिना कही, "मौसी" मातुला नाम ।
बहिन पिता की को मिले, "बूआ" फूफी नाम ।।

तनय सुत सूनु "पुत्र" के, आत्मज नंदन नाम ।
तनया कन्या नंदिनी, "पुत्री" सुता सुनाम ।।

बेटे की पत्नी "बहू," वधू स्नुषा कहलाय ।

कन्यापति दामाद है, "जामाता" कहलाय ।।

"पति" को भर्ता भी कहा, स्वामी प्रियतम नाम ।
"पत्नी" को कांता कहा, भार्या दारा नाम ।।

"श्वसुर" पिया के पिता, "श्वसुरी" पति की मात ।
श्वसुर प्रिया–के–पिता, श्वसुरी पत्नीमात ।।

"देवर" पति का बंधु है, पति की बहिन "ननंद" ।
"साला" पत्नी–बंधु है, "साली" सदा पसंद ।।

सुत का सुत "पोता" हुआ, "प्रपौत्र" उसका पुत्र ।
बेटी का जो पुत्र है, नाम उसे "दौहित्र" ।।

"मामा" माताबंधु है, बहिन सुत "भागिनेय" ।
"मामी" मामा की प्रिया, मातुल सुत "मातुलेय" ।।

भाई को भैया कहा, "अग्रज" भाई ज्येष्ठ ।
भाई ही भ्राता हुआ, "अनुज" बंधु कनिष्ठ ।।

भगिनी सुत "भाँजा" हुआ, कन्या "भाँजी" नाम ।
"भतीजा" पुत्र बंधु का, कन्या "भतीजी" नाम ।।

"भाभी" पत्नी बंधु की, "जीजा" बहिना नाथ ।
स्नेह सभी से हो बना, लगाव सब के साथ ।।

गीत

माता का नाता

श्लोक

मात्रा समा कुतश्छाया माता हि परमा मतिः ।
मात्रा समा प्रिया नास्ति माता स्वर्गपरा गतिः ।।

स्थायी

माता–पिता हैं भाग्य में जिसके, वो क्यों भागे तीरथ धाम ।
माता–पिता के आशीष जिस पर, पूरण होते उसके काम ।।

अंतरा–1

माता जैसा गुरु न कोई, माता में ना गरूर कोई ।
ना ही उसमें सरूर कोई, ब्रह्मा विष्णु महेश नाम ।।

अंतरा-2

माता स्नेह की मूरत प्यारी, ईश्वर की है सूरत न्यारी ।
त्रिभुवन की है कूवत सारी, निर्मल मंगल रूप ललाम ।।

अंतरा-3

जिसके माता-पिता नहीं हैं, उसके मातंग चिता यहीं हैं ।
उसको ममता नहीं कहीं है, उसे सहारा है भगवान ।।

अंतरा-4

माता दुर्गा लक्ष्मी सुनाम, माता को निश-दिन हो प्रणाम ।
जग में सुंदर तीन हैं नाम, मातु पिता अरु हरि घनश्याम ।।

७९. प्रकृति परिवार

(प्रकृति परिवार)

दोहा॰ "प्र" प्रत्यय उत्तम कहा, "कृति" का माने काम ।
करती उत्तम कार्य जो, "प्रकृति" उसका नाम ।।

दुर्गा राधा लक्ष्मी, सरस्वती हैं चार ।
गायत्री है पाँचवी, प्रकृति का परिवार ।।

और पाँच हैं देवियाँ, प्रकृति जिनका काम ।
गंगा तुलसी वसुंधरा, काली स्वाहा नाम ।।

तुलसी को वृंदा कहा, वृंदावनी सुनाम ।
पुष्पितमाया, नंदिनी, कृष्णजीवनी नाम ।।

८०. श्री गणेश सहस्त्रनामावलि

गीत

मंगल वंदन

खयाल : राग यमन, तीन ताल 16 मात्रा

स्थायी

मंगल वन्दन सुमिरण प्यारे,

सुखकर गान गणेश तुम्हारे ।

अंतरा–1

गणपति बाप्पा परम पियारे,

गण नायक विघ्नेश दुलारे ।

अंतरा–2

निहार सुंदर काम सुखारे,

भगतन आते चरण तिहारे ।

आदि गणों का ईश है, जाना गया गणेश ।

माता जिसकी पार्वती, उसके पिता महेश ।।

पूजित सबसे प्रथम हों, गणेश श्री विघ्नेश ।

सर्व कार्य फिर सिद्ध हैं, स्मरण रहे संदेश ।।

नाम सहस्र गणेश के, विना छुटे लवलेश ।

वर्णानुक्रम से सभी, कहे हमें सिद्धयेश ।।

गजानन श्रीगणेश के, सुनलो सहस्र नाम ।

वर्णानुक्रम से दिए, सुगम हुआ है काम ।।

(गणेश के सहस्र नाम)

आदिपूज्य आम्बिकेय एकदन्त गंगाम्बुसुन्दर गंगाजलप्रणयवत् ।

गंगाजलरसास्वादचतुर गंगाजलावगाहनपर गंगातीरविहार गंगाधर गंगाधरगुरु ।।

गंगाधरध्यानपरायण गंगाधरप्रिय गंगाधरभयापह गंगाधरराध्य गंगाधरस्तुत ।

गंगाधरेष्टवरद गंगानिरत गंगाप्रिय गंडगुंजन्मधुव्रत गंडस्थलगलद्दानमिलन्मत्तालिमण्डित ।।

गंता गंभीर गंभीरगतिशोभन गंभीरगुणसंपन्न गंभीरनाभि ।

गंभीरलोचन गंभीरस्वर गकारबीजनिलय गच्छ गच्छगर्वघ्नि ।।

गच्छगुरु गच्छचर गच्छत्राणकृतोद्यम गच्छधाता गच्छनायक ।

गच्छपति गच्छप्रभु गच्छप्रिय गच्छप्रियकृतोद्यम गच्छभर्ता ।।

गच्छमर्यादाप्रतिपालक गच्छराज गच्छराजनमस्कृत गच्छवन्द्य गच्छातीतगुण ।

गच्छेशाय गजकर्ण गजकुंभ गजकुलप्रवर गजकेतु ।।

गजगर्जकभंजक गजगर्जित गजगर्जितकुञ्जर गजच्छद्मी गजत्राता ।

गजदंत गजदंतधर गजदैत्यघ्नि गजध्वनि गजपति ।।

गजपुंगव गजपुष्टिप्रद गजप्रभु गजप्राण गजमत्त ।
गजमय गजमाय गजमुख्य गजयायी गजयूथस्थ ।।

गजयूथोद्धुरध्वनि गजराज गजराट् गजरूपधर गजवंद्य ।
गजवर गजवेषभृत् गजश्री गजसेतु गजसेव्य ।।

गजहेतु गजाकृति गजाग्रस्थ गजाजय गजाधर ।
गजाधिप गजाधीश गजाध्यक्ष गजानन गजाननाय ।।

गजामयहर गजाय गजासुरजयोद्धुर गजेंद्र गजेश ।
गजोत्पत्ति गणंजय गण गणक गणकप्रणयोत्सुक ।।

(एक सौ)

गणकप्रवणस्वान्त गणकश्लाघ्य गणकेतु गणकेलिपरायण गणक्रीड ।

गणख्यात गणगर्जितसंतुष्ट गणगर्भस्थ गणगर्वपरिहर्ता गणगीत ।।

गणगुरु गणगोप्ता गणगौरवद गणग्राही गणचर ।

गणजित् गणज्येष्ठ गणत्राता गणदुःखप्रणाशन गणदेव ।।

गणदैवत गणध्याता गणनमस्कृत् गणनाथ गणनायक ।

गणनार्ह गणप गणपति गणपाल गणपालनतत्पर ।।

गणप्रणयतत्पर गणप्रथित गणप्रद गणप्रभु गणप्रवणमानस ।

गणप्राज्ञ गणप्राण गणप्रिय गणप्रियरतोनित्य गणप्रियसखा ।।

गणप्रियसुहृद् गणप्रीतिप्रमतन गणप्रीतिविवर्धन गणप्रीत्यपहारक गणप्रेष्ठ ।

गणप्रौढ गणबंधु गणभर्ता गणभीतिहर गणभूति ।।

गणमण्डलमध्यस्थ गणमान्य गणमूर्ति गणमूर्धाभिषिक्त गणरक्षणकृति ।

गणराज गणवर गणवल्लभमूर्ति गणवीत गणश्रीद ।।

गणश्रेष्ठ गणसर्वस्वदायक गणसुहृद् गणसेतु गणसेन ।

गणसैन्यपुरःसर गणसौख्यप्रद गणस्तुत गणस्वच्छंदग गणस्वामी ।।

गणहित गणहेतु गणागणपरित्राता गणागणवरप्रद गणागणानुग्रहभुव ।

गणाग्रग गणाग्रण्य गणाग्र्य गणाङ्ग गणादिहरणोदर ।।

गणाधिप गणाधिराज गणाधीश गणाध्यक्ष गणानुग्रहकारक ।

गणाभीष्टकर गणाराध्य गणार्चितांघ्रियुगल गणाश्रय गणित ।।

गणितप्रज्ञ गणितागम गणितागमसारविंद गणेश गणेश्वर ।

गणेष्ठद गणैकराज गणोच्छ्र्य गणोत्कट गणोद्यत ।।

(दो सौ)

गण्डगलद्दान गण्य गण्यनाम्न गतकंपितमूपृष्ठ गतकल्मष ।

गतक्रोध गतक्लमष गतग्लानि गतज्वर गततत्वार्थसंशय ।।

गतत्कुष्ठिसुखप्रद गतत्रास गतदर्प गतदुःख गतदुष्टविचेष्टित ।

गतदुष्टाशय गतदैन्य गतदोष गतभय गतभव ।।

गतभी गतभ्रय गतमान गतमाया गतम्लान ।
गतरुष गतलग्नमहानाग गतविद्वेष गतव्यथ गतशत्रु ।।

गतसंकल्प गतसंसारबंधन गतसर्वविकार गतस्तैन्य गतस्मय ।
गतागतनिवारक गताज्ञान गतापाय गताप्रिया गताभाव ।।

गतापद गतामय गतार्त गतालस गताविद्या ।
गताश्रम गताश्रया गतासुहृद् गताहंहारसंचार गताहित ।।

गतीश्वर गतेःपर गतोन्मद गदगर्वप्रणाशन गदग्रस्तपरित्राता ।
गदघ्नि गददर्पघ्नि गदर्चिष् गदाडंबरखण्डक गदाधर ।।

गदाधरजयप्रद गदाधरार्चितपद गदापह गदापाणि गदायुद्धविशारद ।
गदायुध गद्य गद्यपद्यविद्याविवेचक गद्यमय गनवित्प्रिय ।।

गनैकदृश् गनैकभुवन गन्ध गन्धक गन्धमत्त ।
गन्धमातङ्ग गन्धमादनकेलिकृत् गन्धमादनसंवास गन्धर्व गन्धर्वकुलदैवत ।।

गन्धर्वगणसंसेव्य गन्धर्वगणसंस्तुत गन्धर्वगानश्रवणप्रणयी गन्धर्वगीतचरित गन्धर्वत्राणसन्नद्ध ।
गन्धर्वप्रणयोत्सुक गन्धर्वप्रवणस्वान्त गन्धर्वप्रियकृत् गन्धर्वप्रीतिपालक गन्धर्वप्रीतिवर्धन ।।

गन्धर्वभयहारक गन्धर्वभाजन गन्धर्वराज गन्धर्ववरदर्पघ्नि गन्धर्ववरदायक ।
गन्धर्वविद्यातत्वज्ञ गन्धर्वसंशयच्छेता गन्धर्वसमरक्षम गन्धर्वस्त्रीभिराराध्य गन्धर्वाभयद ।।

(तीन सौ)

गन्धर्वार्चितपादाब्ज गन्धलुभ्यन्मधुव्रत गन्धानुलिप्तसर्वाङ्ग गपवदन गयाक्षेत्र ।
गयाक्षेत्रनिवासकृत् गयातीर्थफलाध्यक्ष गयानाथ गयामय गयायात्राफलप्रद ।।

गयावास गयावासिनमस्कृत गयावासिस्तुत गयासुरवरप्रद गयासुरशिरश्छेता ।
गरदमर्दक गरसंतापशमन गरिष्ठ गरिष्ठदृश् गरीयस् ।।

गर्ग गर्गऋषि गर्गगीतप्रसन्नात्मा गर्गग्लानिहर गर्गदेव ।
गर्गनमस्कृत गर्गप्रिय गर्गप्रिय गर्गभीतिहर गर्गमानप्रद ।।

गर्गवरद गर्गवर्गपरित्राता गर्गश्रमनुद् गर्गसंस्तुत गर्गसङ्गत ।
गर्गसन्मानभाजन गर्गसिद्धिप्रदायक गर्गाचार्य गर्गानन्दकर गर्गारिभञ्जक ।।

गर्जत् गर्जत्प्रलयांबुदनिःस्वन गर्जद्गुणसेन गर्जन्नागयुद्धविशारद गर्जन्मधुप ।
गर्जितत्रातविष्टप गर्जितोज्झितदैत्यासी गर्भगर्वनुद् गर्भगोप्ता गर्भगौरवसाधनाय ।।

गर्भत्राता गर्भद गर्भधर गर्भपुष्टिकर गर्भप्रद ।
गर्भमय गर्भरूप गर्भशोकनुद् गर्भसन्तोषसाधक गर्भागमनसंभूति ।।

गर्भाधार गर्भापद्विनिवारक गर्भामयनिवारक गर्भाश्रयाय गर्वनुद् ।
गर्वमर्दी गर्विगर्वनुद् गलत् गलत्कुष्ठिव्यथाहन्त्रा गवांगोप्ता ।।

गवांनाथ गवांपति गवांप्रिय गविगर्वहर गविभयहरि ।
गविरक्षणसन्नद्ध गविसंपत्तिसाधक गवी गवीशान गवीश्वर ।।

गव्यप्रिय गाढगंगाजलोद्वह गाढनिर्वृत्तिसाधक गाढप्रज्ञ गाढप्रत्यर्थिसैन्य ।
गाढांग गाढानुग्रहतत्पर गाढानुराग गाढावगाढजलधि गाढाश्लेषरसाभिज्ञ ।।

गात्र गानकुशल गानकृति गानगम्य गानगेय ।
गानचक्षुष् गानचतुर गानज्ञ गानज्ञानपरायण गानतत्त्वविवेचक ।।

(चार सौ)

गानतानदानविमोहित गानताननत गानधर गानध्याता गानध्यानपरायण ।
गानध्येय गानपटु गानपर गानपेशल गानप्रणयवत् ।।

गानप्रवणचेतन गानप्राण गानबुद्धि गानभुव् गानभूति ।
गानभूमि गानभूषण गानभ्राजत्स्वभाव गानमत्त गानमय ।।

गानमानवत् गानरस गानरुचि गानलय गानलीला ।
गानवत्प्रणय गानवन्मानद गानविज्ञानसंपन्न गानविद् गानविद्याविशारद ।।

गानविद्याविशोधक गानशाली गानशील गानश्रवणलालस गानश्लाघी ।
गानसमुद्र गानसिंधु गानसीम्न् गानहृष्ट गानांग ।।

गानांगज्ञानवत् गानांतरात्मा गानागमज्ञा गानाढ्य गानाधार ।
गानाधीश गानाय गानायत्त गानाहितघ्न गानेन्द्र ।।

गानैकभूतिमत् गानोज्ज्वल गानोत्सुक गानोत्सुकमनस् गायक ।
गायकत्रासघ्न गायकप्रणयी गायकप्रथम गायकप्रवणस्वांत गायकप्रियद ।।

गायकवराय गायकांतरसंचार गायकाधीनविग्रह गायकाभयदायक गायकेश ।

गायकेष्टफलप्रद गायकोत्कटविघ्नघ्न गायकोद्गीतसंप्रीत गायन्मधुव्रतलसत्कट गिरिप्रिय ।।

गिरिराजगुहाविष्ट गिरिराजजयप्रद गिरिराजनमस्कृत गिरिराजप्रपालक गिरिराजसुखावह ।
गिरिराजसुतासून गिरिराजाभयप्रद गिरिराजार्चितपद गिरिराजेष्टवरद गिरिव्रजचर ।।

गिरिव्रजवनस्थायी गिरीशज गिरीशान गिरीशायी गिरीश्वर ।
गिर् गीःप्रसन्न गीत गीतकीर्ति गीतकृति ।।

गीतगुण गीतगोत्र गीतग्रहणोत्सुकमानस गीतचंचुर गीततत्व ।
गीततत्वार्थकोविद गीतनाम्न गीतप्रणयी गीतप्रभु गीतप्रवणचेतन ।।

(पाँच सौ)

गीतप्रसन्न गीतभूत गीतमय गीतलीन गीतलोल ।
गीतवाद्यपटु गीतविघ्नविनाशन गीतविशारद गीतसंशयसंछेता गीतसङ्गीतशासन ।।

गीतसार गीतस्पृह गीतस्फीति गीतागीतविवेकज्ञ गीतातत्व ।
गीतात्मा गीताप्रिय गीतार्थज्ञाय गीतार्थतत्वविद् गीताविगतसंज्वर ।।

गीताश्रय गीतासक्त गीतैकदृश् गीरसंज्ञ गीरात्मा ।
गीर्देव गीर्देवीगीतसद्गुण गीर्भु गीर्भूमि गीर्वाण ।।

गीर्वाणगणपालक गीर्वाणगणसङ्गीत गीर्वाणगणसेवित गीर्वाणगर्वनुद् गीर्वाणगीतचरित ।
गीर्वाणगोत्रप्रवर गीर्वाणगोप्ता गीर्वाणधाम्न गीर्वाणपुष्टिद गीर्वाणप्रणय ।।

गीर्वाणप्रथित गीर्वाणप्रयुतत्राता गीर्वाणप्राणद गीर्वाणप्रियकर्ता गीर्वाणबलद ।
गीर्वाणभयनाशकृत् गीर्वाणमदसंहर्ता गीर्वाणवरदाता गीर्वाणवरदायक गीर्वाणव्यसनापत्न ।।

गीर्वाणशरण गीर्वाणसुन्दर गीर्वाणसेवितपद गीर्वाणागमसंपत्ति गीर्वाणागमसारविद् ।
गीर्वाणानीकरक्षक गीर्वाणारातिसूदन गीर्वाणार्तिहर गीष्पति गीष्प्रिय ।।

गीष्प्रियङ्कर गुड गुडभुग्गण्य गुडभुज गुडलड्डुभुज ।
गुडाकेश गुडाकेशवरप्रद गुडाकेशसख गुडाकेशसहाय गुडाकेशार्चितपद ।।

गुडाप्रिय गुडाशन गुण गुणकल गुणकृतिधर ।
गुणकृत् गुणगर्वधर गुणगुरु गुणगूढचर गुणगोप ।।

गुणगौर गुणगौरव गुणगौरवदात् गुणचक्रचर गुणज्ञ ।
गुणज्येष्ट गुणतत्त्वविवेक गुणत्रयविभगकृत् गुणदक्षिणतत्त्वविद् गुणदक्षिणसौहार्द ।।

गुणदाता गुणदायी गुणदूरग गुणधाता गुणप ।
गुणपारदृश् गुणपालक गुणपूर्ण गुणप्रचारी गुणप्रज्ञ ।।

(छह सौ)

गुणप्रणतपादाब्ज गुणप्रभु गुणप्रवणवर्धन गुणप्रवणसंतुष्ट गुणप्रविष्ट ।

गुणप्राज्ञ गुणप्राण गुणप्रिय गुणबंधन गुणबंधु ।।

गुणबांधव गुणभाज् गुणभुज् गुणभुव गुणभृत् ।
गुणभोधय गुणमण्डित गुणमय गुणयायी गुणयुज् ।।

गुणवच्चक्रसंचार गुणवच्छत्रुसूदन गुणवत् गुणवत्कीर्तिवर्धन गुणवत्कुलविद्वेषी ।
गुणवत्गुणसंतुष्ट गुणवत्पूजितपद गुणवत्पोषणकर गुणवत्प्रणवस्वांत गुणवत्प्रतिपालक ।।

गुणवत्प्रीतिद गुणवत्सिद्धिदाता गुणवद्गुणचित्तस्थ गुणवद्गुणभूषण गुणवद्गुणरक्षण ।
गुणवद्गौरवप्रद गुणवद्धद्धसौहृद गुणवद्रक्षणपर गुणवद्रचितद्रवाय गुणवद्वरदाय ।।

गुणवात्प्रणयप्रियाय गुणवीक्षणालालसाय गुणशरीर गुणशाली गुणश्रेष्ठ ।
गुणसंघ गुणसंघसख गुणसंचयसुंदर गुणसंचारचतुर गुणसंपन्न ।।

गुणसंपूज्य गुणसंबोधन गुणसंवृतचेतन गुणसंस्कृतसंसार गुणसृष्टजगत्संग ।
गुणस्थायी गुणस्रष्टा गुणहारी गुणहीनपराङ्मुख गुणहृततनु ।।

गुणहृद्य गुणाकर गुणागुणवपुष् गुणागुणविवेककृत् गुणाग्रय ।
गुणातीत गुणाधार गुणाधीश गुणानन्दितमानस गुणालय ।।

गुणालय गुणावतार गुणाश्रय गुणिगीत गुणिस्तुतगुण ।
गुणी गुणीकृतचराचर गुणेश गुणेशान गुणेश्वर ।।

गुणैकदृश् गुणैकभुव गुणैकराज गुणोज्वल गुणोत्कट ।
गुण्य गुप्त गुरु गुरुकांति गुरुकीर्ति ।।

गुरुकुलस्थायी गुरुक्रम गुरुगर्जित गुरुगर्जितसंपूर्णब्रह्माण्ड गुरुगर्वनुद् ।
गुरुगर्वहर गुरुगल गुरुगुण गुरुगौरवदायी गुरुजंघ ।।

(सात सौ)

गुरुतंत्र गुरुतत्त्वार्थदर्शन गुरुदर्पघ्न गुरुदृश् गुरुदैत्यगलच्छेत्र ।
गुरुदैत्यप्राणहर गुरुदैत्यापहारक गुरुदैवत गुरुद्युति गुरुद्रोहपराङ्मुख ।।

गुरुधर्मधर गुरुधर्मधुरंधर गुरुधर्मनिकेतन गुरुधर्मसदाराध्य गुरुधर्माग्रण्य ।
गुरुपाखंडखंडक गुरुपीनांस गुरुपुत्रपरित्राता गुरुपुत्रप्राणद गुरुपुत्रप्रियसख ।।

गुरुपुत्रभयापह गुरुपुत्रवरप्रद गुरुपुत्राधिनाशन गुरुपुत्रार्तिशमन गुरुपूजित ।
गुरुप्रज्ञ गुरुप्रण गुरुप्रणयलालस गुरुप्रथ गुरुप्रभा ।।

गुरुप्रवर गुरुप्रसन्नमूर्ति गुरुप्रिय गुरुप्रेष्ठ गुरुबाहुबलोच्छ्रय ।
गुरुभक्तिपरायण गुरुभाल गुरुभीत्यपहारक गुरुभुजा गुरुमन्त्र ।।

गुरुमन्त्रफलप्रद गुरुमहत् गुरुमानप्रदायक गुरुमाया गुरुमुख्य ।
गुरुराजसुखप्रद गुरुराभा गुरुलक्षणसंपन्न गुरुवक्षस् गुरुविक्रम ।।

गुरुविक्रमसंचार गुरुविज्ञानविभव गुरुविद्य गुरुशापविमोचक गुरुशासनपालक।
गुरुशास्त्रकृतोद्यम गुरुशास्त्रविचारज्ञ गुरुशास्त्रार्थनिलय गुरुशास्त्रालय गुरुशुण्ड ।।

गुरुश्री गुरुश्रेष्ठ गुरुश्लाघापर गुरुसंतापशमन गुरुसंशयभेत्ता।
गुरुसंसारदुःखभद् गुरुसंसारसुखद गुरुसैन्य गुरुस्कन्ध गुरुस्तुत ।।

गुरुस्त्रीगमनदोषप्रायश्चित्तनिवारक गुरूदरश्रेणि गुरोर्गुरु गुह गुहप्रीतिकर।
गुहाग्रज गुहाशय गुहाशायी गुहेहापूरक गूढ ।।

गूढगुल्फ गृत्स गृत्समद गृत्समदाभीष्टवरप्रद गेय।
गेयगुण गेयचरित गेयतत्वविद् गोकश्मलनिवर्तकाय गोकष्टसंत्राता ।।

गोकुलवर्धन गोगणाधीश गोचर गोचरप्रीतिवृद्धिकृत् गोचराध्यक्ष।
गोजयप्रद गोजायुतबल गोत्र गोत्रकेतु गोत्रत्राणकर ।।

(आठ सौ)

गोत्रदेवता गोत्रपति गोत्रपालक गोत्रप्रपालक गोत्रप्रभु।
गोत्रप्रिय गोत्रभयापह गोत्रभिच्छत्रुसूदन गोत्रभित्त्राता गोत्रभित्पूजितपद ।।

गोत्रभित्प्राणनिलय गोत्रभित्प्रीतिद गोत्रभित्सैन्यनायक गोत्रभिद् गोत्रभिद्गीतचरित।
गोत्रभिद्गोपनपर गोत्रभिद्भयसंहर्त्रा गोत्रभिद्राज्यरक्षक गोत्रभिद्वरदायक गोत्रभिद्वरदायी ।।

गोत्रभिन्मानदायक गोत्रभू गोत्रविख्यातनाम्न गोत्रविद् गोत्रवृद्धिकर।
गोत्रसेतु गोत्रहेतु गोत्रातिनाशन गोत्राधिपप्रिय गोत्रापुत्रप्रीत ।।

गोत्री गोत्रेशपूजित गोत्रोद्धारपर गोद गोदुह।
गोदोग्ध्र गोधन गोधनवर्धन गोधुग्गणप्रेष्ठ गोप ।।

गोपगोप गोपगोपीसुखावह गोपति गोपयःप्रिय गोपवर।
गोपाल गोपालप्रियदर्शन गोप्रद गोभर्त्रा गोभृत् ।।

गोमी गोलक गोलोक गोवर्धन गोष्ठ।
गोष्ठपति गोष्ठप्रिय गोष्ठमय गोष्ठामयनिवर्तक गोष्ठाश्रयाय ।।

गोसंतापनिवर्तक गोसहस्त्र गोसुखावह गौण गौणसर्वसंसारचेष्टित।
गौणसुखदुःखोदय गौतम गौतमप्रणयप्रह्व गौतमाधिविनाशन गौतमापत्परिहर ।।

गौतमाभयदायक गौतमाभीष्टवरद गौतमाश्रमदुःखघ्न गौतमीतीरसंचारी गौतमीतीर्थदायक।
गौतमीनाथ गौतमीप्राणवल्लभ गौर गौरकीर्ति गौरगुण ।।

गौरच्छवय गौरप्रकाश गौरभानु गौरभानुखंडावतंसभृत् गौरभानुत्रासापहारक।
गौरभानुपरित्राता गौरभानुप्रभु गौरभानुप्रिय गौरभानुमत्प्राणनाशन गौरभानुवरप्रद ।।

गौरभानुसख गौरभानुसुत गौरभाव गौरभावन गौरभैरव।

गौरवधर्मधर गौरववर्धन गौरात्मा गौरीगणेश्वर गौरीतेजःसमुत्पन्न ।।

(नौ सौ)

गौरीप्रणय गौरीप्रवण गौरीप्रियपुत्र गौरीमनोवाञ्छितसिद्धिकृत् गौरीवरप्रद ।
गौरीशनन्दन गौरीस्तनंधय गौरीहृदयनन्दन ग्रंथ ग्रंथतत्वविवेचक ।।

ग्रन्ताधीनक्रिय ग्रन्थकर ग्रन्थकार ग्रन्थकारमान्य ग्रन्थकृत् ।
ग्रन्थकृत्पूजित ग्रन्थकृद्वरदाता ग्रन्थकेतु ग्रन्थगीत ग्रन्थगीतगुण ।।

ग्रन्थगुणविद् ग्रन्थगेय ग्रन्थग्रथनलालस ग्रन्थग्रन्थिद ग्रन्थग्राही ।
ग्रन्थज्ञ ग्रन्थदृशे ग्रन्थपरायण ग्रन्थपारङ्गम ग्रन्थपारायणपर ।।

ग्रन्थपूज्य ग्रन्थप्रणयतत्पर ग्रन्थप्रणेता ग्रन्थप्रवणसर्वाङ्ग ग्रन्थप्रसारक ।
ग्रन्थप्रिय ग्रन्थभूमय ग्रन्थभ्रमनिवारक ग्रन्थवक्ता ग्रन्थवन्दित ।।

ग्रन्थविग्रह ग्रन्थविघ्नघ्न ग्रन्थविज्ञान ग्रन्थश्रमज्ञ ग्रन्थश्रवणलोलुप ।
ग्रन्थसंदर्शशोधक ग्रन्थसंदेहभंजक ग्रन्थसंशयसंछेदी ग्रन्थसञ्चारी ग्रन्थसेवत् ।।

ग्रन्थसौहृद ग्रन्थहेतु ग्रन्थांग ग्रन्थादि ग्रन्थादिपूजित ।
ग्रन्थानुग्रहदायक ग्रन्थानुरक्त ग्रन्थान्तरात्मा ग्रन्थारंभस्तुत ग्रन्थार्थतत्त्वविद् ।।

ग्रन्थार्थपण्डित ग्रन्थार्थगारदृश् ग्रह ग्रहकृत् ग्रहकेतवे ।
ग्रहगर्वघ्न ग्रहगीतगुण ग्रहगोप्ता ग्रहण ग्रहत्राता ।।

ग्रहदैवत ग्रहपति ग्रहपीडाप्रणाशन ग्रहभर्ता ग्रहवन्दित ।
ग्रहश्रेष्ठ ग्रहष्ठायनम ग्रहस्तुत ग्रहाग्रग ग्रहाग्रगण्य ।।

ग्रहाध्यक्ष ग्रहाराध्य ग्रहाश्रय ग्रहेश ग्रहेशान ।
ग्रहेश्वर ग्रहोत्कट दुण्ढि द्वैमातुर द्विमातृज ।।

भनानिनंदन लंबोदर वक्रतुण्ड विघ्नहर विघ्नेश ।
विनायक शूर्पकर्ण सिद्धिविनायक हस्तिमुख हेरम्ब ।।

(एक सहस्र)

७. ब्रह्माण्ड महापुराण

८९. सर्ग

(लोमहर्षण ऋषि)

दोहा॰ बहुत पुरानी बात है, धृष्टवती के तीर ।
नैमिषारण्य भूमि है, अमृत जिसका नीर ।।

शौनक ऋषि का धाम है, जाना पुण्य महान ।
लोमहर्षण वहाँ चले, देने पुराण ज्ञान ।।

स्वयं वायु ने जो दिया, श्री ब्रह्माण्ड पुराण ।
उसी शास्त्र पर आज है, परायण का दान ।।

पद अठारह सहस्त्र हैं, भाग किए हैं तीन ।
पूर्व-मध्य-उत्तर सभी, सुनने में हैं लीन ।।

इकहत्तर अध्याय में, पुराण के हैं श्लोक ।
सुनने को यह ज्ञान हैं, आतुर तीनों लोक ।।

(सर्ग)

दोहा॰ पहले प्रवचन सर्ग पर, हुआ सहित विस्तार ।
जिसमें जंबूद्वीप का, कहा गया आकार ।।

श्री ब्रह्माण्ड पुराण में, कहे कल्प तैंतीस ।
मिलाय वराह कल्प को, नाम हुए चौंतीस ।।

भव भुव तप भव रंभ ऋतु, क्रतु वन्हि हव्यवहन ।
सवित्र भुव उषिक कुषिक, गंधार ऋषभ षड्ज; ।।

मार्जल मध्यम वैराज, निषद पंचम मेघ ।
चिंतक अकुती विज्ञती, मन भव वृहत श्वेत; ।।

रक्त पितावश सीता, चौंतीसवाँ वराह ।
वर्तमान यह कल्प है देता जो उत्साह ।

षड्ज कल्प में छह बने, ऋतु शिशिर वसंत ।

ग्रीष्म वर्षा शरत् और, ठंढा ऋतु हेमंत ।।

८२. अट्ठाईस व्यास

(नामावली)

दोहा॰   हर मन्वंतर में नए, आते हैं वेदव्यास ।
इस मन्वंतर में हैं हुए, वेद व्यास अट्ठाईस ।।

मुक्तक॰   नाम अट्ठाईस व्यास के,
श्वेत सत्य सूत्र अंगिरा,
सविता मृत्यु शतक्रतु वसिष्ठ,
सारस्वत त्रिधर्मा त्रिवृत्त शततेज,
धर्मनारायण शूररक्षण आरुणि योशज्ञ,
कृतंजय ऋतंजय मद्रध्वज वचश्रव,
वाचस्पति शुक्लायन तृणबिंदु वृक्ष,
शक्तृ पराशर जातुकर्ण कृष्णद्वैपायन ।।

८३. जंबूद्वीप

दोहा॰   सुंदर जंबूद्वीप है, पर्वत सरित अरण्य ।
हरित पादप नील नीर, माटी रंग हिरण्य ।।

जंबू जग का मध्य है, समुद्र चारों ओर ।
शिखर गगन को चूमते, खड़े यूप की तौर ।।

(पर्वत)

दोहा॰   पर्वत माले छह कहीं, गिरिवर विशालकाय,
मुख्य हिमालय है कहा, बर्फाच्छादित श्वेत,
सूर्य किरण से रत्न सा, चमके उसका अंग ।।

मुक्तक॰   हेमकूट गिरि दूसरा, माटी सुवर्ण रंग ।
जंबूद्वीप के मध्य में, खड़ा सुमेरु स्तंभ,
सुवर्ण काया में मिली, लाल छटा है संग ।।
नील पर्वत अरवली,

पर्वतमाल विंध्य की, सातपुड़ा का अंग ।
सह्याद्री प्राचीन है, दो शाखाओं संग ।।

(वन)

दोहा॰ सुमेरु गिरि के पूर्व में, निविड चित्ररथ वन ।
दक्षिण में जो विपिन है, नाम उसे नंदन ।।

पश्चिम में विभ्रज घना, उत्तर में सावितृ ।
उपवन विपिन निकुंज ये, जाने गए पवित्र ।।

(सरोवर)

दोहा॰ सभी वनों में है बने, निर्मल जल तालाब ।
जिनमें शीतल नीर है, जिसका नहीं हिसाब ।।

मेरु शैल के पूर्व में, तड़ाग है अरुणोद ।
दक्षिण में मानस बना, प्रतीची में सितोद ।।

उत्तर दिश में है बड़ा, महाभद्र तालाब ।
जिसमें खिलते पद्म हैं, जिनका रंग गुलाब ।।

(शिखर)

मुक्तक॰ प्राची में अरुणोद के, शिखर अनेक महान,
शीतांत कुमुज सुवीर, मनिशैल ऋषभ महानील,
रुचक सुविंदु मंदार, वेणुमन सुमेधा निषद ।

दक्षिण में मानस झील के, त्रिशिरा शिशिर कलिंग,
पतंग किचक सनुमान, श्वेतोदर ताम्रभ्र विशाख,
समूल विषधर रत्नधर, एकषृंग महामूल गज,
पिशाचक पंचशैल केलास ।।

पश्चिम में सितोद के, सुवघ शिखी कला कपिल,
पिंगल रुद्र सुरसा कुमद, मधुमन अंजब मुकुट कृष्ण,
पंधर सहस्त्रशिखर परिपत्र त्रिश्रृंग ।।

उत्तर में महाभद्र के, ऋषभ शकुन्त हंस नाग,
कपिल इंद्र सानुमान नील, कनक श्रृंग पुष्पक मेघ,

शतश्रृंग विराज जरुधि ।।

शीतांत गिरि के पास हैं, शिखर विविध हैं तुंग,
महानील सुनाग वेणुमन, कारंज वसुधर रत्नधातु,
गजशैल सुमेध हेमकक्ष, तम्रभ हरिकूट हेमश्रृंग ।।

(पावन धाम)

मुक्तक॰ शीतांत गिरि पर इंद्र का, निवास है अभिराम ।
परिजात के वृक्ष के, उद्यान हैं ललाम ।।
महानीला पर रहते किन्नर, सुनाग पर रहते दैत्य,
वेणुमान पर रहते विद्याधर, कारंज पर गरुड़ ।
वसुधर पर रहते वसु, रत्नधातु पर रहते सप्तर्षि,
गजशैल पर रहते रुद्र, सुमेध पर आदित्य ।
हेमकक्ष पर रहते गंधर्व, हेमश्रृंग पर रहते ब्रह्मा,
शतश्रृंग पर रहते यक्ष, हरिकूट पर विष्णु धाम ।।

(कैलास)

दोहा॰ शिव जी का जो धाम है, पर्वत वह केलास ।
पवित्र सुंदर भूमि है, जहाँ उमा का वास ।।

शिवने गौरी से यहाँ, शुभ था किया विवाह ।
मनहर गिरि कैलास था, यथा उमा की चाह ।।

कैलासा के बीच से, बहती गंगा धार ।
खिलते हैं उस नीर में, कमल नील-रतनार ।।

बहता है कैलास से, अलकनंदिनी स्त्रोत ।
नंदा सरिता साथ में, जिनमें तरते पोत ।।

८४. भारतवर्ष

(नौ वर्ष)

मुक्तक॰ नौ वर्षों में है बँटा, विशाल जंबूद्वीप ।
केतुमालवर्ष, भद्राश्ववर्ष, कुरुवर्ष,
हिरण्वनवर्ष, रम्यकवर्ष, इलावृतवर्ष,

हरिवर्ष, किंपुरुषवर्ष, भारतवर्ष ।।

(भारतवर्ष)

दोहा॰ दक्षिण में हिमवर्ष के, स्थापित है जो देश ।
सागर तक विस्तीर्ण है, "भारतवर्ष" प्रदेष ।।

वामे च दक्षिणे यस्या रत्नाकरोस्ति पादयोः ।
हिमाद्रिर्मुकुटो शुभ्रो, वन्दे भारतमातरम् ।।

राधा सीता सुकन्यासु कालीन्दिर्जाह्नवी तथा ।
नर्मदा ब्रह्मपुत्री च, वन्दे भारतमातरम् ।।

रामकृष्णौ सुपुत्रेषु भीमार्जुनौ च मारुतिः ।
वाल्मीकिः पाणिनिर्व्यासो, वन्दे भारतमातरम् ।।

परस्त्री मातृवद्यत्र परकन्या स्वकन्यका ।
आत्मवच्च परा जामिः, वन्दे भारतमातरम् ।।

यत्र पत्नी महालक्ष्मी पतिश्च परमेश्वरः ।
सुता रत्नं सुतः सिंहः, वन्दे भारतमातरम् ।।

वाङ्मये वेदवेदाङ्गे, रामायणं च भारतम् ।
पञ्चतन्त्रं निघण्टुश्च, वन्दे भारतमातरम् ।।

भूमिः स्वर्णमया यत्र, जलममृतवत्तथा ।
वायौ च सौरभं यस्या, वन्दे भारतमातरम् ।।

कर्मभूमिं, धर्मभूमिं, रणभूमिं, तपोधराम् ।
पुण्यभूमिं, मातृभूमिं, वन्दे भारतमातरम् ।।

दोहा॰ हिमगिरि सिर पर मुकुट है, पग में सागर तीर ।
गंगा जमुना नर्मदा, मंगल अमृत नीर ।।

वन्दे भारत मातु को, पूर्ण भक्ति के साथ ।
सादर शीश झुकाइके, जोड़ूँ दोनों हाथ ।।

जग में सबसे पूज्य जो, पावन भूमि महान ।

उसके जन सौजन्य से, जाना धन्य जहान ।।

ब्रह्मा विष्णु महेश जी, ऋषि-मुनि जन का देश ।
वाङ्मय वेद पुराण का, रचना कियो गणेश ।।

दुर्गा राधा जानकी, जिनकी भारत मात ।
राम कृष्ण हनुमान हैं, सुपुत्र जिसके ज्ञात ।।

मिट्टी सोना है जहाँ, जल है अमृत धार ।
ऐसे भारत देश को, कीन्हा है करतार ।।

पर महिला मानी जहाँ, कन्या बहिना मात ।
अन्य पुरुष भाई जहाँ, पुत्र, पिता या तात ।।

पुण्य भूमि यह भारती, कर्मभूमि है नाम ।
मातृभूमि यह वंद्य है, स्वर्गभूमि सम धाम ।।

(पर्वत)

मुक्तक० महान पर्वत हैं यहाँ,
हिमालय ऋक्ष अरवली विंध्य, सह्याद्री शुक्तिमान महेंद्र ।

(नदियाँ)

मुक्तक० चली हिमालय से नदी, गंगा यमुना सरस्वती,
शतद्रु विपासा इरावती, चंद्रभागा सरयु यमुना,
देविका कुहु गोमती, धूतपापा बहुदा धृष्टवती,
कौशिकी त्रितीया निश्चिरा, गंडकी इक्षु लोहिता ।।

पर्वत अरवली से चली,
वेदस्मृति वेदवती वृत्रघ्नि, वर्णशा चंदना सदनीरा,
मही चर्मण्वती विदिशा, वेत्रवती शिप्रा अवन्ति ।।

ऋक्ष पर्वत से चली,
सोना महानदी नर्मदा, सुवहा द्रुमा मंदाकिनी,
दर्शना चित्रकूट तमसा, पिप्पला श्रोणि दामोदर,
पिशाचिका नीलोत्पला विपाशा, जंबूला वालुवाहिनी सीतरजा,
शुक्तमति ब्राह्मणी त्रिदिवा ।।

विंध्य पर्वत से चली,
ताप्ति पयोशिनी निर्विंध्या, मद्रा वेण्वा वैतरणी,
शितीवाहु कुमुदवती तोया, महागौरी दुर्गा अंतशीला ।।

सह्याद्री पर्वत से चली,
गोदावरी भीमारथी कृष्णा, वैनी वंजुला तुंगभद्रा,
सुप्रयोगा कावेरी ।।

मलय पर्वत से चली,
ताम्रवर्णा पुष्पजाति उत्पलवती, कृतमाला ।

महेंद्र पर्वत से चली,
त्रिसमा ऋषिकुल्या इक्षुला, त्रिदिवा लांगूलिनी वंशधरा ।

शुक्तिमान पर्वत से चली,
ऋषिका सुकुमारी मंदगामिनी, मंदवाहिनी कूप पलशिनी ।।

(राष्ट्र)

मुक्तक० उत्तर दिश में हैं बसे, भारत वर्ष में राष्ट्र,
वैहिक आभीर सौबिर शाक, केकय मद्र काश्मिर कांबोज ।।

पूर्व दिशा में हैं बसे,
आंध्रवाहक अंतगिरि वहिरगिरि प्रबंग, बंग मालद मालवर्णिक ब्रह्मोत्तर ।
प्रविजय भार्गव प्राग्ज्योतिष पौंड्र, विदेह तामैलिप्टिक मला मगध ।।

दक्षिण दिशा में है बसे,
अय पांडय केरल चौप्य, कुल्य केशतुक मूषिक कुणश,
वनवासिक महाराष्ट्र महीषक कलिंग, ऐशिक विदर्भ दंडक शौलिक,
मौलिक अश्मक भोगवर्धन मैन्दिक, कुन्तल आंध्रक उद्भिड नलकलिक ।।

पश्चिम दिश में हैं बसे,
नासिक मरुकच्छक महेय शाश्वत, कच्छ सुराष्ट्र अनर्त अर्बुद ।

८. भविष्य महापुराण

८५. श्री गणेश

(आदि देव)

दोहा॰ शिष्य सुमंतू ने सुना, वेदव्यास से ज्ञान ।
मुनियों वह कह दिया, भविष्य महापुराण ।।

ब्रह्मा के आशीष से, करने जन कल्याण ।
रूप "गजानन" में हुआ, "गणेश" का निर्माण ।।

पा कर कृपा गणेश की, जनता को संतोष ।
भक्त बने विघ्नेश के, गा कर जय जयघोष ।।

पहले नाम गणेश का, फिर होते सब काम ।
"श्रीगणेश" सब कार्य के, श्री गणेश के नाम ।।

आदि देव कोई कहे, कोई श्रीविघ्नेश ।
सिद्धेश्वर कोई कहे, कोई कहे सुरेश ।।

श्री गणेश के अब सभी, सुनलो सहस्त्र नाम ।
वर्ण–अनुक्रम से कहे, सुगम किया है काम ।।

८६. श्री गणेश सहस्त्रनामावलि

गीत

शतवारमहं वन्दे

श्लोक छंद

शतवारमहं वन्दे लम्बतुण्डिं गणेश्वरम् ।
एकदन्तं च हेरम्बं चारुकर्णं गजाननम् ।। 1

गं गं गं गं गणेशं श्रीं चतुर्बाहुं महोदरम् ।
विश्वमूर्तिं महाबुद्धिं वरेण्यं गिरिजासुतम् ।। 2

गणपतिं परब्रह्म शूर्पकर्णं करीमुखम् ।
पशुपतिमुमापुत्रं लम्बोदरं गणाधिपम् ।। 3

हस्तिमुखं महाकायं ढुण्ढिं सिद्धिविनायकम् ।
वक्रतुण्डं चिदानन्दम्-आम्बिकेयं द्विमातृजम् ।। 4

महाहनुं विरूपाक्षं ह्रस्वनेत्रं शशिप्रभम् ।
पीताम्बरं शिवानन्दं देवदेवं शुभाननम् ।। 5

सर्वमङ्गलमाङ्गल्यं प्रभुं मूषकवाहनम् ।
ऋद्धिसिद्धिप्रदातारं विघ्नहरं विनायकम् ।। 6

जगदीशं शिवापुत्रम्-आदिनाथं क्षमाकरम् ।
अनन्तं निर्गुणं वन्द्यं यशस्करं परात्परम् ।। 7

गौरीपुत्रं गणाधीशं गजवक्त्रं कृपाकरम् ।
भालचन्द्रं शिवाऽऽनन्दं पार्वतीनन्दनं भजे ।। 8

आदिपूज्यं शुभारम्भं ज्ञानेशं मोदकप्रियम् ।
प्रातः सायमहं वन्दे गणेशं च सरस्वतीम् ।। 9

प्राप्तुं ज्ञानं युवाभ्याञ्च विद्यां भाग्यं शुभान्वरान् ।
नमस्कृत्य कृताञ्जलिः-रत्नाकरो भजाम्यहम् ।। 10

(गणेश के एक हजार नाम)

मुक्तक० अंशक, अक्षमालाधर, अक्षय, अक्षर ।
अग्नि, अग्न्यर्कसोमदृश्, अग्रप्रत्यग्रनयन, अघनाशन ।।

अघोर, अचेतन, अच्युत, अजय्य ।
अजरामर, अजितार्चितपादाब्ज, अणु, अद्भ्र ।।

अद्वैत, अधिष्ठितवसुन्धर, अनन्तदृष्टि, अनन्तनाम ।
अनन्तश्री, अनन्तानन्तसुखद, अनन्तानन्तसौख्यद, अनप ।।

अनाकार, अनाधार, अनामय, अनाविल ।
अप्रतर्क्य, अप्रतिरथ, अप्रमितानन, अप्रमेय ।।

अब्धिभूम्याग्निबलघ्न, अभिरूप्यकर, अभीरवि, अमल ।
अमित, अमृत, अमृताब्धिकृतावास, अमोघसिद्धि ।।

अयन, अयोग, अर्णवोदर, अर्थद ।
अलम्पट, अविघ्न, अव्यक्त, अव्यक्तलक्षण ।।

अव्यय, अष्टचक्रस्फूरन्मूर्ति, अष्टद्रव्यहविःप्रिय, अष्टपत्राम्बुजासन ।
अष्टपीठोपपीठश्री, अष्टप्रकृतिकारण, अष्टभैरवसेव्य, अष्टमातृसमावृत ।।

अष्टमूर्तिध्येयमूर्ति, अष्टमूर्तिभृत्, अष्टवसुवन्द्य, अष्टशक्तिसमृद्धश्री ।
अष्टषष्टिमहातीर्थक्षेत्रभैरवभावन, अष्टाङ्गयोगफलभू, अष्टात्रिंशकलातनु, अष्टादशद्वीप पति
अष्टादशपुराणकृत्, अष्टादशलिपिव्यष्टिसमष्टिज्ञानकोविद, अष्टादशविधिस्मृत, अष्टादशौषधीसृष्टि ।
अष्टाशीतिसहस्राद्यमहर्षि, स्तोत्रयन्त्रित, अष्टैश्वर्यप्रदायक, असत्, अहंकृति ।।

अहर्निश, आखुकेतन, आखुमहारथ, आधार ।
आधारपीठ, आधाराधेयवर्जित, आनंद, आमोद ।।

आगोदप्रगोदजनन, आयुर्वेद, आर्हतसहिता, आशापूरक ।
इक्षुचापधर, इक्षुचापनिषेवित, इक्षुचापातिरेकश्री, इक्षुभक्षणलालस ।।

इक्षुसागरमध्यस्थ, इक्ष्वाकुविघ्नविध्वंसी, इच्छाशक्तिज्ञानशक्तिक्रियाशक्तिनिषेवित, इच्छाशक्तिधर ।
इडाभाग, इतिकर्तव्यतेप्सित, इन्दिराप्रिय, इन्दिवरदलश्याम ।।

इन्दुमण्डलनिर्मल, इन्द्रगोपसमानश्री, इन्द्रनीलसमद्युति, इराधाम्न ।
इष्मप्रिय, ईतिघ्न, ईश, ईशान ।।

ईशानपुत्र, ईशानमूर्द्ध, ईशानमौलय, ईशानसुत ।
ईषणात्रयकल्पान्त, ईहामात्रविवर्जित, उच्छिष्टगण, उच्छिष्टगणेश ।।

उडुभृन्मौलि, उण्डेरकबलिप्रिय, उत्तुङ्ग, उदारत्रिदशाग्रण्य ।
उन्नतप्रपद, उन्नतानन, उपेन्द्र, उमाङ्ककेलिकुतुकी ।।

उमाङ्गमलज, उमापुत्र, उर्जस्वत्, उष्मलमद ।
ऊहापोहदुरासद, ऋग्यजुस्सामसम्भूत, ऋजुचित्तैकसुलभ, ऋणत्रयमोचक ।।

ऋद्धिसिद्धिप्रवर्तक, ऋद्धिसिद्धिप्रवर्तक, एक, एकदंष्ट्र ।
एकपादकृतासन, एकविंशत्यङ्गुलिपल्लव, एकविंशायपुंस, एकवीर ।।

एकाक्षरपरायण, एकाक्षराधार, एकाग्रधी, एकादशाक्षर ।
एकादशादिभीरुद्रैःस्तुत, एकानेकस्वरूपधृत्, एकारपीठमध्यस्थ, एजिताखिलदैत्यश्री ।।

एधिताखिलसंश्रय, ऐरम्मदसमोन्मेष, ऐरावतनिभानन, ऐरावतादिसर्वाशावारणावरणप्रिय ।
ऐश्वर्य, ऐश्वर्यनिधी, ऐहिकामुष्मिकप्रद, ओंकार ।।

ओंकारवाच्य, ओजस्वी, ओषधीपति, औदार्यनिधि ।
औद्धत्यधुर्य, औन्नत्यनिस्स्वन, ककुप् श्रुति, कटङ्कट ।।

कटिसूत्रभृत्, कथक, कदम्बगोलकाकार, कपर्दी ।
कपिल, कमण्डलुधर, कम्बुकण्ठ, कम्बुधर ।।

करण, कराहतिविध्वस्तसिन्धुसलिल, कर्मकर्ता, कर्मसाक्षी ।
कर्माकर्मफलप्रद, कलभानन, कला, कलायैसप्तदश्य ।।

कल्प, कल्पद्रुमवनालय, कल्पवल्लीधर, कल्पान्त ।
कवि, कविवर, कवीनामृषभ, कश्यपसुत ।।

कान्तिकन्दलिताश्रय, कामदाता, काममालिनीकेलिललित, कामिनीकान्तवक्त्रश्री ।
कामिनीकामन, कारुण्यदेह, काल, कालचक्र ।।

कालाङ्गुष्ठ, कालामुख, काव्यनाटक, काष्टा ।
किन्नर, किरीटी, कीर्तिद, कुक्षिस्थयक्षगन्धर्वरक्ष ।।

(दो सौ)

कुठारवत्, कुण्डली, कुमारगुरु, कुलपालन ।
कुलाचलांस, कूष्माण्ड सामसम्भूति, कूष्माण्डगणनायक, कृत्तदौर्मुख्यदुर्मुख ।।

कोटिचन्द्रांशुनिर्मल, कोटिसूर्यप्रतीकाश, क्षण, क्षमापरपरायण ।
क्षमाभर्ता, क्षिप्रक्षेमकर, क्षिप्रप्रसादन, क्षेत्राधिप ।।

क्षेमानन्द, क्षोणीसुरद्रुम, खग, खट्वाङ्गी ।
खड्गखान्तान्तःस्थ, खड्गप्रिय, खण्डरद, खण्डेन्दुकृतशेखर ।।

खदुरासद, खनिर्मल, खर्व, खल्वाटश्रृंगनिलय ।
गःस्थ, गजकर्ण, गजपतिर्ध्वजी, गजवक्त्र ।।

गजानन, गणक्रीड, गणचण्डसमाश्रय, गणञ्जय ।
गणनाथ, गणनायक, गणप, गणाधिप ।।

गणाधिराज, गणाध्यक्ष, गणेश्वर, गदाधर ।
गद्यगानप्रिय, गद्यपद्यसुधार्णव, गर्ज, गर्भदोषघ्न ।।

गहन, गान्धर्व, गिरिवर्ष्म, गिरीन्द्रैकरद ।
गीतगीर्वाणपूर्वज, गुणाढ्य, गुणी, गुरुगम्य ।।

गुरुगुप्तपद, गुरोर्गुरु, गुहाब्धिस्थ, गुहाशय ।
गुह्य, गुह्यागमनिरूपित, गुह्याचाररत, गूढगुल्फ ।।

गौरीतेजोभुव, गौरीनन्दन, गौरीसुखावह, ग्रहर्क्षदशन ।
घटकुम्भ, घटोदर, घट्य, घण्टाघर्घरिकामाली ।।

घृणि, चक्रपाणि, चण्ड, चण्डविक्रम ।
चण्डीश, चण्डेश्वरसुहृद्, चतुःषष्टिकलानिधि, चतुःषष्टिमहासिद्धयोगिनीवृन्दवन्दित ।।

चतुरशीतिलक्षाणांजीवानांदेहसंस्थित, चतुरात्मा, चतुर्थीतिथिसम्भव, चतुर्थीपूजनप्रीत ।
चतुर्दन्त, चतुर्दशजगत्प्रभु, चतुर्दशमनुप्रभु, चतुर्दशादिविद्याढ्य ।।

चतुर्दशेन्द्रवरद, चतुर्नवतिमन्त्रात्मा, चतुर्बाहु, चतुर्भुजाय ।
चतुर्मुख, चतुर्लक्षजपप्रीत, चतुर्लक्षप्रकाशित, चतुर्वर्णाश्रमाश्रय ।।

चतुर्विंशतितत्वात्मा, चतुर्विधवचोवृत्तिपरिवृत्तिप्रवर्तक, चतुर्विधोपायमय, चतुषष्ट्यर्णनिर्णेत्र ।
चतुस्त्रिंशन्महाह्रद, चराचरपति, चित्राङ्कश्यामदशन, चिद् व्योमभाल ।।

चिन्तामणिचर्वणलालस, चिन्तामणिद्वीपपति, चूतकलिकाभृत्, छन्दविग्रह ।
छन्दस्, छन्दोदुर्लक्ष्य, छन्दोवपुष्, जगज्जन्मलयोन्मेषनिमेष ।।

जगत्साक्षी, जगदीश, जगद्योनि, जगन्मय ।
जप, जपपर, जप्य, जय ।।

जयाजयापरिवार, जिह्वासिंहासनप्रभु, जीव, जैन ।
ज्ञान, ज्ञानमुद्र, ज्येष्ठराज, ज्येष्ठामनोरम ।।

ज्योतिर्मण्डललांगूल, ज्वालिनीपालतैकदृश, ज्वालिनीमौलिलालित, झङ्कारिभ्रमराकुल ।
टङ्कारस्फारसंराव, टङ्कारिमणिनूपुर, ठद्वयीपल्लवान्तःस्थसर्वमन्त्रैकसिद्धिद, डाकिनीश ।।

डामर, डिण्डिमप्रिय, डिण्डिमुण्ड, ढक्कानिनादमुदित ।
ढुण्ढिविनायक, ढौक, तत्पर, तत्वम्पदनिरूपित ।।

तत्वानांपरमायतत्त्व, तारक, तारकस्थ, तारकानख ।
तारकान्तक, तारकान्तरसंस्थान, तारा, तिथि ।।

तीव्राप्रसन्ननयन, तीव्राशिरोद्धृतपद, तुङ्गशक्तिक, तुङ्गसव्यदन्त ।
तुम्बुरु, तेजोवतीशिरोरत्न, त्रयस्त्रिंशत्कोटिसुरश्रेणीप्रणतपादुक, त्रयीतनु ।।

त्रयोदशाभिदाभिन्नविश्वेदेवाधिदैवत, त्रिकर, त्रिगुणात्मा, त्रिदश ।
त्रिधाम्न, त्रिलोकादि, त्रिलोचन, त्रिशक्तिश ।।

त्रिषष्ट्यक्षरसंश्रय, त्रुटि, त्रेतात्रिवर्गफलदायक, दंष्ट्रालग्नद्विपघट ।
दक्षयज्ञप्रमथन, दक्षिणोमामहेश्वर, दण्डनायक, दण्डभृत् ।।

दत्तसौख्यसुमुख, दन्तप्रभिन्नाभ्रमाल, दयावत्, दशदिक्पतिवन्दित ।
दशप्राण, दशभुज, दशसहस्रफणभृत्फणिराजकृतासन, दशाक्षरमहामन्त्र ।।

दशात्मक, दशाध्याय, दशाशाव्यापिविग्रह, दशेन्द्रियनियामक ।
दस्रजानुक, दाता, दानवमोहन, दिगम्बर ।।

दिव, दिव्यविभव, दिव्यास्त्राणांप्रयोगविद्, दुःखभञ्जनकारक।
दुःस्वप्नहृत्, दुर्जय, दुर्निमित्तहृत्, दुर्मुख ।।

(चार सौ)

देवत्राता, देवदेवाय, देवार्थनृगजाकृति, देवेन्द्रशिखा।
दैत्यवारणदारण, दैत्यविमर्दन, दौर्भाग्यनाशन, द्राविणीशक्तिसत्कृत ।।

द्वन्द्वातीत, द्वात्रिंशद्भैरवाधीश, द्वादशान्तनिकेतन, द्वादशोद्दण्डदोर्दण्ड।
द्विपञ्चाशद्वपुःश्रेण्य, द्विपरक्षक, द्विभुज, द्विरद ।।

द्विरूप, द्विवदन, द्वैमातुर, द्व्यक्ष।
द्व्यातीग, धनद, धनधान्यपति, धनुर्वेदी ।।

धन्य, धरणीधराय, धर्मप्रदाय, धर्माधर्मोष्ठ।
धार्मिक, धीरशूर, धूम्रवर्ण, धूर्जय ।।

धृतोत्पल, ध्यान, ध्यानपरायण, ध्यानैकप्रकट।
ध्येय, ध्रुव, नक्त, नदीनदभुज ।।

नन्दन, नन्दानन्दितपीठश्री, नन्दिप्रिय, नन्द्य।
नमः, नमदेकोनपञ्चाशन्मरुद्वर्गनिरर्गल, नमद्वसुमतीमौलिमहापद्मनिधिप्रभु, नलिनीकामुक ।।

नवदुर्गानिषेवित, नवद्वारपुराधार, नवनागविभूषण, नवनागासनाध्यासी।
नवनाथमहानाथ, नवनारायणस्तुत्य, नवनिध्यनुशासित, नवरत्नविचित्राङ्ग ।।

नवशक्तिशिरोधृत, नवाधारनिकेतन, नाद, नादप्रतिष्ठित।
नादमध्यप्रतिष्ठित, नादोन्नादभिन्नबलाहक, नित्य, नित्यशैव ।।

नित्यानित्य, नित्यानित्यावतंसित, निधि, निधिपति।
निधिप्रियपतिप्रिय, निबिडमस्तक, निमेष, निम्ननाभ ।।

निरङ्कुश, निरामय, निर्मल, निष्कल।
न्यायविस्तर, पक्ष, पञ्चकर, पञ्चकृत्यकृति ।।

पञ्चताल, पञ्चदशीशीतांशुनिर्मल, पञ्चप्रणवभावित, पञ्चबाण ।
पञ्चब्रह्ममयस्फूर्ति, पञ्चभक्ष्यप्रिय, पञ्चवर्ण, पञ्चविंशाख्यपुरुष ॥

पञ्चशिवात्मक, पञ्चाक्षरपरायण, पञ्चाक्षरात्मा, पञ्चात्मा ।
पञ्चाधार, पञ्चावरणवारित, पञ्चाशदक्षरश्रेण्य, पञ्चाशद् रुद्रविग्रह ॥

पञ्चाशद् विष्णुशक्तीश, पञ्चाशन्मातृकालय, पञ्चास्य, पद्मप्रसन्ननयन ।
परमात्मा, परस्मैधाम्म, परस्मैपद, परस्मैव्योम्न ॥

परात्पर, परानन्द, पराभिचारशमन, पवननन्दन ।
पशुपति, पशुपाशविमोचक, पशुभ्य, पाञ्चरात्रक ॥

पातञ्जल, पातालजंघ, पादाहतिजितक्षिति, पाशी ।
पाशुपति, पितृभ्य, पीताम्बर, पीनजंघ ॥

पीनवक्षस्, पीनस्कन्ध, पुंस, पुत्रपौत्रद ।
पुराणपुरुषोत्तम, पुराणेभ्य, पुरुष, पुष्करस्थस्वर्णघटीपूर्णरत्नाभिवर्षक ॥

पूजावारिनिवारित, पूर्णपात्री, पूर्णानन्द, पूषदंतभिद् ।
पृथ्विकटि, प्रकृति, प्रणताज्ञानमोचक, प्रणतार्तिनिवारण ॥

प्रतापी, प्रतिवादिमुखस्तम्भ, प्रथम, प्रथमेश्वर ।
प्रमाणप्रत्यायातीत, प्रमोद, प्रसहन, प्रहर ॥

प्रोन्नमत्कटि, फट्, फणितप्रिय, फणिपति ।
फलहस्त, फेत्कार, बन्धु, बली ॥

बाणार्चितांघ्रियुगुल, बालकेलिकुतूहली, बीजापूरी, बुद्ध ।
बुद्धिप्रिय, बुध, बृहत्तम, बृहद्भुज ॥

बृहन्नादाग्र्यचीत्कार, बृहस्पति, बोध, ब्रह्म ।
ब्रह्मचारी, ब्रह्मणस्पति, ब्रह्मण्य, ब्रह्मपर ॥

ब्रह्ममूर्ध्न, ब्रह्मवित्प्रिय, ब्रह्मविद्यामदोत्कट, ब्रह्मा ।
ब्रह्माण्डकुम्भ, ब्रह्माण्डावलिमेखल, ब्रह्मार्चितपद, ब्राह्मण ।।

भक्तिसुलभ, भगवत्, भगवान, भग्नवामरद ।
भद्र, भयापह, भर्ग, भवोद्भव ।।

भव्य, भागवत्, भारतीसुन्दरीनाथ, भालचन्द्र ।
भीम, भुक्तिमुक्तिफलप्रद, भुव, भुवनपति ।।

भूत, भूतानांपति, भूतालय, भूतिद ।
भूतिभूषण, भूतेभ्य, भूपति, भैरवशासन ।।

(छह सौ)

भोग, भोगदाता, भोगदाभूषितासन, भोगदायिनीकान्तिमण्डित ।
भौम, भ्रूक्षेपदत्तलक्ष्मीक, भ्रूमध्यगोचर, भ्रूमध्यसंस्थितकर ।।

मतिमत्कमलेक्षण, मदघूर्णितलोचन, मदनावत्याश्रिताघ्र, मदमत्तमनोरम ।
मदोत्कट, मनुष्येभ्य, मनोमय, मन्त्र ।।

मन्त्रपति, मन्त्री, मन्द, मन्दगति ।
मरुत्, महत्, महागणपति, महानाद ।।

महाप्राण, महाबल, महाबली, महामनस् ।
महालक्ष्मीप्रियतम, महालय, महावीर्य, महाहनु ।।

महीवराहवामाङ्ग, महोदर, मातुलिङ्गधर, मास ।
मीमांसा, मुक्तिद, मुद्गरायुध, मुनिपद ।।

मुहूर्त, मूषकवाहन, मृत्युंजय, मेखलावत् ।
मेघनाद, मेधाद, मेरु, मेरुपृष्ठ ।।

मोक्ष, मोहिनीप्रिय, मोहिनीमोहन, यक्षेभ्य ।
यज्ञ, यज्ञकाय, यज्ञगोप्ता, यज्ञपति ।।

यज्ञफलप्रद, यम, यशस्कर, यशस्वी।
याजकप्रिय, याज्ञिक, युग, योग ।।

योगगम्य, योगाधिप, योगेश, रक्त।
रक्तकर, रक्तताल्वोष्ठपल्लव, रक्तमाल्यविभूषण, रक्ताम्बरधर ।।

रक्तेक्षण, रक्षा, रक्षोरक्षाकर, रञ्जक।
रत्नगर्भ, रत्नमण्डपमध्यस्थ, रत्नमौलि, रत्नसिंहासनाश्रय ।।

रमारमेशपूर्वाङ्ग, रवि, रविकन्दर्पपश्चिम, रस।
रसप्रिय, रस्य, राजपुत्र, राज्यसुखप्रद ।।

रावणार्चित, राशि, राहु, रुद्र।
रुद्रप्रिय, रुद्रशिरोधर, रुष्टचित्तप्रसादन, रौद्रिमुद्रितपादाब्ज ।।

लक्षाधीशप्रियाधार, लक्ष्य, लक्ष्यप्रद, लक्ष्याधारमनोमय।
लक्ष्येन्द्र, लग्न, लड्डुकप्रिय, लम्बकर्ण ।।

लम्बनासिक, लम्बोदर, लम्बोष्ठ, लयस्थ।
ललिताललिताश्रय, लव, लानप्रिय, लाभकृल्लोकविश्रुत ।।

लास्यपर, लिपिपद्मासनाधार, लूताविस्फोटनाशन, वक्रतुण्ड।
वज्राद्यस्त्रपरिवार, वज्रिवज्रनिवारण, वनमाली, वन्द्य ।।

वरप्रद, वराहरदन, वरेण्य, वर्ष।
वशी, वषण्ण, वसुन्धरामदोन्नद्धमहाशङ्खनिधिप्रभु, वह्निधामत्रयाश्रय ।।

वह्निवदन, वागीश्वरीपति, वाचासिद्ध, वाणीजिह्व।
वामदेव, वामाराम, वायुकीलक, वार ।।

वासवनासिक, विकट, विकर्ता, विघ्नकृन्निघ्नचरण।
विघ्ननायक, विघ्नराज, विघ्नसम्पल्लवोपघ्न, विजयप्रद ।।

विजयस्थिर, विजयाविजयावह, विज्ञान, विद्याधरेभ्य ।
विद्याप्रद, विधाता, विधृतालिसमुद्गक, विनायक ।।

विनायकरतिप्रिय, विपश्चिद् वरद, विभवद, विमुखार्चानांलुप्तश्री ।
विरूपाक्ष, विलासिनीकृतोल्लास, विश्वकर्ता, विश्वतश्चक्षुष् ।।

विश्वतोमुख, विश्वनेता, विश्वबन्धनविष्कम्भाधार, विश्वमुख ।
विश्वरूप, विश्वस्मै स्थावराय जङ्गम, विश्वादिजननत्राण, विश्वाभयदैककर ।।

विश्वेश्वरप्रभु, विष्टपी, विष्णह, वीरश्रीप्रद ।
वीरासनाश्रय, वेदाङ्गेभ्, वेदान्तगोचर, वैखानस ।।

वैनायक, वैमुख्यहतदैत्यश्री, वौषण्णम, व्यक्त ।
व्याघ्राजिनाम्बर, व्योमनाभ, व्योम्न, शक्ति ।।

शतधारावरायुध, शतधृति, शतपत्रायतेक्षण, शतमख ।
शतानन्द, शतानीक, शब्दब्रह्म, शम ।।

शमप्राप्य, शम्बर, शम्भु, शम्भुकोपघ्न ।
शम्भुतेजस्, शम्भुवक्त्रोद्भव, शम्भुशक्तिगणेश्वर, शम्भुहास्यभुव ।।

(आठ सौ)

शरण्य, शशी, शाक्त, शार्ङ्गी ।
शालक, शालीमञ्जरीभृत्, शास्त्र, शिखरीश्वर ।।

शिखाग्रनिलय, शिव, शिवाभवाध्युष्टकोटिविनायकधुरन्धर, शिवाशोकहारी ।
शुभानन, शूर्पकर्ण, शूली, शैलेभ् ।।

शैलोरवि, शैव, शोकहारी, शोचिष्केशहृदाश्री ।
शौण्डीसौन्दर्यमण्डित, श्रीनिकेतन, श्रीहृदय, श्रुत्य ।।

श्रौषण्णम, श्लिष्टजानु, श्वेत, श्वेतचामरवीजित ।
श्वेतमाल्यविभूषण, श्वेतातपत्ररुचिर, श्वेताम्बरधर, षट् त्रिंशत्तत्त्वसम्भूति ।।

षट्कर्मनिरत, षट्कोणपीठ, षट्चक्रधाम्न, षट्तर्कदूर ।
षट्शक्तिपरिवारित, षडक्षर, षडङ्गुलमहाह्लद, षडध्वध्वान्तविध्वंसी ।।

षडाधार, षडूर्मिमयभञ्जन, षड् ऋतुकुसुमस्रग्वी, षड्ग्रन्थिभेदक ।
षड्रसाश्रय, षड्वैरिवर्गविध्वंसी, षण्णवत्यधिकप्रभु, षण्मुख ।।

षण्मुखभ्राता, षोडशस्वरमातृक, षोडशाधारनिलय, षोडशान्त पदावास ।
षोडशेन्दुकलात्मक, संविद्, संवृतपार्ष्णिक, संसारवैद्य ।।

सकामदायिनीपीठ, सकीलक, सचेतन, सति ।
सत्य, सत्यशिरोरुह, सत्यसङ्कल्प, सत्यानित्यावतंसित ।।

सदसद् व्यक्तिदायक, सदाचार, सदाशिव, सद्भक्तध्याननिगड ।
सद्योजातस्वर्णमुञ्जमेखली, सप्तकोटिमहामन्त्रमन्त्रितावयवद्युति, सप्तछन्दमोदमद, सप्तछन्दनिधि ।।

सप्तछन्दोमखप्रभु, सप्तदश, सप्तदशाक्षर, सप्तद्वीपोरुमण्डल ।
सप्तपातालचरण, सप्तमातृनिषेवित, सप्तर्षिगणमण्डित, सप्तर्षिभ्य ।।

सप्तविंशति योगकृत्, सप्तविंशतितारेश, सप्तसाप्तिवरप्रद, सप्तस्वराश्रय ।
सप्तस्वर्लोकमुकुट, सप्तहोत्र, सप्तांगराज्यसुखद, सप्ताब्धिकेलिकासार ।।

सप्रमोदप्रमोदन, समस्तविसर्गान्तपदेषुपरिकीर्ति, समुद्रमथन, समुद्रेभ्य ।
समेधितसमृद्धिश्री, सम्मित, सरस्वत्याश्रय, सरिद्भ्य ।।

सरोजभृत्, सर्पकक्ष्योदराबन्ध, सर्पकोटीरकटक, सर्पग्रैवेयकाङ्गद ।
सर्पयज्ञोपवीति, सर्पराजोत्तरीयक, सर्पहारकटिसूत्र, सर्पाङ्गुलीक ।।

सर्वकारणकारण, सर्वकालिकसंसिद्धि, सर्वज्ञ, सर्वदेवात्मा ।
सर्वदैककर, सर्वनेत्राधिवास, सर्वभेषजभेषज, सर्वमङ्गलमाङ्गल्य ।।

सर्ववश्यकर, सर्वशक्त्यम्बुजाश्रय, सर्वशोभासमन्वित, सर्वसद्गुरुसंसेव्य ।
सर्वात्मा, सर्वाभरणशोभाढ्य, सर्वावयवसम्पूर्णसर्वलक्षणलक्षित, सविघ्ननाशिनीपीठ ।।

सहस्रनाम संस्तुत्य, सहस्रपत्रनिलय, सहस्रपद, सहस्रफणभूषण ।
सहस्रशीर्ष्णे पुरुष, सहस्राक्ष, सहस्राक्षबलापह, साक्षी ।।

साङ्ख्य, सात्वत, साध्येभ्य, सामगानरत ।
सामपञ्चदश, सामबृंहित, सिंहवाहन, सिद्धलक्ष्मीमनोरम ।।

सिद्धि, सिद्धिपति, सिद्धिप्रिय, सिद्धिविनायक ।
सिद्धेभ्य, सिन्दूरितमहाकुम्भ, सुख, सुखी ।।

सुभगासंश्रितपद, सुमङ्गलसुमङ्गल, सुमुख, सुरकुञ्जरभेदन ।
सुरद्विषांलुप्तशक्ति, सुरनागानामङ्कुश, सुरविद्विषामङ्कुश, सुरानन्द ।।

सुरूप, सूर्यमण्डलमध्यग, सृष्टि, सृष्टिलिङ्ग ।
सृष्टिस्थितिलयक्रीडा, सेवोन्निद्रमदद्रव, सोमार्कघण्टा, सौभाग्यवर्धन ।।

सौर, स्तबकाकारकुम्भाग्र, स्थाणु, स्थाणुप्रिय ।
स्थाता, स्थावरायजङ्गमायजगत्, स्थिति, स्थूलकुक्षि ।।

स्थूलोरवि, स्फुरदुग्रासनाश्रय, स्मरप्राणदीपक, स्मृत्य ।
स्वतन्त्र, स्वदक्षिण, स्वदन्तभृत्, स्वधा ।।

स्वभक्तानांलुप्तविघ्न, स्वर्धुनीभव, स्वसंवेद्य, स्वस्ति ।
स्वाहा, स्वाहाशक्ति, स्वोजस्, हंस ।।

हर्ष, हवन, हव्य, हव्यकव्यभुज् ।
हस्तिपिशाचीश, हारी, हिरण्मयपुरान्तःस्थ, हुतप्रिय ।।

हुम्, हुम्बीज, हृत्पद्मकर्णिकाशालिवियत्केलिसरोवर, हृदयालाननिश्चल ।
हृल्लेखामन्त्रमध्यग, हेरम्ब, होरा, ह्रस्वनेत्रत्रय ।।

(एक सहस्र)

८७. सूर्य देव

(सूर्यदेव)

दोहा॰ सर्व श्रेष्ठ है देवता, सूर्य देव भगवान ।
सूर्य विश्व प्रकाश है, कहे भविष्य पुराण ।।

ब्रह्मा के मन से हुए, नर नारी निर्माण ।
नारी शतरूपा सजी, नर रूप विवस्वान ।।

दो प्रकार के हैं कहे, सूर्योपासक लोग ।
कई सूर्य को पूजते, कई अग्नि का योग ।।

सूर्य देव के अब सभी, सुनलो सहस्त्र नाम ।
वर्ण-अनुक्रम से कहे, सरल किया है काम ।।

८८. सूर्य सहस्त्रनामावलि

गीत

सूर्यसप्तकम्

श्लोक छंद

सूर्यस्य परमं दानं शृणुध्वं खलु सज्जनाः ।
भास्वरः पद्मिनीनाथो दिनमणिर्दिवाकरः ।।

आदित्यस्तारकानाथो मिहिरः स प्रभाकरः ।
भानुर्दहति नः पीडाम्-अहस्करोऽरुणो रविः ।।

ग्रहाणामादिरर्कः स ध्वान्तं हरति भास्करः ।
सौभाग्यदायकः पूर्णः शरीरारोग्यवर्धकः ।।

दृष्टिं ददाति दिव्यं स प्राणं च दिवसेश्वरः ।
सिद्धिं करोति भक्ताय कृत्वा तं स्वस्थमानसम् ।।

तेजो ददाति गात्रे स आधिव्याधिविनाशकः ।
सुर्यो वह्निसमायुक्तो भूतप्रेतनिवारकः ।।

पुष्णाति हृदये ह्रीं स मार्तण्डो भुवनेश्वरः ।

अतः स सूर्यदेवो हि सर्वदेवनमस्कृतः ।।

निर्विकल्पं विवस्वन्तं दीप्तांशुं प्रणमाम्यहम् ।
अर्घ्यं च चन्दनं पुष्पं बिल्वं समर्पयामि तम् ।।

गीत

राग बिलावल, कहरवा ताल 8 मात्रा

सूर्य देवता

स्थायी

जय अग्नि रथ सूर्य विधाता, नवग्रह भूमंडल के धाता ।
पावन पूनित अंशु दाता, कृषि ऋषि-मुनि गुण तुमरे गाता ।।

अंतरा-1

पुष्प बिल्व जल गंध चंदना, धूप दुग्ध मधुपर्क वन्दना ।
पूजा पाठ तव अर्चन ध्याना, देत शील संतति सुख नाना ।।

अंतरा-2

स्वर्ण कांति शुचि सवितुर भानु, शाश्वत अक्षर पवित्र जानूँ ।
अष्ट अश्व रथ अद्भुत माया, अग्नि देव रवि विशाल काया ।।

अंतरा-3

परम पुण्य गुण तुमरे जेते, चार वेद उनको नित गाते ।
तुमरी महती पार न पावें, ऋण तुमरे सब प्राणी ध्यावें ।।

अंतरा-4

सृष्टि बीज तुम अंबरतारे, जलत तमस् अंधकार घनेरे ।
पारस परिस कुधातु सुहावे, तुमरी शक्ति दिपै सब ठावे ।।

अंतरा-5

स्वास्थ्य बुद्धि बल सुख के दाता, आधि व्याधि आमय के त्राता ।
आरत अर्थी तपस्वी योगी, सूर्य नमत दीर्घायु भोगी ।।

(सूर्य देव के एक हजार नाम)

मुक्तक० अंशुधर, अंशुपति, अंशुप्रसन्न, अंशुमान, अंशुमाली ।
अकिञ्चन, अखिन्न, अखिलज्ञ, अखिलागमवेदिन, अग्नि ।।

अङ्गिगरःपति, अचल, अचिन्त्य, अचिन्त्यात्मा, अच्युत ।

अजित, अतिनन्दित, अतीन्द्रिय, अदितिज, अद्वितीय ।।

अनङ्ग, अनन्त, अनल, अनलप्रभ, अनादिरूप ।
अनाद्यन्त, अनिमित्तगति, अनिर्देश्य, अनिर्देश्यवपु, अनुत्तर ।।

अनृणी, अनेक, अनेकरूप, अन्तःकरण, अन्तर्बहिःप्रकाश ।
अन्ध, अन्धकारापह, अपराजित, अपवर्गप्रद, अपांपति ।।

अप्रमेय, अप्रमेयपराक्रम, अब्जवल्लभ, अभयप्रद, अभिमत ।
अमर, अमरश्रेष्ठ, अमरेश, अमृताहार, अमेयात्मा ।।

अम्बुद, अम्भोत्थाय, अयुक्त, अयोनिज, अरुण ।
अरुणसारथि, अरोष, अर्क, अर्यमा, अलङ्काराक्षर ।।

अलङ्कृत, अवाक्पति, अविचिन्त्यवपु, अविदितामय, अव्यङ्गधारी ।
अव्यय, अशिशिर, असङ्गगामी, असित, असुरान्तक ।।

असुरारी, अहस्कर, अहिंसक, अहिमत्, आकार ।
आकाशग, आकाशमणि, आतप, आत्मरूपी, आत्मवत् ।।

आत्मा, आत्रेय, आदितेय, आदित्य, आदिभूत ।
आदिमध्यान्तरहित, आधारभूत, आमुक्त, आमुक्तकवच, आयुष्मत् ।।

आरोग्य, आरोग्यकारण, आर्तरक्षक, आर्तशरण्य, आलोककृत् ।
आशुग, इज्य, इना, इन्दिरामन्दिराप्त, इन्द्र ।।

(एक सौ)

इन्द्रियातिग, ईश, उग्ररूप, उच्चस्थानसमारूढरथस्थ, उच्चैर्नकार ।
उज्ज्वल, उज्ज्वलतेजस्, उत्तम, उत्तर, उदारकर्म ।।

उदीच्यवेष, उद्गाता, उद्भव, उद्यत्किरणजाल, उमापति ।
ऊरुद्वयाभावरूपयुक्तसारथी, ऊर्जस्वल, ऊर्जित, ऊर्ध्वग, ॠकारमातृकावर्णरूप ।।

ऋक्षचक्रचर, ऋक्षाधिनाथमित्र, ऋजुस्वभावचित्त, ऋतु, ऋद्धि ।
ऋषिवन्द्य, एक, एकचक्ररथ, एकरथ, एकाकी ।।

ऐश्वर्यद, ओङ्कार, ओजस्कर, कञ्चुकी, कनत्कनकभूष ।
कपर्दी, कपि, कमनीयकर, कमलाकरबोधन, कमलानन्द ।।

कमलिनीकुलवल्लभ, कमलिनीनाथ, कमलिनीपति, करुणारससिन्धु, कर्ता ।
कर्मचारी, कर्मणांसाक्षी, कलतांवर, कल्पकर्ता, कल्पपाद ।।

कल्पान्तक, कल्पान्तकरण, कल्यकर, कल्यवपु, कल्याण ।
कल्याणकर, कल्याणकृत्, कल्य, कवची, कवि ।।

कश्मलापह, कान्त, कान्ति, कान्तिद, कान्तिप्रिय ।
काम, कामारि, कारण, कारणापह, कारुणिक ।।

कार्तस्वर, कार्य, काल, कालकर्ता, कालघ्न ।
कालचक्रप्रवर्तक, कालज्ञ, कालत्रयानन्तरूप, कालनाशन, कालानलद्युति ।।

कालाश्रय, किरणमाली, किरीटी, कीर्ति, कीर्तिकर ।
कीर्तिवर्धन, कुण्डली, कुनाशी, कृतकृत्य, कृतमङ्गल ।।

कृतात्मा, कृताभिख्यविशेषक, कृताहार, कृति, कृतिनांवर ।
कृष्णवर्त्म, कृष्णवासस्, केतुमत्, केयूरी, क्रतुमति ।।

(दो सौ)

क्रियावत्, क्रियाहेतु, क्षान्ति, क्षुधाप, क्षेम ।
क्षेमाक्षेमस्थितिप्रिय, क्ष्मापति, खग, खगसत्तम, खञ्जन ।।

खद्योत, खर्व, गगनग, गणनायक, गणपति ।
गणेश्वर, गतिमत्, गन्धवह, गभस्तिमत्, गरीयसे ।।

गुण, गुणवत्, गुणात्मा, गुह, गुह ।
गोपति, गोमत्, गोविन्द, ग्रहदेवेश, ग्रहनक्षत्रमण्डल ।।

ग्रहपति, ग्रहराज, ग्रहाणांपति, ग्रहेश, घन ।
घर्म, घर्मकर्ता, घर्मद, घृणि, घृणिभृत् ।।

चक्रपाणि, चक्रवर्ती, चण्डवाहन, चतुर्भुज, चतुर्मुख ।
चतुर्वेद, चतुर्वेदधर, चतुर्वेदप्रियंवद, चारुरात्रिहर, चित्रविक्रम ।।

जगतांपति, जगतामेककारण, जगत्पति, जगत्पिता, जगत्प्रदीप ।
जगत्प्रिय, जगदादिज, जगदानन्द, जगदानन्दहेतु, जगन्नाथ ।।

जगन्नेता, जङ्गमस्थावरात्मक, जनानन्द, जनार्दन, जनिता ।
जनेश्वर, जन्ममृत्युजराव्याधिवर्जित, जय, जयी, जलधृग ।।

जितरिपु, जितादर्श, जितेन्द्रिय, जिष्णु, जीव ।
जीवनाथ, जीवानन्द, जेता, ज्ञानगम्याय, ज्ञानवत् ।।

ज्ञानशोभन, ज्ञेय, ज्यायसे, तत्त्वाय, तनित ।
तपन, तपसांपति, तमोघ्न, तरणि, तरुण ।।

तापन, तापी, तिग्मांशु, तिमिरापह, तीक्ष्णदीधिति ।
तीर्थक्रियावत्, तीव्रप्रतापन, तेजसांनिधि, तेजस्वी, तेजोनिधि ।।

(तीन सौ)

तेजोनिलय, तेजोराशि, तेजोरूप, त्रयी, त्रिलोचन ।
त्रिषुसंस्थित, त्रैलोक्येश, त्र्यक्षर, त्र्यम्बक, त्वष्टा ।।

दक्ष, दयालु, दशदिक्संप्रकाश, दहन, दाता ।
दिग्वास्, दिग्विदिक्पति, दिनकृत्, दिननायक, दिनमणि ।।

दिनेश्वर, दिवस्पति, दिवाकर, दिविस्थित, दिवेश ।
दिव्यकुण्डलमण्डित, दिव्यकृत्, दिव्यबाहु, दीधितिमत्, दीननाथ ।।

दीप, दीप्तदीधिति, दीप्तमूर्ती, दुःस्वप्नाशुभनाशन, दुराराध्य ।
देव, देवदेव, द्युति, द्युतिमत्, द्योत ।।

द्योतन, द्योतितानल, द्वन्द्वघ्न, द्वापर, धनद ।
धनधान्यकृत्, धनाध्यक्ष, धनुर्धर, धनुष्पाणि, धनेश ॥

धन्य, धन्वी, धरण, धरणीधर, धराध्यक्ष ।
धर्मकर्मप्रभावकृत्, धर्मकृत्, धर्मकेतु, धर्मद, धर्मनित्य ॥

धर्मयूप, धर्मरति, धर्मराज, धर्मवत्सल, धर्मांशु ।
धर्मात्मा, धर्माधर्मप्रवर्तक, धर्माधर्मवरप्रद, धाता, धीमत् ॥

धीर, धीरात्मा, धूमकेतु, धृतातपत्रप्रतिम, धृतिकर ।
धृतिमत्, ध्रुव, ध्वजधर, ध्वान्तघ्न, नन्दन ॥

नन्दवर्धन, नभस्, नभस्वत्, नय, नर ।
नरवाहन, नलिनीपति, नलिनेश, नाकपाली, नागराजेन्द्र ॥

नाथ, नारायण, निखिलागमवेद्य, नित्य, नित्यगामी ।
नित्यरथ, नित्यस्तुत्य, नित्यानन्द, नियतात्मा, निरञ्जन ॥

(चार सौ)

निरहङ्कार, निराकुल, निरालम्ब, निर्गुण, निर्जर ।
निर्णय, निर्द्वन्द्व, निष्कल, नीलकण्ठ, नीललोहित ॥

नेता, पतङ्ग, पद्मनाभ, पद्ममाली, पद्मपाणि ।
पद्मयोनि, पद्महस्ताय, पद्मानन्द, पद्मिनीनाथ, पद्मेक्षण ॥

पद्मोदरनिभानन, परन्तप, परपुरञ्जय, परप्राण, परम ।
परमज्योतिष्, परमात्मा, परमेश्वर, परमेष्ठी, परमोदार ॥

पराक्रम, परात्पर, परापरज्ञ, परावर, परेश ।
पर्जन्य, पवित्रात्मा, पशुमत्, पाकशासन, पापसन्तापहर्ता ॥

पिनाकधृत्, पीतवाससे, पुण्डरीकाक्ष, पुण्यसङ्कीर्तन, पुण्य ।

पुरन्दर, पुराणपुरुषोत्तम, पुष्कराक्ष, पुष्कल, पूतात्मा ।।

पूष्णे, प्रकाशक, प्रकृति, प्रकृतिस्थित, प्रचेत ।
प्रजन, प्रणतार्तिघ्न, प्रणतार्तिहर, प्रतर्दन, प्रत्यक्ष ।।

प्रत्यूष, प्रथित, प्रद्योत, प्रद्योतन, प्रभञ्जन ।
प्रभाकर, प्रभामय, प्रभावत्, प्रभु, प्रयतात्मा ।।

प्रयतानन्द, प्रलम्बहारसञ्चारी, प्रशमप्रिय, प्रशान्ताय, प्रसन्नवदन ।
प्रसन्नात्मा, प्रांशु, प्राज्ञ, प्राज्ञपति, प्राणवत् ।।

प्राप्तयान, प्रिय, प्रियकारी, प्रियकृत्, प्रियङ्कर ।
प्रियत, प्रियदर्शन, प्रीतमनस, प्रीति, बन्धु ।।

बलद, बलभृत्, बलवत्, बलिकेतन, बलिनांवर ।
बलिप्रिय, बली, बहुज्ञ, बहुदक, बहुमङ्गल ।।

(पाँच सौ)

बुद्धिमत्, बुध, बृहत्, बृहत्कीर्ति, बृहत्तेजसे ।
बृहस्पति, ब्रध्न, ब्रह्म, ब्रह्मचर्यवत् , ब्रह्मचारी ।।

ब्रह्मण्, भक्तदुःखक्षयकर, भक्तवत्सल, भक्तवश्य, भग ।
भगवत्, भयापहर्ता, भर्ग, भवद्योत, भवसागरतारक ।।

भानु, भानुमत्, भावितात्मा, भासन, भासित ।
भास्कर, भास्मान, भास्वत्, भिषग्वर, भीम ।।

भुवनपूजित, भुवनेश्वर, भूतनाथ, भूतभव्य, भूतात्मा ।
भूतान्तःकरण, भूतिद, भूतेश, भूधर, भूपति ।।

भूषण, भूषणोद्भासी, भूष्णु, भूष्याय, भोक्ता ।
मङ्गल, मङ्गलवत्, मङ्गलावह, मङ्गल्यचारुचरित, मणिकुलद्युति ।।

मतिमत्, मनु, मनुपति, मनुस्वामी, मनोवाञ्छितदायक ।
मनोहर, मनोहरवपु, मन्त्रमूर्ति, मन्त्राय, मन्दार ।।

मन्वन्तराधिप, मरीचिमाली, मरुतांपति, मरुतामीश्वरेश्वर, मरुत्वत् ।
महत्, महत्तर, महाकारुणिकोत्तम, महातेजस्, महात्मा ।।

महाबल, महाबाहु, महामन्त्राय, महामाय, महायोगी ।
महारथ, महालय, महावराह, महाविस्तीर्णमण्डल, महावीर्य ।।

महावैद्याय, महाव्रत, महाशक्ति, महाशन, महाश्वेत ।
महासिद्धि, महित, महेन्द्र, महेश्वर, महोग्र ।।

महोत्स, माङ्गल्य, माङ्गल्यकर्ता, माठर, मान्धाता ।
मान्य, मार्तण्ड, माल्यदाम्न, मित्र, मिहिर ।।

(छह सौ)

मुकुटी, मुनि, मुनिवृन्दनमस्कृत, मृत्यह, मेधावी ।
मेधिक, मेध्य, मेरुमेय, मेरुरक्षाकर, मेरुसेवी ।।

मेषी, मोक्ष, मोक्षद, मोक्षदायक, मोक्षहेतु ।
मौनी, यजनप्रिय, यज्ञ, यज्ञपति, यम ।।

यशस्वी, युगादिकृत्, युगावर्त, यूपवृक्ष, योगतत्पर ।
योगनित्य, योगी, योगीश्वरपति, रक्षोघ्न, रतिमत् ।।

रत्नकान्ति, रत्नगर्भ, रथगति, रथाधीश, रथाध्यक्ष ।
रथारूढाय, रथिनांवर, रथी, रमणीयगुण, रवि ।।

रश्मिमाली, राज्ञीप्रिय, राज्ञे, राज्यदायी, रुग्घन्त्र ।
रुचिप्रद, रुद्र, रोगहर्ता, रोचिष्णु, लुप्तदन्त ।।

लूनिताखिलदैत्य, लोकगुरु, लोकत्रयाश्रय, लोकनाथ, लोकबन्धु ।
लोकवत्सल, लोकसाक्षी, लोकालोकनमस्कृत, लोकेश, लोहिताङ्ग ।।

वक्ता, वचसांपति, वदान्य, वन्दनीय, वर ।
वरद, वरनायक, वरप्रद, वरीयांशु, वरुणेश ।।

वरेण्य, वर्चसामीश, वर्चसोज्वल, वर्चस्वी, वर्णाध्यक्ष ।
वर्ष्मिणे, वशानुग, वषट्कार, वसु, वसुधाम्न ।।

वसुप्रद, वसुमत्, वह्नि, वह्नीश, वाग्मिपति ।
वाग्मी, वाग्विशारद, वायु, वायुवाहन, वासवप्रिय ।।

वासवस्वामी, वासुकि, वासुदेव, विकृति, विगतानन्द ।
विगाहन, विगाही, विग्रही, विघ्नशमन, विचक्षण ।।

(सात सौ)

विचित्ररथ, विजयप्रद, विजित, विजेता, विदित ।
विदिताशय, विदु, विद्याराजाधिराज, विद्यावान, विद्युत् ।।

विद्योतन, विधाता, विधि, विधेय, विनिन्द्य ।
विन्दु, विपाप्मा, विप्र, विभक्त, विभावसु ।।

विभु, विमन्यु, विमर्षी, विमल, विमलद्युति ।
विमुक्तात्मा, विराज, विरूपाक्ष, विलोचन, विवर्धन ।।

विवस्वान, विविधाम्बरभूषण, विविधाशन, विशाख, विशाखपति ।
विशिष्टात्मा, विशिष्टोत्कृष्टकर्मकृत्, विशोक, विश्व, विश्वकर्ता ।।

विश्वकर्मा, विश्वजित्, विश्वतापन, विश्वतोमुख, विश्वनिलय ।
विश्वभावन, विश्वयोनि, विश्वरूप, विश्वविद्, विश्वात्मा ।।

विश्वामित्राय, विश्वेश्वर, विष्टुत, विष्णु, विस्तीर्ण ।
विहग, विहङ्ग, विहङ्गम, विहारी, विहित ।।

वीर, वृद्धि, वृद्धिद, वृषध्वज, वृषाकपि ।

वेगवत्, वेणु, वेणुरसह, वेदनिलय, वेदपारग ।।

वेदभृत्, वेदमूर्ति, वेदविद्, वैद्याय, वैवस्वतगुरु ।
व्याधिघ्न, व्याधिप्रणाशन, व्रतचारी, व्रतधर, व्रती ।।

शक्तिमतांश्रेष्ठ, शक्तिमत्, शतमुख, शतविन्दवे, शनैश्चरस्यपिता ।
शब्दकर, शम्भु, शरण्य, शरण्यार्तिहर, शर्व ।।

शान्त, शान्तिप्रिय, शाङ्र्गधन्वी, शास्त्र, शिव ।
शिष्टाचार, शीघ्रगति, शीर्ण, शुचि, शुद्धमति ।।

(आठ सौ)

शुभ, शुभकर्म, शुभप्रद, शुभाचार, शूर ।
शेष, शोभन, शोभनप्रिय, शौरी, श्रीकण्ठ ।।

श्रीधर, श्रीनिकेतन, श्रीनिवास, श्रीपति, श्रीमतांवर ।
श्रीमत्, श्रुतिमत्, श्रेयस्, श्रेयस्कर, श्रेष्ठ ।।

श्रेष्ठात्मा, संवत्सर, संविभागी, संसारगतिविच्छेत्ता, संसारतारक ।
संसारार्णवतारक, संहर्ता, सकलजगतांपति, सक्रोधन, सङ्कल्पयोनि ।।

सञ्जीवन, सततानन्द, सतामीश, सत्त्वरजस्तमस्, सत्य ।
सत्यवत्, सत्यानन्दस्वरूपी, सदागति, सदायोगी, सन्तपन ।।

सन्तापहृत्, सन्देहनाशन, सन्ध्यारागकर, सन्ध्यावन्दनवन्दित, सप्तजिह्व ।
सप्ततुरग, सप्तमीप्रिय, सप्तलोकनमस्कृत, सप्तसप्ति, सप्तार्चिष् ।।

सप्ताश्व, सप्तिमत्, समाक्रतु, समायुक्त, समाराधनतोषवत् ।
समाहितमति, समितिञ्जय, समुद्र, सम्पत्कर, सम्पूद्रायर्ण ।।

सम्प्रकाशक, सम्प्रतापन, सम्यम, सर्वकल्याणभाजन, सर्वकृत् ।
सर्वग, सर्वजितांवर, सर्वज्ञ, सर्वतोमुख, सर्वद ।।

सर्वदमन, सर्वदर्शी, सर्वद्युतिकर, सर्वद्योत, सर्वप्रकाशक ।
सर्वप्रहरणायुध, सर्वप्रिय, सर्वलोकप्रकाशक, सर्ववेदप्रगीतात्मा, सर्ववेदलय ॥

सर्वव्रत, सर्वशत्रुविनाशन, सर्वशस्त्रभृतांवर, सर्वसह, सर्वसाक्षी ।
सर्वात्मा, सर्वाय, सर्वोदधिस्थितिकर, सविता, सहस्रकर ॥

सहस्रकिरण, सहस्रग, सहस्रदीधिति, सहस्रपाद, सहस्रमरीचि ।
सहस्ररश्मि, सहस्रांशु, सहस्राक्ष, सहस्रार्चिष्, साधु ॥

(नौ सौ)

सामग, साम्राज्यदाननिरत, सायंदिवादिव्यवपुष्, सावित्रीभावित, सित ।
सिद्धकार्य, सिद्ध, सिद्धि, सुकर्म, सुकेतन ॥

सुखद, सुखप्रद, सुखसेव्य, सुखिने, सुखी ।
सुजन, सुताजित, सुनय, सुनेत्राय, सुप्रताप ॥

सुप्रभाव, सुप्रभावन, सुप्रसन्न, सुप्रिय, सुमति ।
सुमनःप्रिय, सुमन, सुमहाबल, सुमूर्ति, सुमेधस ॥

सुमेधावी, सुयश, सुरकार्यज्ञ, सुरज्येष्ठ, सुरथ ।
सुरथ, सुरनमस्कृत, सुरपति, सुरपूजित, सुरारिघ्न ॥

सुरेश, सुलोचन, सुवर्चस्, सुवाच्, सुवाहन ।
सुविशिष्टाय, सुशील, सुसम्युक्त, सूक्ष्मधी, सूर ॥

सूरज, सूर्य, सृष्टि, सृष्टिकर्ता, सृष्टिस्थित्यन्तकारी ।
सैंहिकेयरिपु, सोम, सौख्य, सौख्यदायी, सौख्यप्रद ॥

स्कन्द, स्तुतिहेतु, स्तोत्राय, स्थविर, स्थाणु ।
स्थित, स्थिति, स्थितिप्रिय, स्थितिमत्, स्थितिस्थेय ॥

स्थिरात्मक, स्थेय, स्पष्टाक्षर, स्रग्वी, स्वःस्थित ।

स्वचाराचारतत्पर, स्वर्ग, स्वर्णरथ, स्वर्णरेतस्, स्वर्णिम ।।

स्वर्णशरीरधृष्, स्वर्भानु, स्वाहाकार, हंस, हयग ।
हर, हरि, हरिताश्व, हरिदश्व, हरिप्रिय ।।

हर्यश्व, हारी, हिमद, हिमांशुभृत्, हिरण्यगर्भ् ।
हिरण्यरेत, हुताहुति, हृषीकेश, हेतु, होता ।।

(एक सहस्त्र)

८९. सूर्य मंदिर

दोहा॰ सूरज उद्गम पूर्व में, पश्चिम में फिर अस्त ।
पूरब पश्चिम उस समय, लाल रंग से ग्रस्त ।।

सुबह शाम के सूर्य की, पावन लाली लाल ।
दर्शन दोनों काल में, देता पुण्य विशाल ।।

मंदिर सूरज का बने, मुख पूरब की ओर ।
आए आभा द्वार से, स्वैर अश्व की तौर ।।

शक्य न हो यदि पूर्व में, हो पश्चिम की ओर ।
पश्चिम संध्या रोशनी, लगे सुहानी और ।।

सूर्य मंदिर समूह में, मंदिर बनें अनेक ।
ब्रह्मा विष्णु महेश के, यथा नियम प्रत्येक ।।

उत्तर में शिव का बने, ब्रह्मा जी का पूर्व ।
पश्चिम में हो विष्णु का, अन्य यथोचित सर्व ।।

मंदिर-संकुल में बने, शास्त्र पढन का स्थान ।
गुरुकुल हो स्थापन वहाँ, पढ़ने वेद पुराण ।।

स्वागत प्रातः काल में, सूरज का हो रोज ।
पूजन संध्या काल में, दर्शन करके ओज ।।

विश्वकर्मा ने कहे, मंदिर विविध प्रकार ।

विशाल मंदिरशास्त्र में, लगभग तीन हजार ।।

मंझिल कितनी हैं बनी, कितन्न शिखर उठान ।
मंदिर किस आकार का, शिल्प कला परिधान ।।

मंदिर सोने से मढ़ा, लकड़ी का है काम ।
किस पत्थर से है बना, किस दैवत का धाम ।।

मूरत सुवर्ण की बनी, या चाँदी का काम ।
तामा पीतल अयस या, अष्टधातु है नाम ।।

मूरत पत्थर की बनी, संगमरमर चट्टान ।
काष्ठ मृत्तिका की बनी, अलंकार परिधान ।।

मूर्ति चंदन की बनी, या है लकड़ी आम ।
देवदारु या बिल्व की, रंग कपिल या ताम्र ।।

१०. सूर्य अवतरण

(अवतार)

दोहा॰ सूरज बारह मास में, लेता बारह रूप ।
चैत्र माह में "विष्णु" है, पहला दिव्य स्वरूप ।।

चौदश शतगुण रश्मि का, लेकर प्रखर प्रभाव ।
आता सूरज गगन में, उग्र स्वरूप स्वभाव ।।

आता रवि वैशाख में, "अर्यम" का अवतार ।
करते तेरह सौ किरण, जग पर तेज प्रहार ।।

आता रवि फिर ज्येष्ठ में, "विवस्वान" अवतार ।
चौदह सौगुण अंशु से, प्रकाश का अंगार ।।

आता रवि आषाढ़ में, "अंशुमान" के रूप ।
श्रावण में "पर्जन्य" है, कभी वर्षा कभी धूप ।।

भाद्रपद के माह में, सूर्य "वरुण" का रूप ।
आश्विन में रवि "इंद्र" है, देव लोक का भूप ।।

"धाता" कार्तिक मास में, लेता है रवि रूप ।
मार्गशीर्ष के माह में, "मित्र" स्वरूप अनूप ।।

"पूष" पौष के माह में, "भाग" माघ के मास ।
"त्वष्टा" फाल्गुन मास में, रूप सूर्य के खास ।।

९. भागवत महापुराण

९१. श्रीमद्भागवत

(बारह स्कन्ध)

दोहा० सहस अठारह श्लोक का, बना भागवत पुराण ।
बारह स्कन्धों में बँटा, करने जग कल्याण ।।

प्रथम स्कन्ध में है किया, भक्तियोग आख्यान ।
अनासक्ति जो भक्त को, करती भक्ति प्रदान ।।

उत्पत्ति ब्रह्माण्ड की, कहता द्वितीय स्कन्ध ।
प्रकृति में स्थित पुरुष के, अस्तित्व की सुगंध ।।

कहता तृतीय स्कन्ध है, बाल कृष्ण चरित्र ।
भाषण उद्धव-कृष्ण का, बचपन का जो मित्र ।।

फिर है चौथे स्कन्ध में, ध्रुव का वर्णन चित्र ।
राजा ध्रुव के राज्य का, वर्णन किया पवित्र ।।

कहता पंचम स्कन्ध है, भौगोलिक इतिहास ।
स्वर्ग-नरक का कथन भी, पर्वत नदी-निकास ।।

छठे स्कन्ध में हैं कहे, पशु-पक्षी के जन्म ।
पावन नाता ईश से, मानव का आजन्म ।।

कहे स्कन्ध फिर सातवाँ, प्रह्लाद का चरित्र ।
हिरण्यकश्यपु की कथा, हिरण्याक्ष कुचरित्र ।।

स्कन्ध आठवें में कहा, वामन का अवतार ।
गजेंद्र मोक्ष की कथा, मन्वन्तर विस्तार ।।

नवम स्कन्ध में है कहा, रामचंद्र चरित्र ।
राजाओं के नाम भी, रघु वंश के पवित्र ।।

वर्णन दसवें स्कन्ध में, यादव कुल के नाम ।
लीलाएँ श्रीकृष्ण कीं, अद्भुत जिनके काम ।।

ग्यारहवें फिर स्कन्ध में, यादव कुल संहार ।
कारण उनके पतन का, बोला सह विस्तार ।।

बारहवें है स्कन्ध में, चारो युग के नाम ।
ब्रह्मा–विष्णु–महेश के, सर्ग–प्रलय के काम ।।

कई बिंदु उपरोक्त पर, कहते कई पुराण ।
राम–कृष्ण अवतार को, देखो अग्नि पुराण ।।

१२. राधा सहस्त्रनामावलि

मुक्तक० अंगारपूर्णा, अकाशरूपा, अच्युतप्रिया, अच्युतमूर्ति, अतिसुंदरी ।
अतीतगमना, अतीतगुणा, अनंगलता, अनुतारा, अनुत्तमा ।।

अन्धकारध्वस्ता, अन्नपूर्णा, अपराजिता, अपूर्वदा, अपूर्वा ।
अभयप्रदा, अभिस्तदा, अमावस्या, अमोहा, अरिसूदनप्रिया ।।

अरुंधति, अर्जुनसखाप्रिया, अलकेश्वरपूज्या, अशोका, असुरारिप्रिया ।
अहिजितप्रिया, आनंदकन्दिनी, आनंदप्रदा, आनंदयुक्ता, इंद्रनीला ।।

इलालवंगकर्पुरा, ईंगुर, ईश्वरी, उज्जवलगीतिका, उज्जवलप्रदा ।
उज्वला, उपेन्द्रप्रिया, एकनंदा, एकांगा, कंचनंगदाधारिणी ।।

कंचनभा, कंचनवर्णी, कंतारवासिनी, कंसनिकन्दनप्रिया, कंसहन्ताप्रिया ।
कंसारिप्रिया, कदम्बरी, कनककृति, कन्या, कन्हाईप्रिया ।।

कन्हैयाप्रिया, कपालमालिनी, कपिला, कमलनयनप्रिया, कमलनाभप्रिया ।
कमला, कमलापतिप्रिया, कमलेशप्रिया, कमलेश्वरप्रिया, करुणा ।।

करुणामयकारिणी, करुणार्णवधारिणी, करुणार्णवरूपिणी, करुणार्णवसम्पूर्णा, कर्णा ।
कला, कलाधिनाथवदना, कलावती, कल्परूपिणी, कल्पा ।।

कांचनभा, कांति, कारुण्या, कार्तिकी, कालिंदीकुलदीपिका ।

कालिंदीतनाया, कालिन्दी, कालियमर्दनप्रिया, किशनचंद्रप्रिया, किशनप्रिया ।।

किशोरिणी, किशोरी, किसोरवल्लभा, कीर्तिकिशोरी, कुंजबिहारीप्रिया ।
कुरंगाक्षिणी, कुलवंदिता, कुसुमोपमा, कृतिकाव्रतकर्त्रि, कृपा ।।

कृपातीता, कृपान्विता, कृपावती, कृपावर्षिणी, कृष्णआनन्दिनी ।
कृष्णकला, कृष्णकांता, कृष्णचन्द्रप्रिया, कृष्णतरंगदा, कृष्णपरायणा ।।

(एक सौ)

कृष्णप्रिया, कृष्णप्रीता, कृष्णप्रेमतरंगिणी, कृष्णप्रेमरता, कृष्णप्रेमवती ।
कृष्णप्रेमा, कृष्णभक्तफलार्थिनी, कृष्णभद्रप्रिया, कृष्णमत्राधिदेवता, कृष्णमत्राधिदेवता ।।

कृष्णरता, कृष्णलला, कृष्णसंगमकारिणी, कृष्णसंगिनी, कृष्णसखी ।
कृष्णसागरार्थिनी, कृष्णसुखकारिणी, कृष्णस्तुता, कृष्णा, कृष्णानंदप्रदायिनी ।।

कृष्णानंदविद्यादायिनी, कृष्णार्थवसना, कृष्णार्थव्याकुला, कृष्णार्थिनी, कृष्णावतारनिरता ।
कृष्णावर्णा, केकराक्षिणी, केलिकर्ता, केशव, केशवप्रिया ।।

केशवप्रीता, केशवसखी, केशवा, केशवानंददात्री, केशवानंददायिनी ।
केशवी, केशीनिषूदनप्रिया, कैटभारिप्रिया, कैवल्यदिनिनी, कैवल्यपाथदा ।।

कोटिकंदर्पलावण्या, कोटिसुंदरी, कोमलअंगिनी, कोशला, कौमारी ।
कौस्तुभलक्षणा, कौस्तुभहृदया, क्रीडनार्थिनी, क्रीड़ाकौतुकरूपिणी, क्षामा ।।

क्षितीशा, गंगाजलमयी, गगना, गगनेशिनी, गजमुक्ता ।
गजोद्धारणा, गणाध्यक्षा, गति, गतिप्रदा, गतीनिष्ठा ।।

गमनरमणप्रिया, गरुडध्वजप्रिया, गविवासिनी, गवेश्वरी, गिरिधरप्रिया ।
गिरिधारीप्रिया, गिरिपूजका, गीतकुशला, गीतगम्या, गीतोपदेशकप्रिया ।।

गीष्पतिप्रिया, गुणफलप्रदा, गुणा, गोकर्णा, गोकुलंतरगेहा ।
गोकुलत्प्रदायिनी, गोकुलनाथप्रिया, गोकुलपतिप्रिया, गोकुलानंदकर्तरी, गोकुलानंदिनी ।।

गोकुलान्वितदेहा, गोकुलेशप्रिया, गोपतिप्रिया, गोपनंदिनी, गोपमुख्यप्रिया।
गोपमोही, गोपराज्यप्रदा, गोपवनिता, गोपसुंदरी, गोपांगनवेष्टिता ।।

गोपा, गोपानंदकारिणी, गोपालपालिका, गोपालप्रिया, गोपालरूपी।
गोपालवनिता, गोपिकागीतकीर्तिता, गोपिकापूजिता, गोपिकामोहदा, गोपिकेशप्रिया ।।

(दो सौ)

गोपी, गोपीकृष्णप्रिया, गोपीनाथप्रिया, गोपीनाथमनोहरप्रिया, गोपीनाथेश्वरी।
गोपीवेशमनोगरा, गोपीशप्रिया, गोपेन्द्रप्रिया, गोरोचना, गोलोकनाथप्रिया ।।

गोवर्धनधारीप्रिया, गोवर्धनप्रिया, गोवर्धनहास्यप्रिया, गोवर्धनेश्वरी, गोविंदगणपूजिता।
गोविंदप्रिया, गौरांगी, ग्राम्या, घनश्यामप्रिया, घृत्या ।।

चंचला, चंचलाक्षिणी, चंद्रा, चंद्रावली, चंद्रास्या।
चक्रगदाधरप्रिया, चक्रधरप्रिया, चक्रपाणिप्रिया, चक्रहस्तप्रिया, चक्रायुधप्रिया ।।

चक्रीप्रिया, चक्रेश्वरप्रिया, चतुरा, चतुर्बाहुप्रिया, चतुर्भुजप्रिया।
चतुर्मूर्तिप्रिया, चतुर्व्यूहप्रिया, चन्द्रभानुप्रिया, चन्द्रहासप्रिया, चारुचन्द्रप्रिया ।।

चारुदेहप्रिया, चारुलीलाप्रिया, चारुविग्रहा, चित्रमालिनी, चित्ररूपिणी।
चित्रलेखा, चित्रा, चीरदप्रिया, चैतन्यरूपा, चैतन्यरूपिणी ।।

चैतन्या, जगतस्वामिनी, जगदानंदकर्त्री, जगदीशप्रिया, जगदीश्वरप्रिया।
जगद्बीजा, जगन्नाथप्रिया, जगन्नाथेश्वरी, जगन्निवासप्रिया, जनमनोहरप्रिया ।।

जनार्दनप्रिया, जनेशप्रिया, जनेश्वरप्रिया, जन्ममर्त्युजरापहा, जपापुष्पहस्ता।
जयंतप्रिया, जयंती, जयमुर्तिप्रिया, जया, जयाप्रदा ।।

जरासन्धघ्नप्रिया, जलेशप्रिया, जावाकुसुमा, जितेन्द्रिया, जिमुतरूपा।
जीववंद्या, जीवानंदप्रदायिनी, जैत्रप्रदा, ज्ञानदा, तक्रयुक्ता ।।

तुलसितोषिका, तुलसी, तुलसीअधीश्वरी, तृणावर्त्तसंहारकारी, तेजस्विनी।

तेजोरूपा, तैत्तिलानंदपरितोषका, त्रिदिशाध्यक्षा, त्रिधामा, त्रिनाभा ॥

त्रिलोकीनाथ, त्रिलोकेशप्रिया, त्रिविक्रमप्रिया, त्रैलोक्यसुंदरी, दधिखंडार्थिनी ।
दधिविक्रेत्री, दया, दयाधरा, दयान्विता, दयारूपा ॥

(तीन सौ)

दर्पणास्या, दानशीला, दामबद्धप्रिया, दामोदरप्रिया, दिव्यरूपा ।
दिव्यसुवासिनी, दीपप्रिया, दुःखहन्त्री, दुःखहारिणी, दुग्धमंथतत्परा ॥

दुर्गतिनाशिनी, देवकीनन्दनप्रिया, देवकीपुत्रदप्रिया, देवकीरोहिणीसुतप्रिया, देवकीसौख्यदप्रिया ।
देवपूज्यप्रिया, देववैकुण्ठनाथप्रिया, देवाधिदेवप्रिया, देवी, देवेशप्रिया ॥

देवेश्वरप्रिया, दैत्यघ्नप्रिया, दैत्यनाशीप्रिया, दैत्यहन्ताप्रिया, दैत्यारिप्रिया ।
द्वारकानाथप्रिया, द्वारकाधीशप्रिया, द्वारिकानाथप्रिया, द्वारिकावासिनी, द्वारिकेशप्रिया ॥

द्विजवामनप्रिया, धनंजयप्रिया, धनधान्यविदत्री, धनुर्धरप्रिया, धन्या ।
धरानाथप्रिया, धरेशप्रिया, धर्मकुशला, धर्मनाभप्रिया, धात्री ॥

धामरूपिणी, धारिणी, धीररूपधरा, धीरा, धूम्रा ।
धूम्राकेशा, धृतानंदप्रदायिनी, धेनुकारिप्रिया, नंदकिशोरप्रिया, नंदकुमारप्रिया ॥

नंददायिनी, नंदनंदनप्रिया, नंदनगणा, नंदपुत्रप्रिया, नंदप्रिया ।
नंदलालप्रिया, नंदसुता, नटखटप्रिया, नटराजप्रिया, नटवरनागरप्रिया ॥

नदी, नन्दपुत्रप्रिया, नरसिंहवपुप्रिया, नरेश्वरी, नरोत्तमप्रिया ।
नवनीतिका, नवलकिशोरप्रिया, नवलकिशोरी, नवलब्रजेश्वरी, नवलभामिनी ॥

नागकर्णिका, नागरांगना, नादबिन्दुविधारिणी, नादरूपा, नायकानंदरूपिणी ।
नारंगना, नारंगफलशोभिता, नारदादेशतव्योमहन्ता, नारायणप्रिया, निकुंजस्वामिनी ॥

नित्यगेहिनी, नित्यतरंगिणी, नित्यनवनीता, नित्यरासेश्वरी, नित्यरूपा ।
नित्यसुखकरणी, नित्यांगी, नित्या, नित्यानंदकारिणी, निम्बादादिमारूपिणी ॥

निरालंबपूज्या, निरालाम्बा, निराश्रया, निर्गुणा, निर्मया।
निर्वाणदात्री, निस्पृहा, नीति, नीराकुला, नीलकंठप्रिया ।।

(चार सौ)

नीलकांतप्रिया, नीलवर्णप्रिया, नीला, नीलाम्बरधरा, नीलाम्बरप्रिया।
नीलाम्बराविधात्री, पंचशक्तिस्वरूपा, पद्मनाभप्रिया, पद्मनाभिप्रिया, पद्मनेत्रप्रिया ।।

पद्मपाणिप्रिया, पद्मलोचनप्रिया, पद्महस्तप्रिया, पद्महारप्रिया, पद्महासप्रिया।
पद्मा, पयस्विनी, पयोदा, पयोधारिणा, परपुरुषप्रिया ।।

परमअनूपा, परमपुनीता, परमहर्षिणी, परमहितकारिर्णी, परमानन्ददप्रिया।
परमेश्वरप्रिया, परमेष्ठीप्रिया, परा, परानुग्रहकारिणी, परुषोत्तमप्रिया ।।

परेशप्रिया, पवित्रकुलादीपिका, पवित्रा, पवित्रानंदिनी, पाण्डवप्रीतिदप्रिया।
पाण्डवप्रेमकारीप्रिया, पारिजातापहारिरगेशप्रिया, पारिपालनकर्त्री, पार्थसारथिप्रिया, पालिनी ।।

पीताम्बरप्रिया, पुंडरिकाक्षप्रिया, पुंडरीकाक्षनिलया, पुंडरीकाक्षवल्लभा, पुंडरीकाक्षसेव्या।
पुण्डरिकाक्षगेहिनी, पुण्यकीर्ति, पुराणपुरुषप्रिया, पुरुषोत्तमप्रिया, पुष्पमालीप्रिया ।।

पुष्पवर्षा, पुष्पशीला, पूज्या, पूतगात्रा, पूतनामोक्षदा।
पूतनारिप्रिया, पूर्णतारा, पूर्णदेवी, पूर्णा, प्रजेश्वरप्रिया ।।

प्रणवा, प्रणवार्थस्वरूपिणी, प्रणवेशी, प्रधानगोपिका, प्रलम्बनाशकप्रिया।
प्रवीणा, प्रसिद्धविष्णुप्रिया, प्राणदा, प्राणप्रिया, प्राणरूपा ।।

प्राणविमोचना, प्राणसर्वस्वदिनिनी, प्राणा, प्रिया, प्रीतिजननी।
प्रीतिवर्धका, प्रेमक्रीड़परितांगिनी, प्रेमगेहा, प्रेमतरंगिका, प्रेमतरंगिणी ।।

प्रेमप्रिया, प्रेमभक्तिप्रदा, प्रेमभावा, प्रेममूर्ति, प्रेमहरा।
प्रेमा, प्रेमादात्री, प्रेमानंदतरंगिणी, प्रेमाभक्तितरंगिणी, प्रेमारूपा ।।

प्रेमार्थदायिनी, प्रेमालिंगनसिद्धांगिनी, प्रेमासक्तिमयी, फणेषुनृत्यकारीप्रिया, फाल्गुनप्रीतिकृत्सख्यप्रिया।

बंशीधरप्रिया, बकुलमोदा, बकुला, बनवारीप्रिया, बाणपुत्रीपतिप्रिया ।।

(पाँच सौ)

बाललीलाकरप्रिया, बालेश्वरी, बिल्वपत्रिका, बिल्ववपु, बिल्ववृक्षनिवासिनी ।
बिल्ववृक्षप्रिया, बुद्धि, ब्रजमोहनप्रिया, ब्रजराजप्रिया, ब्रजरानी ।।

ब्रजवासीप्रिया, ब्रजेंद्रप्रिया, ब्रजेशप्रिया, ब्रजेश्वरप्रिया, ब्रह्मरूपा ।
ब्रह्मलोकप्रतिष्ठा, ब्रह्माण्डगोचरा, ब्रह्माण्डपरिपालिनी, ब्रह्माण्डभावरूपिणी, भक्तकल्पद्रुमिता ।।

भक्तफलप्रदा, भक्तभावसुधाप्रदा, भक्तवत्सला, भक्तानंदप्रदायिनी, भक्तिगाम्या ।
भक्तिप्रिया, भक्तिस्वरूपा, भगवती, भगिनी, भयापहा ।।

भवभाविनी, भव्या, भाग्योदयश्री, भानुजा, भीमदुर्योधनज्ञानदप्रिया ।
भुवनमोहिनी, भुवनसुंदरी, भुवनेश्वरी, मंगलप्रदा, मंगलमोदजनी ।।

मंगला, मति, मथुराधिपतिप्रिया, मथुरेशप्रिया, मदनगोपालप्रिया ।
मदनमोहनप्रिया, मदनमोहिनी, मधुकैटभारिप्रिया, मधुरा, मधुसूदनप्रिया ।।

मधुहाप्रिया, मध्वरिप्रिया, मनमोहनप्रिया, मनोरमा, मनोहरणी ।
मनोहरा, महापद्मिनेत्रप्रिया, महाबलप्रिया, महाबुद्धिप्रिया, महाभागप्रिया ।।

महामनाप्रिया, महामल्लघ्नप्रिया, महामुक्ता, महामुक्तिफलप्रदा, महामोहनाशनप्रिया ।
महामोहनाशिनी, महायज्ञशोभाकरप्रिया, महारत्नदप्रिया, महारत्नसिंहासनस्थप्रिया, महावीरप्रिया ।।

महासुन्दरी, महासौख्यदा, महीधरप्रिया, महेंद्रप्रिया, मांगल्या ।
माखनचोरप्रिया, माथुरेशाधिप, माधवप्रिया, माधवमना, माधवी ।।

माधवी, माधवेशप्रिया, मानलीलाविशारदा, माया, मालतीभूषाढ्या ।
मालतीमाल्यधारिणी, मित्रविन्दा, मुकुंदप्रिया, मुक्तिदात्री, मुख्या ।।

मुनीश्वरप्रिया, मुरजितप्रिया, मुरतीमोहनप्रिया, मुरलीधरप्रिया, मुरलीमनोहरप्रिया ।
मुरलीवालाप्रिया, मुरारिप्रिया, मृदुलभाषिणी, मेखलामोदधारिणी, मेघारूपा ।।

(छह सौ)

मेधाविनी, मोक्षदप्रिया, मोहनमुरारिप्रिया, मोहना, यज्ञेश्वरप्रिया।
यथेष्टप्रिया, यदुनंदनप्रिया, यदुनाथप्रिया, यदुपतिप्रिया, यदुराजप्रिया ।।

यदुवीरप्रिया, यमुनाजलवसिनी, यमुनातोषकारिणी, यमुनापरकोतुका, यशोदानंदकारिणी।
यशोदानंदनप्राणा, यशोदानंदनप्रिया, यशोदानंदनवल्लभा, यशोदासुतप्रिया, यशोमाधवप्रिया ।।

यशोरथिनी, यसोदानंदमोहिनी, यसोदानन्दनेश्वरी, यादवप्रिया, यादवेंद्रप्रिया।
यादवेशप्रिया, योगमायाकरप्रिया, योगरूपिणी, योगानंदकारिणी, योगीश्वरप्रिया ।।

योगेंद्रप्रिया, योगेशप्रिया, योगेश्वरप्रिया, रंगनाथप्रिया, रत्नकुंडलभूषिता।
रत्नमालाविभूषिणी, रत्नमाल्यधरा, रत्नसिम्हासनस्था, रत्नाकरप्रिया, रमाकांतप्रिया ।।

रमानाथप्रिया, रमापतिप्रिया, रमेशप्रिया, रमेश्वरप्रिया, रमैयाप्रिया।
रम्या, रविनेत्रप्रिया, रसआपूर्ति, रसिकबिहारीप्रिया, रसिका ।।

रसिकानंदा, रसिकिनीपुनीता, राधा, राधाकांतप्रिया, राधापतिप्रिया।
राधारमणकांता, राधारमणप्रिया, राधावल्लभप्रिया, राधिकांग, राधिका ।।

राधिकात्मा, राधिकाप्राणनाथप्रिया, राधिकेशप्रिया, राधेरानी, राधेश्यामप्रिया।
राध्यानंदप्रदा, रामचन्द्रावतारप्रिया, रामा, रासक्रीड़ा, रासक्रीड़ाकारीणी ।।

रासगम्या, रासप्रिया, रासबिहारीप्रिया, रासमंडला, रासमंडलाशोभिता।
रासरंगप्रिया, रासरक्तप्रिया, रासरचैयाप्रिया, रासरति, रासरासेश्वरी ।।

रासलीलापरप्रिया, राससुंदरी, रासेशप्रिया, रासेश्वरी, रुक्मणी।
रुपिणी, रूपपादपवासिनी, रूपवती, रूपा, रोहिणीसौख्यदप्रिया ।।

लंघनाक्षमा, लक्ष्मीकांतप्रिया, लक्ष्मीनाथप्रिया, लक्ष्मीवल्लभप्रिया, लक्ष्मीशप्रिया।
लज्जा, लता, ललिता, लावण्यमंगला, लीला ।।

(सात सौ)

लीलाधरप्रिया, लोकनाथप्रिया, लोकमहेश्वरप्रिया, वंशीधरप्रिया, वत्सलप्रिया।
वत्सला, वधुरूपा, वनमालीप्रिया, वनेशप्रिया, वल्लभा ।।

वसन्तरागसमरागा, वसन्तवासना, वसुदेवनंदनप्रिया, वसुधरप्रिया, वसुधाधरप्रिया ।
वार्षभानवी, वार्ष्णीप्रिया, वार्ष्णेयप्रिया, वासनाहरिणी, वासुदेवप्रिया ।।

विकलोत्कर्षिणी, विकासितामुखांबुजा, विचित्रकथका, विचित्रकनकोज्ववला, विचित्रमणिभूषणा ।
विचित्रवासिनी, विजया, विजितमोदा, विजिता, विठ्ठलप्रिया ।।

विद्या, विद्याधरप्रिया, विद्यार्थिनी, विद्यास्वरूपिणी, विद्युत्प्रभा ।
विद्युद्वल्लया, विद्वतपूर्वविवर्धिनी, विपिनविहारीप्रिया, विमला, विमलोदका ।।

विमोहा, विरहिणी, विलासिनी, विशाखा, विशालनेत्रा ।
विश्वंभरा, विश्वनाभप्रिया, विश्वमोहनप्रिया, विश्वरूपदर्शीप्रिया, विश्वरूपप्रिया ।।

विश्वेशप्रिया, विष्णुप्रिया, वीरबाहुप्रिया, वृंदा, वृंदावनविहारीप्रिया ।
वृंदावनेश्वरी, वृक्षरूपप्रिया, वृक्षारूपा, वृन्दावनविलासिनी, वृन्दा ।।

वृन्दावनविहारिणी, वृन्दावनेशप्रिया, वृषभानुजा, वृषभानुलली, वृष्णिप्रिया ।
वेणुवादपरायणा, वेणुवाद्या, वेदगम्या, वेदगर्भा, वेदपरा ।।

वेदप्रिया, वैकुंठदेवधाया, वैकुंठनाथप्रिया, वैकुंठपरमाल्या, वैकुंठप्रिया ।
वैकुंठसुंदरी, वैकुण्ठदर्शी, वैजयन्ती, वैभववेशप्रिया, वैराग्यकुलाद्विपिका ।।

वैशाली, वैष्णवी, व्यंकटेशप्रिया, व्रजकिशोरप्रिया, व्रजनाथप्रिया ।
व्रजप्रेमप्रिया, व्रजभानुनंदिनी, व्रजाधीशरक्षाकरप्रिया, व्रजानन्ददप्रिया, शंखचक्रधारीप्रिया ।।

शंखधरप्रिया, शंखपाणिप्रिया, शकटारिप्रिया, शक्तिस्वारूपिणी, शक्रजितप्रिया ।
शक्रयागप्रणाशप्रिया, शचीपूजितप्रिया, शतजितप्रिया, शतधामा, शतानंदप्रिया ।।

(आठ सौ)

शम्बरारिप्रिया, शरत्पद्मनेत्रप्रिया, शरद्ग्रीष्मवर्षाकरप्रिया, शशिशुशोभना, शशिशेखरा ।
शसिकोटिसमप्रभा, शान्ता, शान्ति, शान्तिदा, शापघ्ना ।।

शारंगधरप्रिया, शारंगपाणिप्रिया, शारदा, शाङ्‌र्गपाणिप्रिया, शाल्वसंहारकप्रिया ।

शिंगरफा, शिरिशकुसुमकमलसुंदरी, शिरिशकुसुममोदा, शिरिशकुसुमोज्ववला, शिशुपालहरप्रिया ।।

शीतलांगा, शीतला, शुक्लांबरा, शुभांगा, शैलेश्वर ।
शौरीप्रिया, श्यामप्रिया, श्याममनोहरप्रिया, श्यामरूपप्रिया, श्यामलहरिप्रिया ।।

श्यामसुंदरप्रिया, श्यामा, श्रांति, श्री, श्रीकांतप्रिया ।
श्रीकृष्णप्रिया, श्रीकृष्णभजनान्विता, श्रीकृष्णभावनमोदा, श्रीखंडा, श्रीदा ।।

श्रीदामेश्वरवल्लभा, श्रीधरप्रिया, श्रीनाथप्रिया, श्रीनिवासप्रिया, श्रीपतिप्रिया ।
श्रीप्रदा, श्रीप्रभादर्शकप्रिया, श्रीमती, श्रीरंगप्रिया, श्रीराधा ।।

श्रीरूपा, श्रीरूपिणी, श्रीवत्सप्रिया, श्रीवत्सला, श्रीवरप्रिया ।
श्रीवर्धनप्रिया, श्रीवल्लभप्रिया, श्रीस्वरूपाश्रिता, श्रीस्वरूपिणी, श्रीहरा ।।

श्रुति, श्रेष्ठरूपा, संसाररागिणी, सकलगुणीता, सकलेप्सिता ।
सकलेश्वरप्रिया, सखी, सख्या, राचि, सतीमोहना ।।

सत्कीर्ति, सत्कृति, सत्यकीर्ति, सत्यपरायणा, सत्यभामापतिप्रिया ।
सत्यमेधा, सत्यरूपा, सत्यवती, सत्या, सत्यानंदप्रिया ।।

सत्यापतिप्रिया, सत्याप्रदा, सदाकरक्षकप्रिया, सदागोगणप्रिया, सदादक्षिणादप्रिया ।
सदानंदा, सदापूजितप्रिया, सदापूजितब्राह्मणप्रिया, सदारक्षकप्रिया, सदाशिवमनोहरा ।।

समाहारकारिणी, समुद्रमुद्रा, सरस्वती, सर्वकरणकारणा, सर्वगा ।
सर्वजनत्वविधात्री, सर्वजीवनेश्वरी, सर्वज्ञा, सर्वतोमुखप्रिया, सर्वदर्शीप्रिया ।।

(नौ सौ)

सर्वमंगला, सर्वरूपी, सर्वलोकमहेश्वरप्रिया, सर्वलोकेशप्रिया, सर्ववंद्या ।
सर्ववन्द्या, सर्वांगसुंदरी, सर्वा, सर्वाद्या, सर्वेश्वरप्रिया ।।

सलिला, सलोना, सव्यसाचीप्रिया, सहजानंदकारिणी, सहस्रचरणप्रिया ।
सहस्रजितप्रिया, सहस्रनेत्रप्रिया, सहस्रलोचनप्रिया, सहस्रस्वरूपप्रिया, सहस्रांशुप्रिया ।।

सहस्त्रार्चिप्रिया, सहिष्णुप्रिया, साध्यविलासिका, साध्वी, साममन्त्रपूजितप्रिया।
सारथिप्रिया, सिंधुस्वरूपा, सिद्धरूपा, सिद्धा, सिद्धेशप्रिया ।।

सीता, सुंदरी, सुकेलिनी, सुकेशव्रजेशप्रिया, सुगंधबाला।
सुदर्शनधारीप्रिया, सुदर्शना, सुदेशप्रिया, सुधन्वाप्रिया, सुन्दरप्रिया ।।

सुन्दरीशप्रिया, सुप्रतिका, सुबाहुप्रिया, सुभगभामिनी, सुभानुप्रिया।
सुरत्राताप्रिया, सुरपतिप्रिया, सुरपूजितप्रिया, सुरस्वामीप्रिया, सुराध्यक्षप्रिया ।।

सुरूपा, सुरेन्द्रप्रिया, सुरेशप्रिया, सुवीरप्रिया, सुव्रतप्रिया।
सुहृदप्रिया, सूर्याक्षप्रिया, सोमेश्वरप्रिया, सौंदर्यराषिणी, सौम्यदात्री ।।

स्मितमुखा, स्वयंपरमेश्वरी, हरजया, हरा, हरिकांता।
हरिकौतुकमंगला, हरिणी, हरिता, हरितोषणतत्परा, हरिदाम्बरधरिणी ।।

हरिद्रा, हरिद्वारा, हरिनंदप्रदायिनी, हरिप्रदा, हरिप्राणा।
हरिप्रिया, हरिभक्तिस्तुतिदिनी, हरिभावना, हरिभूषाध्या, हरिवल्लभा ।।

हरिसानिध्यदात्री, हरिहरप्रिया, हरेश्वरी, हलायुधप्रिया, हिरण्यकेशप्रिया।
हिरण्यदा, हिरण्यनाभप्रिया, हींगा, हृदयंगमा, हृदीकप्रिया ।।

हृद्या, हृषीकेशप्रिया, हेतुयुक्ता, हेमवंदना, हेमसुंदरी।
हेमांगप्रिया, हेमा, हेममुखी, हेमवती, ह्लीला ।।

(एक सहस्त्र)

१३. विष्णु भक्त प्रह्लाद

(हिरण्याक्ष)

दोहा॰ **दिति के दो सुत असुर थे, हिरण्याक्ष था ज्येष्ठ ।**
हिरण्यकश्यपु अनुज था, मगर दुरात्मा श्रेष्ठ ।।

हिरण्याक्ष बलवान था, असुरों का सम्राट ।
राजा वह पाताल का, राक्षस रूप विराट ।।

उसने इंद्र परास्त कर, किया स्वर्ग पर राज ।
पृथ्वी को भी जीत कर, किए विनष्ट समाज ।।

(इंद्र)

दोहा॰ मिले देव गण विष्णु से, करके आर्त पुकार ।
विष्णु ने सुनी शांति से, उनकी मदद गुहार ।।

लेकर फिर श्री विष्णु ने, वराह का अवतार ।
अपने तीखे दाँत से, किया असुर संहार ।।

(हिरण्यकश्यपु)

दोहा॰ सुन कर मरना बंधु का, विष्णु देव के हाथ ।
ठाना हिरण्यकश्यपु ने, वैर विष्णु के साथ ।।

हिरण्यकश्यपु असुर ने, करी प्रतिज्ञा घोर ।
मारेगा वह विष्णु को, विनष्ट कर सब ओर ।।

करी घोर आराधना, ब्रह्मा हुए प्रसन्न ।
बोले, क्या वर चाहिए, हो जाओ संपन्न ।।

अमर बनूँ मैं अजर भी, दो ऐसा वरदान ।
पा कर उस वरदान को, क्षमता हुई प्रदान ।।

(फिर)

दोहा॰ उसने असुरों को कहा, जहाँ कहीं हो याग ।
तोड़-फोड़ कर यज्ञ को, उसे लगा दो आग ।।

बंद करो त्यौहार सब, व्रत प्रण पूजा पाठ ।
कोई कीर्तन ना करे, सभी दिशा में आठ ।।

(मगर)

दोहा॰ पुत्र हिरण्यकश्यपु का, विष्णु भक्त प्रह्लाद ।
पूजा करके विष्णु की, पाता मन आह्लाद ।।

हिरण्यकश्यपु ने उसे, रोका बारंबार ।
मगर पुत्र माना नहीं, बापू का प्रतिकार ।।

हिरण्यकश्यपु ने किए, प्रयत्न बहुत प्रकार ।
किसी असुर के हाथ से, पुत्र डालने मार ।।

मगर राक्षसों को मिली, हर प्रयास में हार ।
देख रहे थे विष्णु श्री, निर्मम अत्याचार ।।

सह न सके जब विष्णु जी, पूजक पर अपकार ।
लिया तभी श्री विष्णु ने, नृसिंह का अवतार ।।

(नृसिंहावतार)

दोहा॰ रक्षा को प्रह्लाद की, त्रिभुवन का कल्याण ।
हिरण्यकश्यपु के लिये, वहाँ विष्णु ने प्राण ।।

भूप बना प्रह्लाद फिर, लिए विष्णु वरदान ।
न्याय नीति से सब हुआ, जैसा शास्त्र विधान ।।

९४. विष्णु भक्त ध्रुव

(राजा उत्तानपाद)

दोहा॰ पुत्र मनु स्वायंभुव के, प्रियव्रत, उतानपाद ।
महान राजा होगए, पुराण में है याद ।।

दो भार्या उत्तान की, सुनीति सुरुचि नाम ।
सुरुचि प्रिय थी भूप की, रूप जिसे अभिराम ।।

सुरुचि का सुत एक था, "उत्तम" जिसका नाम ।
पितु की गोदी में सदा, बैठा लगे ललाम ।।

नृप को सुनीति से घृणा, सुरुचि को भी रीस ।
"ध्रुव" था पुत्र सुनीति का, प्रेमल मन निखालिस ।।

माता ने उसको दिया, विष्णु भक्ति से प्यार ।
पिता से उसें मिल सका, ना प्रेम न संस्कार ।।

(एक दिन)

दोहा॰ इक दिन पितु के अंक पर, आकर बैठा ध्रुव ।
कभी न पहले मिल सका, पाया हर्ष अपूर्व ।।

उसे देख कर सुरुचि को, आया क्रोध अपार ।
बोली, किसने है दिया, तुझको यह अधिकार ।।

सिंहासन पर भूप के, और अंक पर स्थान ।
केवल मेरे लाड़ले, उत्तम का है मान ।।

इतना कह कर सुरुचि ने, मारी उसको लात ।
बालक नीचे गिर पड़ा, कुछ ना बोले तात ।।

(ध्रुव)

दोहा॰ उठ कर अपने आप ही, बालक बहुत उदास ।
अनमन रोता आगया, अपनी माँ के पास ।।

माता ने उसको कहा, दुखी न हो मम लाल! ।
विष्णु कृपा से एक दिन, आए अपना काल ।।

करो भक्ति तुम विष्णु की, देंगे वे वरदान ।
होगा शाश्वत विश्व में, अटल तिहारा स्थान ।।

करके दृढ़ निश्चय तभी, ध्रुव ने गृह को त्याग ।
ध्यान किया एकांत में, बिना किसी अनुराग ।।

देख घोर व्रत भक्त का, अपार विष्णु प्रसन्न ।
बोले, वत्स! क्या चाहिये, तुम हो बालक ध्न्य! ।।

हाथ जोड़ ध्रुव ने कहा, विष्णु देव भगवान! ।
कभी न मेरा पतन हो, ऐसा दृढ़ दो स्थान ।

"तथास्तु!" कह कर विष्णु ने, दिया गगन में स्थान ।
ध्रुवतारा बन कर हुआ, ध्रुव का चिर सम्मान ।।

धार्मिक जिसकी धारणा, ध्रुव जिसका है धैर्य ।
ध्रुव बालक वह एक है, ध्रुव पद उसको वर्य ।।

१०. मत्स्य महापुराण

९५. मत्यावतार

(मत्स्य)

दोहा॰ चौदश सहस्त्र श्लोक का, पावन मत्स्य पुराण ।
मत्स्य रूप में विष्णु ने, किया विश्व कल्याण ।।

विवरण वही वसिष्ठ ने, अग्निदेव के पास ।
नैमिषारण्य में हुआ, वही विवेचन खास ।।

(विवेचन)

दोहा॰ होने को जब प्रलय था, त्रिलोक जलथल ध्वस्त ।
उसे समय की बात है, हो सकता था अस्त ।।

वैवस्वत मनु आगए, कृतमाला के तीर ।
पूजा-अर्चन के लिए, लेने निर्मल नीर ।।

जभी कमंडलु में लिया, वैवस्वत ने नीर ।
दिखा उन्हें उस पात्र में, इक नन्हा सा मीन ।।

मत्स्य शीघ्र बढ़ता गया, बड़ा हुआ आकार ।
बड़े पात्र में भी बढ़ा, मनु थे चकित अपार ।।

मनु ने उस झष को दिया, एक झील में स्थान ।
मछली फिर से बढ़ गई, हो कर मत्स्य महान ।।

मनु ने जब उस मीन को, दिया सिंधु में डाल ।
मानव की आवाज में, बोल पड़ा तत्काल ।।

महा प्रलय है आ रहा, जल से धरती ग्रस्त ।
महा विलय की बाढ़ में, हो सकता सब ध्वस्त ।।

(श्री विष्णु)

दोहा॰ लिया मत्स्य अवतार है, मैंने करने तार ।
जब-जब विपदा आ पड़े, लेता मैं अवतार ।।

बाँधो मेरे शृंग से, एक बड़ी सी पोत ।
उसमें ऋषि मुनि भद्र जन, बैठो पशु के गोत ।

बह जावे सब बढ़ में, बचे अन्न के बीज ।
उनसे विकसित हो पुनः, दुनिया की हर चीज ।।

१६. अन्य महापुराण

(वर्णानुक्रम से)

दोहा॰ सोलह सहस्त्र श्लोक का, अग्नि पुराण महान ।
अग्नि देव ने था दिया, वसिष्ठ मुनि को ज्ञान ।।

श्लोक अठारह सहस का, मंगल कूर्म पुराण ।
विष्णु देव ने था कहा, करने जग कल्याण ।।

अठारह सहस्त्र श्लोक का, पावन गरुड पुराण ।
बतला कर श्रीकृष्ण ने, किया ज्ञान का दान ।।

श्लोक पच्चीस सहस का, नारद पूज्य पुराण ।
नारद मुनि ने था कहा, करने जग का त्राण ।।

तेरह सहस्त्र श्लोक का, बोला ब्रह्म पुराण ।
ब्रह्मा ने मारीचि को, करने शुभ निर्माण ।।

श्लोक अठारह सहस का, ब्रह्मवैवर्त पुराण ।
मनु सावर्णी ने किया, ब्रह्मर्षि को प्रदान ।।

बारह सहस्त्र श्लोक का, शुचि ब्रह्मांड पुराण ।
ब्रह्मदेव ने वायु को, किया दान प्रज्ञान ।।

चौदश सहस्त्र श्लोक का, भावी भविष्य पुराण ।
पाया सूरज देव से, प्रथम मनु विवस्वान ।।

अठारह सहस्त्र श्लोक का, श्री भागवत पुराण ।
लीलाएँ दिखला रहे, कृष्ण रूप भगवान ।।

श्लोक चौदश सहस्त्र का, सुंदर मत्स्य पुराण ।

पायां था श्री विष्णु से, आदित्य विवस्वान ।।

नौ हजार है श्लोक का, मार्कण्डेय पुराण ।
बोला मार्कण्डेय ने, जैमीनि ऋषि को ज्ञान ।।

बारह सहस्त्र श्लोक का, पावन लिंग पुराण ।
लिंग रूप में कह गए, शिव शंकर भगवान ।।

चौबीस सहस श्लोक का, पुण्य वराह पुराण ।
बतलाया श्री विष्णु ने, पृथ्वी को था ज्ञान ।।

दस हजार है श्लोक का, वामन रूप पुराण ।
ब्रह्मदेव ने था कहा, देने सत्य प्रमाण ।।

श्लोक सहस चौबीस का, अनुपम वायु पुराण ।
वायु देव ने था दिया, उशना कवि को ज्ञान ।।

श्लोक सहस तेईस का, प्राक्तन विष्णु पुराण ।
पराशर ने मैत्रेय को, अवगत करने ज्ञान ।।

श्लोक सहस चौबीस का, सनातन शिव पुराण ।
लोमहर्षण ऋषि ने कहा, शैवक तत्त्व महान ।।

अस्सी हजार श्लोक का, विशाल स्कन्द पुराण ।
कार्तिकेय ने था रचा, कहने युद्ध विधान ।।

९७. महामाया

(एक दिन)

मुक्तक० श्री विष्णु को एक दिन, दर्शन देवी का हुआ,
महामाया के रूप में, चतुर्भुज अवतार ।
पूछा जब श्री विष्णु ने, कौन रूप हो आप,
कौन आपके साथ हैं, दिव्य देवियाँ रूप ।
महामाया ने कहा, ये हैं नारी-शक्तियाँ,
नर तन में जिनका वास, जानिए जगदीश! ।
भूक्ति बुद्धि मति रति, धृति कीर्ति श्रद्धा स्मृति,

स्वधा स्वाहा मेधा गति, क्षुधा तृष्णा दया प्रीति,
निद्रा लज्जा तंद्रा तुषि, क्षमा जंभ्रा लीला पुषि ।।

(महामाया)

मुक्तक० महामाया ने कहा, श्रीविष्णु भगवान!
सर्ग-स्थिति-प्रलय भी, महाशक्ति के काम ।
पराशक्ति के पाँच हैं, मूल प्रकृति स्वरूप,
दुर्गा लक्ष्मी सरस्वती, सावित्री राधा रूप ।
छह इनके भी रूप हैं, जगत में विद्यमान,
भूमि गंगा तुलसी षष्ठी, मानस मंगलचंद्रिका ।।

(सती)

दोहा० यज्ञ किया जब यक्ष ने, शिव को बिना बुलाय ।
"सती" देवी ने यज्ञ में, खुद को लिया जलाय ।।

आए जब शिवजी वहाँ, उनको क्रोध अपार ।
यज्ञ भंग सब कर दिया, उन पर भूत सवार ।।

देह सती का शंभु ने, लिया काँध पर डार ।
निकल पड़े संभ्रमण को, भारत की दिश चार ।।

जले हुए उस अंग के, खंड एक-सौ-आठ ।
जिन स्थानों पर गिर पड़े, बने वहाँ पर पीठ ।।

जाना है हर पीठ को, जिस देवी के नाम ।
पवित्र भारतवर्ष के, वे हैं तीरथ धाम ।।

९८. १०८-तीर्थस्थान

(108 तीर्थस्थान के नाम के वर्णानुक्रम से)

मुक्तक०

अच्छोद की शिवधारिणी देवी, अमरकण्टक की चंद्रिका देवी, अम्बर की विश्वकाया देवी ।
अश्वत्थ की वंदनीया देवी, उत्तरकुरु की औषधि देवी, उष्णतीर्थ की अभया देवी ।।

एकाम्रपीठ की कीर्तिमति देवी, कपालमोचन की शुद्धि देवी, कमलायन की कमला देवी ।
करवीर की महालक्ष्मी देवी, कान्यकुब्ज की गौरी देवी, कायवरोहण की माता देवी ।।

कार्त्तिक की अतिशांकरी देवी, कालंजर की काली देवी, काश्मीरमंडल की मेधा देवी ।
किष्किंधपर्वत की तारा देवी, कुमुद की सत्यवादिनी देवी, कुशद्वीप की कुशोभा देवी ॥

कृतशौच की सिंहिका देवी, केदारपीठ की सन्मार्गदायिनी देवी, कैलास की कुमुदा देवी ।
गंधमादन की कामाक्षी देवी, गया की मंगला देवी, गोकर्ण की भद्रकर्णिका देवी ॥

गोदावरीतीर्थ की त्रिष्णधि देवी, गोमांत की गौतमी देवी, चंद्रभाग की कला देवी ।
चित्त की ब्रह्मकला देवी, चित्रकूट की सीता देवी, चैत्ररथ की मदोत्कटा देवी ॥

छगलांड की प्रचंडा देवी, जालंधर की विश्वमुखी देवी, जीवशरीर की शक्ति देवी ।
त्रिकूट की रुद्रसुंदरी देवी, देवदारुवन की पुष्टि देवी, देवलोक की इन्द्राणी देवी ॥

देविकातट की नन्दिनी देवी, द्वारवती की रुक्मिणी देवी, नैमिषारण्य की लिंगधारिणी देवी ।
पयोष्णी की पिंगलेश्वरी देवी, पाताल की परमेश्वरी देवी, पिंडारक की धृति देवी ॥

पुण्ड्रवर्धन की पाताल देवी, पुरुषोत्तम की विमला देवी, पुष्कर की पुरुहुता देवी ।
प्रभासा की पुष्करावती देवी, प्रयागराज की कामुकी देवी, बिल्वक की बिल्वपत्रिका देवी ॥

ब्रह्मलोक की सरस्वती देवी, भद्रयाश्रम की उर्वशी देवी, भद्रेश्वर की भद्रा देवी ।
भरताश्रम की अनंगा देवी, मंदार की कामचारिणी देवी, मथुरा की देवकी देवी ॥

मलयांचल की कल्याणी देवी, मलयाचल की रंभा देवी, महाकाल की महेश्वरी देवी ।
महालय की महाभागा देवी, महालिंग की कपिला देवी, मांडव्य की मांडवी देवी ॥

माकोटा की मुक्तेश्वरी देवी, मातृलोक की वैष्णवी देवी, माधववन की सुगंधा देवी ।
मानस की कुमुदा देवी, मायापुरी की कुमारी देवी, माहेश्वरीपुर की स्वाहा देवी ॥

यमुनातीर्थ की मृगवती देवी, रामतीर्थ की तिलोत्तमा देवी, रामतीर्थ की रमणा देवी ।
रुद्रकोटि की रुद्राणी देवी, वराहशैल की जया देवी, वर्त्तक की उत्पला देवी ॥

वाराणसी की विशालाक्षी देवी, विंध्य की विंध्याधिवासिनी देवी, विंध्यपर्वत की नितंबा देवी ।
विकोटातीर्थ की कोटि देवी, विनायक की उमा देवी, विपासा की अमोघाक्षी देवी ॥

विपुल की विपुला देवी, विश्व की विश्वेश्वरी देवी, वृंदावन की राधा देवी ।

वेण की अमृता देवी, वेदपठन की गायत्री देवी, वैद्यनाथतीर्थ की आरोग्या देवी।।

वैश्रवणालय की निधि देवी, शंखोद्धार की धरा देवी, शालग्राम की महादेवी देवी।
शिवकुण्ड की शुभानंदा देवी, शिवलिंग की जलप्रिया देवी, शिवसन्निधि की पार्वती देवी।।

शोणसंगम की सुभद्रा देवी, श्रीशैल की माधवी देवी, सतीतीर्थ की अरुंधती देवी।
सन्तान की ललिताम्बिका देवी, सरस्वती की देवमाता देवी, सहस्राक्ष की उत्पलाक्षी देवी।।

सह्याद्री की एकवीरा देवी, सिद्धवन की लक्ष्मी देवी, सुपार्श्व की नारायणी देवी।
सूर्यबिंब की प्रभा देवी, सोमेश्वर की वरारोहा देवी, स्थानविश्वर की भवानी देवी।।

हरिश्चंद्र की चंद्रिका देवी, हस्तिनापुर की जयन्ती देवी, हिमवत्प्रष्ठ की मंदा देवी।
हिमाद्री की भीमा देवी, हिरण्याक्ष की महोत्पला देवी, हेमकूट की मन्मथा देवी।।

११. १०८-देवी के नाम

(108 देवी के नाम के वर्णानुक्रम से)

मुक्तक॰

अतिशांकरी देवी कार्त्तिक की, अनंगा देवी भरताश्रम की, अभया देवी उष्णतीर्थ की।
अमृता देवी वेण की, अमोघाक्षी देवी विपासा की, अरुंधती देवी सतीतीर्थ की।।

आरोग्या देवी वैद्यनाथतीर्थ की, इन्द्राणी देवी देवलोक की, उत्पला देवी वर्त्तक की।
उत्पलाक्षी देवी सहस्राक्ष की, उमा देवी विनायक की, उर्वशी देवी भद्रयाश्रम की।।

एकवीरा देवी सह्याद्री की, औषधि देवी उत्तरकुरु की, कपिला देवी महालिंग की।
कमला देवी कमलालयन्न की, कला देवी चंद्रभाग की, कल्याणी देवी मलयांचल की।।

कामचारिणी देवी मंदार की, कामाक्षी देवी गंधमादन की, कामुकी देवी प्रयागराज की।
काली देवी कालंजर की, तारा देवी किष्किंधापर्वत की, कीर्तिमति देवी एकाम्रपीठ की।।

कुमारी देवी मायापुरी की, कुमुदा देवी मानस की, कुशोभा देवी कुशद्वीप की।
सिंहिका देवी कृतशौच की , सन्मार्गदायिनी देवी केदारपीठ की, कुमुदा देवी कैलास की।।

कोटि देवी विकोटातीर्थ की, गायत्री देवी वेदपठन की, गौतमी देवी गोमांत की।

गौरी देवी कान्यकुब्ज की, चंद्रिका देवी अमरकण्टक की, चंद्रिका देवी हरिश्चंद्र की ।।

जयन्ती देवी हस्तिनापुर की, जया देवी वराहशैल की, जलप्रिया देवी शिवलिंग की ।
तिलोत्तमा देवी रामतीर्थ की, त्रिष्णधि देवी गोदावरीतीर्थ की, देवकी देवी मथुरा की ।।

देवमाता देवी सरस्वती की, धरा देवी शंखोद्धार की, धृति देवी पिंडारक की ।
नन्दिनी देवी देविकातट की, नारायणी देवी सुपार्श्व की, नितंबा देवी विंध्यपर्वत की ।।

निधि देवी वैश्रवणालय की, परमेश्वरी देवी पाताल की, पाताल देवी पुण्ड्रवर्धन की ।
पार्वती देवी शिवसन्निधि की, पिंगलेश्वरी देवी पयोष्णी की, पुरुहुता देवी पुष्कर की ।।

पुष्करावती देवी प्रभासा की, पुष्टि देवी देवदारुवन की, प्रचंडा देवी छगलांड की ।
प्रभा देवी सूर्यबिंब की, बिल्वपत्रिका देवी बिल्वक की, ब्रह्मकला देवी चित्त की ।।

भद्रकर्णिका देवी गोकण की, भद्रा देवी भद्रेश्वर की, भवानी देवी स्थानविश्वर की ।
भीमा देवी हिमाद्री की, मंगला देवी गया की, मंदा देवी हिमवत्प्रष्ठ की ।।

मदोत्कटा देवी चैत्ररथ की, मन्मथा देवी हेमकूट की, महादेवी देवी शालग्राम की ।
महाभागा देवी महालय की, महालक्ष्मी देवी करवीर की, महेश्वरी देवी महाकाल की ।।

महोत्पला देवी हिरण्याक्ष की, मांडवी देवी मांडव्य की, माता देवी कायवरोहण की ।
माधवी देवी श्रीशैल की, मुक्तेश्वरी देवी माकोटा की, मृगवती देवी यमुनातीर्थ की ।।

मेधा देवी काश्मीरमंडल की, रंभा देवी मलयाचल की, रमणा देवी रामतीर्थ की ।
राधा देवी वृंदावन की, रुक्मिणी देवी द्वारवती की, रुद्रसुंदरी देवी त्रिकूट की ।।

रुद्राणी देवी रुद्रकोटि की, लक्ष्मी देवी सिद्धवन की, ललिताम्बिका देवी सन्तान की ।
लिंगधारिणी देवी नैमिषारण्य की, वंदनीया देवी अश्वत्थ की, वरारोहा देवी सोमेश्वर की ।।

विंध्याधिवासिनी देवी विंध्य की, विपुला देवी विपुल की, विमला देवी पुरुषोत्तम की ।
विशालाक्षी देवी वाराणसी की, विश्वकाया देवी अम्बर की, विश्वमुखी देवी जालंधर की ।।

विश्वेश्वरी देवी विश्व की, वैष्णवी देवी मातृलोक की, शक्ति देवी जीवशरीर की ।

शिवधारिणी देवी अच्छोद की, शुद्धि देवी कपालमोचन की, शुभानंदा देवी शिवकुण्ड की ।।

सत्यवादिनी देवी कुमुद की, सरस्वती देवी ब्रह्मलोक की, सीता देवी चित्रकूट की ।
सुगंधा देवी माधववन की, सुभद्रा देवी शोणसंगम की, स्वाहा देवी माहेश्वरीपुर की ।।

१००. पुरुरवा और उर्वशी

(राजा पुरुरवा)

दोहा॰ पुरा काल की है कथा, चंद्रवंश की बात ।
"इला" पुत्र नृप "पुरुरवा," "बुध" थे जिनके तात ।।

सर्वभौम वह भूप था, जग में जिसका नाम ।
करता विशाल हृदय से, यज्ञ-दान के काम ।।

(धर्म अर्थ काम)

दोहा॰ धर्म अर्थ से एक दिन, कही काम ने बात ।
किए परीक्षा भूप की, करें सचाई ज्ञात ।।

हम में से किस से अधिक, राजा को है प्रीत ।
कहा काम ने अर्थ से, हमरी होगी जीत ।।

ऐसा कोई नृप नहीं, जो न चाहता काम ।
राजा सारे विश्व के, मरें अर्थ के नाम ।।

(एक दिन)

दोहा॰ तीनों द्विज के वेश में, आए नृप के धाम ।
पूछा प्रिय क्या आपको, धर्म अर्थ या काम ।।

बोला भूप यथार्थ से, "प्रजा भूप के प्राण ।
नृप का पहला काम है, करे धर्म का त्राण ।।

"यही मोक्ष का मार्ग है, इसमें सत्य न कम ।
अर्थ-काम सुख क्षणिक हैं, धर्मो रक्षति रक्षकम्" ।।

सुन कर उत्तर भूप का, अर्थ-काम को कोप ।
कह कर, "तेरा हो बुरा," अर्थ हो गया लोप ।।

कहा काम ने भूप को, व्यक्त किए संताप ।
"तुझे लुभाए उर्वशी," मैं दूँ तुझको शाप ।।

(धर्म)

दिए धर्म ने भूप को, शुभ-शुभ आशीर्वाद ।
"युग-युग जीओ भूप तुम, होंगे जग को याद! ।।

"भूप! तिहारे कीर्ति यश, सदा रहे सन्निध ।
वंश तिहारे सिद्ध हों, और विश्व प्रसिद्ध" ।।

(उर्वशी)

दोहा॰ इक दिन आयी उर्वशी, कुबेर जी के धाम ।
सखियाँ उसके साथ थीं, रुकने चारों याम ।।

(फिर सवेरे)

दोहा॰ निकल पड़ी जब उर्वशी, सब परियों के साथ ।
केशी राक्षस राह में, खड़ा पसारे हाथ ।।

परियाँ सारी उड़ गईं, केशी असुर निहार ।
पकड़ी उसने उर्वशी, सबसे सुंदर नार ।।

परियाँ सारी चीखती, जोर-जोर पुकार ।
आकर कोई देवता, करे सहाय हमार ।।

(राजा पुरुरवा)

दोहा॰ उसी समय नृप पुरुरवा, प्रतिस्थान के भूप ।
करके सूर्य उपासना, सेंक रहे थे धूप ।।

सुन कर करुण पुकार वो, आए उनके पास ।
पूछा उनको क्या हुआ, क्यों हो सभी उदास? ।।

परियों ने उनसे कहा, घटित हुआ जो आज ।
असुर लेगया उर्वशी, छुड़ाइये नृपराज! ।।

नृप ने रथ हाँका उधर, जिधर गया था चोर ।
दौड़े घोड़े वेग से, उसी दिशा की ओर ।।

(राजा पुरुरवा)

दोहा॰ राजा ने कुछ देर में, देख लिया वह चोर ।
युद्ध किया उस असुर ने, खूब लगा कर जोर ।।

जीत ना सका असुर वो, सारी ताकत जोड़ ।
भाग गया फिर असुर वो, वहीं परी को छोड़ ।।

(चित्ररथ)

दोहा॰ उसी समय पर आगए, चित्ररथ गंधर्व ।
लाए थे संदेश वे, इंद्र देव से सर्व ।।

दोहा॰ कहा गंधर्वराज ने, अतः इंद्र भगवान ।
बुला रहे हैं आपको, करने को सम्मान ।।

(उर्वशी)

दोहा॰ जाते-जाते उर्वशी, भेज गई संदेश ।
"रखूँ कीर्ति मैं आपकी, मन में सदा, सुरेश!" ।।

(पुरुरवा)

इंद्र देखना चाहते, नाटक नौ-रस युक्त ।
भरत मुनि ने जो रचा, मनहर जो हर वक्त ।।

सुना जभी ऐलान वो, कर न सकीं इनकार ।
आज्ञा लेकर भूप की, परियाँ हुईं तयार ।।

(नाटक)

दोहा॰ देव सभा में हो रहा, जब नाटक का खेल ।
मेनका बनी वारुणी, स्वरूप-अभिनय मेल ।।

बनी लक्ष्मी उर्वशी, जो थी अब भी मुग्ध ।
बिना भूल की भूमिका, सच में थी संदिग्ध ।।

(अत:)

दोहा॰ लक्ष्मी बोली, "हे सखी! कौन तुम्हें अति प्रिय ।
ब्रह्म विष्णु भगवान या, महेश हैं वरणीय" ।।

कहना तो भगवान था, "पुरुषोत्तम" श्रीराम ।

मुख से निकला था मगर, "पुरुरव" नृप का नाम ।।

सुन कर पुरुरव नाम को, मुनिवर को संताप ।
परी उर्वशी को दिया, भरत मुनि ने शाप ।।

"निष्कासित तुम स्वर्ग से, की जाती हो आज" ।
अपमानित थी उर्वशी, पाई भीषण लाज ।।

खड़ी उर्वशी सामने, देख भूप को हर्ष ।
रो कर उसने भूप के, किया चरण को स्पर्श ।।

(तब)

दोहा॰ नृप को बोली उर्वशी, खतम हुआ यह खेल ।
चलो लौट कर घर चलें, करें प्रजा से मेल ।।

बहुत दिनों से आप हैं, प्रतिस्थान से दूर ।
प्रजा कोसती हो मुझे, तव दर्शन आतुर ।।

राजा बोले ठीक है, चलते हैं निज धाम ।
राजकाज शासन करें, करें प्रजा के काम ।।

(प्रतिस्थान में)

दोहा॰ घर आए जब लौट कर, पुरुरवा प्रतिस्थान ।
जनता ने स्वागत किया, सत्कार से महान ।।

राजा बोले, इंद्र को, धन्यवाद भगवान् !
रहे प्रजा पर सर्वदा, लक्ष्मी का वरदान ।।

करे प्रजाजन का सदा, सरस्वती कल्याण ।
पूर्ण मनोरथ हों सभी, दूध पूत सम्मान ।।

१०१. मंदिर विद्या

(शिल्पकार)

दोहा॰ आचार्य अठारह होगए, शिल्प कला के तज्ञ ।
भवनों के निर्माण के, वास्तुशास्त्र के विज्ञ ।।

मुक्तक॰ अत्रि भृगु वसिष्ठ विश्वकर्मा मय नारद,
नग्नजित विशालाक्ष पुरंदर ब्रह्मा कार्तिकेय नंदिश्वर,
शौनक गर्ग वसुदेव अनिरुद्ध शुक्र बृहस्पति ।

(मंदिर निर्माण)

दोहा॰ मंदिर के निर्माण का, कहा स्थान है नीक ।
जिस पर पौधा बढ़ सके, वही भूमि है ठीक ।।

चारों दिश में द्वार का, मंदिर महल मकान ।
नाम "सर्वतोभद्र" है, आकृति यही महान ।।

पूरब में ना द्वार हो, "स्वस्तिक" उसका नाम ।
दक्षिण में ना द्वार हो, "वर्धमान" है नाम ।।

पश्चिम में ना द्वार हो, "नंद्यवर्त" है नाम ।
उत्तर में ना द्वार हो, "रुचक" मिले फिर नाम ।।

(मूर्ति)

दोहा॰ विष्णु अष्टभुज मूर्ति हो, वरन भुजा हों चार ।
शंख चक्र पद्म गदा, शर धनु कर तलवार ।।

शिव शंकर की पूर्ति हो, जटा-जूट के साथ ।
भाल पर सजे चंद्रमा, त्रिशूल दाएँ हाथ ।।

वल्कलधारी शंभु के, रहे गले में साँप ।
आभा हो शिव शंभु की, इंद्रधनुष का चाप ।।

(मंडप)

दोहा॰ मंडप का आकार हो, चौरस-त्रिकोण-गोल ।
जैसे कहता गणित वा, बतलाता भूगोल ।।

मंडप मंदिर का बने, तीन भिन्न आकार ।
स्तंभ संख्यानुसार हैळ मुख्य पचीस प्रकार ।।

मंडप बारह स्तंभ का, "समुद्र" जाना नाम ।
मंडप चौदह स्तंभ का, "श्यामभद्र" शुभनाम ।।

मंडप सोलह स्तंभ का, "सिंह" कहा है नाम ।
और अठारह स्तंभ का, कहा "शतर्द्धिक" नाम ।।

मंडप विंशति स्तंभ का, "कर्णिकार" है नाम ।
मंडप स्तंभ चौबीस का, "सुग्रीव" कहा नाम ।।

मंडप स्तंभ छब्बीस का, "मनभद्रक" है नाम ।
मंडप ठ्ठाईस का, "मानव" जाना नाम ।।

मंडप स्तंभ बत्तीस का, "भागपंच" है नाम ।
मंडप स्तंभ चौंतीस का, "शत्रुमर्दन" है नाम ।।

मंडप स्तंभ छत्तीस का, "सुश्लिष्ट" कहा नाम ।
मंडप स्तंभ अड़तीस का, "विशाल" जाना नाम ।।

मंडप स्तंभ चालीस का, "यज्ञभद्र" है नाम ।
मंडप स्तंभ बयालिस का, "श्रृतिंजय" कहा नाम ।

मंडप चौवालीस का, "वास्तुकीर्ति" है नाम ।
मंडप स्तंभ छियालिस का, "विजय" कहा है नाम ।।

मंडप अड़तालीस का, कहा "श्रीवत्स" नाम ।
मंडप स्तंभ पचास का, "जयवाह" कहा नाम ।।

मंडप बावन स्तंभ का, "गजभद्र" कहा नाम ।
मंडप स्तंभ चौवन का, "बुद्धिसंकीर्ण" नाम ।।

मंडप स्तंभ छाप्पन का, "दौशल्य" कहा नाम ।
मंडप स्तंभ अठावन का, "अमृतनंदन" नाम ।।

मंडप स्तंभ साठ का, "सुव्रत" जाना नाम ।
मंडप स्तंभ बासठ का, "पुष्पभद्र" है नाम ।।

मंडप स्तंभ चौंसठ का, "पुष्पक" जाना नाम ।
मंडप के ये मुख्य हैं, कहे पच्चीस नाम ।।

११. मार्कण्डेय महापुराण

१०२. मार्कण्डेय ऋषि

(मार्कण्डेय ऋषि)

दोहा॰ ऋषियों में थे गुणी, ऋषिवर मार्कण्डेय ।
वास नैमिषारण्य में, मुनियों के श्रद्धेय ।।

ऋषिवर कहते थे सदा, मन में बाँधें गाठ ।
प्रातः संध्या सिमरिए, गायत्री का पाठ ।।

आस्था हो भगवान पर, आठों याम अखंड ।
फिर होती निर्माण है, मन में शांति प्रचंड ।।

(पंछी)

दोहा॰ पंछी ने जो था सुना, जैमीनि से पुराण ।
दीन्हा मार्कण्डेय ने, विविध विषय का ज्ञान ।।

नौ सहस्त्र है श्लोक का, मार्कण्डेय पुराण ।
सबसे उत्तम है कहा, पुण्यद बहुत बखान ।।

नंदकरण उद्यान में, बैठा था जब इंद्र ।
नाच रही थीं अप्सरा, देख रहा था चंद्र ।।

आए नारद तब वहाँ, पाए बहु सम्मान ।
मुनि से बोला इंद्र ने, सुनिए सुंदर गान ।।

वपुस् अप्सरा की सुनो, पंछी सम आवाज ।
लगता कोयल गा रही, बड़ी खुशी से आज ।।

दुर्वासा मुनि की मगर, हुई तपस्या भंग ।
दुर्वासा के शाप से, दासी बनी विहंग ।।

१०३. महिषासुरमर्दनी

दोहा॰ इंद्र पुरंदर था जभी, देवलोक का भूप ।
महिषासुर पाताल का, असुरों का था भूप ।।

सुर–असुर के युद्ध थे, होते अनेक बार ।
महिषासुर ने इंद्र को, हरा दिया इस बार ।।

महिषासुर ने इंद्र का, लिया स्वर्ग में स्थान ।
ब्रह्माजी फिर होगए, देवों के भगवान ।।

ब्रह्मा ने शिव–विष्णु से, की मदद की गुहार ।
बोले, सुर गण स्वर्ग के, सभी गए हैं हार ।।

(शक्ति)

दोहा॰ तेज वदन से विष्णु के, शिव नैनन से आग ।
ब्रह्मा के मन–शक्ति से, पड़ी देवता जाग ।।

दिया सुदर्शन विष्णु ने, शिव ने दिया त्रिशूल ।
दिया शंख था पवन ने, वरुण कमल का फूल ।।

महाशक्ति दी अग्नि ने, नागराज ने हार ।
बाण–धनु दिया वायु ने, काल ढाल तलवार ।।

सागर ने भूषण दिए, दिया सूर्य ने तेज ।
गदा मिली यमराज से, सिंह दिया वनराज ।।

दिया वज्र था इंद्र ने, वरुण ने दिया पाश ।
महिषासुरमर्दिनी करे, महिषासुर का नाश ।।

(युद्ध)

दोहा॰ पा कर सब शस्त्रास्त्र ये, देवी हुई तयार ।
अंबा ने हुंकार से, युद्ध किया स्वीकार ।।

रण पर राक्षस आगए, जिन्हें बहुत अभिमान ।
चिक्षुर उनका मुख्य था, दानव सैन्य प्रधान ।।

चतुरंगिणी सेना लिए, आया असुर उदग्र ।
उधर महाम्नु अग्रणी, लाया रथी समग्र ।।

और अनेकों आगए, महिषासुर के साथ ।
चामर कराल उद्धता, नाना राक्षसनाथ ।।

चिक्षुर-शर ना काम के, ना उसकी तल्अवार ।
देवी ने भाला लिए, डाला उसको मार ।।

चामर आया मारने, गज पर हुआ सवार ।
दहाड़ मारी सिंह ने, हाथी ने चित्कार ।।

हाथी पर फिर सिंह ने, मारी एक उड़ान ।
चामर धरती पर गिरा, बचा न पाया प्राण ।।

गला फाड़ कर सिंह ने, डाला चामर मार ।
उदग्र आया सामने, करने मृग पर वार ।।

देवी आयी बीच में, लेकर कर तलवार ।
भीषण एक प्रहार से, उदग्र डाला मार ।।

कराल राक्षस फिर मरा, खा कर मुष्टि प्रहार ।
मरा असुर फिर उद्धता, खा कर गदा प्रहार ।।

उग्रवीर्य फिर महाहनु, दुर्धर दुर्मुख ताम्र ।
अंधक विराल भी मरे, बचा न कोई वीर ।।

(महिषासुर वध)

दोहा॰ महिषासुर फिर आगया, लिए महिष का रूप ।
अंबा माँ को मारने, राक्षस गण का भूप ।।

देवी ने जकड़ा उसे, फेंक वरुण का पाश ।
अंबा देवी ने किया, महिषासुर का नाश ।।

१०४. महिषासुरमर्दनी सहस्त्रनामावलि

गीत

राग भैरवी, कहरवा ताल, 8 मात्रा

जै जै अंबे!

स्थायी

जै जै अंबे कृपा कारिणी, जगदंबे दया दायिनी ।
जै महा जोगिनी, हे स्वधा भोगिनी, दे दे दे दे दुआ नंदिनी ।।

अंतरा-1

भव पीड़ा घनी हारिणी, जग चिंता शनि सारिणी ।
काली कराली माँ, देवी भवानी माँ, महारानी जगत् वंदिनी ।।
जै महा जोगिनी ...

अंतरा-2

शिवकांता उमा पार्वती, जै रमा अंबिका भगवती ।
महामाया सती, गौरी इरावती, महादेवी असुर मर्दिनी ।।
जै महा जोगिनी ...

अंतरा-3

शेराँवाली दया दायिनी, जोताँवाली क्षमा कारिणी ।
शुभ हित कारिणी, जग उद्धारिणी, जै शिवानी व्यथा भंजनी ।।
जै महा जोगिनी ...

(अंबा देवी सहस्त्र नाम))

मुक्तक० अकुला, अग्रगण्या, अदृश्या, अनघाद्भुतचारित्रा, अनुत्तमा ।
अन्तर्मुखसमाराध्या, अन्नदा, अपर्णा, अपारा,अप्रमेया ।।

अभ्यासातिशयज्ञाता, अमृतादिसंवृता, अम्बा, अम्बिका, अयोनि ।
अरुणारुणकौसुम्भा, अर्धबिन्दुधरा, अव्याजकरुणामूर्ति, अश्वारूढाधिष्ठिता, अष्टमूर्ति ।।

आज्ञा, आत्मविद्या, आदिशक्ति, आबालगोपविदिता, आब्रह्मकीटजननी ।
इच्छाशक्ति, उदारकीर्ति, उद्यद्भानु सहस्त्राभा, उन्मेषनिमिषोत्पन्ना, उमा ।।

ओंकारा, ओजोवती, कटाक्षकिङ्करी, कदम्बकुसुमप्रिया, कदम्बवनवासिनी ।
कनत्-कनकताटङ्का, कनत्कोटीरमण्डिता, कपर्दिनी, कमलाक्षनिषेविता, करुणारससागरा

कलात्मिका, कलानिधि, कलामाला, कलालापा, कलावती ।
कलिकल्मषनाशिनी, कल्पनारहिता, कल्याणी, कल्याविदग्धा, काकिनीरूपधारिणी ॥

कात्यायनी, कादम्बरीप्रिया, कान्ता, कान्तार्धविग्रहा, कान्ति ।
कान्ति, कान्तिमती, कामकलारूपा, कामधुक्, कार्यकारणनिर्मुक्ता ॥

कालकण्ठी, कालरात्र्यशक्त्योघवृता, कालहन्त्री, कालिक, काव्यकला ।
काव्यालापविनोदिनी, काष्ठा, कुण्डलिनी, कुमारगणनाथाम्बा, कुमुदवासिनी ॥

कुमुदाह्लादकौमुदी, कुरुकुल्ला, कुरुविन्दमणिश्रेणी, कुलकुण्डालया, कुलयोगिनी ।
कुलरूपिणी, कुलवागीश्वरी, कुलसङ्केतपालिनी, कुलाङ्गना, कुलान्तःस्था ॥

कुलामृतैकरसिका, कुलेश्वरी, कुलोत्तीर्णा, कुशला, कूटस्था ।
कृतज्ञा, केयूरभुजान्विता, केवला, कैवल्यपददायिनी, कोटिसेविता ॥

कोपनाकृति:, कोमलाकारा, कोमलाङ्गी, कोशनाथा, कौलमार्गतत्परसेविता ।
कौलिनी, कौलिनीकेवला, क्रियाशक्तिस्वरूपिणी, क्रोधशमनी, क्रोधाकाराङ्कुशोज्ज्वला ॥

(एक सौ)

क्लीङ्कारी, क्षमा, क्षमालाधिधरा, क्षयवृद्धिविनिर्मुक्ता, क्षराक्षरात्मिका ।
क्षिप्रप्रसादिनी, क्षीरार्णवसुधाहारा, क्षेत्रक्षेत्रज्ञपालिनी, क्षेत्रपालसमर्चिता, क्षेत्रस्वरूपा ॥

क्षेत्रेशी, क्षोभिणी, खट्वाङ्गादिप्रहरणा, गगनान्तःस्था, गणसेविता ।
गणाम्बा, गणेश्वरा, गन्धर्वसेविता, गम्भीरा, गर्विता ॥

गानलोलुपा, गायत्री, गुडान्नप्रीतमानसा, गुणनिधि, गुणातीता ।
गुरुप्रिया, गुरुमण्डलरूपिणी, गुरुमूर्ति, गुहजन्मभू, गुहाम्बा ॥

गुह्यकाराध्या, गुह्यरूपिणी, गुह्या, गूढगुल्भा, गृहतोरणचिल्लिका ।
गेयचक्रमन्त्रिणी, गोप्त्री, गोमाता, गोविन्दरूपिणी, गौरी ॥

चक्रराजनिकेतना, चक्रराजनिलया, चक्रराजरथारूढा, चक्रान्तरालस्था, चक्राब्जनिलया ।
चण्डमुण्डासुरनिषूदिनी, चण्डिका, चतुःषष्ट्युपचाराढ्या, चतुरङ्गबलेश्वरी, चतुर्बाहुसमन्विता ।।

चतुर्वक्त्रमनोहरा, चतुष्षष्टिकलामयी, चन्दनद्रवदिग्धाङ्गी, चन्द्रनिभा, चन्द्रमण्डलमध्यगा ।
चन्द्रविद्या, चन्द्रिका, चम्पा, चराचरजगन्नाथा, चाम्पेयकुसुमप्रिया ।।

चारुचन्द्रकलाधरा, चारुरूपा, चारुहासा, चिच्छक्ति, चिति ।
चित्कला, चिदग्निकुण्डसम्भूता, चिदेकरसरूपिणी, चिन्तामणि गृहान्तस्था, चिन्त्यरूपा ।।

चिन्मयी, चुबुकविराजिता, चेतना, चैतन्यकुसुमप्रिया, चैतन्यार्घ्यसमाराध्या ।
छन्दस्सारा, जगतीकन्दा, जगद्धात्री, जगन्माता, जडशक्ति ।।

जडात्मिका, जपापुष्पनिभाकृति, जयत्सेना, जया, जयिष्णुप्रपदान्विता ।
जराध्वान्तरविप्रभा, जागरिणी, जालन्धरस्थिता, ज्ञानगम्या, ज्ञानज्ञेयस्वरूपिणी ।।

ज्ञानदा, ज्ञानमुद्रा, ज्ञानविग्रहा, ज्ञानशक्ति, ज्योति ।
ज्योत्स्ना, ज्वालामालिनी, ज्वालामुखी, डाकिनीश्वरी, डामर्यादिभिरावृता ।।

(दो सौ)

तटिल्लतासमरुचि, तत्त्वमयी, तत्त्वाधिका, तत्त्वार्थस्वरूपिणी, तत्त्वासना ।
तनुमध्या, तपनोडुपमण्डला, तमोगुणा, तमोपहा, तरुणादित्यपाटला ।।

तरुणी, तलोदरी, तापसाराध्या, ताम्बूलपूरितमुखी, तारा ।
ताराकान्तिभासुरा, तिगर्विता, तिथिमण्डलपूजिता, तिरोधानकरीश्वरी, तुर्या ।।

तुष्टिः, तेजोवती, तैजसात्मिका, त्रयी, त्रिकूटा ।
त्रिकोणगा, त्रिकोणान्तरदीपिका, त्रिखण्डेशी, त्रिगुणात्मिका, त्रिगुणाम्बा ।।

त्रिजगद्वन्द्या, त्रिनयना, त्रिपुरमालिनी, त्रिपुरा, त्रिपुराम्बिका ।
त्रिपुरेशी, त्रिमूर्ति, त्रिलोचना, त्रिवर्गदात्री, त्रिवर्गनिलया ।।

त्रिस्था, त्र्यक्षरी, त्र्यम्बका, त्वक्स्था, दंष्ट्रोज्ज्वला ।
दक्षयज्ञविनाशिनी, दक्षिणा, दक्षिणामूर्तिरूपिणी, दक्षिणाराध्या, दण्डनाथपुरस्कृता ।।

दण्डनीतिस्था, दध्यन्नासक्तहृदया, दयामूर्ती, दरस्मेरमुखाम्बुजा, दरहासोज्ज्वलन्मुखी ।
दरान्दोलितदीर्घाक्षी, दलिकस्थलशोभिता, दशमुद्रासमाराध्या, दहराकाशरूपिणी, दाक्षायणी ॥

दाडिमीकुसुमप्रभा, दान्ता, दिव्यगन्धाढ्या, दिव्यविग्रहा, दीक्षिता ।
दुःखहन्त्री, दुराचारशमनी, दुरादर्षा, दुराराध्या, दुर्गतिनाशिनी ॥

दुर्गमा, दुर्गा, दुर्लभा, दुर्लभा, दुष्टदूरा ।
दृश्यरहिता, देवकार्यसमुद्यता, देवसंस्तुतवैभवा, देवेशी, देशकालापरिच्छिन्ना ॥

दैत्यशमनी, दैत्यहन्त्री, दोषवर्जिता, दौर्भाग्यतूलवातूला, द्युतिधरा ।
द्विजबृन्दनिषेविता, द्वैतवर्जिता, धनधान्यविवर्धिनी, धनाध्यक्षा, धन्या ॥

धरसुता, धरा, धर्मवर्धिनी, धर्माधर्मविवर्जिता, धर्माधारा ।
धर्मिणी, धारा, धीरसमर्चिता, धीरा, धृति ॥

(तीन सौ)

धृति, ध्यानगम्या, ध्यानध्यातृध्येयरूपा, नटेश्वरी, नन्दकलिका ।
नन्दा, नन्दिनी, नन्दिविद्या, नरेश्वरी, नलिनी ॥

नवचम्पकविराजिता, नवविद्रुम बिम्बश्री, नादरूपा, नादरूपिणी, नादिनिधना ।
नाभ्यालवालरोमाली, नामपारायणप्रीता, नामरूपविवर्जिता, नारसिंही, नारायणदशाकृति ॥

नारायणी, निःसंशया, निखिलेश्वरी, निजाज्ञारूपनिगमा, नित्यक्लिन्ना ।
नित्यतृप्ता, नित्यबुद्धा, नित्यमुक्ता, नित्ययौवना, नित्यशुद्धा ॥

नित्या, निरञ्जना, निरत्यया, निरन्तरा, निरपाया ।
निरवद्या, निरहङ्कारा, निराकारा, निराकुला, निराधारा ॥

निराबाधा, निरामया, निरालम्बा, निराश्रया, निरीश्वरा ।
निरुपप्लवा, निरुपमा, निरुपाधि, निर्गुणा, निर्द्वैता ॥

निर्नाशा, निर्भवा, निर्भेदा, निर्मदा, निर्ममा ।
निर्मला, निर्मोहा, निर्लेपा, निर्लोभा, निर्वाणसुखदायिनी ॥

निर्विकल्पा, निर्विकारा, निश्चिन्ता, निष्कलङ्का, निष्कला ।
निष्कामा, निष्कारणा, निष्क्रिया, निष्क्रोधा, निष्परिग्रहा ॥

निष्पापा, निष्प्रपञ्चा, निस्तुला, निस्त्रैगुण्या, निस्सीममहिमा ।
नीरागा, नीलचिकुरा, नीला, नैष्कर्म्या, पञ्चकृत्यपरायणा ॥

पञ्चकोशान्तरस्थिता, पञ्चतन्मात्रसायका, पञ्चप्रेतमञ्चाधिशायिनी, पञ्चप्रेतासनासीना, पञ्चब्रह्मस्वरूपिणी ।
पञ्चब्रह्मासनस्थिता, पञ्चभूतेशी, पञ्चमी, पञ्चयज्ञप्रिया, पञ्चवक्त्रा ॥

पञ्चसङ्ख्योपचारिणी, पञ्चाशत्पीठरूपिणी, पदाम्बुजा, पद्मनयना, पद्मनाभसहोदरी ।
पद्मरागकपोलभूः, पद्मरागसमप्रभा, पद्मलोचना, पद्मा, पद्मासना ॥

(चार सौ)

परञ्ज्योति, परदेवता, परन्धाम, परमन्त्रविभेदिनी, परमा ।
परमाणु, परमानन्दा, परमेश्वरी, परमोदारा, परा ॥

पराकाशा, परात्परा, परानिष्ठा, परापरा, परामोदा ।
पराशक्ति, परिच्छेद्या, पशुपाशविमोचनी, पशुलोकभयङ्करी, पाटलीकुसुमप्रिया ॥

पादाब्जधूलिका, पापनाशिनी, पापारण्यदवानला, पायसान्नप्रिया, पार्वती ।
पावना, पावनाकृति, पाशहन्त्री, पाशहस्ता, पीतवर्णा ॥

पुण्यकीर्ति, पुण्यलभ्या, पुण्यश्रवणकीर्तना, पुण्यापुण्यफलप्रदा, पुरवासिनी ।
पुरातना, पुरुषार्थप्रदा, पुरुहुतप्रिया, पुलोमजार्चिता, पुष्करा ॥

पुष्करेक्षणा, पुष्टि, पूज्या, पूर्णा, पूर्वजा ।
पृथ्वी, प्रकटाकृति, प्रगल्भा, प्रचण्डाज्ञा, प्रज्ञा ॥

प्रज्ञानघनरूपिणी, प्रज्ञापारमिता, प्रतिष्ठा, प्रत्यक्चितीरूपा, प्रत्यग्रूपा ।
प्रभा, प्रभारूपा, प्रभावती, प्राज्ञात्मिका, प्राणदा ॥

प्राणदात्री, प्राणरूपिणी, प्राणेश्वरी, प्रियङ्करी, प्रियव्रता ।
प्रीति, प्रेमरूपा, फालस्थेन्द्रधनुःप्रभा, बन्दिन्यादिसमन्विता, बन्धमोचनी ॥

बन्धुरालका, बन्धूककुसुमप्रख्या, बलिप्रिया, बहिर्मुखसुदुर्लभा, बहुरूपा।
बाला, बालाविक्रमनन्दिता, बिन्दुतर्पणसन्तुष्टा, बिन्दुमण्डलवासिनी, बिसतन्तुतनीयसी ।।

बुधार्चिता, बृहती, बृहत्सेना, बैन्दवासना, ब्रह्मग्रन्थिविभेदिनी।
ब्रह्मरूपा, ब्रह्माणी, ब्रह्माण्डजननी, ब्रह्माण्डमण्डला, ब्रह्मात्मैक्यस्वरूपिणी ।।

ब्रह्मानन्दा, ब्राह्मणी, ब्राह्मी, भक्तचित्तकेकिघनाघना, भक्तनिधिर्नियन्त्री।
भक्तमानसहंसिका, भक्तसौभाग्यदायिनी, भक्तिगम्या, भक्तिप्रिया, भक्तिमत्कल्पलतिका ।।

(पाँच सौ)

भक्तिवश्या, भगमालिनी, भगवती, भगाराध्या, भद्रकाली।
भद्रप्रिया, भद्रमूर्ति, भयापहा, भवचक्रप्रवर्तिनी, भवदावसुधावृष्टि ।।

भवनाशिनी, भवरोगघ्नी, भवानी, भवारण्यकुठारिका, भाग्याब्धिचन्द्रिका।
भानुमण्डलमध्यस्था, भावज्ञा, भावनागम्या, भावाभावविवर्जिता, भाषारूपा ।।

भास्वत्कटीतटी, भीरुण्डा, भुवनेश्वरी, भूमरूपा, भेदनाशिनी।
भैरवी, भोगिनी, मङ्गलाकृति, मज्जासंस्था, मञ्जरीक्लुप्तमनोहरा ।।

मणिपूरान्तरुदिता, मणिपूराब्जनिलया, मति, मत्ता, मदघूर्णितरक्ताक्षी।
मदनाशिनी, मदपाटलगण्डभू, मदशालिनी, मधु, मधुप्रीता ।।

मधुमती, मध्यकूटस्वरूपिणी, मध्यमा, मनस्विनी, मनुविद्या।
मनोन्मनी, मनोमयी, मनोरूपेक्षुकोदण्डा, मनोवाचामगोचरा, मन्त्रसारा ।।

मन्दारकुसुमप्रिया, ममताहन्त्री, मरालीमन्दगमना, मलयाचलवासिनी, महती।
महनीया, महाकामेशनयना, महाकामेशमहिषी, महाकाली, महाकैलासनिलया ।।

महाग्रासा, महातन्त्रा, महाताण्डवसाक्षिणी, महात्रिपुरसुन्दरी, महादेवी।
महानिद्रा, महापातकनाशिनी, महापाशुपतास्त्राग्नि, महापूज्या, महाप्रलयसाक्षिणी ।।

महाबला, महाबुद्धि, महाभैरवपूजिता, महाभोगा, महामन्त्रा।

महामाता, महामाया, महायन्त्रा, महायागक्रमाराध्या, महाराज्ञी ।।

महारूपा, महालक्ष्मी, महालावण्यशेवधि, महालावण्या, महाविद्या ।
महावीरेन्द्रवरदा, महावीर्या, महाशक्ति, महाशना, महासत्त्वा ।।

महासना, महासाम्राज्यशालिनी, महासिद्धि, मही, महेशी ।
महेश्वरी, महैश्वर्या, माता, मातृका, माधुर्यकच्छपी ।।

(छह सौ)

माध्वीपानालसा, मानवती, माया, मार्ताण्डभैरवाराध्या, मालिनी ।
माहेश्वरी, मित्ररूपिणी, मिथ्याजगदधिष्ठाना, मीनभलोचना, मुकुन्दा ।।

मुक्तिदा, मुक्तिनिलया, मुक्तिरूपिणी, मुखपङ्कजा, मुख्यशक्तिसमन्विता ।
मुख्या, मुग्धा, मुद्गौदनासक्तचित्ता, मुनिमानसहंसिका, मूर्ता ।।

मूलकूटत्रयकलेबरा, मूलप्रकृतिरव्यक्ता, मूलमन्त्रात्मिका, मूलविग्रहरूपिणी, मूलाधारारूढा
मूलाधारैकनिलया, मृगनयना, मृगनाभिविशेषका, मृगाक्षी, मृडानी ।।

मृणालमृदुदोर्लता, मृत्युमथनी, मृदुहासिनी, मेदोनिष्ठा, मेरुनिलया ।
मैत्र्यादिवासनालभ्या, मोहनाशिनी, मोहिनी, यजमानस्वरूपिणी, यज्ञकर्त्री ।।

यज्ञप्रिया, यज्ञरूपा, यज्ञविद्या, यशस्विनी, याकिन्यम्बास्वरूपिणी ।
युगन्धरा, योगदा, योगनिद्रा, योगानन्दा, योगिनी ।।

योग्या, योनिमुद्रा, रक्तवर्णा, रक्षाकरी, रजाजैत्री ।
रज्ञानध्वान्तदीपिका, रञ्जनी, रणत्किङ्किणिमेखला, रमा, रमेयात्मा ।।

रम्भादिवन्दिता, रम्या, रविप्रख्या, रशनादामभूषिता, रसज्ञा ।
रसशेवधि, रस्या, रहस्तर्पणतर्पिता, रहोयागक्रमाराध्या, राकिण्यम्बा ।।

राकेन्दुवदना, राक्षसघ्नी, रागमथनी, रागस्वरूपपाशाढ्या, राजत्कृपा ।
राजराजार्चिता, राजराजेश्वरी, राजीवलोचना, राज्ञी, राज्यदायिनी ।।

राज्यलक्ष्मी, राज्यवल्लभा, रामा, रुद्दामवैभवा, रुद्रग्रन्थिविभेदिनी।
रुद्ररूपा, रुधिरसंस्थिता, रोगपर्वत दम्भोलि, र्महायोगेश्वरेश्वरी, मृडप्रिया ।।

मृत्युदारुकुठारिका, र्मेधा, योनिनिलया, लक्ष्यरोमलता, लज्जा।
लयकरी, ललिताम्बिका, लाकिन्यस्वरूपिणी, लास्यप्रिया, लीलाक्लुप्तब्रह्माण्डमण्डला ।।

(सात सौ)

लीलाविग्रहधारिणी, लीलाविनोदिनी, लोकयात्राविधायिनी, लोकातीता, लोपामुद्रार्चिता
लोभनाशिनी, लोलमुक्तफलान्विता, लोलाक्षी, वक्त्रलक्ष्मी, वज्राधिकायुधोपेता ।।

वज्रिणी, वज्रेश्वरी, वदनद्वया, वदनस्मरमाङ्गल्य, वदनैकसमन्विता।
वधोद्युक्तशक्तिविक्रमहर्षिता, वन्दारुजनवत्सला, वन्द्या, वरदा, वरदादिनिषेविता ।।

वर्णरूपिणी, वर्णाश्रमविधायिनी, वसुदा, वसुधाकारा, वह्निप्राकारमध्यगा।
वह्निमण्डलवासिनी, वह्निवासिनी, वांछितार्थप्रदायिनी, वागधीश्वरी, वाग्वादिनी ।।

वामकेशी, वामकेश्वरी, वामदेवी, वामनयना, वारुणीमदविह्वला।
विघ्ननाशिनी, विघ्नयन्त्रप्रहर्षिता, विजया, विज्ञात्री, विज्ञानकलना ।।

विज्ञानघनरूपिणी, विद्याविद्येश्वरी, विद्यास्वरूपिणी, विद्रुमाभा, विधात्री।
विन्ध्याचलनिवासिनी, विपन्नभुवनावलि, विप्रप्रिया, विप्ररूपा, विमर्शरूपिणी ।।

विमला, विमानस्था, वियत्प्रसू, वियदादिजगत्प्रसू, विरजा।
विरागिणी, विराड्रूपा, विलासिनी, विविक्तस्था, विविधाकारा ।।

विशालाक्षी, विशुद्धिचक्रनिलया, विशृङ्खला, विश्वगर्भा, विश्वग्रासा।
विश्वतोमुखी, विश्वधारिणी, विश्वभ्रमणकारिणी, विश्वमाता, विश्वरूपा ।।

विश्वसाक्षिणी, विश्वाधिका, विष्णुमाया, विष्णुमाया, विष्णुरूपिणी।
वीरगोष्ठीप्रिया, वीरमाता, वीरा, वीराराध्या, वृद्धा ।।

वेदजननी, वेदवेद्या, वेद्यवर्जिता, वैखरीरूपा, वैष्णवी।
व्यक्ताव्यक्तस्वरूपिणी, व्यापिनी, व्याहृति, व्योमकेशी, शक्तिसेनासमन्विता ।।

शमात्मिका, शम्भुमोहिनी, शरच्चन्द्रनिभानना, शर्मदा, शर्मदायिनी।
शर्वाणी, शस्त्रप्रत्यस्त्रवर्षिणी, शाङ्करी, शातोदरी, शान्ता ।।

(आठ सौ)

शान्तिमती, शान्त्यतीत, शाम्बरीमाया, शाम्भवी, शारदाराध्या।
शाश्वती, शाश्वतैश्वर्या, शास्त्रमयी, शास्त्रसारा, शिरःस्थिता ।।

शिवकामेश्वराङ्कस्था, शिवज्ञानप्रदायिनी, शिवदूती, शिवपरा, शिवप्रिया।
शिवमूर्ति, शिवशक्त्यैक्यरूपिणी, शिवा, शिवाराध्या, शिष्टपूजिता ।।

शिष्टेष्टा, शुक्तिसम्पुटमौक्तिका, शुक्लवर्णा, शुक्लसंस्थिता, शुद्धमानसा।
शुद्धा, शुभंकरी, शुभा, शूलाद्यायुधसम्पन्ना, शृङ्गाररससम्पूर्णा ।।

शैलेन्द्रतनया, शोभना, श्वेतनारूपा, श्यामाभा, श्रीकण्ठार्धशरीरिणी।
श्रीकरी, श्रीमत्त्रिपुरसुन्दरी, श्रीमन्नगरनायिका, श्रीवशङ्करी, श्रीविद्या ।।

श्रीषोडशाक्षरीविद्या, श्रुति, श्रुतिसंस्तुतवैभवा, शिवङ्करी, षट्चक्रोपरिसंस्थिता।
षडङ्गदेवतायुक्ता, षडध्वातीतरूपिणी, षडानना, षाड्गुण्यपरिपूरिता, षोडशिकारूपा ।।

संकर्षणी, संशयघ्नी, संहारिणी, संहृताशेषपाषण्डा, सचामररमावाणी।
सच्चिदानन्दरूपिणी, सञ्जीवनौषधि, सती, सत्यज्ञानानन्दरूपा, सत्यरूपा ।।

सत्यव्रता, सत्यसन्धासागरमेखला, सत्या, सत्यानन्दस्वरूपिणी, सदसद्रूपधारिणी।
सदाचारप्रवर्तिका, सदातुष्टा, सदाशिवकुटुम्बिनी, सदाशिवपतिव्रता, सदाशिवानुग्रहदा ।।

सदोदिता, सद्गतिप्रदा, सद्यःप्रसादिनी, सनकादिसमाराध्या, समयाचारतत्परा।
समयान्तःस्था, समस्तभक्तसुखदा, समानाधिकवर्जिता, सम्प्रदायेश्वरी, सरस्वती ।।

सर्वगा, सर्वज्ञा, सर्वतन्त्ररूपा, सर्वतन्त्रेशी, सर्वतोमुखी।
सर्वधारा, सर्वमंगला, सर्वमङ्गला, सर्वमन्त्रस्वरूपिणी, सर्वमयी ।।

सर्वमृत्युनिवारिणी, सर्वमोहिनी, सर्वयन्त्रात्मिका, सर्वलोकवशङ्करी, सर्वलोकेशी।

सर्ववर्णशोभिता, सर्ववेदान्तसंवेद्या, सर्वव्याधिप्रशमनी, सर्वशक्तिमयी, सर्वस्वकारिणी ।।

(नौ सौ)

सर्वसौभाग्यवर्धिनी, सर्वातीता, सर्वानुल्लङ्घ्यशासना, सर्वान्तर्यामिनी, सर्वापद्विनिवारिणी ।
सर्वाभरणभूषिता, सर्वायुधधरा, सर्वायुधपरिष्कृता, सर्वारुणानवद्याङ्गी, सर्वार्थदात्री ।।

सर्वावस्थविवर्जिता, सर्वेश्वरी, सर्वोपनिषदुद्घुष्टा, सर्वोपाधिविनिर्मुक्ता, सर्वौदनप्रीतचित्ता
सव्यदक्षिणसेविता, सव्यापसव्यमार्गस्था, सहस्रदलपद्मस्था, सहस्रशीर्षवदना, सहस्राक्षी ।।

सहस्राराम्बुजारूढा, साकिन्यम्बास्वरूपिणी, साक्षिवर्जिता, साध्वी, सान्द्रकरुणा ।
सामगानप्रिया, सामरस्यपरायणा, साम्राज्यदायिनी, सावित्री, सिंहवाहना ।।

सिंहासनेश्वरी, सिद्धमाता, सिद्धविद्या, सिद्धसरस्वती, सिद्धा ।
सिद्धेश्वरी, सिन्धुरव्रजसेविता, सिन्धूरतिलकाञ्चिता, सुखकरी, सुखप्रदा ।।

सुखाराध्या, सुगोत्रा, सुधा, सुधासागरमध्यस्था, सुधासाराभिवर्षिणी ।
सुधासृति, सुनन्दा, सुप्ता, सुप्रतिष्ठा, सुभगा ।।

सुभ्रू, सुमङ्गली, सुमुखी, सुमेरुमध्यशृङ्गस्था, सुरनायिका ।
सुररक्षिणी, सुरवन्दिता, सुलभागति, सुवासिनी, सुवासिन्यर्चनप्रीता ।।

सुवेषाड्या, सूक्ष्मरूपिणी, सूत्रशोभितकन्थरा, सृष्टिकर्त्री, सौगन्धिकलसत्कचा ।
सौम्या, स्तत्पदलक्ष्यार्था, स्तुतिमती, स्तूयमानात्मवैभवा, स्तोत्रप्रिया ।।

स्त्रिदशेश्वरी, स्थिसंस्थिता, स्निग्धौदनप्रिया, स्मृति, स्वतन्त्रा ।
स्वधा, स्वपन्ती, स्वप्रकाशा, स्वभावमधुरा, स्वरूपिणी ।।

स्वर्गति, स्वर्गापवर्गदा, स्वर्णगर्भा, स्वस्तिमती, स्वस्था ।
स्वात्मारामा, स्वाधिष्ठानाम्बुजगता, स्वाहा, स्सन्ध्या, हंसवती ।।

हंसिनी, हरिद्रान्नैकरसिका, हरिब्रह्मेन्द्रसेविता, हाकिनीरूपधारिणी, हिंगुला ।
हृदयस्था, हृद्या, हेयोपादेयवर्जिता, ह्रीङ्कारी, ह्रीमती ।।

(एक सहस्र)

बहुत सुंदर गीत

दर्शन दो अंबे

स्थायी

दरशन दे दो, हमको अंबे! देवी! चरण में ले लो ।

मोहे, अपनी शरण में ले लो, देवी! दरशन दे दो ।। देवी॰

सांसांरेंसां सां- निध, रेंसांरेंसां रें-सां-! निरेंसांनि! धपग म प नि- - - - ।

धप, ममम- ममप म निप मग- -, सासा! धधधप धपनिध पम- - - - - - ।।

अंतरा-1

दुर्गे दुर्घट नाम तिहारो, सबके पाप निबारो ।

भव सागर से ऊब गए हम, हमको आके उबारो ।।

देवी, दरशन दे दो, देवी! दरशन दे दो ।

धधध- धधधध धनिनि निनि-निप, पनिपम ग-प मम- - - म- - - ।

सांसां रेंसांसांसां निध सां-रे सांसां- सांनि, निरेंसांनि धपग मपनि- - - - ।। **धप॰**

अंतरा-2

आओ सपनन रूप निहारूँ, देवी मोहे निहारो ।

तेरे द्वारे आन खड़ा हूँ, मोरे कष्ट उतारो ।।

देवी, दरशन रे दो, देवी दरशन दे दो ।

१०५. दुर्गा सप्तशती

दोहा॰ कथा सात-सौ श्लोक की, सप्तशती है नाम ।
देवीस्तुति के श्लोक हैं, चौदह पद्य ललाम ।।

देव! तुम स्वाहा स्वधा, तुम्हीं हो वषट्काल ।
नाद तिहारा रूप है, स्वर सप्तक करतार ।।

शाश्वत अक्षर प्रणव में, तीन स्वरों का नाद ।
और न कुछ है “ओम्” में, अ उ म् नाद के बाद ।।

हलन्त व्यंजन स्वर बिना, उच्चारण असंभाव्य ।
असंभाव्य यह प्रक्रिया, रूप आपका दिव्य ।।

देवी! संध्या हो तुम्हीं, तुम जननी, तुम वेद ।

देवी! सावित्री तुम्हीं, रहस्यमय यह भेद ।।

धात्री तुम ब्रह्मांड की, तुम ही सृष्टि अनंत ।
पावनकर्त्री हो तुम्हीं, तुम्हीं कल्प का अंत ।।

देवी! तुम्हीं जगन्मयी, प्रलयकाल संहार ।
सृष्टिरूपा सनातनी, तुम्हीं धर्म्य संस्कार ।।

महामेहरूपी तुम्हीं, महामाया महान ।
महारूपा महासुरी, महामेधा सुजान ।।

सत् रज तम गुण में तुम्हीं, तुम हो गुण करतार ।
तुम्हीं सभी की प्रकृति, तुम्हीं सत्य सुखकार ।।

काल रात्रि का हो तुम्हीं, तुम्हीं वह महारात्र ।
मोहरात्र भी हो तुम्हीं, तुम पूजा की पात्र ।।

तुम श्री हो तुम ईश्वरी, तुम हो ह्री, तुम बोध ।
लज्जा पुष्टि तुष्टि तुम, शांति क्षमा, बिन क्रोध ।।

खड्गधारिणी हो तुम्हीं, तुमरे हाथ त्रिशूल ।
गदा चक्र शर धनुष है, शंख पद्म का फूल ।।

तुमरे कर परिधान है, भीषण शस्त्र महान ।
महा भयानक रूप भी, तुम करती परिधान ।।

सौम्य के लिए सौम्य है, सुंदर रूप तिहार ।
परा अपर परमेश्वरी, स्वर्ण गले में हार ।।

सत् असत् की शक्ति तुम, तुम हो स्तुति के पार ।
सृष्टि जगत की हो तुम्हीं, पालक तुम संहार ।।

तुम्हीं वर्णनातीत हो, तुम्हीं विष्णु भगवान ।
तुम्हीं ब्रह्म शिव देवता, तुम्हीं वेद का ज्ञान ।।

तुमरी कीर्ति अपार है, कोई जान न पाय ।
कोई गुण ना गा सके, कवि से लिखे न जाय ।।

१०६. सुमती मदालसा अनसूया

(सुमती)

दोहा॰ ब्रह्मा के भृगु वंश में, हुए अनेक महंत ।
जिन ऋषियों की कीर्ति थी, इतिहास में अनंत ।।

भार्गव कुल में दिव्य थे, शौनक च्यवन सुनाम ।
शुक्र गृत्समद मार्कण्डेय, जमदग्नि परशुराम ।।

इसी वंश में हो गए, महामती विद्वान ।
महामति का पुत्र था, सुमती सूज्ञ महान ।।

मौन रहे सुमती सदा, अधिक न करता बात ।
उसे देख कर थे दुखी, चिंतित उसके तात ।।

(एक दिन)

दोहा॰ कहा तात ने एक दिन, क्यों रहते हो मौन ।
चुप रह कर तुमको भला, पहिचानेगा कौन? ।।

जाओ गुरु के पास तुम, पाने को कुछ ज्ञान ।
बार-बार फिर कहते रहे, पिता सहित सम्मान ।।

कहा पुत्र ने एक दिन, रुकाय अपना मौन ।
मुझे ज्ञान जो दे सके, ऐसा गुरु है कौन? ।।

शास्त्र सकल मैं जानता, विद्या कला पुराण ।
सर्व वेद वेदांग भी, सभी ज्ञान-विज्ञान ।।

मेरे बीते जन्म भी, जानूँ कई हजार ।
मेरे पूर्वज कौन थे, मातु-पिता-सुत-यार ।।

मैंने सुख देखे कई, आधि-व्याधि-दुख-रोग ।
गुजरा हूँ चारों वर्ण से, स्वर्ग-नरक का भोग ।।

कई बार मैं हूँ हुआ, अमीर और गरीब ।
ऋषि मुनि साधू संत थे, मेरे बहुत करीब ।।

सब कुछ मुझको याद है, जिसको कहते ज्ञान ।

राजा मेरे हैं पिता, विज्ञ और धनवान ।।

हक्केबक्के थे पिता, "जातिस्मर" है पुत्र ।
बोले, कैसे यह हुआ, क्या है इसका सूत्र ।।

(सुमती)

दोहा॰ मेरे व्यतीत जन्म में, संचित है बहु पुण्य ।
विदर्भ नृप के दान से, पाप हुआ है शून्य ।।

मरते दम जो पुण्य है, अथवा जो है पाप ।
हिसाब करके गणित से, स्तर पाते हो आप ।।

जो चलता है धर्म से, मिले उसे सुख-अंत ।
अधर्म जिसका पंथ है, उसको दुःख अनंत ।।

पापी को ना ज्ञान ना, जातिस्मर का स्थान ।
उसे नरक का वास है, मिलता है अज्ञान ।।

पुण्यवान का वास है, गंधर्वों के धाम ।
सेवा में हैं अप्सरा, करते देव प्रणाम ।।

(विदेह भूप)

दोहा॰ सात जन्म के पूर्व मैं, नर था पापी घोर ।
सब कहते पापी मुझे, मैं था डाकू-चोर ।।

मर कर आया नरक में, पड़ा रहा सौ साल ।
सही अनेकों यातना, जो-जो देता काल ।।

विदर्भ राजा एक दिन, आए नरक निवास ।
कुछ ही पल का था मिला, उन्हें नरक का वास ।।

दंड भोग जब पूर्ण था, आया यम का दूत ।
लाने उनको स्वर्ग में, लेकर पुण्य सबूत ।।

राजा बोले मैं यहीं, करूँ नरक निवास ।
इनको मेरा पुण्य दो, जो हैं यहाँ उदास ।।

राजा के मैं पास था, खड़ा बहुत उदास ।

नृप बोले मम बाँट कर, कर दो पुण्य खलास ।।

(यमराज)

दोहा॰ सुन कर राजा का कहा, यमराज थे प्रसन्न ।
नृप को यम ने स्वर्ग में, दिया स्थान संपन्न ।।

मैं भी नृप के पुण्य से, हुआ नरक से मुक्त ।
पृथ्वी पर मैं आगया, पूर्ण पुण्य से युक्त ।।

(अनसूया)

दोहा॰ सुमती ने आगे कहा, सुनलो और प्रसंग ।
मेरे जीवन में हुआ, पतिव्रता के संग ।।

पत्नी ऋषिवर अत्रि की, अनसूया शुभ नाम ।
भक्ति परायण नार थी, उसे मिले श्री राम ।।

जप तप पाठ परायणा, ध्यान रता सुभ–शाम ।
शास्त्र स्तोत्र गाती सदा, आचरती निष्काम ।।

साध्वी अनसूया सती, अत्रि ऋषि की नार ।
सुपुत्र उनका दत्त था, शिवजी का अवतार ।।

अनसूया थी जोगिनी, धर्मचारिणी नार ।
पतिव्रता सुखकारिणी, अत्री मुनि की दार ।।

इक दिन बैठी थी सिया, अनसूया के पास ।
बोली, मुझको ज्ञान दो, सफल बने वनवास ।।

सद्‌गुण इतना दीजिये, माते! मुझको आज ।
उदास मैं ना हूँ कभी, ना ही बिगड़े काज ।।

पतिव्रता मैं दृढ़ रहूँ, तन्मय पति की ओर ।
मुझ पर कोई आ पड़े, अगर समस्या घोर ।।

विचलित मेरा मन कभी, ना हो लालच, पाप ।
माता! मुझको दीजिये, ऐसा आशिष आप ।।

जग की सारी नारियाँ, सुन कर उसके बाद ।

विचलित ना होवें कभी, किसी वजह के साथ ।।

(और)

दोहा॰ सुनलो सीते! गौर से, देके अपना ध्यान ।
मानव के कल्याण का, गूढ़ श्रेष्ठ यह ज्ञान ।।

बोली वृद्धा तापसी, करके नम्र प्रणाम ।
कृपा अगम है राम की, जय जय जय सिय राम ।।

जीवन तेरा है, सिया! पावन गंग समान ।
स्त्री-जग में आदर्श तुम, जय जय जय सिय राम ।।

तज कर गृह संसार को, देकर सब कुछ दान ।
आयी वन में जानकी, जय जय जय सिय राम ।।

आयी वन घन-घोर में, बिना किसी अभिमान ।
दमके पति सह दामिनी, जय जय जय सिय राम ।।

पावन पति-अनुगामिनी, परे किये सुख काम ।
तुम हो त्रिभुवन स्वामिनी, जय जय जय सिय राम ।।

सीते! तुम बड़भागिनी, तुम्हें मिला पति राम ।
परम स्वर्ग अधिकारिणी, जय जय जय सिय राम ।।

मति है सम जिसकी सदा, कर्म योग वरदान ।
पति-पथ ही अनुसारिणी, जय जय जय सिय राम ।।

कर्म धर्म अनुसारिणी, हाथ राम का थाम ।
घोर विपद् हँस कर सहे, जय जय जय सिय राम ।।

(और भी)

दोहा॰ पतिप्रेम से जो पगे,[7] नारी उसका नाम ।
पति-सेवा में जो लगे, जय जय जय सिय राम ।।

---

[7] **पगना** = प्रेम में डूबना ।

जिसकी संपद् है पति, हिरदय पति का धाम ।
तन–मन पति पर वार दे, जय जय जय सिय राम ।।

पति चिंतन में रत सदा, निश–दिन चारों याम ।
नारी त्रिभुवन जीत ले, जय जय जय सिय राम ।।

पति सम चंगी कछु नहीं, धन दौलत की खान ।
पति होते, तंगी नहीं, जय जय जय सिय राम ।।

पतिप्रतिष्ठा पालती, देकर अपनी जान ।
पति परमेश्वर मानती, जय जय जय सिय राम ।।

दुराचार से जो परे, वनिता उसका नाम ।
पर–नर जिसके बंधु हैं, जय जय जय सिय राम ।।

सावित्री सम साधवी, होवे तेरा नाम ।
पति–संगत में तुम रहो, जय जय जय सिय राम ।।

गौरी के नित संग ही, शिव शंकर भगवान ।
गौरी कूदी आग में, जय जय जय सिय राम ।।

(सीता)

दोहा॰ सीता बोली, हे सती! वच तुमरे अनमोल ।
तुमने दीन्हा ज्ञान है, देवी! अमृत घोल ।।

पतिव्रता का धर्म मैं, पालूँ इसके बाद ।
व्रत विचलित ना हूँ कभी, दीजो आशीर्वाद ।।

(दत्तात्रय)

दोहा॰ अनसूया की कोख से, ब्रह्मा विष्णु महेश ।
तीनों के अवतार थे, पुत्र रूप में पेश ।।

ब्रह्मा स्वरूप चंद्र था, विष्णु रूप था दत्त ।
दुर्वासा शिव रूप थे, तीनों प्रकृतिदत्त ।।

(ऋतध्वज)

दोहा॰ शत्रुजीत प्राचीन था, रजा वीर महान ।
ज्ञानी मेधावी महा, बृहस्पति समान ।।

एक पुत्र था भूप का, ऋतध्वज जिसका नाम ।
स्वरूप उसका इंद्र सा, ज्ञानी पिता समान ।।

वेदशास्त्र सब पठित था, युद्ध कला में वीर ।
अश्वसवारी निपुण था, कुशल चलाता तीर ।।

(मदालसा)
दोहा॰ सद्गुण उसमें विविध थे, सदाचार आचार ।
मदालसा से होगया, राजपुत्र को प्यार ।।

राजकुमारी सुंदरी, मदालसा का रूप ।
स्वर्ग परी सा रम्य था, रंभा के अनुरूप ।।

पिता विश्ववसु भूप थे, गंधर्व में कूख्यात ।
मदालसा की नीति थी, त्रिभुवन में विख्यात ।।

(नीति)
दोहा॰ मदालसा ने स्थित किए, राजधर्म के काम ।
प्रचलित थे सब उस राज्य में, मदालसा के नाम ।।

राजा का दायित्व है, प्रजा रहे सब तृप्त ।
विपदा दुख अन्याय अघ, हरे राज्य से लुप्त ।।

मंत्री अधिकारी कभी, कोई ना हो भ्रष्ट ।
हाथ मिलाया शत्रु से, कोई ना हो दुष्ट ।।

राजा के जासूस हों, लेते सब कुछ जान ।
राज्य की किसी बात से, रहे न वे अनजान ।।

राजनीति के सामने, भाई नातेदार ।
जनता से बढ़ कर कभी, पाए ना अधिकार ।।

न्यायदान के कार्य में, राजा हो समतोल ।
यथा दोष वह दंड दे, न्यायदान बहुमोल ।।

(गृहस्थ)
दोहा॰ गृहस्थाश्रमी के लिए, कहा नियम का कोष ।

शास्त्रों के आधार सब, किया राज्य में घोष ।।

वेतन का कुछ भाग हो, रखा बचत के नाम ।
भविष्य के व्यवहार में, आएगा जो काम ।।

सुबह सवेरे जाग कर, ले वह प्रभु का नाम ।
पढ़े शास्त्र का पठ वह, फिर हों दिन के काम ।।

कहे न कटु वाणी कभी, हो न दुष्ट का संग ।
रखे स्वास्थ्य पर ध्यान वो, करे नियम ना भंग ।।

१२. लिंग महापुराण

१०७. शिवलिंग

(ज्योतिर्लिंग)

श्लोक

लयं गच्छन्ति भूतानि संहारे निखिलं यतः ।
सृष्टिकाले पुनः सृष्टिं तस्माल्लिंगमुदाहृतम् ।।

दोहा॰ शिव प्रतिमा शिवलिंग है, वही शब्द ओंकार ।
यही अखिल ब्रह्माण्ड है, ब्रह्म-अण्ड आकार ।।

जिसका आदि न अंत है, आकृति अण्डाकार ।
वही सर्ग आरंभ है, वही प्रलय करतार ।।

ब्रह्म माया बुद्धि धरा, मन चित्त अहं अंग ।
आकाश वायु जल अग्नि, बारह ज्योतिर्लिंग ।।

श्लोक

सौराष्ट्रे सोमनाथञ्च श्रीशैले मल्लिकार्जुनम् ।
उज्जयिन्यां महाकालं ओंकारममलेश्वरम् ।।
हिमालये तु केदारं डाकिन्यां भीमशंकरम् ।
वाराणस्याञ्च विश्वेशं त्र्यंबकं गौतमीतटे ।।
परल्यां वैद्यनाथञ्च नागेशं दारुकावने ।
सेतुबन्धे तु रामेशं घृष्णेशञ्च शिवालये ।।

मुक्तक॰ बसे "सोमनाथ" सौराष्ट्र में, "मल्लिकार्जुन" शैलेश में ।
उज्जैन में "महाकालेश्वर," "ओंकार-अमलेश्वर" मांधाता में ।
हिमालय में "केदारनाथ," डाकिनी में "भीमशंकर" ।
वाराणसी में "विश्वेश्वर," नासिक में त्र्यंबकेश्वर ।
परली में "बैद्यनाथ" जी, ओंढा में "नागनाथ" ।
रामेश्वर में "रामेश" हैं, वेरुल में घृष्णेश्वर ।।

(वाराणसी)

दोहा॰ शक्ति पीठ वाराणसी, शास्त्र ज्ञान का केन्द्र ।

बारह ज्योतिर्लिंग में, वरिष्ठ यात्रा क्षेत्र ।।

पुण्य क्षेत्र वाराणसी, विश्वनाथ का धाम ।
गंगा के तट पर बसा, धर्मकर्म का स्थान ।।

विश्वपुरातन धाम है, पवित्र तीर्थस्थान ।
बसा गए वाराणसी, शिव शंकर भगवान ।।

शिवजी ने वाराणसी, चुना भूमि पर धाम ।
श्रीगणेश श्री पार्वती, करे यहीं विश्राम ।।

गंगा से वरुणा नदी, मिलती काशी स्थान ।
संगम का यह क्षेत्र है, "संगमेश्वर" महान ।।

कहरव ताल 8 मात्रा

शिव ओम्

स्थायी

देवाय, लंबोदराय, शिवनंदनाय, शिव ओम् ।
नाथाय, मुखमंगलाय, जगवन्दनाय, शिव ओम् ।।

मम–म – –, रेमप–धपमम, रेमप–धपमम, रेम प– – – – – – –प ।
धध–ध – –, साधप–धपमम, रेमप–धपमम, रेध प– – – – – – –म ।।

अंतरा–1

रुद्राय, शिवशंकराय, दुखभंजनाय, हर ओम् ।
भद्राय, गंगाधराय, प्रभु त्र्यंबकाय, हर ओम् ।।

सांसां–सां – –, सांसांरें–रेंरें–रें, रेंरेंरें–रेंरें–सां, धरें रेंसां– – – – –सां ।
धध–ध – –, ध–प–धपमम, रेमप–धपमम, रेध पम– – – – –म ।।

अंतरा–2

रामाय, रघुनंदनाय, मधुचंदनाय, हरि ओम् ।
वीराय, सीतावराय, पुरुषोत्तमाय, हरि ओम् ।।

अंतरा–3

श्यामाय, बंसीधराय, पीतांबराय, जय ओम् ।
कृष्णाय, राधावराय, दामोदराय, जय ओम् ।।

१०८. लिंगेश्वर शिवजी की सहस्त्रनामावलि

(शिव जी सहस्त्र नाम)

दोहा॰ **लिंगेश्वर जी के सभी, सुनलो हजार नाम ।**
वर्णानुक्रम से हैं दिए, करने सुखकर काम ।।

मुक्तक॰ अंगिरा, अकम्प, अकम्पित, अकल्मष, अकाल ।
अक्रूर, अक्षमाली, अक्षयगुण, अक्षुण्ण, अगस्त्य ।।

अगुण, अग्निकेतु, अग्रह, अघोर, अघोरनाथ ।
अचंचल, अचल, अचलेश्वर, अचिन्त्य, अज ।।

अजातशत्रु, अजितप्रिय, अज्ञेय, अणु, अण्डधर ।
अंतक, अतिथि, अतीन्द्रिय, अत्रि, अथर्वण ।।

अदीन, अद्रयालय, अद्रि, अधर्मशत्रु, अधिष्ठानम् ।
अधृत, अधोक्षज, अध्यात्मयोगनिलय, अनघ, अनन्त ।।

अनन्तदृष्टि, अनपायोऽक्षर, अनर्थ, अनर्थनाशन, अनर्थित ।
अनादि, अनादिमध्यनिधन, अनाद्यन्त, अनामय, अनियम ।।

अनिरुद्ध, अनिर्देश्यवपु, अनिवारित, अनिवृत्तात्मा, अनुत्तमदुराधर्ष ।
अनुत्तर, अनेककृत्, अन्तर्हितात्मा, अन्धकारि, अन्नमय ।।

अपराजित, अपरिच्छेद्य, अपांनिधि, अप्रतिमाकृति, अबलोन्मत्त ।
अभव, अभिराम, अभिवाद्य, अभेद, अमहामाय ।।

अमृत, अमृतप, अमृतमय, अमृतवपु, अमृताश ।
अमृत्यु, अमोघ, अमोघदण्ड, अमोघारिष्टनेमि, अराग ।।

अरिंदम, अर्थ, अर्थविच्छम्भु, अर्थिगम्य, अर्घेश्वर ।
अर्धाङ्गी, अर्हत, अलंकरिष्णु, अलोभ, अवाङ्मनसगोचर ।।

अविकर्ता, अविशिष्ट, अव्यक्तलक्षण, अव्यय, अष्टमूर्ति ।

असंख्येयाप्रमेयात्मा, असंसृष्ट, असाध्य, असुरव्याघ्र, अह:संवत्सर ।।

(एक सौ)

अहपति, आज्ञाधार, आत्मज्योति, आत्मभू, आत्मयोनि ।
आत्रेय, आनन्द, आम्र, आयुःशब्दापति, आलोक ।।

आशुतोष, आश्रम, आश्रितवत्सल, इष्ट, ईश ।
उग्र, उग्रधन्वा, उत्तर, उत्तारण, उदारकीर्ति ।।

उद्योगी, उन्नध, उन्मत्तवेष, उपप्लव, उष्ण ।
ऋषि, एकनायक, एकबन्धु, एकलिंग, एकाक्ष ।।

एकात्मा, ऐश्वर्यजन्ममृत्युजरातिग, ओजस्तेजोद्युतिधर, ओजस्वी, कंकणीकृतवासुकि ।
कंकाल, कटाटंक, कनकप्रभ, कपर्दी, कपाली ।।

कपिलश्मश्रु, कमण्डलुधर, कमलेक्षण, करण, कर्णिकारप्रिय ।
कर्ता, कलाधार, कलाधार, कल्प, कल्पवृक्ष ।।

कल्पादि, कल्याणगुणनामा, कल्याणप्रकृति, कवि, कश्यप ।
कान्त, कामदेव, कामपाल, कामशासन, कामी ।।

कारण, कालकाल, कालपक्ष, कालभैरव, कालंजर ।
कालयोगी, कालहा, किरीटि, कीर्तिभूषण, कुबेरबन्धु ।।

कुण्डली, कुमार, कुमुद, कुशलागम, कृतज्ञ ।
कृतागम, कृतानन्द, कृत्तिवासी, कृष्ण, केतु ।।

केदारनाथ, कैलासपति, कैलासशिखरावासी, कैलासाधिपति, कोदण्डी ।
कौशिक, क्षपण, क्षमाक्षेत्रम्, क्षाम, क्षेत्रज्ञ ।।

क्षेत्रपालक, खग, खटवांगी, खण्डपरशु, खलकण्टक ।
गंगाप्लवोदक, गगनकुंदाभ, गणकाय, गणेश्वर, गम्भीर ।।

(दो सौ)

गहन, गायत्रीवल्लभ, गिरिजाधव, गिरिरत, गिरिश।
गुणग्राही, गुणराशि, गुणाकर, गुणोत्तम, गुरुद ।।

गुह, गृहपति, गोपति, गोप्ता, गोमान्।
गोविन्द, गोशाख, गौरीभर्ता, ग्रीष्म, चंद्रसंजीवनशास्त ।।

चण्ड, चतुरश्तुरप्रिय, चतुर्बाहु, चतुर्भाव, चतुर्मख।
चतुर्वेद, चतुष्पय, चन्द्र, चन्द्रमौलि, चन्द्रापीड ।।

चित्रवेष, चिदानन्द, चिरंतन, छिन्नसंशय, जगदादिज।
जगदीश, जगद्गुरु, जगद्धितैषी, जगन्नाय, जटा ।।

जटिल, जटी, जनक, जनजन्मादि, जनन।
जनाध्यक्ष, जनार्दन, जन्माधिप, जप्य, जमदग्नि ।।

जयकालवित्, जरादिशमन, जलेश्वर, जातूकर्ण्य, जितकाम।
जीवितान्तकर, जीवितेश्वर, जुष्य, ज्ञानगम्य, ज्ञानमूर्ति ।।

ज्ञानवान्, ज्ञानस्कन्द, ज्योतिर्मय, तंतुवर्धन, तत्त्वम्।
तत्त्ववित्, तप, तपस्वी, तमिस्रहा, तमोहर ।।

तरस्वी, तारक, तार्क्ष्य, तिग्मांशु, तीर्थकर।
तीर्थद, तीर्थदृश्य, तीर्थनामा, तीर्थरूप, तीर्यदेवशिवालय ।।

तुम्बवीण, तुष्ट, तेजोमय, तेजोमयद्युतिधर, तेजोरार्शिमहामणि।
त्रयीतनु, त्रिदशाधिप, त्रिलोकप, त्रिलोकेश, त्रिलोचन ।।

त्रिवर्गस्वर्गसाधन, त्रिशूली, त्रैविद्य, त्र्यक्ष, त्र्यम्बक।
दक्ष, दक्षारि, दक्षिणा, दक्षिणानिल, दण्ड ।।

(तीन सौ)

दण्डी, दम, दमयिता, दम्भ, दयाकर।
दर्पहा, दाता, दानवारि, दान्त, दिवस्पति ।।

दिवाकर, दिव्य, दिव्यायुध, दीर्घतपा, दुःस्वप्ननाशन।
दुरतिक्रम, दुराधर, दुरावास, दुरासद, दुर्ग ।।

दुर्गम, दुर्जेय, दुर्ज्ञेय, दुर्लभ, दुर्वासा।
दुष्कृतिहा, दुस्सह, दूरश्रवा, दृढ, दृढप्रज्ञ ।।

दृप्त, देवचिन्तक, देवज्ञ, देवदेव, देवदेवमय।
देवदेवात्मसम्भव, देवनाथ, देवप्रियो, देवसिंह, देवासुर ।।

देवासुरगुरुर्देव, देवासुरमहामित्र, देवासुरमहाश्रय, देवासुरमहेश्वर, देवासुरेश्वर।
देवेन्द्र, द्रुहिण, धनागम, धनाधिप, धनुर्धर ।।

धनुर्वेद, धनेश्वर, धन्य, धन्वी, धर्मकृद्धर्मसम्भव।
धर्मचारी, धर्मधाम, धर्मधेनु, धर्मपुंज, धर्मसाधन ।।

धर्मांग, धव, धातृधामा, धात्रीश, धामकर।
धीमान्, धुमणिस्तरणि, धुर्य, धूर्जटी, ध्यानाधार ।।

ध्येय, ध्रुवोऽध्रुव, ध्वनि, नक्षत्रमाली, नग्नव्रतधर।
नदीघर, नन्दिरकन्धधर, नन्दी, नन्दीश्वर, नभ ।।

नभोगति, नभोयोनि, नयनाध्यक्ष, नरनारायणप्रिय, नरसिंहनिपातन।
नाकेश, नागचूड, नागभूषण, नागहारधृक्, नानाभूतरत ।।

निःशल्य, निःश्रेयसप्रद, नित्य, नित्यनृत्य, नित्यशान्तिपरायण।
नित्यसुन्दर, निदाघस्तपन, निधि, नियतकल्याण, नियतात्मा ।।

(चार सौ)

नियताश्रय, निरंकुश, निरंजन, निरवद्यमयोपाय, निरहंकार।
निराकार, निरातंक, निरामय, निरावरणनिर्वार, निरुपद्रव ।।

निर्गम, निर्मोह, निर्लेपो, निर्व्यंग, निर्व्याजो।
निशाचर, निष्कण्टक, निष्कलंक, निष्प्रपंचात्मा, नीति ।।

नीतिमान्, नीलकण्ठ, नीलग्रीव, नीललोहित, नीललोहित ।
नृत्यप्रिय, नैकात्मा, न्यायगम्य, न्यायनिर्मायक, पंचयज्ञसमुत्पत्ति ।।

पंचविंशतितत्त्वस्य, पटु, पद्मगर्भ, पद्मासन, परंजय ।
परंज्योति, परंतप, परकार्येक, परपुरंजय, परब्रह्म ।।

परम, परमात्मा, परमार्थ, परमार्थगुरुर्दत्त, परमेष्ठी ।
परश्वधी, परात्पर, परार्थवृत्तिर्वरद, परावर, परावरज्ञ ।।

परावरमुनीश्व, पराशर, परिवृद्ध, परोमयी, पवित्र ।
पशुपति, पांचजन्य, पाण्डुराभ, पादपासन, पापहा ।।

पारम्पर्य्यफलप्रद, पारिजात, पावन, पिंगल, पिंगलाक्ष ।
पिनाकपाणि, गिनाकी, पुण्य, पुण्यकीर्ति, पुण्यदर्शन ।।

पुण्यश्रवणकीर्तन, पुरंदर, पुरशासन, पुरातन, पुरुष ।
पुरुहूतःपुरुश्रुत, पुलस्त्य, पुलह, पुष्कर, पुष्कल ।।

पुष्पलोचन, पूतमूर्ति, पूरयिता, पूर्ण, पूषदन्तभित् ।
पौराण, प्रकट, प्रकाशक, प्रकाशात्मा, प्रच्छन्न ।।

प्रणव, प्रणवात्मक, प्रतप्त, प्रतिष्ठित, प्रधान ।
प्रभंजन, प्रभव, प्रभाकर, प्रभु, प्रमाणज्ञ ।।

(पाँच सौ)

प्रमाणभूत, प्रमाणम्, प्रशान्तबुद्धि, प्रसन्नात्मा, प्रांशु ।
प्रियभक्त, प्रीतिमान्, प्रीतिवर्धन, प्रेतचारी, बधिर ।।

बलनिधि, बलवान, बली, बहुरूप, बहुश्रुत ।
बाणहस्त, बाणाध्यक्ष, बालरूप, बीजकर्ता, बीजवाहन ।।

बुध, बृहदगर्भ, बृहदश्व, ब्रहमा, ब्रह्मगर्भ ।

ब्रह्मचारी, ब्रह्मज्योति, ब्रह्मवर्चसी, ब्रह्मवेदनिधि, ब्रह्मसृक् ।।

ब्रह्मा, ब्राह्मण, ब्राह्मणप्रिय, भक्तलोकधृक्, भक्तिकाय ।
भक्तिवश्य, भगनेत्रभित्, भगवान्, भव्य, भस्मप्रिय ।।

भस्मशायी, भस्मशुद्धिकर, भस्मोद्धूलितविग्रह, भाजिष्णु, भानु ।
भालनेत्र, भावानिसंस्थित, भिषगनुत्तम, भीम, भीमपराक्रम ।।

भूत, भूतचारी, भूतपाल, भूतभव्यभवन्नाथ, भूतभावन ।
भूतवाहनसारथि, भूति, भूतिनाशन, भूदेव, भूपति ।।

भूर्भुव, भूशय, भूषण, भृतकृत, भृत्यमर्कटरूपधृक् ।
भोक्ता, भोजनम्, मंगल, मंगलावृत, मंत्र ।।

मंत्रप्रत्यय, मखद्वेषी, मघवान्, मणिपुर, मधुरप्रियदर्शन ।
मध्यस्त, मध्यस्थ, मनोजव, मनोबुद्धिरंहकार, मय ।।

महर्षिकपिलाचार्य, महाकर्ता, महाकल्प, महाकालभूत, महाकोप ।
महाकोश, महागर्त, महागर्भ, महाचाप, महाज्योतिरनुत्तम ।।

महातपा, महातेज, महादेव, महाद्युति, महाधन ।
महाधिप, महानाद, महानिधि, महाबल, महाबुद्धि ।।

(छह सौ)

महाभुज, महाभूत, महामाय, महायशा, महायोगी ।
महारूप, महारेता, महावीर्य, महाशक्तिर्महाद्युति, महास्वन ।।

महाहद, महीभर्ता, महेश्वर, महेष्वास, महोत्साह ।
महौषधि, मातरिश्व, मातामह, मानधन, मुण्ड ।।

मुदु, मृगपति, मृगबाणार्पण, मृगव्याध, मृङ ।
मृडोनट, मेघ, मेरु, यज्ञःश्रेष्ठ, यश ।।

यशोधन, युक्तिरुन्नतकीर्ति, युगादिकृद्युगावर्त, युगावह, योगपार ।
योगविद्योगी, योगाध्यक्ष, योगी, रजनीजनकश्चारु, रवि ।।

रविलोचन, रसज्ञ, रसद, रसप्रिय, रिपुजीवहर ।
रुचि, रुचिरांगद, रुद्र, रोचिष्णु, ललाटाक्ष ।।

ललित, लिंगाध्यक्ष, लोककर, लोककर्ता, लोकगूढ़ ।
लोकचारी, लोकनाथ, लोकपाल, लोकबंधुर्लोकनाय, लोकलावण्यकर्ता ।।

लोकवर्णोत्तम, लोकवीराग्रणी, लोकशल्यधृक्, लोकसारंग, लोकानामग्रणी ।
लोकोत्तरसुखालय, लोकोत्तरस्फुटालोक, लोहितात्मा, वज्रहस्त, वत्सल ।।

वय, वरगुण, वरद, वरवाहन, वरशील ।
वरांग, वरेण्य, वर्णाश्रमगुरु, वर्णी, वसन्तमाधव ।।

वसिष्ठ, वसु, वसुधामा, वसुप्रद, वरांगना ।
वसुरेता, वसुश्रवा, वागीश, वाचस्पति, वामदेव ।।

वायुवाहन, वाराहश्रृंगधृक्छ्रंगी, वालखिल्य, विंदुसंश्रय, विक्रमोन्नत ।
विक्रान्त, विगतज्वर, विगाल, विघ्ननाशन, विचक्षण ।।

(सात सौ)

विजितात्मा, विज्ञेय, विद्याराशि, विद्येश, विद्रुमच्छवि ।
विद्वतम, विधेयात्मा, विनीतात्मा, विबुधाग्रचरश्रेष्ठ, विभु ।।

विमल, विमलोदय, विमोचन, वियोगात्मा, विरक्त ।
विरन्चि, विराट्, विराम, विरूप, विरूपाक्ष ।।

विरोचन, विवस्वानादित्य, विशाख, विशाम्पत्ति, विशारद ।
विशालाक्, विशालाक्ष, विशोक, विश्रृंखल, विश्वकर्ता ।।

विश्वकर्मविशारद, विश्वगर्भ, विश्वगालव, विश्वगोप्ता, विश्वतःसंवृत ।
विश्वदीप्ति, विश्वदेह, विश्वभर्ता, विश्वभूषण, विश्वभोजन ।।

विश्वमूर्ति, विश्वम्, विश्वम्भेश्वर, विश्वरूप, विश्ववाहन।
विश्वसह, विश्वसृक्, विश्वामित्र, विश्वावास, विश्वेश॥

विश्वोत्पत्ति, विषमाक्ष, विष्टरश्रवा, विष्णुःप्रज्ञापाल, विष्णुकंधरपातन।
वीतभय, वीतराग, वीर, वीरचूडामणि, वीरभद्र॥

वीरासनविधि, वीरेश्वर, वीर्यवान्, वृषद, वृषवाहक।
वृषवाहन, वृषांक, वृषाकपि, वेगीप्लवन, वेत्ता॥

वेदकर, वेदविन्मुनि, वेदशास्त्रार्यतत्त्वज्ञ, वेदांग, वेदान्तसारसंदोह।
वेद्य, वेधा, वैयाघ्रधुर्य, वैरंचय, व्यंगनाशन॥

व्यक्ताव्यक्त, व्यवसाय, व्यवस्थान, व्याघ्रचर्माम्बर, व्याघ्रलोचन।
व्याजमर्दन, व्याप्ति, व्यालाकल्प, व्याली, व्यासमूर्ति॥

व्यूढोरस्क, शक्र, शक्रप्रमाथी, शत्रुघ्न, शत्रुजित्।
शत्रुतापन, शनि, शब्दब्रह्म, शम्बर, शम्भु॥

(आठ सौ)

शरण, शरण्य, शर्व, शर्वरीपति, शाकल्य।
शाख, शान्त, शान्तभद्र, शास्ता, शिखण्डी॥

शिखिश्रीपर्वतप्रिय, शिपिविष्ट, शिव, शिवज्ञानरत, शिवालय।
शिशिसारथी, शिशु, शिष्टेष्ट, शुचि, शुचिसत्तम॥

शुचिस्मित, शुद्धविग्रह, शुद्धात्मा, शुभद, शुभनाम।
शुभांग, शूर, शैल, शोकनाशन, श्मशाननिलय॥

श्मशाननिलय, श्मशानस्थ, श्रीकण्ठ, श्रीमान्, श्रीवत्सलशिवारम्भ।
श्रुतिप्रकाश, श्रुतिमान, संग्रही, संवत्सरकर, संसारचक्रभृत्॥

सकलनिष्कल, सकलागमपारग, सकलाधार, सगण, सज्जाति।

सत्कृति, सत्त्ववान्, सत्त्ववाह्न, सत्पथाचार, सत्य ।।

सत्यकीर्ति, सत्यपर, सत्यपराक्रम, सत्यपरायण, सत्यव्रत ।
सदगति, सदसन्मय, सदागति, सदाचार, सदाशिव ।।

सद्योगी, सद्योनि, सनातन, सम, समर्थ ।
समाधिवेद्य, समान, समाम्नाय, समावर्त, सम्भाव्य ।।

सम्राट, सर्ग, सर्व, सर्वकर्मालय, सर्वग ।
सर्वगोचर, सर्वदर्शन, सर्वदृसिंह, सर्वदेवोत्तमोत्तम, सर्वपापहर ।।

सर्वप्रमाणसंवादी, सर्वबंधविमोचन, सर्वभूतमहेश्वर, सर्वयोनि, सर्वरूपश्चराचर ।
सर्वर्तुपरिवर्तक, सर्वलोकधृक्, सर्वलोकप्रजापति, सर्वव्यापी, सर्वशस्त्रप्रभंजन ।।

सर्वशस्त्रभृतांवर, सर्वशासन, सर्वशुद्धि, सर्वसत्त्व, सर्वसत्त्वावलम्बन ।
सर्वसाधन, सर्वाचार्यमनोगति, सर्वादि, सर्वायुधविशारद, सर्वावास ।।

(नौ सौ)

सर्वेश, सर्वेश्वर, सविता, सहस्त्रजित्, सहस्त्रबाहु ।
सहस्त्रमूर्द्धा, सहस्त्रार्चि, साक्षी, सात्त्विक, साधुसाध्य ।।

सानुराग, सामगेयप्रिय, सार, सारशोधन, सारसम्प्लव ।
सिद्ध, सिद्धखड्ग, सिद्धवृन्दावन्दित, सिद्धि, सिद्धिद ।।

सुकर, सुकीर्ति, सुकीर्तिशोभन, सुकुमार, सुखानिल ।
सुखी, सुगत, सुतन्तु, सुधापति, सुधापति ।।

सुधी, सुनिष्पन्न, सुनीति, सुपर्ण, सुप्रतीक ।
सुप्रीत, सुब्रह्मण्य, सुभग, सुमतिर्विद्वान्, सुमुख ।।

सुरगण, सुरभि, सुराध्यक्ष, सुरेश, सुलभ ।
सुलोचन, सुवीर, सुव्रत, सुशरण, सुषेण ।।

सूक्ष्म, सूत्रकार, सूर्य, सूर्यतापन, सेतु ।
सोम, सोमप, सोमरत, सौम्य, स्कन्द ।।

स्कन्दगुरु, स्तवप्रिय, स्तव्य, स्तुत्य, स्तोता ।
स्थपति, स्थविरध्रुव, स्थविष्ठ, स्थानद, स्थिर ।।

स्निग्ध, स्नेहकृतागम, स्पष्टाक्षर, स्रष्टा, स्वक्ष ।
स्वधर्मा, स्वधृत, स्वभावभद्र, स्वयंज्योतिस्तनुज्योति, स्वरमयस्वन ।।

स्वर्गत, स्वर्गस्वर, स्वर्बन्धु, स्वस्तिकृत्, स्वस्तिद ।
स्वाधिष्ठानपदाश्रय, हंस, हंसगति, हत्पुण्डरीकमासीन, हर ।।

हरि, हर्ता, हव्यवाह, हव्यवाहन, हिरण्यकवच ।
हिरण्यगर्भ, हिरण्यरेता, हिरण्यवर्ण, हिरन्य, हीनदोष ।।

(एक सहस्त्र)

१०९. नंदी

(शैलाद)

दोहा॰ पुराकाल में एक था, साधु नाम शैलाद ।
करी तपस्या इंद्र की, पाया इष्ट प्रसाद ।।

आकर उसके सामने, कही इंद्र ने बात ।
प्रसन्न हूँ मैं आप से, माँगो शुभ वर, तात! ।।

माँगा सुत शैलाद ने, अज हो जिसका जन्म ।
और पुत्र वह अमर हो, शिव सेवक आजन्म ।।

कहा इंद्र ने भक्त को, शिवजी का यह काम ।
वही अमरता दे सकें, लो तुम उनका नाम ।।

पुनः करी शैलाद ने, महा तपस्या घोर ।
प्रसन्न शिवजी होगए, जब थी मंगल भोर ।।

(शिवजी)

दोहा॰ बोले, मुझको है पता, तुमको क्या दरकार ।
हूँगा तुमरा पुत्र मैं, “नंदी” का अवतार ।।

१३. वराह महापुराण

(वराह)

श्लोक

नमस्तस्मै वराहाय लीलयोद्धरते महीम ।
खुरमध्यगतो यस्य मेरुः खणखणायते ।।

दोहा॰ श्लोक चौबीस सहस का, पुण्य वराह पुराण ।
दिया ब्रह्म देव ने, पुलस्त्य ऋषि को ज्ञान ।।

पुलस्त्य ऋषि से ज्ञान वो, पाए परशुराम ।
परशुराम से उग्र ने, उग्र से विवस्वान ।।

विवस्वाान से व्यास ने, पाया वराह ज्ञान ।
व्यास से लोमहर्षण ऋषि, फिर सब ऋषि विद्वान ।।

(हिरण्याक्ष)

दोहा॰ मन्वंतर जब सातवाँ, हुआ नया आरंभ ।
वर्तमान इस कल्प का, नया सत्र प्रारंभ ।।

इंद्र "पुरंदर" नाम का, "हिरण्याक्ष" था दैत्य ।
मनु रवि "वैवस्वत" हुआ, सप्त देवगण सत्य ।।

हिरण्याक्ष दितिपुत्र था, हिरण्यकश्यपु भ्रात ।
ब्रह्मा के वरदान से, बना ध्वंस साक्षात् ।।

किसी शस्त्र से ना मरे, न ही युद्ध में हार ।
पुरुष न कोई हन सके, ना ही कोई नार ।।

असुरों का राजा बना, महावीर बलवान ।
अधिपति वह पाताल का, मचा दिया तूफान ।।

हिरण्याक्ष ने नीर में, डुबो दिया पाताल ।
धरती पर भी छा गया, घोर विपद का काल ।।

हमला कर के स्वर्ग पर, इंद्रपुरी में आग ।

इंद्र देव घर छोड़ कर, वैकुण्ठ गया भाग ।।

स्वर्ग–धरा–पाताल तक, हुआ उसी का राज ।
जय जय उसके नाम का, बजता निश दिन साज ।।

(विष्णु)

दोहा॰

सुन कर कहना इंद्र का, देवगण की गुहार ।
लिया विष्णु भगवान ने, वराह का अवतार ।।

हिरण्याक्ष से विष्णु का, हुआ युद्ध घमसान ।
असुर गया पाताल में, रण करने आसान ।।

वराह पीछे आगया, करने अंतिम वार ।
डाला अपने दाँत से, हिरण्याक्ष को मार ।।

हिरण्याक्ष को मार कर, करने जग उद्धार ।
उठाय पृथ्वी दाँत पर, बचा लिया संसार ।।

११०. यज्ञवराह

(यज्ञरूप)

दोहा॰

वराह ने जब कर दिया, पृथ्वी का उद्धार ।
यज्ञरूप जाना गया, वराह का अवतार ।।

यज्ञ स्वरूप वराह है, वराह ही है यज्ञ ।
वराह के सब अंग में, यज्ञ देखते तज्ञ ।।

सुभग स्वरूप वराह का, "मखकीर्ति" है प्रसिद्ध ।
यज्ञ याग जिस रूप से, होते हैं मख सिद्ध ।।

"प्रग्वंशकाय" है कहा, पूज्य वराह शरीर ।
वेदी रूप वराह की, कमान जैसी रीढ़ ।।

"नानादीक्षाभिरन्वित," दिया गया है नाम ।
भूषण विविध वराह के, यज्ञ स्तोत्र ललाम ।।

वराह के सिर के लिए, "ब्रह्मशीर्ष" है नाम ।

ब्रह्मा के शिर की तरह, उपमा मिली ललाम ।।

काले केश वराह के, दर्भ-घास स्वरूप ।
"दर्भलोम" जाना जिन्हें, यज्ञासन का रूप ।।

"प्रग्यवर्तभूषण" है कहे, वराह कुन्तल केश ।
घृत की आहुति यज्ञ में, करती अग्नि प्रवेश ।।

"अहोरात्रीक्षणाधार," जाने वराह नैन ।
सूर्य-चंद्र दिन-रात्रि में, देते जग को चैन ।।

वेद और वेदांग हैं, वराह के दो कान ।
वराह को संज्ञा मिली, "वेदांगश्रुतिभूषण" ।।

वराह का मुख है कहा, "चितिमुख" विशेष नाम ।
यज्ञकुण्ड जाना जिसे, अग्नि ज्वलन के काम ।।

"सृवतुंद" है कही गयी, वराह की लघु सुंड ।
आगे निकला सा हुआ, वराह का है तुंड ।।

जिह्वा लाल वराह की, ज्वाला ज्योत समान ।
"अग्निजिह्व" वराह का, जाना वैदिक नाम ।।

"उपकर्मोष्ठरुचक्र" है कहे, वराह के अधरोष्ठ ।
वेदऋचाओं से भरा, यज्ञवेदी प्रकोष्ठ ।।

"यूपदंष्ट्र" जाना गया, वराह दशन स्वरूप ।
दृढ़ जो रहता है खड़ा, यथा यज्ञ का यूप ।।

याग यज्ञ के हैं कहे, वराह के हैं दंत ।
वैदिक संज्ञा है जिन्हें, शास्त्रों में "क्रतुदंत" ।।

"समघोषस्वन" कही गयी, वराह की आवाज ।
जैसी मंगल मंत्र की, साम वेद की गूँज ।।

"नानाछंदोगतिपाठ," यज्ञ मंत्त के छंद ।
जाने शब्द वराह के, पावन परमानंद ।।

"अज्यनासिका" नाम से, जानी वराह-नाक ।
हरदम तेज तरार है, शिव की यथा पिनाक ।।

सामवेद के सूक्त हैं, वराहरूपी मंत्र ।
आंत-यकृत वराह के, कहे हैं "उद्गतंत्र" ।।

चारों पाँव वराह के, जाने चारों वेद ।
"वेदपाद" के नाम से, करके तन विच्छेद ।।

"वेदीस्कन्ध" कहे गए, चौड़े वराह स्कन्ध ।
वेदी से यज्ञाग्नि की, समिद्ध सधि सुगंध ।।

घुटने वराह देव के, अतीव हैं बलवान ।
नाम जिन्हें "पशुजानु" है, पैरों की हैं शान ।।

"प्रायश्चित्तनखघोर," वराह के नाखून ।
करने रक्षा यज्ञ की, रहे न कुछ भी न्यून ।।

विद्युत वेग वराह का, "हव्यकव्यत्त्वेगवान" ।
यथा ब्रह्मास्त्र इंद्र का, महा शीघ्र गतिमान ।।

"हविर्गंध" जाना गया, वराह का तन-गंध ।
वराह से है यज्ञ की, हवि का दृढ़ संबंध ।।

हिरदय सदय वराह का, "हृदयदक्षिणा" नाम ।
जैसी मख की दक्षिणा, होती है कृतकाम ।।

मंगल रुधिर वराह का, "सोमशोणित" कहाय ।
सोम रस यज्ञवल्लरी, इंद्र पेय कहलाय ।।

वराह प्रभु की अस्थियाँ, कही "यज्ञास्थविकृति" ।
वेद मंत्र की पुण्यता, वराह की है प्रकृति ।।

घृत की आहुति होम की, कही है "होमलिंग" ।
देती उर्जा यज्ञ को, सदृश वराह-लिंग ।।

सतेज बीज वराह का, होता सदा सफल ।

जाना वैदिक तंत्र में, "बीजौषधिमहाफल ।।

"छायापत्नीसहाय" है, जाना वराह तेज ।
जैसी पत्नी सूर्य की, छाया मंगल सेज ।।

वराह का जाना गया, "सत्यधर्ममय" नाम ।
निर्णय में सत्-असत् के, जैसे क्षत्रिय राम ।।

"कर्मविक्रमसत्कृत" है, वराह का शुचि नाम ।
कर्तव्य पुण्य शूरता, वराह के हैं काम ।।

"गुह्योपनिषदासन" कहे, वराह के शुभ कर्म ।
उपनिषदों की सूक्तियाँ, कहती वैदिक धर्म ।।

"महासत्रमाया" महा, वराह दयानिधान ।
वही पुण्य है यज्ञ का, जैसा वेद विधान ।।

"वायवंतरात्मा" कहा, वराह आत्मा-रूप ।
सदा प्रतिष्ठित यज्ञ में, बन कर वह सुरभूप ।।

१४. वामन महापुराण

(राजा बलि)

दोहा॰   हिरण्याक्ष दिति-पुत्र था, हिरण्यकश्यपु का भ्रात ।
मारा वराह ने उसे, चुभाय तीखा दाँत ।।

हिरण्यकश्यपु असुर का, पुत्र भगत प्रल्हाद ।
विरोचन सुत प्रल्हाद का, दे सबको आल्हाद ।।

पुत्र विरोचन का "बलि," दैत्यों का था भूप ।
उसने जग को जीत कर, बना त्रिभुवन लोलुप ।।

राजा "वन" बलि-पुत्र था, योद्धा पिता समान ।
कीन्हा हमला स्वर्ग पर, बलि नृप ने घमसान ।।

किया इंद्र ने शत्रु का, यथा योग्य प्रतिकार ।
मगर युद्ध में इंद्र ने, मानी अपनी हार ।।

स्वर्ग विजय से मिल गया, सार्वभौम अधिकार ।
असुरों पर होने लगे, भीषण अत्याचार ।।

बलि राजा धार्मिक था, परम विष्णु का भक्त ।
करे विष्णु की प्रार्थना, अर्चना दिवानक्त ।।

मिला विष्णु का वर उसे, कोई सकै न मार ।
देवों की हालत बुरी, कहाँ उन्हें आधार ।।

(अदिति)

दोहा॰   निष्कासित वह स्वर्ग से, भीषण इंद्र उदास ।
सुमेरु गिरि पर आगया, अदिति मातु के पास ।।

बोला, बलि ने स्वर्ग से, हमको दिया निकाल ।
बेघर सुर हैं हो चुके, बहुत बुरे हैं हाल ।।

सुन कर कहना इंद्र का, बोले कश्यप तात ।
विष्णु आपकी मदद हैं, करो उन्हीं से बात ।।

(विष्णु भगवान)

दोहा॰ सुन कर कहना अदिति का, देवों की फरियाद ।
हिरण्याक्ष की दुष्टता, आई उनको याद ।।

वचन दिया श्री विष्णु ने, लूँगा मैं अवतार ।
पुत्र बनूँगा अदिति का, ठिगना सा आकार ।।

(वामन)

दोहा॰ बौना कश्यप-अदिति का, सुपुत्र वामन रूप ।
देख अदिति के पुत्र को, अवाक् था सुरभूप ।।

(महायज्ञ)

दोहा॰ बलि राजा ने एक दिन, किया यज्ञ संकल्प ।
आए ऋषि मुनि नृप सभी, जिनको न था विकल्प ।।

वामन ने जब कह दिया, मैं भी लूँगा भाग ।
जाऊँगा मैं अतिथि बन, विष्णु रूप को त्याग ।।

बलि को अब दिखने लगे, बहुत बुरे आसार ।
समझ न पाया क्या हुआ, क्या संकेत प्रकार ।।

गुरुवर शुक्राचर्य से, पूछी उसने बात ।
बोला शुक्राचार्य ने, विष्णु करेंगे घात ।।

विष्णु देव ने है लिया, वामन का अवतार ।
आएँगे वे यज्ञ में, ठिगना स्वरूप धार ।।

माँगेंगे वे आपसे, जो कुछ भी उपहार ।
देना उनको दान तुम, करके सोच-विचार ।।

(बलि राजा)

दोहा॰ राजा बोला शुक्र को, मेरा है सौभाग ।
दूँगा जो माँगे मुझे, बिना किसी अनुराग ।।

आदर करके विष्णु का, किया बहुत सत्कार ।
और कहा क्या दक्षिणा, होगी प्रभु स्वीकार ।।

(वामन)

दोहा॰ माँगी वामन ने उसे, भूमि तीन कदम ।
बिन सोचे बलि भूप ने, बोला "हाँ," एकदम ।।

बलि से पाते ही वचन, वामन का आकार ।
लगातार बढ़ता गया, व्याप्त सकल संसार ।।

एक कदम ने ढक लिया, सकल विश्व विस्तार ।
कदम दूसरे ने ढका, स्वर्गलोक आगार ।।

वामन बोला, अब कहाँ, "रखूँ पाँव बलिराज?" ।
शीश झुका कर कह दिया, "रखो शीर्ष पर आज" ।।

कदम तीसरा शीश पर, रख कर महा प्रचंड ।
वामन ने पाताल में, बलि को दिया घुसेड़ ।।

१११. राजा वेन

दोहा॰ हुआ ध्रुव के वंश में, "अंग" नाम का भूप ।
सुनीता उसकी दार थी, सुंदर नार अनूप ।।

पुत्र सुनीता-अंग का, "वेन" जिसे था नाम ।
नाना उसके "मृत्यु" थे, कुकर्म जिनका काम ।।

नाना के दुष्कृत्य का, पड़ी वेन पर छाप ।
वेन नित्य करने लगा, विविध तरह के पाप ।।

धर्म-कर्म सब छोड़ कर, किया यज्ञ का त्याग ।
वेन जब राजा बना, गए सत्पुरुष भाग ।।

मेरी पूजा सब करें, पृथ्वी का हर देश ।
और न कोई पूज्य है, उसका था आदेश ।।

सब मिल कर ऋषि वृंद ने, डाला उसको मार ।
पृथ्वी पर से मिट गया, निर्घृण अत्याचार ।।

वेन ने "पृथु" को किया, नियुक्त नूतन भूप ।

देव-देवता आगए, अभिषेक में अनूप ।।

मंत्री मंडल बन गया, यथा योग्य अधिकार ।
पृथ्वी पर यह प्रथम थी, ब्रह्मा की सरकार ।।

मुक्तक॰ ब्रह्मा ने पृथु को किया, पृथ्वी का भूपाल ।
सोम चंद्र अधिप था, वनस्पति प्रतिपाल ।
अश्वत्थ तरुवर था बना, वृक्षों का तृणपाल ।
हिमालय गिरिवर बना, पर्वत का महीपाल ।
भूप सुधन्वा था बना, पूर्व दिशा दिग्पाल ।
केतुमान नृप था बना, पश्चिम का दिग्पाल ।
शंखपाद नृप था बना, दक्षिण का दिग्पाल ।
हिरण्यरोम नृप था बना, उत्तर का दिग्पाल ।
कुबेर यक्ष बन गय, लक्ष्मी का धनपाल ।
विष्णु श्री भगवान थे, आदित्यों के परिपाल ।
शिव जी रुद्र थे बने, भूतों के रखवाल ।
अत्रि ऋषि थे बन गए, वसुओं के प्रतिपाल ।
इंद्र देव थे बन गए, मरुतों के प्रतिपाल ।
यमराज थे बने, पितृगण के पाल ।
चित्ररथ विद्याधर बने, गंधर्वों के पाल ।
वसुक फणिधर बने, नागों के प्रतिपाल ।
तक्षक अहीश्वर बने, साँपों के प्रतिपाल ।
गरुड़ पक्षीराज थे, खगगण के प्रतिपाल ।
ऐरावत गजराज थे, हाथी जगत्पल ।
उच्चैश्रवा हयराज थे, अश्वों के जगपाल ।।

११२. अंधक

दोहा॰ हिरण्याक्ष जब मर गया, सुत उसका बलवान ।
"अंधक" राजा बन गया, पाताल का महान ।।

उसने शिव भगवान की, किए तपस्या घोर ।
प्राप्त किया वरदान था, हिरण्याक्ष की तौर ।।

मार सके वा सुर असुर, न ही अग्नि ना नीर ।
उसको न ही हरा सके, कोई मानव वीर ।।

(युद्ध)

दोहा॰ स्वर्ग जीतने असुर ने, दी पहली हुंकार ।
मेरु शैल से इंद्र ने, किया युद्ध स्वीकार ।।

मरुत रुद्र सब विश्वदेव, अश्विन वसु आदित्य ।
लेकर सेना साथ में, चले मारने दैत्य ।।

ऐरावत पर इंद्र था, भैंसे पर यम देव ।
वरुण मकर आरूढ था, साँपों पर गंधर्व ।।

अग्नि देव था मेघ पर, वृष पर रुद्र सवार ।
घोड़ों पर आदित्य थे, सैनिक लिए हजार ।।

रथ पर बैठा चंद्र था, वसु थे ऊँट सवार ।
अश्विन हाथी पर चले, किए युद्ध ललकार ।।

असुरनाथ्अ अंधक चला, रथ को काले अश्व ।
सुर–असुर के युद्ध को, देख रहा था विश्व ।।

अश्व अश्व से भिड़ गए, गज थे गज के साथ ।
पैदल से पैदल लड़े, करने दो–दो हाथ ।।

वज्रायुध था इंद्र का, अंधक के थे बाण ।
भागने ल्अगे युद्ध से, देव बचाने प्राण ।।

खड़ी हुई फिर पार्वती, करने सुर का त्राण ।
शतरूपा के रूप में, करके धृति निर्माण ।।

देव युद्ध करने लगे, देने वीर्य प्रमाण ।
शिव ने अंधक को किया, त्रिशूल से निष्प्राण ।।

१५. वायु महापुराण

(वायु पुराण)

वायुदेव ने जो दिया, उशना कवि को ज्ञान ।
बृहस्पति को वह मिला, मंगल वायु पुराण ।।

बृहस्पति ने वह दिया, सविता को संज्ञान ।
सविता ने फिर मृत्यु को, बोला वह विज्ञान ।।

मृत्यु देव ने इंद्र को, बोला महापुराण ।
वसिष्ठ मुनि को इंद्र ने, दिया गहन प्रज्ञान ।।

वसिष्ठ मुनि ने वह दिया, सारस्वत को ज्ञान ।
सारस्वत से त्रिधाम ने, सुनी पुराण बखान ।।

त्रिधाम से शरद्वान ने, पाया ज्ञान विशिष्ट ।
शरद्वान से ज्ञान वो, पाया पूर्ण त्रिविष्ट ।।

त्रिविष्ट ने आगे दिया, अंतरिक्ष को ज्ञान ।
अंतरिक्ष ने वह किया, त्रयरुण्य को प्रदान ।।

पाया फिर त्रयरुण्य से, सिद्ध धनंजय धान ।
दिया धनंजय ने उसे, कृतंजय को सुजान ।।

दिया कृतंजय ने वही, तृणंजय को पुराण ।
तृणंजय भरद्वाज को, बोले महापुराण ।।

भरद्वाज मुनि ने दिया, गौतम ऋषि को ज्ञान ।
गौतम ऋषि से फिर मिला, निर्यंतर को ज्ञान ।।

निर्यंतर ने वह दिया, वजश्रवा को ज्ञान ।
वजश्रवा ने वह दिया, सोमशुष्म को ज्ञान ।।

सोमशुष्म से तृणबिंदु, पाए वायु पुराण ।
तृणबिंदु ने दक्ष को, बोला वायु पुराण ।

सुना दक्ष से ज्ञान वो, सकल शक्तृ ने ज्ञान ।

397

जातुकर्ण ने शक्तृ से, पावन सुना विधान ।।

जातुकर्ण ने व्यास को, बोला वायु पुराण ।
पाए मुनिवर व्यास से, लोमहर्षण महान ।।

(यादवी रानी)

दोहा॰ सूर्य वंश में होगया, नृप "इक्ष्वाकु" महान ।
इक्षवाकु का पुत्र था, भूप "विकुक्षि" सुजान ।।

विकुक्षि पुत्र "शशाद" था, उसका सुत "पुरंजय" ।
उसका पुत्र "ककुत्स्थ" था, पाता सदा विजय ।।

"अनेना" सुत ककुत्स्थ का, उसका सुत "पृथुलाश्व" ।
पुत्र "प्रसेनजित" उसका, जिसका सुत "युवनाश्व" ।।

पुत्र "मांधाता" उसका, उसका सुत "पुरुकुत्स" ।
उसका सुत "त्रसदस्यु" था, वीर यथा काकुत्स्थ ।।

पुत्र "अनारण्य" उसका, जिसका सुत "अर्यश्व" ।
"वसुमनस" था सुत उसका, जाने सारा विश्व ।।

उसका सुत "सुधन्वा" था, उसका "त्रैयारुण्य" ।
सत्यव्रत" था सुत उसका, सत्य व्रती नैपुण्य ।।

सत्यव्रत नृप महान था, "त्रिशंकु" भी था नाम ।
सत्य वचनी सुत उसका, "हरिश्चंद्र" सुखधाम ।।

रोहित उसका पुत्र था, अर्थात् "रोहिताश्व" ।
आज्ञाकारी पुत्र ये, सुत जिसका "हरिताश्व" ।।

"चंचु" हरित का पुत्र था, "सुदेव" उसका पुत्र ।
सुदेव का सुत "भरुक" था, "बाहुक" उसका पुत्र ।।

बाहुक पत्नी "यादवी," करे राज्य के काम ।
बाहुक का सुत "सगर" था, ख्यात सगरमहाराज ।।

(सगर)

दोहा॰ माता ने शिशु सगर को, पढ़ा दिए सब शास्त्र ।

सदाचार के साथ में, राजनीति शस्त्रास्त्र ।।

सगर के गुरु वसिष्ठ थे, जिन्हों ने दिए अस्त्र ।
ऐंद्र-वरुण-आग्नेय भी, और दिया ब्रह्मास्त्र ।।

दो भार्या थीं सगर की, दोनों स्वभाव भिन्न ।
विदर्भ कन्या "केशिनी," रहती सदा प्रसन्न ।।

पुत्र चाहती केशिनी, केवल एक कुमार ।
सुनीती मगर चाहती, सुत हों साठ हजार ।।

केशिनी सुत एक का, "असमंजस" था नाम ।
यथा नाम था पुत्र का, तथा हि उसके काम ।।

पुत्र सभी नृप सगर के, करते ओछे काम ।
जिनके कारण राज्य में, सभी पुत्र बदनाम ।।

(महायज्ञ)

दोहा॰ रचा सगर ने एक दिन, अश्वमेध का यज्ञ ।
मुख्य पुरोहित वसिष्ठ थे, यज्ञ शास्त्र के तज्ञ ।।

अश्वमेध में अश्व ही, होता है अनिवार्य ।
अश्व चुराया इंद्र ने, महा हीन जो कर्म ।।

घोड़े को पाताल में, छुपा दिया चुपचाप ।
मगर सगर की नजर से, छुपा सका ना पाप ।।

सगर पुत्र तैनात थे, घोड़े के रखवाल ।
जान लिया था सगर ने, इंद्र देव का जाल ।।

पितु आज्ञा पर सुत सभी, लगे खोजने अश्व ।
सब मिल कर फिर पुत्र वे, लगे खोदने विश्व ।।

पहुँचे जब पाताल वे, कपिल मुनि के धाम ।
उन्हें मिल गया अश्व वो, सफल होगया काम ।।

११३. राजा भगीरथ

(भगीरथ-यमराज संवाद)

दोहा॰ पौत्र सगर महाराज का, अंशुमान था नाम ।
अंशुमान का पुत्र था, भूप दिलीप महान ।।

पुत्र महान दिलीप का, भूप भगीरथ नाम ।
गंगा बहती भूमि पर, जिसका यह शुभ काम ।।

भूप भगीरथ दिव्य थे, सदाचार के स्रोत ।
तीनों जग में ख्यात थे, आत्मज्ञान की ज्योत ।।

कीर्ति भगीरथ की सभी, त्रिलोक में विख्यात ।
मिलने आए यम उन्हें, रहस्य करने ज्ञात ।।

स्वागत पा कर भूप से, यमराज थे प्रसन्न ।
राजा ने यमदेव से, पूछे धार्मिक प्रश्न ।।

(प्रश्नोत्तर)

दोहा॰ क्या देता है पुण्य या, क्या देता है पाप ।
क्या देता आनंद या, क्या देता है ताप? ।।

दानधर्म का कर्म है, देता पुण्य महान ।
मंदिर बनवाना कहा, पुण्य कर्म प्रधान ।।

कूँएँ-तड़ाग खोदना, बोना पौधे-पेड़ ।
प्यास बुझाना पथिक की, रखता पाप उधेड़ ।।

खाना भूखे को दिए, प्यासे को दे नीर ।
करना स्वागत अतिथि का, चमकाता तकदीर ।।

रक्षा करना धर्म की, कहा श्रेष्ठ है पुण्य ।
आदर करना वृद्ध का, तीरथ यात्रा पुण्य ।।

शास्त्र पठन भी पुण्य है, ईश्वर पूजन पुण्य ।
सत्य कथन भी पुण्य है, नित्य मनन है पुण्य ।।

शांति-अहिंसा पुण्य है, दया-क्षमा है पुण्य ।

400

पुण्य कर्म सद्भाव है, सदाचार है पुण्य ।।

निर्मल हिरदय पुण्य है, पुण्य कर्म सुविचार ।
मीठी वाणी पुण्य है, त्याग बुद्धि अघ हार ।।

प्रायश्चित्त भी पुण्य है, पुण्य कर्म अस्तेय ।
दिए वचन को पालना, पुण्य कर्म अविजेय ।।

दीन-दुखी का आसरा, शरण पड़े की लाज ।
अबला का कल्याण हैं, पुण्य कर्म के काज ।।

(गंगावतरण)

दोहा॰ भूप भगीरथ चाहते, सगर वंश उद्धार ।
सगर-पुत्र सब मुक्त हों, मिले स्वर्ग का द्वार ।।

किए तपस्या भूप ने, शिव को किया प्रसन्न ।
शिव ने वर में कहा, होजाओ संपन्न ।।

राजा बोले, धन नहीं, मुझे चाहिये आज ।
मुक्ति सगर के वंश की, कर दो शिव नटराज! ।।

गंगाधारी हे प्रभो! कृपा कीजिये आप ।
गंगा धरती पर बहे, धोने सबके पाप ।।

१६. विष्णु महापुराण

११४. समुद्र मंथन

(सागर मंथन)

दोहा॰ श्लोक सहस तेईस का, पावन विष्णु पुराण ।
प्रश्न पराशर से सुना, मैत्रेय ने सुजान ।।

सुर-असुर के युद्ध थे, आम तौर की बात ।
असुर सुरों पर आक्रमण, करते थे दिन-रात ।।

असुरों को गुरु थे मिले, ऋषिवर शुक्राचार्य ।
मृतसंजीवन शास्त्र का, करते थे वे कार्य ।।

यही समस्या इंद्र की, खाती थी दिन-रात ।
मिले विष्णु से पूछने, समाधान की बात ।।

कहा विष्णु ने इंद्र को, अब है एक उपाय ।
समुद्र का मंथन किए, अमृत पाया जाय ।।

अमृत पी कर देव सब, पाएँगे अमरत्व ।
असुरों का संजीवनी, चलेगा न फिर तत्त्व ।।

असुरों का नृप है बलि, उसे मनाओ, तात! ।
समुद्र मंथन के लिए, तभी बनेगी बात ।।

(इंद्र)

दोहा॰ मधुर शब्द में इंद्र ने, पेश किया प्रस्ताव ।
बलि ने वह स्वीकार कर, प्रकट किया सद्भाव ।।

तयारियाँ सब होगई, "रई" बना मंदार ।
वासुकि अहि डोरी बना, कूर्म बना आधार ।।

(चौदह रत्न)

दोहा॰ सागर मंथन हो रहा, करके घोर प्रयत्न ।
मंथित समुद्र नीर से, निकले चौदह रत्न ।।

"कालकूट" विष प्रथम था, रत्न हुआ निर्माण ।
असुरों ने वह ना लिया, जिनको प्यारे प्राण ।।

जहर हलाहल पी गए, शिवजी भोलेनाथ ।
नीलकण्ठ वे होगए, विष बाधा के साथ ।।

निकला माणिक दूसरा, "कामधेनु" थी गाय ।
मिली धेनु जमदग्नि को, कोई चुरा न पाय ।।

श्वेत अश्व "उच्चैश्रवा," निकला रत्न तृतीय ।
राजा बलि ने रख लिया, उनको था वह प्रिय ।।

निकला चौथा रत्न था, "ऐरावत" गजराज ।
इंद्र देव ने रख लिया, बहुत उन्हें था नाज ।।

"कौस्तग्भ" मणि था पाँचवाँ, निकला रत्न महान ।
बना विभूषित विष्णु का, निष्क शोभायमान ।।

"कल्पवृक्ष" निकला छठा, पेड़ अपूर्व महान ।
दिया इंद्र ने वृक्ष को, सुरकानन में स्थान ।।

"रंभा" नामक अप्सरा, सप्तम रत्न ललाम ।
देव पक्ष उसने चुना, स्वर्ग भूमि अभिराम ।।

"लक्ष्मी" देवी आठवाँ, सुंदर रत्न-स्वरूप ।
श्रीधर की पत्नी बनी, प्रसन्न थे सुरभूप ।।

नवम रत्न था "वारुणी," असुर खोगए भान ।
असुरों ने ले ली सुरा, करने मदिरा पान ।।

दशम रत्न था "चंद्रमा," शीतल शशि सुखधाम ।
शिव ललाट पर वह सजा, भालचंद्र अभिधान ।।

"पारिजात" का पेड़ था, अद्‌भुत वृक्ष वरेण्य ।
देवों ने वह स्वर्ग में, लगा दिया लावण्य ।।

"पांचजन्य" शुभ शंख था, बारहवाँ उपहार ।

हृषीकेश को वह मिला, मंगल ध्वन का सार ।।

तेरहवाँ "धन्वंतरी," महा रत्न आलोक ।
"अमृत" घट था साथ में, अमर हुआ सुरलोक ।।

११५. श्रीलक्ष्मी

हंसवाहिनी को नमो, जो उजलाती भाग ।
व्यंकटरमणी को नमो, जावें पातक भाग ।।

गीत

भजन : राग बागेश्री,[8] कहरवा ताल 8 मात्रा

श्रीलक्ष्मी

स्थायी

श्रीलक्ष्मीं शंखगदाचक्रपंकजकलशधनधारिणीम् ।
वन्दे-अहं पद्मिनीं, भवभयहारिणीं, नारायणीम् ।।

अंतरा-1

मंगलां, धनदायिनीं, सुखकारिणीं, विष्णुपत्नीम् ।
सुरपूजितां, त्रिभुवनधारिणीं, श्रियं, भवजलतारिणीम् ।।
नारायणीम् ।

अंतरा-2

चंचलां, गरूडारूढाम्, अघहारिणीं, परमेश्वरीम् ।
सुविभूषितां नानाविधशोभितां, देवीम्, अघभयसारिणीम् ।।
नारायणीम् ।

अंतरा-3

सुन्दरीं, वरदायिनीं, दुःखहारिणीं, बुद्धिं सिद्धिम् ।

---

[8] **राग बागेश्री** : यह काफी ठाठ का राग है । इसका आरोह है : ऩि सा ग म, ध नि सां । अवरोह है : सां नि ध, म प ध ग, म ग रे सा ।

लक्षण गीत दोहा॰ **कोमल स्वर ग नि हैं जहाँ, म सा वादि संवाद ।**
रे प वर्ज्य आरोह में, बागेश्री आह्लाद ।।

सुरमातरं, विमलां, भगवतीं, शक्तिं, कलिमलदाहिनीम् ।।
नारायणीम् ।

गीत

राग यमन कल्याण, कहरवा ताल 8 मात्रा

भाग्य लक्ष्मी

स्थायी

भाग्य लक्ष्मी चंचल देवी, सिद्धि दायिनी ताप हारिणी ।
सुंदर मंगल आरती तेरी ।।

अंतरा–1

पावन मूरत सूरत प्यारी, धन की देवी मन को सुखारी ।

अंतरा–2

कंगन कुंडल कुंदन कंठी, पैंजन अंगद बिंदी मुंदरी ।

अंतरा–3

बाजत ढोलक घुँघरू घंटी, गात हैं संत महंत पुजारी ।

अंतरा–4

नारद शारद पुष्प की वृष्टि, कुबेर किन्नर शंकर गौरी ।

११६. श्रीलक्ष्मी देवी सहस्त्रनामावलि

गीत

भजन : राग मालकंस, कहरवा ताल 8 मात्रा

लक्ष्मी देवी

स्थायी

तेरी आरती करूँ लछमी देवी ।
वर दान तेरा हमें भाता है ।।

अंतरा–1

दरशन तेरा शुभ मंगल है ।
तू, धन दाती जग माता है ।।

अंतरा–2

बालक हम हैं देवी तेरे ।
देवी, जनम-जनम का नाता है ।।
अंतरा-3
शेष शायी आसन तेरा है ।
जो, शीश हमारा नवाता है ।।
अंतरा-4
मन से करता पूजा तेरी ।
देवी, सब कुछ वो नर पाता है ।।
अंतरा-5
सुमिरन तेरा सुख देता है ।
मन, बार-बार हमें आता है ।।
अंतरा-6
धन की राशी कर में तिहारे ।
देवी, प्यार तेरा हमें भाता है ।।
अंतरा-7
तेरी किरपा का जो प्यासा ।
देवी, तेरे दुआरे आता है ।।

(लक्ष्मी के सहस्त्र नाम)

मुक्तक० अंबुजासना, अक्षमालांदधाना, अक्षयकामना, अक्षरा, अक्षोभ्यविक्रमा ।
अखण्डिता, अखिलप्राणा, अखिला, अगण्यपुण्यगुणक्रिया, अघोरा ।।

अङ्कुशंबिभ्रती, अचिन्त्यलक्षणाकारा, अणिमादिगुणोपेता, अतिभा, अतीतदुर्गा ।
अत्युच्छ्रितपदान्तस्था, अदिति, अधिकस्वरा, अनन्तनित्यमहिषी, अनन्तनित्या ।।

अनन्ता, अनुमती, अनैकरूपा, अन्तर्बला, अपरा ।
अपराजिता, अपर्णा, अप्रमिति, अब्जवाहना ।।

अब्धिदा, अमला, अमावास्या, अमेया, अम्बा ।
अम्बिका, अयुद्धा, अरुणा, अरूपा, अर्णवोद्भवा ।।

अर्थदायिनी, अर्था, अर्धचन्द्रोल्लसद्दंष्ट्रा, अर्धनारीश्वरी, अर्धमात्रा ।

अवर्णा, अवश्या, अवस्थात्रयनिर्मुक्ता, अविद्या, अविद्यावासना ।।

अव्याहतमहाभाग्या, अशनि, अशोका, अष्टपुत्रा, अष्टप्रकृति ।
अष्टभैरवी, अष्टयोगिनी, अष्टा, अष्टाङ्गयोगिनी, अष्टादशचतुष्षष्टिपीठिका ।।

अष्टादशभुजा, अष्टाष्टविभ्राजद्विकृताकृति, अष्टि, अष्टैश्वर्या, असङ्ख्येयपरार्धान्तस्वरव्यञ्जनवैखरी ।
आकारादिक्षकारांता, आकृतिस्था, आग्नेयी, आथर्वणीश्रुति, आदि ।।

आदित्यवर्णा, आदिलक्ष्मी, आद्यलक्ष्मी, आद्या, आद्यादि ।
आधिष्टात्री, आन्दोलिकादिसौभाग्या, आपगा, आप्या, आभरणाकारा ।।

आयुरारोग्यसम्पत्ति, आर्यावर्तजनस्तुता, आसीना, इंदिरा, इडापिङ्गलिकामध्यमृणालीतन्तुरूपिणी ।
इडापिङ्गलिकामध्यसुषुम्ना, इन्दिरा, इन्दिराभाक्षी, इन्दुरूपा, इन्द्रजालस्वरूपिणी ।।

इन्द्राक्षी, इष्टि, ईशानी, ईशावास्या, ईश्वरी ।
ईषणात्रयनिर्मुक्ता, उच्छ्रिता, उत्तमानामुत्तमा, उपसर्गनखाञ्चिता, उमा ।।

(एक सौ)

उर्वी, ऋग्यजुस्सामरूपिणी, ऋद्धि, एकमात्रा, एकमूर्ति ।
एकरूपा, एकवीरा, एकाक्षरपरा, एकाक्षरपरा, कनत्सौवर्णरत्नाढ्या ।।

कपालिनी, कपिला, कमला, कमलालया, कमलासना ।
कमलोद्भवा, करवीरनिवासिनी, करालवक्त्रान्ता, कराली, करुणाकरा ।।

करुणात्मिका, कर्कशाकारा, कर्त्री, कर्मनिर्मूलकारिणी, कर्षणी ।
कला, कलाषोडशसंयुता, कलिदोषप्रशमनी, कल्पनावर्जिता, कल्माषी ।।

कल्याणी, कात्यायनी, कान्ता, कान्ति, कामदा ।
कामरूपिणी, कामवर्जिता, कामाक्षी, कामिनि, काम्यवरप्रदा ।।

कारुण्याकारसम्पत्ति, कालचक्रस्वरूपिणी, कालचक्राश्रयोपेता, कालरात्रि, कालरूपिणी ।
कालिका, कालिकेयमहोदारवीर्य-विक्रमरूपिणी, कालिम्ना, काली, काशिका ।।

काश्मीरपुरवासिनी, काश्यपी, काष्ठा, किन्नरेश्वरी, कीरंदधाना ।
कीलकृत्, कीलिका, कुबेराक्षी, कुब्जिका, कुमारकुशलोदया ।।

कुलिका, कुहू, कृति, कृत्तिकादिभरण्यन्त-नक्षत्रेष्ट्यार्चितोदया, कृपाणिकांवहन्ती ।
कृष्णा, केतकी, कैवल्यज्ञानलक्षिता, कैवल्यपदवी, कैवल्यपदवीरेखा ।।

कोकिलाकुलचक्रेशा, कोटिब्रह्मादिसंसेव्या, कोटिरुद्रादिकीर्तिता, कोटिसूर्यसमप्रभा, कोलाहलपुरस्थिता ।
कौशिकी, क्रियालक्ष्मी, क्रियाशक्ति, क्लीङ्कारार्थसवित्री, क्षमा ।।

क्षरा, क्षीरजा, क्षीरसागरकन्यका, क्षुद्रजन्तुभयघ्नी, क्षेमकारिणी ।
क्षोभिणी, खड्गचर्मधरा, खिला, खेचरीरूपगा, ख्यातिजा ।।

गङ्गा, गणकारिका, गति, गद्यपद्यात्मिका, गम्भीरा ।
गरुडोपरिसंस्थिता, गलार्गलविभञ्जनी, गहना, गायत्री, गुणत्रयविवर्जिता ।।

(दो सौ)

गुणा, गुणाधारा, गुणिनी, गुह्यविद्या, गुह्या ।
गृहच्छिद्रनिवारिणी, गृहलक्ष्मी, गृहस्वामिनी, गोमती, गौतमी ।।

गौरी, ग्रन्थिभेदिनी, ग्रहनक्षत्ररूपिणी, ग्रहविद्यात्मिका, ग्रहोपद्रवनाशिनी ।
घटिकावलि, घृणा, चंचला, चक्रंवहन्ती, चक्रधारिणी ।।

चक्रमध्यस्था, चक्रमार्गप्रवर्तिनी, चक्ररूपिणी, चक्रिका, चक्षुष्मती ।
चञ्चत्कौस्तुभा, चण्डरुपेशा, चण्डिका, चन्द्ररूपिणी, चन्द्रहृदया ।।

चन्द्रा, चन्द्रिका, चपला, चान्द्री, चामुण्डा ।
चित्रघण्टा, चिदचिच्छक्ति, चिदानन्दा, चिन्तामणी, चिन्मुद्रांबिभ्रती ।।

चिन्मुद्रालङ्कृतकरा, छन्दोगणप्रतीकाशा, छांदसी, जगज्जराजनित्री, जगदुत्पत्तिसंस्थानसंहारत्रयकारणा
जगद्धात्री, जगन्मयी, जगन्माता, जगल्लक्ष्मी, जघन्याकृतिवर्जिता ।।

जङ्घामातृका, जनमोदिनी, जनरञ्जनी, जम्भासुरनिबर्हिणी, जम्भिनी ।
जयन्ती, जया, जरामरणनाशिनी, जाग्रती, जाति ।।

जालन्धरी, जाह्नवी, जिताप्राणस्वरूपा, जिह्वापापप्रनाशिनी, जीवलोकैकजीवा ।
जृम्भकारिणी, जृम्भिणी, ज्ञानकर्माधिका, ज्ञानब्रह्ममयीपरा, ज्येष्ठा ।।

ज्येष्ठादेवी, ज्योति, ज्योतिर्विदा, ज्योतिश्शास्त्रैकलोचना, ज्योतिषा ।
ज्योतीष्मती, ज्योत्स्ना, ज्वलन्ती, ज्वाला, डाकिनीड्या ।।

तडित्कोटिलसत्कान्ति, तथ्या, तदाकृति, तन्त्रहेतु, तपस्विनी ।
तरुणी, ताद्रूपगणनाकृति, तारा, तिलोत्तमा, तुष्टि ।।

त्रयीमूर्ति, त्रयीशिखाविशेषज्ञा, त्रिकालज्ञानदायिनी, त्रिपुरा, त्रिपुष्करा ।
त्रिमात्रा, त्रिलोचना, त्रिवल्यादिसुपुष्टाङ्गा, त्रिशिखा, त्रिसन्ध्याख्या ।।

(तीन सौ)

त्रैकालिकज्ञानतन्तु, त्रैलोक्यजननी, त्रैलोक्यमोहिनी, त्रैलोक्यविजयोत्तमा, त्र्यम्बका ।
दक्षिणा, दण्डिनी, दशभुजा, दशवायुजयाकारा, दाक्षायणी ।।

दारिद्र्यध्वंसिनी, दिग्वस्त्रा, दिवा, दिव्या, दीक्षा ।
दीप्ति, दुर्गा, दुर्बिक्षध्वंसिनी, दुष्टविद्राविणी, देवकी ।।

देवतानांदेवता, देवदुर्गा, देवमाता, देवयोनी, देवश्री ।
देवसङ्काशा, देवसेना, देविका, देवी, देहिहृद्दीपिका ।।

दोषवर्जिता, द्युति, द्विमात्रा, द्वेषिणी, धनदा ।
धनदात्री, धनदायिनी, धनदेवी, धनधान्याभिवृद्धि, धनिष्ठान्ता ।।

धनुर्धरा, धन्या, धरणी, धरा, धराधारा ।
धात्री, धात्रीरूपा, धारणशक्त्येयोगिनी, धारणा, धावनाधिका ।।

धृति, ध्रुवा, नदीपुण्या, नन्दा, नन्दिका ।
नन्दिनी, नर्मदा, नवकोटिमहाशक्ति, नववस्त्रा, नववस्त्रा ।।

नाकपृष्ठगताराध्या, नाकपृष्ठगताराध्याया, नाकिवन्द्या, नाकिवन्द्याया, नादचक्रनिवासिनी
।

नादचक्रनिवासिन्या, नादब्रह्ममयीविद्या, नादब्रह्ममयीविद्याया, नादरूपा, नादातीता ।।

नादिनी, नाभौवह्निशिखाकारा, नामाक्षरपरा, नारसिंही, नारायणी ।
नारी, नित्यप्रकाशिनी, नित्यबोधा, नित्या, नित्यागता ।।

नित्यानन्दा, नित्यानित्यस्वरूपिणी, निपातोरुद्वयी, निमेषिका, निरङ्कुशा ।
निराधारा, निरीश्वरी, निरुक्ति, निरूपास्ति, निरूपिता ।।

निरूपिताद्वयी, निर्गुणप्रिया, निर्गुणा, निर्बीजध्यानगोचरा, निर्वाणमार्गदा ।
निश्रेयसपदप्राप्तिसाधना, निष्कलालोका, नैष्कर्म्या, पक्षति, पङ्क्तिपावनी ।।

(चार सौ)

पञ्चकपञ्चका, पञ्चकर्मप्रसूतिका, पञ्चकोशविलक्षणा, पञ्चकोषात्मिका, पञ्चदिव्यायुधात्मिका ।
पञ्चबाणप्रबोधिनी, पञ्चब्रह्मात्मिका, पञ्चभूतमहाग्रासा, पञ्चभूतात्मिका, पञ्चभूताधिदेवता ।।

पञ्चलोचना, पञ्चवक्त्रा, पञ्चवर्णा, पञ्चसंहति, पञ्चाख्या ।
पञ्चिका, पद्मगुणा, पद्मद्वयंदधाना, पद्ममालिनी, पद्महस्ता ।।

पद्मा, पद्माकरा, पद्मालया, पद्मावती, पद्मिनी ।
परमव्योमनायकी, परमा, परमामृत, परमेशविभूति, परा ।।

परागति, पराजिता, पार्थिवा, पार्वती, पाशबिभ्रती ।
पाशाङ्कुशान्विता, पिंगता, पिप्पला, पिशङ्गीला, पीता ।।

पीताम्बरमयी, पुण्यमूर्ति, पुण्यश्लोकप्रबन्धाढ्या, पुण्या, पुत्रपौत्राभिवृद्धि ।
धर्मशास्त्रागमश्रुता, पुरुषा, पूर्णकुम्भबिभ्रती, पूर्णकुम्भाभिषेचिता, पूर्णिमा ।।

पौरुषी, प्रकृति, प्रज्ञा, प्रणवात्मिका, प्रत्यक् ।
प्रत्यङ्गिरा, प्रत्यधिदेवता, प्रथा, प्रपञ्चेश्वरनायकी, प्रपत्तिमार्गसुलभा ।।

प्रभाधारा, प्रमा, प्रवरा, प्रसादिनी, प्राणदा ।
फला, बडबाग्निशिखावक्त्रा, बहिर्वलि, बहुरूपा, बाणश्रेणी ।।

बाला, बिन्दुनादकलातीता, बिन्दुनादकलात्मिका, बीजपालिका, बृहती ।
ब्रह्मकैवल्यसाधना, ब्रह्मचारिणी, ब्रह्मनाडी, ब्रह्ममुखावासा, ब्रह्मविद्याप्रदायिनी ।।

ब्रह्मविष्णुमहेशार्थविशेषगा, ब्रह्मविष्णुशिवात्मिका, ब्रह्मसन्ताना, ब्रह्मसम्पत्तिकारिणी, ब्रह्मसम्पत्तिरूपा ।
ब्रह्माणी, ब्रह्माण्डगर्भिणी, ब्रह्माण्डमणिभूषणा, ब्रह्माण्डश्रेणिमेखला, ब्रह्माण्डान्तर्बहिर्व्याप्ता ।।

ब्राह्मी, भक्तानामार्तिनाशिनी, भक्तानुग्रहकारिणी, भगवती, भञ्जिका ।
भद्रकाली, भद्रोदारविलोकना, भयभञ्जिका, भरताश्रिता, भवत्या ।।

(पाँच सौ)

भवबन्धविनाशिनी, भवभञ्जिनी, भवानी, भारती, भार्गवी ।
भाषा, भिन्ना, भुञ्जा, भुवनज्ञाननिश्रेणि, भुवनाकारवल्लरी ।।

भुवनेश्वरी, भूजुषीविद्या, भूति, भूपुत्री, भूमिनीलादिसंसेव्या ।
भैरवी, भोगवैभवसन्धात्री, भ्रमराम्बा, भ्रामिणी, भ्रुकुटीकुटिलानना ।।

भ्रूमध्येभास्कराकारा, मंगला, मङ्गलानां मङ्गला, मणिमाला, मतिजीविका ।
मतिश्रेष्ठा, मत्तेभादिमहोदया, मदमर्धिनी, मधु, मधुकैटभभञ्जिनी ।।

मधुजिह्वा, मधुमती, मधुमासोदया, मनस्विनी, मनीषिणी ।
मनुसम्भवा, मन्त्रकीलिका, मन्त्रब्राह्मणविद्यार्था, मन्त्ररञ्जिनी, मन्त्ररूपिणी ।।

मन्त्रव्याख्याननिपुणा, मन्त्रस्वच्छन्दभैरवी, मन्त्रिणी, मरीचि, मल्लिका ।
मल्लिकानवमालिका, महाकन्या, महाकबलतर्पणा, महाकाली, महाक्रतु ।।

महागङ्गा, महाघोषा, महादंष्ट्रा, महादर्पा, महादुर्गा ।
महादेवबलोदया, महादेवी, महाद्रिगा, महानदी, महानिद्रा ।।

महाबला, महाभागा, महाभूता, महामाता, महामाया ।
महारात्रि, महालक्ष्मी, महाविद्या, महाशोणा, महाष्टादशपीठगा ।।

महासारा, मही, महेश्वरी, महोग्रास्या, महोत्साहा ।
माता, मातृकाबीजरूपिणी, माधवी, मानवी, मानसी ।।

माया, मारी, माहेन्द्री, माहेन्द्र्या, मित्रविन्दा ।
मीननेत्रा, मुख्या, मुण्डिनी, मूलभूता, मृडाधारा ।।

मृडानी, मृतसञ्जीविनी, मृत्युभञ्जनी, मेघगम्भीरनिस्वना, मेधा ।
मेनका, मेरुविन्ध्यान् संस्थाना, मैत्री, मोक्षलक्ष्मी, मोहिनी ।।

(छह सौ)

यक्षिणी, यज्ञकर्मस्वरूपिणी, यज्ञवाटीविलासिनी, यज्ञविद्या, यज्ञेशानी ।
यन्त्रलक्ष्मी, यमुना, यातुभञ्जनी, युक्ता, युद्धमध्यस्थिता ।।

युद्धरूपा, योगध्यानपरायणा, योगनिद्रा, योगिध्यानान्तगम्या, योगिनी ।
योनिलिङ्गार्धधारिणी, रक्तबीजान्ता, रक्ता, रक्षोघ्ना, रङ्गनायकी ।।

रमणी, रमा, राका, राक्षसाश्रिता, रात्रि ।
रामा, रुक्मिणी, रुद्ररूपिणी, रुद्रैकादशिनी, रूपाधिका ।।

लक्ष्मादेवी, लक्ष्मी, लक्ष्यलक्षणयोगाढ्या, ललाटेचन्द्रसन्निभा, लाक्षणिकी ।
लाभकारिणी, लोकजननी, लोकमाता, लोकानुग्रहकारिणी, लोला ।।

वक्त्रा, वटुका, वनमाला, वरदवल्लभा, वरदा ।
वररूपिणी, वरवर्णिनी, वरहेतुकी, वरारोहा, वरिष्ठा ।।

वरुणाराध्या, वर्णवर्जिता, वर्षा, वर्षिका, वशीकृतजगत्पति ।
वसुधा, वसुरत्नपरिच्छदा, वसुरूपा, वह्निमण्डलसंस्थिता, वह्नीश्वरी ।।

वागीश्वरी, वाग्देवी, वाग्मी, वाणी, वादिनी ।
वामा, वायव्या, वायुगा, वायुमण्डलमध्यस्था, वाराणसीवासलभ्या ।।

वाराही, वारिधि, वारुणी, वारुणीसेना, वासनाशक्ति ।
वासवी, विचित्राङ्गी, विजयलक्ष्मी, विजयश्री, विजया ।।

वित्तदा, विद्या, विद्याधिदेवता, विद्याभोगबलाधिका, विद्यायुता ।

विधानज्ञा, विधिवक्त्रस्था, विनापुस्तकधारिणी, विनिद्रा, विभक्तिवचनात्मिका ।।

विभावरी, विरक्ति, विरूपा, विशालाक्षी, विशेषितगुणात्मिका ।
विश्वनिर्माणकारिणी, विश्वम्भरा, विश्वरूपिणी, विश्वेश्वरी, विषणुवल्लभा ।।

(सात सौ)

विषरोगादिभञ्जनी, विषेशाख्या, विष्णुचेतना, विष्णुपत्नी, विष्णुप्रथमकिङ्करी ।
विष्णुप्रिया, विष्णुलोकविलासिनी, विष्णुवक्षोविभूषिणी, विष्णुशक्ति, विष्णुसर्वस्वं ।।

वीणापुस्तकधारिणी, वीणाव्याख्याक्षसूत्रभृत्, वीरा, वृषाकपायी, वृष्टिकारिणी ।
वेणी, वेदगर्भा, वेदरूपा, वेदवागी, वेदवाचा ।।

वेदशास्त्रप्रमा, वेदानामविरोधा, वेदानाम्समन्वया, वेदान्तज्ञानरूपिणी, वेदिनी ।
वेला, वैकुण्ठराजमहिषी, वैजयन्ती, वैदिकी, वैनायकी ।।

वैराजमार्गसञ्चारा, वैराजोत्तमसाम्राज्या, वैशारदी, वैश्वदेवी, वैष्णवी ।
व्याघ्रगा, व्याघ्री, व्यापिनी, व्योमकेतना, व्योमकेशा ।।

व्योमगङ्गाविनोदिनी, व्योममण्डलसंस्थिता, व्योमाकारा, व्रतिनी, शक्ति ।
शक्तिबीजात्मिका, शक्या, शङ्करी, शङ्करात्मजा, शङ्खवहन्ती ।।

शतरुद्रहरा, शत्रुमारिणी, शयाना, शयामा, शरणी ।
शरसन्धाना, शराङ्गी, शर्वरी, शशिप्रभा, शाकम्भरी ।।

शाकिनीड्या, शाङ्करी, शान्ता, शान्तिस्वरूपिणी, शाम्बरी ।
शारदा, शार्वरी, शाश्वताकारा, शाश्वती, शास्त्री ।।

शिखामाला, शिखिनी, शिल्पवैचित्र्यविद्योता, शिवदूती, शिवा ।
शिवात्मिका, शुद्धस्फटिकसन्निभा, शुद्धा, शुभा, शुभानन्दा ।।

शुभ्रा, शून्या, शूलवहन्ती, शेषवासुकिसंसेव्या, शेष्यशेषकलाशया ।
शोभा, श्रद्धा, श्री, श्रीकला, श्रीकाया ।।

श्रीपत्यर्धाङ्गनन्दिनी, श्रीपदा, श्रीमन्त्रराजराज्ञी, श्रीम्बीजजपसन्तुष्टा, श्रीयन्त्रपुरवासिनी।
श्रीया, श्रीरङ्गनगराश्रिता, श्रीरञ्जिता, श्रीविद्या, श्रीशक्ति ।।

(आठ सौ)

श्रीषोडशाक्षरीविद्या, श्रुति, श्रेया, श्रोणिवेला, श्रोतव्या।
श्रोतृकर्णरसायना, षट्कर्मी, षडङ्गादिपदक्रमा, षडाधाराधिदेवता, षड्वर्णा ।।

षष्ठी, संपदा, संसारार्णवतारिणी, सङ्ख्या, सती।
सत्ताजाति, सत्यज्ञानात्मिका, सत्यप्रत्ययनी, सत्यप्रत्ययिनी, सत्या ।।

सदद्दृष्टप्रदायिनी, सदयापाङ्गसन्दत्तब्रह्मेन्द्रादिपदस्थिति, सदाशान्ता, सदाशिवा, सदाशुद्धा।
सद्योजातादिपञ्चाग्निरूपा, सद्योवेदवती, सनातनी, सन्ध्या, सन्ध्याबलि ।।

सपर्या, सप्तावरणदेवता, सबन्धवानन्दसन्दोहा, समबिन्दुसमाश्रया, समस्तजुट्।
समाधिगतलभ्या, समासतद्धिताकारा, समुद्रवसनावासा, समुद्रव्योममध्यस्था, समुपास्यपदाम्भुजा ।।

समुपास्यपदाम्भुजा, समृद्धि, सम्पत्ति, सरमाया, सरस्वती।
सर्वकर्मप्रवतिनी, सर्वकर्मविवर्जिता, सर्वकाम्यस्थिता, सर्वज्ञशक्ति, सर्वज्ञा ।।

सर्वतत्त्वप्रवर्तिनी, सर्वतन्त्रप्रसूतिका, सर्वतीर्थस्थिता, सर्वतोभद्रवासिनी, सर्वदा।
सर्वदारिद्र्यभञ्जिनी, सर्वदीपिका, सर्वदेवनमस्कृता, सर्वपर्वतवासिनी, सर्वपापप्रभञ्जनी ।।

सर्वप्रमाणा, सर्वभर्ती, सर्वभूतप्रभञ्जनी, सर्वमंगला, सर्वमङ्गलमाङ्गल्या।
सर्वमङ्गलसम्पन्ना, सर्वमन्त्रफलप्रदा, सर्वमन्त्रेष्टा, सर्वमायाप्रभञ्जनी, सर्वमोहिनी ।।

सर्वरोगप्रतिक्रिया, सर्वरोगविवर्जिता, सर्वलक्ष्मी, सर्वलोकानाम्जननी, सर्ववर्णकृतस्थला।
सर्ववर्णा, सर्वविद्याधिदेवता, सर्वविद्याप्रदायिनी, सर्ववेदान्तसम्पत्ति, सर्वशक्ति ।।

सर्वशस्त्रस्वरूपिणी, सर्वशास्त्रार्थमातृका, सर्वसंहारकारिणी, सर्वसत्पथदर्शिनी, सर्वसम्पत्ति।
सर्वसम्पत्तिरूपिणी, सर्वसम्पन्ना, सर्वसाङ्कर्यदोषघ्नी, सर्वसिद्धान्तमार्गस्था, सर्वा ।।

सर्वागमसदाचारमर्यादा, सर्वान्तर्यामिरूपिणी, सर्वाभरणभूषिता, सर्वार्थसाधिके, सर्वालङ्कारसंयुता।

सर्वावासा, सर्वोकसे, सर्वोपद्रवनाशिनी, सर्वोपनिषदास्थिता, सहस्रभुजा ।।

(नौ सौ)

सहस्रभुजापादुका, सहस्राक्षी, सहस्रादित्यसङ्काशा, साकिनीड्या, साक्षान्मङ्गलदेवता ।
साङ्ख्यवती, साङ्ख्या, सादानन्दा, साधुबन्धपदन्यासा, सामगानसमाराध्या ।।

सारविद्या, सारसी, सारासारविवेकदृक्, सार्वभौमसुखोच्छ्रया, सावित्री ।
सिंधुजा, सिंहगा, सिंह्यै, सिद्धलक्ष्मी, सिनीवाली ।।

सीता, सुक्ष्मात्सूक्ष्मतरागति, सुखप्राणिशिरोरेखा, सुगृहा, सुनन्दा ।
सुपोषा, सुप्रजाता, सुप्रतिका, सुभक्तिगा, सुमङ्गला ।।

सुरेशाना, सुरेश्वरी, सुवर्णदा, सुवासा, सुवीरा ।
सुषुप्ता, सूक्ष्मा, सूक्ष्मार्थार्थपरा, सूत्रप्रबोधिका, सूत्रभाष्यनिबन्धना ।।

सूर्यचन्द्राग्निरूपा, सूर्यमण्डलसंस्थिता, सृष्ट्यादिकारणाकारवितति, सेव्यादुर्गा, सोममण्डलमध्यस्था ।
सोमसंहति, सोमसम्भूति, सोमसुर्याग्निलोचना, सौभाग्यरसजीवातु, सौभाग्यलक्ष्मी ।।

सौभाग्या, सौमङ्गल्याधिदेवता, सौम्यलक्षणा, सौरी, सौवर्णचषका ।
स्तम्भिनी, स्त्रीरत्ना, स्थिता, स्थिरा, स्मृति ।।

स्वतन्त्रेच्छा, स्वधा, स्वधाकारा, स्वप्रदुर्गा, स्वप्रकाशस्वरूपिणी ।
स्वप्रकाशात्मरूपिणी, स्वप्रिया, स्वमिचित्तानुवर्तिनी, स्वामिनी, स्वाहा ।।

स्वाहाकारा, स्वाहायै, स्वेष्टदायिनी, हंसयुक्तविमानस्था, हंसलोकप्रदायिनी ।
हंसवाहिनी, हंसा, हंसारूढा, हंसिनी, हंसी ।।

हतकन्दर्पजीविका, हन्त्री, हरिकामिनी, हरिणी, हरिप्रिया ।
हरिवल्लभा, हरिसुन्दरी, हवि, हविषा, हविष्मती ।।

हिरण्यकेशिनी, हिरण्यपदसम्भवा, हिरण्यवर्णरूपा, हिरण्यवर्णा, हृदयग्रन्थिभेदिनी ।
हृदिसर्वताराकृति, हृल्लेखा, हेमब्रह्मसूत्रविचक्षणा, हेममाला, ह्री ।।

(एक सहस्त्र)

श्रीलक्ष्मीनारायण

दोहा॰ लक्ष्मीनारायण प्रभो! तुम ही हो करतार ।
तुम ही राधेश्याम हो, सियाराम अवतार ।।

११७. श्रीलक्ष्मीनारायण सहस्त्रनामावलि

गीत

भजन : राग बिलावल, कहरवा ताल 8 मात्रा

ॐ नमो भगवते वासुदेवाय

श्लोक छन्द

स्थायी

ॐ नमो वासुदेवाय, पद्मनाभाय धीमहि ।
यदुनाथाय नाथाय, गोविन्दाय नमो नमः ।।

अंतरा–1

माधवं सच्चिदानन्दं, वन्देऽहं करुणाकरम् ।
आनन्दं मङ्गलं ब्रह्म, चक्रपाणिं नमाम्यहम् ।।

अंतरा–2

मुकुन्दं परमानन्दं, योगेशं पार्थसारथिम् ।
गोवर्धनं हरिं कृष्णं, हृषीकेशं नमाम्यहम् ।।

अंतरा–3

अच्युतं केशवं विष्णुं, विश्वनाथं जगद्गुरुम् ।
दामोदरं हृषीकेशं, नन्दनन्दं नमाम्यहम् ।।

गीत

भजन : राग भैरवी, कहरवा ताल 8 मात्रा

ब्रह्मा विष्णु महेश

पद

गुरु ब्रह्मा शिव, गुरु विष्णु है, गुरु चरणन में ज्ञान सही ।
गुरु चरणन में ज्ञान सही ।। गुरु॰

स्थायी

गुरु राम है, गुरु श्याम है, श्री गणपति का अवतार वही ।

अंतरा-1

ज्ञान सिखावे, राह दिखावे, गुरु के तले अंधःकार नहीं ।

अंतरा-2

भरम भगावे, भाग्य जगावे, गुरु से बड़ा अधिकार नहीं ।

अंतरा-3

छाँव गुरु है, नाव गुरु है, गुरु से बड़ी पतवार नहीं ।

अंतरा-4

गुरु गुण गावो, गुरु ऋण ध्यावो, गुरु किरपा का भार नहीं ।

दोहा॰ **सुनो विष्णु भगवान के, पावन सहस्त्र नाम ।**
वर्ण अनुक्रम से दिए, सुबोध करने काम ।।

मुक्तक॰ अंगति, अंबरीष, अंबुजाक्ष, अंभोनिधि, अक्रूर ।
अक्षर, अग्निजन्मा, अग्रज, अग्रणी, अग्राह्य ।।

अघघ्न, अचिंत्य, अच्युत, अच्युतमूर्ति, अज ।
अजन्मा, अजित, अजैकपाद, अणु, अणुर्बृहत्कृश ।।

अणूरांध्र, अतींद्र, अतीद्रिय, अतुल, अदृश्य ।
अद्‌भुत, अधृत, अनंत, अनंतदेव, अनंतरूप ।।

अनंतशीर्ष, अनंतश्री, अनंता, अनंतात्मा, अनंतात्मा ।
अनघ, अनन्य, अनल, अनादि, अनादिनिधन ।।

अनादिर्भूर्भुव, अनाद्यंत, अनामय, अनिरुद्ध, अनिर्देश्यवपु ।
अनिर्विण्ण, अनिल, अनिवर्ती, अनुकूल, अनुत्तम ।।

अनेकमूर्ति, अन्न, अन्नद, अपराजित, अपान्नाथ ।
अपाम, अप्रमत्त, अप्रमेय, अप्रमेयात्मा, अब्धिशयन ।।

अभिजित, अभिप्राय, अभिरूप, अमानी, अमित ।
अमितविक्रम, अमूर्ति, अमूर्तिमान, अमृत, अमृतवपु ।।

अमृतांशूद्भव, अमृताश, अमृतेशय, अमृत्यु, अमेयात्मा ।
अमोघ, अम्भोनिधि, अयोनिज, अरिष्टसूदन, अरौद्र ।।

अर्क, अर्चिष्मानर्चित, अर्थ, अवतार, अविकार ।
अविज्ञाता, अव्यक्त, अव्यय, अशोक, अशोकस्तारणस्तार ।।

अश्वत्थ, असुरारि, आत्मयोनि, आत्मवंत, आत्मवान ।
आत्मसंभव, आदित्य, आदिदेव, आदिपुरुष, आधारनिलय ।।

(एक सौ)

आनंद, आनंदी, आरौद्र, आवर्तन, आश्रम ।
इंद्रकर्मा, इंद्रानुज, इज्य, इडपति, इरेश ।।

इष्ट, इष्टोऽविशिष्ट, ईश, ईशान, ईश्वर ।
उत्तम, उत्तमपुरुष, उत्तर, उत्तारण, उदपंबर ।।

उदारधी, उदीर्ण, उद्भव, उपेंद्र, ऊर्जित ।
ऊर्ध्वग, ऊर्ध्वदेव, ऋक्षनेमि, ऋतधामा, ऋतपुरुष ।।

ऋतुस्सुदर्शन, ऒजस्तेजोद्युतिधर, औदुंबर, औषध, ककुद्मी ।
कनकांगदी, कपि, कपिरव्यय, कपिल, कपिलाचार्य ।।

कपिलाचार्य, कपींद्र, कमतनयन, कमलनाभी, कमलापति ।
कमलेश, कमलेश्वर, करण, कर्ता, कवि ।।

कांत, कामकृत, कामदेव, कामपाल, कामप्रद ।
कामहा, कारण, काल, कालकुंज, कालनेमिनिहा ।।

कुंडली, कुंद, कुंदर, कुंभ, कुमुद ।

कुवलेशय, कुस्तुभ, कृतकर्मा, कृतज्ञ, कृतलक्षण ।।

कृतांतकृत्, कृताकृत, कृतागम, कृति, कृतिरात्मवान ।
कृष्ण, केशव, केशिहा, कैटभारी, कोक ।।

कौस्तुभलक्षण, कौस्तुभहृदय, क्रतु, क्रतुपुरुष, क्रम ।
क्रोधहा, क्षरमक्षर, क्षाम, क्षितीश, क्षेत्रज्ञोक्षर ।।

क्षेमकृच्छ्, क्षेत्रज्ञ, क्षेमकृत्, क्षोभण, खंडपरशु ।
खंडपरशुर्दारुण, खगासन, गंभीरात्मा, गजाधर, गति ।।

(दो सौ)

गदाधर, गदी, गभस्तिनेमि, गभीर, गभीरात्मा ।
गम्भीर, गरुड़ध्वज, गरुडांक, गहन, गुणभृन्निर्गुण ।।

गुप्तश्चक्रगदाधर, गुरुःगुरुतम, गुरु, गुरुतम, गुह्य ।
गोपतिर्गोप्ता, गोविदांपति, गोहित, गोपतिर्गोप्ता, गोप्ता ।।

गोविंद, गोविदांपति, गोहित, गौरांग, ग्रामणी ।
घृताशी, घृताशीरऽचलश्चल, घृताशीरचलश्चल, चंदनांग, चंद्रांशु ।।

चक्रगदाधर, चक्रधर, चक्रपाणि, चक्रायुध, चक्री ।
चक्रेश्वर, चक्षुरनीश, चतुरश्र, चतुरात्मा, चतुरानन ।।

चतुर्गति, चतुर्दंष्ट्र, चतुर्बाहु, चतुर्भाव, चतुर्भावश्चतुर्वेद ।
चतुर्भुज, चतुर्मूर्ति, चतुर्वेदविदेकपात, चतुर्व्यूह, चाणूरांध्रनिषूदन ।।

जगदादिज, जगदीश, जगदीश्वर, जगन्नाथ, जगन्निवास ।
जनजन्मादि, जनजन्मादि, जनाधिप, जनार्दन, जनेश ।।

जनेश्वर, जन्ममृत्यु, जन्मादि, जयंत, जय ।
जयपाल, जरातिग, जलेशय, जह्नु, जितक्रोध ।।

जितमन्यु, जितामित्र, जिन, जीव, जीवन ।
जेता, ज्ञानगम्य, ज्ञानमुत्तम, ज्येष्ठ, ज्योतिरादित्य ।।

तंतुवर्धन, तत्त्व, तत्त्वविदेकात्मा, तत्पुरुष, तार ।
तारण, तुषित, तुष्ट, तेजोद्युतिधर, तेजोवृष ।।

त्रिलोकीनाथ, त्रिककुद, त्रिककुबधाम, त्रिदशाध्यक्ष, त्रिधामा ।
त्रिनाभ, त्रिपद, त्रिपदस्त्रिदशाध्यक्ष, त्रियुग, त्रिलोकधृत् ।।

(तीन सौ)

त्रिलोकधृक, त्रिलोकात्मा, त्रिलोकेश, त्रिविक्रम, त्रिसामा ।
त्वष्टा, दंड, दक्ष, दक्षिण, दम ।।

दर्पहा, दशार्ह, दामोदर, दाशार्ह, दिविस्पृक् ।
दिश, दीप्तमूर्ति, दीप्तमूर्तिरमूर्तिमान्, दुःस्वप्ननाशन, दुरतिक्रम ।।

दुराधर्ष, दुरारिहा, दुरावास, दुर्ग, दुर्गम ।
दुर्जय, दुर्धर, दुर्मर्षण, दुर्लभ, दुष्कृतिहा ।।

दृढ़, दृप्त, देव, देवभृद्गुरु, देवाधिदेव ।
देवेश, देवेश्वर, दैत्यारि, द्युतिधर, द्रविणप्रद ।।

द्विजवाहन, धनंजय, धनुर्धर, धनुर्वेद, धनेश्वर ।
धन्य, धन्वी, धरणीधर, धराधर, धर्म ।।

धर्मकृद, धर्मगुप्त, धर्मगुब्धर्मकृद्धर्मी, धर्मनाभ, धर्मविदुत्तम ।
धर्माध्यक्ष, धाता, धातुरुत्तम, धाम, धुर्य ।।

धृतात्मा, ध्रुव, ध्रुवाक्षर, नंद, नंदकी ।
नंदनंदन, नंदन, नंदिर्ज्योतिर्गणेश्वर, नंदी, नक्षत्रनेमि ।।

नक्षत्रनेमि, नक्षत्री, नयोनय, नर, नरसिंह ।

नरायण, नरोत्तम, नवनीताशी, नहुष, नायक ।।

नारसिंहवपु, नारायण, निग्रह, नित्य, निधि ।
निधिरधिष्टान, निमिषोअनिमिष, नियंता, नियम, नियमोयम ।।

निराकार, निर्वाण, निवृत्तात्मा, नीलकांत, नीषूदन ।
नेता, नैक, नैककर्मकृत्, नैकमाय, नैकरूप ।।

(चार सौ)

नैकश्रृंग, नैकात्मा, न्यग्रोध, न्यग्रोधोदुंबर, पति ।
पतिर्यज्वा, पद्मगर्भ, पद्मनाभि, पद्मनेत्र, पद्मपाणि ।।

पद्मलोचन, पद्महास, पद्मी, पर, परपुरुष ।
परम, परमपुरुष, परमस्पष्ट, परमस्पष्टस्तुष्ट, परमागति ।।

परमात्मा, परमाद्वैत, परमेश्वर, परमेष्ठी, परायण ।
परिग्रह, पर्जन्य, पवन, पवित्र, पापनाशन ।।

पावनोनल, पावनोनिल, पिशंगक, पीतांबर, पुण्डरीकाक्ष ।
पुण्य, पुण्यकीर्ति, पुण्यकीर्तिरनामय, पुण्यश्रवणकीर्तन, पुनर्वसु ।।

पुरंदर, पुराणपुरुष, पुरातन, पुरातनपुरुष, पुरुजित ।
पुरुष, पुरुषेश्वर, पुरुषोत्तम, पुरुसत्तम, पुष्कर ।।

पुष्कराक्ष, पुष्पहास, पूतात्मा, पूरयिता, पूर्ण ।
पृथु, पेशल, प्रकाश, प्रकाशात्मा, प्रकाशात्मा ।।

प्रग्रह, प्रजागर, प्रजाधर, प्रजापति, प्रजाभव ।
प्रजेश्वर, प्रणद, प्रणव, प्रतर्दन, प्रतापन ।।

प्रथित, प्रद्युम्न, प्रद्युम्नोऽमितविक्रम, प्रधानपुरुषेश्वर, प्रपिरामह ।
प्रभव, प्रभु, प्रभुरीश्वर, प्रभूत, प्रभूतस्त्रिककुब्धाम ।।

प्रमाण, प्रमोदन, प्रसन्नवदन, प्रसन्नात्मा, प्रांग्वश ।
प्रांशु, प्रांशुरमोघ, प्राण, प्राणजीवन, प्राणद ।।

प्राणदाता, प्राणनिलय, प्राणभृत्, प्रियकृतप्रीतिवर्धन, प्रियकृत् ।
प्रीतिवर्धन, बभ्रु, बलिहंता, बहुमूर्ति, बहुरूप ।।

(पाँच सौ)

बहुशिर, बह्मण्य, बाणहा, बीजमव्यय, बृहदरूप ।
बृहद्भानु, ब्रम्हनिधि, ब्रह्म, ब्रह्मकृत्, ब्रह्मज्ञ ।।

ब्रह्मविद, ब्रह्मविवर्धन, ब्रह्मी, ब्रह्मेशय, भक्तवत्सल ।
भगवान, भगहा, भयकृत्भयनाशन, भयापह, भर्ता ।।

भानु, भारभृत्, भारभृत्कथित, भावन, भास्करद्युति ।
भिषक्, भुजगोत्तम, भूतकृत्, भूतकृद्भूतभृद्भाव, भूतपाल ।।

भूतभव्यभवत्प्रभु, भूतभव्यभवन्नाथ, भूतभावन, भूतभृत्, भूतभृद्भोक्ता ।
भूतमहेश्वर, भूतात्मा, भूतादि, भूतावास, भूतिर्विशोक ।।

भूरिदक्षिण, भूर्भव, भूशय, भूषण, भूषय ।
भेषज, भोक्ता, भ्रजिष्णु, मंगल, मंत्र ।।

मधुजित, मधुहा, मनुस्त्वष्टा, मनुस्त्वष्टास्थविष्टा, मनोजव ।
मनोजवस्तीर्थकर, मनोहर, मरीचिर्दमन, महर्धिऋद्ध, महाकर्मा ।।

महाकोश, महाक्रतु, महाक्रम, महागर्त, महातपा ।
महातेज, महादेव, महाद्युति, महाद्रिधृक्, महाधन ।।

महानिधि, महान्, महाबल, महाबुद्धि, महाबुद्धिर्महावीर्य ।
महाभाग, महाभूत, महाभोग, महामख, महामना ।।

महामाय, महामुख, महामूर्ति, महायज्ञ, महायोगी ।
महार्ह, महावराह, महावीर्य, महाशक्ति, महाशक्तिर्महाद्युति ।।

महाशन, महाशृंग:, महाश्रृंग, महास्वन, महाहवि ।
महाह्लद, महीधर, महीभर्ता, महेष्वास, महेंद्र ।।

(ह सौ)

महोत्साह, महोदधिशयोअंतक, महोरग, माधव, मानद ।
मान्य, मुकुंद, मुनीश, मुनीश्वर, मुरारि ।।

मृत्युजरातिग, मेदिनीपति, यज्ञकल्प, यज्ञत्राता, यज्ञधर ।
यज्ञपति, यज्ञभुग्, यज्ञभृत्, यज्ञसेन, यज्ञी ।।

यमारि, यागपति, युगादिकृत, युगावर्त, योगविदांवर ।
योगी, योगेश, योगेश्वर, रत्नगर्भ, रत्ननाभ ।।

रमाकांत, रमापति, रमेश, रमेश्वर, रमैया ।
रविनेत्र, रविर्विरोचन, रविलोचन, रुचिरांगद, रुद्र ।।

रोहित, र्जितमन्युर्भयापह, लक्ष्मीकांत, लक्ष्मीनाथ, लक्ष्मीवल्लभ ।
लक्ष्मीश, लीलाधर, लीलाधारी, लोकत्रयाश्रय, लोकधिष्ठानमद्भुत ।।

लोकनाथ, लोकबंधु, लोकबंधुर्लोकनाथ, लोकमहेश्वर, लोकसखा ।
लोकसारंग, लोकस्वामी, लोकाध्यक्ष, लोहिताक्ष, वत्सर ।।

वत्सल, वनमाली, वर, वरद, वरांग ।
वरांगश्चंदनांगदी, वरुण, वर्धन, वर्धमान, वविश्वजित ।।

वषट्कार, वसु, वसुद, वसुधर, वसुधाधर ।
वसुप्रद, वह्नि, वह्निरनिल, वाग्मी, वाचस्पति ।।

वाचस्पतिरुदारधी, वाजसन, वामन, वायुरधोक्षज, वायुवाहन ।
वारुणीश, वासवानुज, वासु, वासुदेव, विक्रम ।।

विक्रमी, विक्रम्यूर्जितशासन, विजय, विजितात्मा, विट्ठल ।

विद्धानु, विद्याधिराज, विद्वत्तम, विधाता, विधेयात्मा ।।

(सात सौ)

विनय, विनयिता, विभु, विमुक्तात्मा, विरंचि ।
विरजा, विरत, विराम, विरोचन, विविक्त ।।

विवृत्तात्मा, विशुद्धात्मा, विशोधन, विश्राम, विश्रुतात्मा ।
विश्वंभर, विश्व, विश्वकर्मा, विश्वक्सेन, विश्वगोप्ता ।।

विश्वदक्षिण, विश्वधग्विश्वभुग्विभु, विश्वनाभ, विश्वपति, विश्वबाहु ।
विश्वमूर्ति, विश्वयोनि, विश्ववसु, विश्वात्मा, विश्वेश ।।

विहायसगतिर्ज्योति, वीतभय, वीर, वीरबाहु, वीरहा ।
वृष, वृषकर्मा, वृषपर्वा, वृषप्रिय, वृषभ ।।

वृषांतक, वृषाकपि, वृषाकृति, वॆदविद्, वेंकटेश ।
वेगवानअमिताशन, वेदकर्ता, वेदगर्भ, वेदगुह्य, वेदवित् ।।

वेदाध्यक्ष, वेद्य, वैकुंठ, वैखान, वैद्य ।
वैभ्राज, व्यंकटेश्वर, व्यग्र, व्यापी, व्याल ।।

शंखचक्रपाणि, शंखपाणि, शंखभृन्नंदकी, शंखी, शंभुरादित्य ।
शतधामा, शतमूर्ति, शतानंद, शतानन, शतावर्त ।।

शत्रुघ्न, शत्रुजिच्छत्रुतापन, शम्भु, शरजित, शरण ।
शरभ, शरीरभृत्, शर्म, शर्मद, शर्व ।।

शर्वरीकर, शशिबिंदु, शशिवर्ण, शांत, शांति ।
शांतिद, शांङ्र्गपाणि, शांङ्र्गी, शाङ्र्गधन्वा, शाश्वत ।।

शाश्वतस्थिर, शास्ता, शिखंडी, शिपिविष्ट, शिल्पी ।
शिव, शिशिर, शिष्टकृच्छुचि, शुक्लांबर, शुक्लाम्बरधर ।।

(आठ सौ)

शुचि, शुचिरूर्जित, शुचिश्रवा, शुद्ध, शुभांग ।
शुभांगो, शुर्भास्करद्युति, शून्य, शूर, शूरजनेश्वर ।।

शूरसेन, शृंगी, शेशशायी, शैलेश्वर, शोकनाशन ।
शौरि, श्रीकर, श्रीकांत, श्रीधर, श्रीनाथ ।।

श्रीनिवास, श्रीपति, श्रीमान, श्रीमान्लोकत्रयाश्रय, श्रीरंग ।
श्रीवत्स, श्रीवत्सल, श्रीवत्सांक, श्रीवर, श्रीवर्धन ।।

श्रीवल्लभ, श्रीवास, श्रीविभावन, श्रीश, श्रुतिसागर ।
श्रृंगी, श्रेष्ठ, षडंगजित, संधिमान्, संन्यासकृच्छम ।।

संप्रमर्दन, संभव, संमित, संवत्सर, संवर्तक ।
संवृत, सकलेश्वर, सकृत, सकृति, सत्कर्ता ।।

सत्कीर्ति, सत्कृत, सत्कृति, सत्त्ववान्, सत्त्वस्थ ।
सत्पथाचार, सत्परायण, सत्य, सत्यकीर्ति, सत्यधर्म ।।

सत्यधर्मपयायण, सत्यधर्मपराक्रम, सत्यधर्मा, सत्यपराक्रम, सत्यपरायण ।
सत्यमेधा, सत्यसंध, सदसत्, सदसत्क्षराक्षर, सदायोगी ।।

सदैकरूपरूप, सद्गति, सद्भूति, सनातन, सनातनतम ।
सनात्सनातनतम, सन्निवास, सप्तजिह्व, सप्तवाहन, समावर्तोऽविवृत्तात्मा ।।

समितिंजय, समीरण, सर्वग, सर्वगस्सर्व, सर्वजिष्णु ।
सर्वज्ञ, सर्वतोमुख, सर्वदर्शन, सर्वदर्शी, सर्वदृक् ।।

सर्वयोगविनिःसृत, सर्वलक्षण, सर्वलक्षणलक्षण्य, सर्वलोकमहेश्वर, सर्वलोकेश ।
सर्ववागीश्वरेश्वर, सर्वविघ्नोपशान्त, सर्वविजजयी, सर्वविद्भानु, सर्वादि ।।

(नौ सौ)

सर्वासुनिलयोनल, सर्वेश, सर्वेश्वर, सलिलेशय, सविता ।

सहस्रचरण, सहस्रजित, सहस्रनयन, सहस्रनेत्र, सहस्रपात् ।।

सहस्रमूर्धा, सहस्रलोचन, सहस्राक्ष, सहस्रार्चि, सहिष्णु ।
सहिष्णुर्गतिसत्तम, साक्षी, सारंगधर, सिंधु, सिंधुशायी ।।

सिंह, सिद्ध, सिद्धसंकल्प, सिद्धार्थ, सिद्धि ।
सिद्धिद, सिद्धिसाधन, सुंद, सुंदर, सुखद ।।

सुघोष, सुदर्शन, सुदर्शनधारी, सुधन्वा, सुपर्ण ।
सुप्रसाद, सुब्रह्मण्य, सुभद्र, सुभुज, सुमुख ।।

सुरश्रेष्ठ, सुरस्वामी, सुराध्यक्ष, सुरानंद, सुरारिहा ।
सुरीसृप, सुरेश, सुरेश्वर, सुलभ, सुलोचन ।।

सुवर्णबिंदुरक्षोभ्य, सुवर्णोवर्ण, सुवीर, सुव्रत, सुषेण ।
सुहृद, सूक्ष्म, सूर्य, सूर्याक्ष, सेतु ।।

सोम, सोमनाथ, सोमप, सोमपोअमृतप, स्कंद ।
स्तव्य, स्तोता, स्थविर, स्थाणु, स्थाणुर्भूतादिर्निधिरव्यय ।।

स्थावर, स्थिर, स्थूल, स्रग्वी, स्रष्टा ।
स्रष्टाक्षितीश, स्वंग, स्वक्ष, स्वधृत, स्वयंजात ।।

स्वयंभू, स्ववश, स्वस्तरुस्तार, स्वस्ति, स्वस्तिकृत् ।
स्वस्तिद, स्वस्तिदक्षिण, स्वस्तिभुक्, हंस, हरि ।।

हरिण, हरी, हलायुध, हवि, हिरण्यकेश ।
हिरण्यगर्भ, हिरण्यनाभ, हुतभुग्भोक्ता, हृषीकेश, हेमांग ।।

(एक सहस्र)

१७. शिव महापुराण

११८. शिवलिंग

(शिवलिंग)

दोहा॰ शिव की प्रतिमा लिंग है, पवित्र शंभु स्वरूप ।
मंगल शिव अवतार की, आकृति सुंदर रूप ।।

नदियाँ गंगा नर्मदा, करती हैं निर्माण ।
शिव के भक्तों के लिए, लिंगाकृति पाषाण ।।

मंदिर में स्थापन जहाँ, शिवजी भोलेनाथ ।
लिंग स्थापना भी वहाँ, नंदीश्वर के साथ ।।

बारह ज्योतिर्लिंग के, जाने तीर्थस्थान ।
जो शिवतिर्थों में सभी, जाने गए महान ।।

श्लोक

सौराष्ट्रे सोमनाथञ्च श्रीशैले मल्लिकार्जुनम् ।
उज्जयिन्यां महाकालं ओंकारममलेश्वरम् ।।

हिमालये तु केदारं डाकिन्यां भीमशंकरम् ।
वाराणस्याञ्च विश्वेशं त्र्यंबकं गौतमीतटे ।।

परल्यां वैद्यनाथञ्च नागेशं दरुकावने ।
सेतुबन्धे तु रामेशं घृष्णेशञ्च शिवालये ।।

(1. सोमनाथ ज्येतिर्लिंग)

दोहा॰ सोमनाथ जी चंद्र ने, किए जहाँ प्रसन्न ।
पावन ज्योतिर्लिंग का, धाम वहाँ संपन्न ।।

सरस्वती के तीर पर, "सोमनाथ" का धाम ।
विद्यमान शिव जी वहाँ, सदैव सुबहो-शाम ।।

गीत

राग : भीमपलासी, कहरवा ताल 8 मात्रा

427

सोमनाथ जी

स्थायी

सोमनाथ का पावन धाम, ज्योतिर्लिंग श्री शिव भगवान ।
एकलिंग जी! शुभ दो वरदान, शंकर भोले किरपावान ।।

अंतरा–1

तुमरा मंदिर स्वर्ग समाना, तुमरी मूरत स्वर्ण ललामा ।
पूजन कीर्तन तुमरे, भोले! भगतन को देता सुखदान ।।

अंतरा–2

शिव का मंदिर सर्वसनातन, ऋषि मुनियों ने कीन्हा स्थापन ।
नंदीश्वर! तुम भाते मोहे, सबसे मंगल तुमरा नाम ।।

अंतरा–3

त्रिशूलधारी तुम त्रिपुरारी! डमरूधर तुम जय गंगाधर! ।
विघ्नविनाशक तुमको माना, भव में ऊँचे तुमरे काम ।।

(2. मल्लिकार्जुन ज्योतिर्लिंग)

दोहा॰ हुआ विवाह गणेश का, बड़े प्रेम के साथ ।
आनंदित थी पार्वती, प्रसन्न भोलेनाथ ।

कार्तिकेय कैलास से, चला गया घर छोड़ ।
क्रौंच शैल पर बस गया, परिजन से मुख मोड़ ।।

उसे मनाने आगए, ऋषि मुनि सुर गंधर्व ।
आए शिवजी-पार्वती, करने प्रयत्न सर्व ।।

शिवजी फिर रहने लगे, निकट बसा कर धाम ।
जाना ज्योतिर्लिंग वह, "मलिकार्जुन" के नाम ।।

(3. महाकाल ज्योतिर्लिंग)

दोहा॰ क्षिप्रा नद के तीर पर, उज्जयिनी का धाम ।
शिव का ज्योतिर्लिंग है, "महाकाल" के नाम ।।

शिवजी हैं रहते यहाँ, लिंग स्वरूप त्रिकाल ।
पावन तीर्थक्षेत्र है, प्रख्यात महाकाल ।।

(4. ओंकार-मांधाता ज्योतिर्लिंग)

दोहा॰ विंध्य पहाड़ी में बसा, "मांधाता-ओंकार" ।
शिव का ज्योतिर्लिंग है, जाने सब संसार ।।

मेरु गिरी के तुल्य है, तीर्थक्षेत्र यह धाम ।
शिवजी का वरदान था, विंध्याद्रि को प्रदान ।।

(5. केदारनाथ ज्योतिर्लिंग)

दोहा॰ मिलती नद मंदाकिनी, अलकनंद के साथ ।
तीर्थ हिमालय में बसा, लिंग "केदारनाथ" ।।

(6. भीमशंकर ज्योतिर्लिंग)

दोहा॰ सह्याद्री की गोद में, "भीमशंकर" स्थान ।
बसा राम के काल में, ज्योतिर्लिंग महान ।।

(7. बाबा विश्वनाथ ज्योतिर्लिंग)

दोहा॰ परम पूज्य वाराणसी, गंगा तट पर धाम ।
सप्तम ज्योतिर्लिंग है, "विश्वनाथ" के नाम ।।

(8. त्र्यंबकेश्वर ज्योतिर्लिंग)

दोहा॰ जहाँ नदी गोदावरी, बहती है जलधार ।
"त्र्यंबक" ज्योतिर्लिंग है, शिव का पावन द्वार ।।

(9. बैद्यनाथ ज्योतिर्लिंग)

दोहा॰ शिव ने रावण को दिया, जहाँ घोर था शाप ।
वहीं तीर्थ स्थापन किया, लिंग शंभु ने आप ।।

पवित्र ज्योतिर्लिंग है, "वैद्यनाथ" का धाम ।
अमृत जल शिवकुण्ड का, परली नामक ग्राम ।।

(10. नागेश्वर ज्योतिर्लिंग)

दोहा॰ दरुका वन में है बसा, "नागेश्वर" का धाम ।
दसवाँ ज्योतिर्लिंग यह, पशुपत का है काम ।।

(11. रामेश्वर ज्योतिर्लिंग)

दोहा॰ लंका जब थे जा रहे, सिया खोजने राम ।
सागर तट पर कर गए, "रामेश्वर" का धाम ।।

(12. घृष्णेश्वर ज्योतिर्लिंग)

दोहा॰ **देव पहाड़ी पर बसा, "घृष्णेश्वर" का धाम ।**
बारहवाँ शिव लिंग है, घुस्मेसर भी नाम ।।

गीत

ध्रुपद : कहरवा ताल 8 मात्रा

शिवगौरी

स्थायी

एकलिंग डमरू धर! जगदंबिके भव त्र्यंबिके ।
दिगंबर गंगाधर, शिव शंकर, शिव शंकरी ।।

निनि सां- - -सां- निपमंग गग- -! मंधमंगरे-रे रे-सा गरे सा-सासा- - ।
नि़ नि़ध़सा- - - - - नि़ध़सानि़- - - - -, नि़रे मं-मंमंग- गरे रेसासासा- - ।।

अंतरा-1

हे महेश जय उमेश, रुद्र भद्र भूतनाथ ।
हे भवानी महाकाली, त्राहि माम् भुवनेश्वरी ।।

पग गप-प सांसां सांसां-सां, सां-सां सां-सां नि-रेंसां-सां ।
नि- निनि-नि नि नि-नि-नि धनिसां सांसां सां-सांनिधनिप ।।

अंतरा-2

नीलकंठ भालचंद्र, भोलेनाथ तुम अनंत ।
अंबे गौरी महाचंडी, पाहि माम् जगदीश्वरी ।।

११९. शिव सहस्त्रनामावलि

दोहा॰ **शिव शंकर के अब सुनो, मंगल सहस्त्र नाम ।**
वर्णानुक्रम से दिए, करने सुंदर काम ।।

मुक्तक॰ ॐ, अंगिरागुरु, अंबरीष, अंबापति, अक्ष ।
अक्षर, अगण, अग्निज्वाला, अघनाशन, अचलेश्वर ।।

अज, अजातारि, अज्ञेय, अण्ड, अतिथि ।

अतिदीप्त, अथर्वशीर्ष, अद्रिरद्यालय, अधर्मशत्रु, अनन्तरूप ।।

अनुशासन, अन्तरात्मा, अभिराम, अभिवाद्य, अभीरु ।
अमरेश, अमर्षण, अमूर्त, अमृतवपु, अमृतेश्वर ।।

अमोघ, अमोघार्थ, अयुग्मनेत्र, अरिंदम, अर्घेश्वर ।
अर्थार्थकर, अर्धनारीनटेश्वर, अर्धनारीश्वर, अर्धेंदुमौली, अर्धोंगी ।।

अर्हत, अशनी, अष्टमूर्ति, असपत्न, असमनेत्र ।
अस्थिधन्वा, अस्थिमाली, अहपति, अहश्चरोथ, अहिधर ।।

अहिधारी, अहिमाली, अहिर्बुध्नो, अहीश, आकाशनिधिरूपश्च ।
आनंदभैरव, आयुधी, आयुष्पति, आरोहण, आर्द्रचर्माम्बरावृत ।।

आवेदनीय, आश्रमस्थ, आषाढश्च, इंदुशेखर, इन्दुर्विसर्व ।
ईड्य, ईशान, ईश्वर, उग्रतेज, उड्डीश ।।

उत्थान, उत्सङ्गश्च, उदग्र, उदर्चि, उद्भिदस्त्रिक्रम ।
उन्मत्तवेषप्रच्छन्न, उपदेशकर, उपहारप्रिय, उमाकांत, उमानाथ ।।

उमापति, उमेश, उरगनाथ, उरगपति, उरगभूषण ।
उरगेश, उर्ध्वरेतोर्ध्वलिङ्ग, उर्ध्वशायी, उष्णीषी, ऊर्ध्वगात्मा ।।

ऋतध्वज, ऋद्धि, ऋषभध्वज, एकनयन, एकनेत्र ।
एकपाद, एकलिंग, एकलोचन, एकाक्षी, ओर्धेन्दुभूषण ।।

(एक सौ)

और्ध्वशायी, कंकालमाली, कंठेकाल, कंदर्पदहन, ककुभ ।
कटाटंक, कठमर्द, कनक, कनकप्रभ, कपर्दी ।।

कपालपाणि, कपालभैरव, कपालवान, कपाली, कपिलांजन ।
कपिलोकपिल, कपोतस्थ, कमण्डलु, कमण्डलुधर, कमलेक्षण ।।

करस्ताली, कर्णिकार, कर्ता, कर्म, कर्मकालवित ।
कलाकाष्ठ, कलाधर, कलि, कल्प, कल्पवृक्ष ।।

कल्पादि, कल्माषकंठ, कवि, कापाली, कामनाशन ।
कामारि, कालंजर, काल, कालकंठ, कालकटङ्कट ।।

कालकाल, कालनाथ, कालपूजित, कालभैरव, कालयोगी ।
कालरूपी, कालेश, कुण्डली, कुण्डी, कुरुकर्ता ।।

कुरुभूत, कूप, कूलकर्ता, कूलहारी, कृष्णपिङ्गल ।
कृष्णवर्ण, केतु, केतुमाली, केतुरनल, केतुर्ग्रहो ।।

कैलास, कैलासनाथ, कैलासपति, कैलासवासी, कैलासाधिपति ।
कोदंडी, क्रतुध्वंसी, क्षपा, क्षपाचर, क्षाम ।।

क्षेत्रज्ञ, खंडपरशु, खग, खगी, खेचर ।
गजह्, गजारि, गणकर्ता, गणपतिर्दिग्वास, गणाधिप ।।

गणाधिप, गणेश, गणेशपिता, गन्धधारी, गन्धमाली ।
गन्धर्व, गभस्तिर्ब्रह्मकृद, गम्भीर, गम्भीरघोष, गरलधर ।।

गरलपा, गवाम्पति, गहन, गान्धार, गिरि ।
गिरिजापति, गिरिसंश्रय, गिरीश, गुडाकेश, गुणाकर ।।

(दो सौ)

गुणाकर, गुरु, गुहापाल, गुह्य, गोचरोऽर्दन ।
गोचर्मवसन, गोचर्मवस्त्र, गोनर्द, गोपालिर्गोपतिर्ग्राम, गौतमोथ ।।

ग्रहपतिर्वर, घंटी, घोररूप, घोष, चंडीपति ।
चंडीश, चंडेश्वर, चंद्रचूडामणि, चंद्रमौली, चतुर्मुख ।।

चन्दनी, चन्द्र, चराचरात्मा, चर्मधारी, चर्मी ।
चिदानंद, चीरवासा, चेकितान, छत्र, जगत्कालस्थाल ।।

जङ्गम, जटाधर, जटाधारी, जटामाली, जटिल ।
जटी, जन्मेश, जमदग्नि, जय, जलेशय ।।

जलेश्वर, जलोद्भव, जितकाम, जितेन्द्रिय, जीमूत ।
जीवन, जीवितांतक, जीवितेश्वर, ज्योतिर्मय, ज्योतिषामयन ।।

ज्वाली, झर्झरी, डमरु, डमरुधर, तथ्य ।
तप, तपस्वी, तपादीनो, तमिस्रहा, तमोहर ।।

तरङ्गवित, तरस्ताली, तांडवतालिक, ताप, तारकेश्वर ।
ताराधिप, तालांक, ताली, तिग्मतेज, तिग्ममन्यु ।।

तीक्ष्ण, तेजस्तेजस्कर, तेजोपहारी, तोरणस्तारण, त्रिघ्न ।
त्रिचक्षु, त्रिजटैश्चीरवास, त्रिदशस्त्रिकालधृक, त्रिनयन, त्रिनेत्र ।।

त्रिमधुर्मन्त्र, त्रिलोकेश, त्रिलोचन, त्रिविष्टपम, त्रिशङ्कुरजित ।
त्रिशूलधर, त्रिशूलधारी, त्रिशूलपाणि, त्रिशूली, त्र्यंबक ।।

त्र्यक्षक, त्वमित्रजित, दक्षयघ्यापहारी, दक्षारि, दण्डी ।
दमन, दयाकर, दर्पण, दर्पहा, दर्भशायी ।।

(तीन सौ)

दशबाहुस्त्वनिमिष, दिगंबर, दिगालय, दिव्यायुध, दीनसाधक ।
दीप्तजिह्व, दीर्घ, दुर्गापति, दुर्गेश, दुर्मुख ।।

दुर्वासा, देव, देवतात्मात्मसम्भव, देवदानवदर्पह, देवदेव ।
देवर्षिर्देवासुरवरप्रद, देवसिंह, देवातिदेव, देवाधिदेव, देवार्थ ।।

देवासुरगणाग्रणी, देवासुरगणाध्यक्ष, देवासुरगणाश्रय, देवासुरगुरुर्देव, देवासुरनमस्कृत ।
देवासुरपति, देवासुरपरायण, देवासुरमहामात्र, देवासुरमहेश्वर, देवासुरविनिर्माता ।।

देवासुरेश्वर, देवासुरेश्वरोदेव, देवेन्द्र, देवेश्वर, देह ।

दैत्यहा, द्वादशस्त्रासनश्चाद्यो, द्विविधश्च, धटी, धन्वन्तरिर्धूमकेतु ।।

धन्वी, धरंधर, धरोत्तम, धर्मवाहन, धर्मसाधारण ।
धर्मसेतु, धाता, धात्रीश, धुर्जटि, धुर्य ।।

धूमकेतन, धृगुमाधव, धृतिमान, ध्रुव, नक्तचारी ।
नक्षत्रभाली, नक्षत्रविग्रह, नक्षत्रसाधक, नगपति, नटराज ।।

नटेश्वर, नदीधर, नन्दन, नन्दिर्नन्दिकर, नन्दिवर्धन ।
नन्दिवाहन, नन्दी, नन्दीश्वरश्च, नभ, नभस्तल ।।

नय, नरर्षभ, नर्तक, नवचक्राङ्ग, नागचूड ।
नागधर, नागभूषण, नाभिर्नन्दिकरो, नाभ्य, निग्रह ।।

नित्य, नित्यनर्त, नित्यमाश्रमपूजित, नित्यात्मसहाय, निधि ।
निनाद, निपाती, निमित्त, निमित्तस्थ, नियत ।।

नियम, नियमाश्रय, नियमेन्द्रियवर्धन, निरवग्रह, निरामय ।
निरोह, निर्जीव, निर्वाण, निर्वापण, निलय ।।

(चार सौ)

निवृत्ति, निवेदन, निशाचर, निशाचारी, निहन्ता ।
नीतिर्ह्यनीति, नीलकण्ठ, नीलमौलि, नीलस्तथाङ्गलुब्ध, नृत्यप्रिय ।।

नैकात्मा, न्यग्रोध, न्यग्रोधरूप, न्याय, पंचबाहु ।
पंचयज्ञ, पंचानन, पंचाल, पक्ष, पक्षी ।।

पक्षीरूप, पणव, पण्डित, पति, पतिर्महाकर्ता ।
पद्मगर्भ, पद्ममाला, पयोनिधि, परंजय, परंतप ।।

पर, परपुरंजय, परम, परमपावन, परमपूज्य ।
परमागति, परश्वधायुध, परांतक, परागति, परिधावति ।।

परोपर, पर्यय, पर्व, पवन, पवित्र ।
पशुपति, पांचजन्य, पापहा, पारिजात, पार्वतीपति ।।

पार्वतीपति, पाश, पिंगल, पिता, पितामह ।
पितृवनेचर, पिनाकधृक्, पिनाकपाणि, पुनर्वसु, पुरहा ।।

पुरांतक, पुराण, पुष्करस्थपति, प्रकाश, प्रजाद्वार ।
प्रजापतिर्दिशा, प्रजाबीज, प्रणव, प्रतिष्ठायी, प्रत्यय ।।

प्रथमेश्वर, प्रधानधृक्, प्रभाव, प्रभावात्मा, प्रभु ।
प्रभुरव्यय, प्रभुर्भानु, प्रभूत, प्रमाण, प्रयतात्मा ।।

प्रयुक्त, प्रवर, प्रवृत्ति, प्रवेशिनाम, प्रशान्तात्मा ।
प्रसाद, प्रसादश्चाभिगम्य, प्राग्दक्षीण, प्राणधारण, प्राणिनाम्पति ।।

प्रीतात्मा, प्रेतचारी, बन्धकर्ता, बन्धन, बन्धनस्त्वासुरेन्द्र ।
बभ्रू, बल, बलचारी, बलरूपधृक्, बलवांश्चोपशान्तश्च ।।

(पाँच सौ)

बलवान, बलवाहन, बलवीरोबलोगण, बली, बहुकर्कश ।
बहुधन, बहुप्रद, बहुप्रसाद, बहुभूत, बहुलोचन ।।

बहुविद्य, बाहुर्विभाग, बाहुस्त्वनिन्दित, बिलावासी, बिल्व ।
बिल्वपूजित, बीजकर्ताध्यात्मानुगत, बीजाध्यक्ष, ब्रह्म, ब्रह्मगर्भ ।।

ब्रह्मचारी, ब्रह्मदण्डविनिर्माता, ब्रह्मलोक, ब्रह्मवर्चस, ब्रह्मविद ।
ब्रह्मविदांवर, ब्रह्मा, भगवान, भगस्याक्षी, भव ।।

भस्मगोप्ता, भस्मभूतस्तरुर्गण, भस्मशायी, भागकरो, भागी ।
भावन, भाव्य, भिक्षुरूप, भिक्षु, भुज ।।

भूत, भूतचारी, भूतपतिरहोरात्रमनिन्दित, भूतालय, भूषित ।
भैरव, भैरवी, भोला, भोलानाथ, भोलाशंकर ।।

मकर, मणि, मण्डली, मतिमान, मदनाकार।
मधुर्मधुकरोचल, मध्यम, मनु, मनोगति, मनोजव॥

मनोवेग, मन्त्र, मर्षणात्मा, महाकम्बुर्महाग्रीव, महाकर्ण।
महाकर्मा, महाकल्प, महाकाय, महाकेश, महाकोपोर्ध्वरेता ॥

महागर्भ, महागर्भश्चन्द्रवक्त्रोमनोरम, महागीत, महाघोर, महाङ्ग।
महाचार, महाजट, महाजत्रु, महाजिह्व, महाज्वाल॥

महातपा, महातेज, महात्मा, महादंष्ट्र, महादन्त।
महादेव, महाधनु, महान, महानख, महानन॥

महानाद, महानास, महानृत्तोह्यप्सरोगणसेवित, महानेत्र, महापथ।
महापाद, महाप्रसाद, महाबल, महाबीज, महामात्र॥

(छह सौ)

महामाय, महामाल, महामुख, महामुनि, महामूर्धा।
महामेघनिवासी, महामेढ्र, महायश, महायुध, महारथ॥

महारूप, महारेत, महारोम, महार्णवनिपानवित, महालिङ्गश्चारुलिङ्ग।
महावक्ष, महावृद्ध, महावेग, महासेन, महास्रग्वी॥

महाहनु, महाहर्ष, महाहस्त, महेश्वर, महोरस्क।
महौषध, महौषधि, माता, मान्धाता, मान्य॥

मायावी, मित्रस्त्वष्टा, मुक्ततेज, मुखोसक्त, मुख्योमुख्य।
मुण्ड, मुदितोर्थोजित, मुनिरात्मा, मुहूर्तोह, मूर्तिज॥

मूर्धग, मूल, मृगबाणार्पणोनघ, मृगरूप, मृगालय।
मृदुरव्यय, मेढ्रज, मेरुधाम, मोक्षद्वार, यघ्य॥

यघ्यभागवित, यघ्यसमाहित, यघ्यहा, यजु, युक्त।

युक्तबाहु, युगरूप, युगाधिप, युगायुग, युगावह ।।

युधि, योगी, योज्य, रक्ताङ्ग, रतितीर्थ ।
रतिर्धनु, रत्न, रथ, रवि, राजराज ।।

रुद्र, रुद्ररूप, रोमश, रौद्ररूपोंशुरादित्य, लम्बन ।
लम्बितोष्ठ, ललाटाक्ष, लवण, लवोमात्रा, लिङ्गमाद्यस्त्वनिन्दित ।।

लिङ्गाध्यक्ष, लोकचारी, लोकधाता, लोकपालोऽन्तर्हितात्मा, लोकहितस्तरु ।
लोकाध्यक्ष, लोप, लोहिताक्ष, वंशकर, वंशनाद ।।

वज्रहस्त, वज्री, वडवामुख, वणिज, वपुरावर्तमान ।
वर, वरद, वराह, वरेश, वर्चस्वी ।।

(सात सौ)

वर्जैशान, वर्धन, वशीकर, वश्यकर, वसुरश्मि ।
वसुवेग, वसुश्रेष्ठ, वह, वाग्मी, वाजरोन ।।

वानस्पत्य, वाम, वामदेव, वायु, वायुरर्यमा ।
वायुवाहन, वासवोमर, वाहित, विकुर्वण, विकृत ।।

विख्यात, विजय, विजयकालवित, विजयाक्ष, विद्वान ।
विधाता, विधिर्गुणवृद्धिर्लयोगग, बिनतरतथ, बिबुधाग्रवर, विभागश्चातुल्य ।।

विभुर्भव, विमर्श, विमुक्त, विमोचन, विरज ।
विरजोम्बर, विरूप, विरूपाक्ष, विवस्वान, विशाख ।।

विशाखस्ताम्रोष्ठ, विशाम्पति, विशारद, विशाल, विश्वकर्मापतिर्वर ।
विश्वक्षेत्र, विश्वदेव, विश्वदेह, विश्वरूप, विश्वरूप ।।

विषपा, विषाणी, विष्कम्भी, विष्णुप्रसादित, विश्वक्सेन ।
विस्तर, वृक्ष, वृक्षकर्णस्थितिर्विभु, वृक्षकार, वृषभ ।।

वृषभाङ्काङ्ग, वृषरूप, वृषवाहन, वृषेश्वर, वेदकार ।
वैदम्भ, वैद्य, वैश्रवण, व्यक्तमव्यक्त, व्यक्ताव्यक्तस्तप ।।

व्यवसाय, व्याकरणोत्तर, व्यालरूप, व्रताधिप, शक्र ।
शङ्कर, शङ्करोधन, शङ्कुस्त्रिशङ्कु, शतघ्न, शतपाशधृक् ।।

शत्रुविनाशन, शत्रुह, शरण्य, शर्व, शलहारी ।
शाख, शाश्वत, शिखण्डी, शिखरावासी, शिखी ।।

शिरोहारी, शिव, शुचि, शुचिर्भूतनिषेवित, शुद्ध ।
शुद्धात्मा, शुभाक्ष, शूरायु, शृङ्गप्रिय, शृङ्गी ।।

(आठ सौ)

शोभन, श्मशानचारी, श्मशानधृक्, श्रियावासी, श्री ।
श्रीमान, श्रीवर्धन, श्रेष्ठ, श्वेतपिङ्गल, षष्टिभाग ।।

संयत, संयतात्मा, संयुगापीडवाहन, संयोग, संवत्सर ।
संवत्सरकर, संहनन, सकल, सकामारि, सगण ।।

सङ्क्षेप, सङ्ख्या, सङ्ग्रह, सतीपति, सत्कृत ।
सत्यव्रत, सदसत्, सन्धिर्विग्रह, सफलोदय, सभावन ।।

समरमर्दन, समापन, समाम्न, समुद्र, सम्पन्न ।
सम्पूर्ण, सम्भोज्यश्च, सयघ्नारि, सर्ग, सर्पचीरनिवासन ।।

सर्व, सर्वकर, सर्वकर्म, सर्वकर्मणाम, सर्वकामगुणावह ।
सर्वकामद, सर्वकामप्रसाद, सर्वकामवर, सर्वग, सर्वगन्धसुखावह ।।

सर्वघ्न, सर्वचारी, सर्वतूर्य, सर्वतोमुख, सर्वद ।
सर्वदेवमय, सर्वदेवमयोचिन्त्य, सर्वदेवोत्तमोत्तम, सर्वदेहिनाम, सर्वधारी ।।

सर्वपूजित, सर्वबन्धविमोचन, सर्वभाव, सर्वभावन, सर्वभूत ।
सर्वभूतहर, सर्वभूतार्थोचिन्त्य, सर्वयोगी, सर्वरत्नवित, सर्वलक्षण ।।

सर्वलोककृत, सर्वलोकनाथ, सर्वलोकमहेश्वर, सर्वलोकप्रजापति, सर्वलोकाश्रय।
सर्वलोचन, सर्ववाद्यपरिग्रह, सर्ववासश्चतुष्पथ, सर्ववाहन, सर्वविख्यात ।।

सर्वसाधन, सर्वसाधुनिषेवित, सर्वाङ्ग, सर्वाङ्गरूप, सर्वात्मा।
सर्वाधारोमित, सर्वायुध, सर्वार्थ, सर्वार्थसाधक, सर्वावास ।।

सर्वावासी, सर्वाशय, सविता, सवितामृत, सहस्रद।
सहस्रनाम, सहस्रपात, सहस्रबाहु, सहस्रमूर्धा, सहस्रहस्त ।।

(नौ सौ)

सहस्राक्ष, सहस्रामितेक्षण, सहाय, साङ्ख्यप्रसाद, साधन।
साध्यर्षिर्वसुरादित्य, सानुचरश्चल, सामास्य, सारग्रीव, सारङ्ग ।।

सारथि, सिंहग, सिंहदंष्ट्र, सिंहनाद, सिंहवाहन।
सिंहशार्दूलरू, सिद्ध, सिद्धयोगापहारी, सिद्धार्थः, सिद्धार्थकारी ।।

सिद्धार्थश्चन्द, सिद्धि, सुगन्धार, सुचारावेत, सुच्छत्र।
सुतस्तार्क, सुतीर्थ, सुदर्शन, सुदीक्श्णदशन, सुधाजात ।।

सुनिश्चय, सुपर्वण, सुबन्धनविमोचन, मुण्डमालाधर, सुबल।
सुबान्धव, सुबीज, सुमहास्वन, सुमाल, सुमुख ।।

सुर, सुरगण, सुरभ्युत्तरण, सुरव्याघ्र, सुराध्यक्ष।
सुरारिह, सुराल, सुरूप, सुर्वास, सुवक्त्रश्चोदग्र ।।

सुवर्चस, सुवर्चसी, सुवर्णरेत, सुवर्णश्चेन्द्रिय, सुविघ्येय।
सुवृष, सुसह, सुसारथि, सुहृद, सूक्श्मात्मा ।।

सूत्रकार, सूर्य, सृगाल, सेनाकल्प, सेनापतिर्विभु।
सोम, स्कन्द, स्तोत्र, स्थाणु, स्थावराणाम्पति ।।

स्थिर, स्नेहनोस्नेहनश्चैवाजित, स्रुवहस्त, स्वपन, स्वयम्भुव।

स्वयम्भूश्चादिरादिकर, स्वर्गद्वार, स्वस्तिद, स्वस्तिभाव, हयगर्दभि ।।

हर, हरि, हरिहर, हरिकेश, हरिण ।
हरिणाक्ष, हरिर्यघ्य, हर्यक्ष, हर्यश्व, हवि ।।

हस्ती, हिमवद, हिरण्यकवचोद्भव, हिरण्यबाहु, हुत ।
हुताशन, हुताशनसहाय, हेम, हेमकर, हेममाली ।।

(एक सहस्त्र)

१२०. सती का आत्मत्याग

(दक्ष)

दोहा॰ सती सुता थी दक्ष की, शिव शंकर की दार ।
शिवजी का कैलास पर, सुखिया था संसार ।।

एक दिन ऋषि मुनि देवता, दक्ष प्रजापति साथ ।
आए सब कैलास पर, मिलने भोलेनाथ ।।

शिवजी थे बैठे हुए, मगन लगा कर ध्यान ।
खड़े हुए ना अतिथि का, करने को सम्मान ।।

समझ सके सुर-देवता, शिवजी का तप ध्यान ।
मगर दक्ष थे क्रोध में, जिन्हें लगा अपमान ।।

बुरे वचन कहने लगे, खो कर अपना भान ।
मेरा यह दामाद है, इसे नहीं कुछ ज्ञान ।।

ना यह करता ठीक से, अंग वस्त्र परिधान ।
रखता लंबे बाल है, ना यह करता स्नान ।।

भस्म पोत कर देह पर, नंदी विराजमान ।
संगत भूत-पिशाच की, जिनका यह भगवान ।।

पहने माला मुंड की, रहने नहीं मकान ।
वन में विचरे रात दिन, सोने को शमशान ।।

पकड़े त्रिशूल हाथ में, डमरू इसे रुझान ।

मेरी कन्या ब्याह कर, किया मुझे बदनाम ।।

(शिवजी)

दोहा॰ उठे न शिवजी ध्यान से, ना ही टूटा ध्यान ।
अन्य देव सब थे खड़े, करके उन्हें प्रणाम ।।

निकल पड़े फिर दक्ष जी, विना दिए उपहार ।
बोली ना कुछ भी सती, पति की आज्ञाकार ।।

(यज्ञ)

दोहा॰ बदला लेकर शंभु का, करने को अवमान ।
रचा एक दिन दक्ष ने, घर में यज्ञ महान ।।

आमंत्रण सबको गए, शंभु-सती को छोड़ ।
आए ऋषि मुनि देवता, दोनों कर को जोड़ ।।

सुना सती ने दक्ष के, यज्ञ का समाचार ।
बिन न्यौते के चल पड़ी, जिसे पिता से प्यार ।।

पिता थे मगराक्रोध में, किया नहीं सत्कार ।
भला-बुरा करने लगे, शब्दाघात प्रहार ।।

पीड़ित हो कर दुःख से, कोसत अपना भाग ।
कूद पड़ी वह कुण्ड में, करने आतम घात ।।

(अश्वमेध)

दोहा॰ हिमालय सुता पार्वती, ब्याही शिव के साथ ।
पुनः ध्यान में लग गए, शिवजी भोलेनाथ ।।

रचा एक दिन दक्ष ने, अश्वमेध का यज्ञ ।
आमंत्रित सब देव थे, ऋषि मुनि मख के तज्ञ ।।

आमंत्र्अण शिव को नहीं, भेजा गया दुबार ।
दुखी हो गई पार्वती, देख कर दुराचार ।।

वीरभद्र को भेज कर, शिव ने किया विरोध ।
साथ भद्रमती गई, लेने को प्रतिशोध ।।

वीरभद्र ने यज्ञ में, बहुत मचाया शोर ।
तोड़-फोड़ कर यज्ञ को, विनाश चारों ओर ।।

भाग गए सब देवता, छोड़ यज्ञ का स्थान ।
क्षमा माँगली दक्ष ने, करके शिव सम्मान ।।

१८. स्कन्द महापुराण

१२१. तारकासुर वध

(पार्वती)

दोहा॰ हिमालय गिरिराज की, पत्नी मेना नाम ।
कुलीन कन्या लाड़ली, सुंदर परी समान ।।

महान उनका पुत्र था, नाम जिसे मैनाक ।
पुत्री उनकी पार्वती, देवी सुमधुर वाक् ।।

बाला थी तेजस्विनी, कोमल उसका अंग ।
चंद्रकला सम बढ़ रही, चंद्र समाना रंग ।।

(नारद मुनि)

दोहा॰ नारद मुनिवर एक दिन, सादर मन सस्नेह ।
आए मिलने प्रेम से, हिमालया के गेह ।।

निहार बाला पार्वती, बोले मन की बात ।
ब्याह करेगी पार्वती, शिव शंकर के साथ ।।

सुन कर मुनिवर का कहा, हुए गिरीश प्रसन्न ।
बोले, मेरी है सुता, सुहाग से संपन्न ।।

१. तारक

(तारक)

दोहा॰ उन्हीं दिनों की बात है, मचा अचानक शोर ।
हमें बचाओ! की मची, भगदड़ चारों ओर ।।

तारक नामक दैत्य का, सभी तरफ आतंक ।
देव-देवता थे डरे, राजा हो या रंक ।।

तारक, सुत वज्रांग का, करता अत्याचार ।
असुरों का था अधिपति, राज्य दिशाएँ चार ।।

सुर सब मिल कर एक दिन, पहुँचे ब्रह्मा द्वार ।
"हम तारक के सामने, मान गए हैं हार" ।।

कृपया ऐसा दीजिए, हमें एक सरदार ।
तारक को जो युद्ध में, योद्धा डाले मार ।।

ब्रह्मा बोले, इंद्र को, करो अभी तुम काम ।
जाओ तुम कैलास पर, महादेव के धाम ।।

शिव जी का सुत कर सके, यथा तुम्हारी चाह ।
अत: शीघ्र संपन्न हो, शिव-पार्वती विवाह ।।

(कामदेव)

दोहा॰ सुन कर ब्रह्मा का कहा, पड़े सोच में देव ।
करके सब विध मंत्रणा, निर्णय था अतएव ।।

कामदेव के बाण से, पुलकित होकर गात्र ।
शिव के मन में पार्वती, होजाए प्रिय पात्र ।।

शिवजी के मन में जगे, गिरिजा के प्रति प्यार ।
विवाह उनका सिद्ध हो, जन्मे शिवाकुमार ।।

कामदेव ने योजना, कर ली जब स्वीकार ।
वसंत उसके साथ था, करने को साकार ।।

रति वसंत के संग थी, करने को यह काम ।
आए सब कैलास पर, होने को कृतकाम ।।

(वसंत)

दोहा॰ वसंत के आते वहाँ, खिले कुसुम सब ओर ।
रंग पुष्प के देख कर, वन में नाचे मोर ।।

कोयल कूकत पेड़ पर, तितली अलि के झुण्ड ।
भौंरे गूँजत फूल पर, पीने मधु रस कुण्ड ।।

वन में पावन गंध था, तरह-तरह के रंग ।
खेल रहे थे घास पर, उलसित स्वैर कुरंग ।।

गान गा रहीं अप्सरा, शिव की स्तुति के गीत ।
सुंदर अनहद नाद से, जगा रहीं थी प्रीत ।।

कण-कण विचलित कर गए, वसंत और अनंग ।
मगर तपस्या सांब की, नहीं कर सके भंग ।।

(शिवजी)

दोहा॰ वीरासन में सांब थे, अचल लगा कर ध्यान ।
कीन्हा देह तटस्थ था, दोनों हस्त कमान ।।

दृग थी केन्द्रित नाक पर, गर्दन सीधी रेख ।
निरख रहे थे आत्मा, अंतचक्षु से देख ।।

अभंग तप को देख कर, कामदेव को रंज ।
उसने गिरिजा को लखा, प्रेम नजर से कंज ।।

हुई प्रभावित पार्वती, लावण्य था स्वरूप ।
रति से भी मोहक हुआ, मादक रूप अनूप ।।

नंदीश्वर के साथ जब, आयी शिव के पास ।
पूजा शिवजी की किए, कठोर व्रत उपवास ।।

प्रभाव से उपवास के, खोले शिव ने नैन ।
लख कर सुवर्ण सुंदरी, शिवजी पाए चैन ।।

प्रसन्न होकर, शुभ दिया, शिवजी ने वरदान ।
"तुम्हें मिलेगा वो पति, जिसे विश्व-सम्मान ।।

"किसी नार को ना मिला, ऐसा उत्तम नाथ ।
त्रिलोक में जो वंद्य है," बोले भोलेनाथ ।।

पा कर आशीर्वाद वो, शिवजी से अभिराम ।
मुदित होगई पार्वती, लज्जित भी अविराम ।।

लज्जा पा कर पार्वती, लाल हुए थे गाल ।
लाल गाल की वह परी, सुंदर लगी कमाल ।।

रूप सुमंगल सोहना, लाल गुलाली गाल ।

शिवजी को वह भा गई, शिवजी थे बेहाल ।।

कामदेव के बाण औ, मादक रति के पाश ।
मोह बिछा कर कर दिए, शिवजी के तप नाश ।।

(मगर)

दोहा॰ आँख मूँद कर तीसरी, किया ध्यान आरंभ ।
शिवजी ने फिर से किया, घोर मौन प्रारंभ ।।

वसंत के उन्माद से, बना नहीं जब काम ।
उदास हो कर पार्वती, चली गई निज धाम ।।

घर आकर भी पार्वती, करती थी तप-जाप ।
शिवजी की आराधना, करती थी चुपचाप ।।

वल्कल उसका वेश था, धरती उसकी सेज ।
जपती माला रात-दिन, विलास से परहेज ।।

पशु-पौधों को प्रेम से, देती निर्मल नीर ।
खाती दल-फल पेड़ के, पीती गौ का क्षीर ।।

(एक दिन, शिवजी)

दोहा॰ इक दिन शिवजी आगए, लेकर द्विज का वेश ।
मिले पार्वती से प्रभु, करने दूर क्लेश ।।

द्विज के मुख पर तेज था, वाणी में था ओज ।
गिरिजा के शिवभक्ति की, थाह रहे थे खोज ।।

गिरिजा ने द्विज को दिया, आदर से सम्मान ।
पूजा करके हृदय से, सादर किया प्रणाम ।।

प्रसन्न होकर अतिथि ने, पूछे प्रश्न अनेक ।
उत्तर देती पार्वती, विनय भरा प्रत्येक ।।

(फिर द्विज ने कहा)

दोहा॰ द्विज ने फिर उससे कहा, ब्रह्म कुलज हैं आप ।
सुंदर अरु श्रीमंत हैं, फिर क्यों यह तप-जाप? ।।

न आपका सानी कहीं, सुखमय है परिवार ।
सुकीर्ति का भंडार है, खुला स्वर्ग का द्वार ।।

ना कछु चिंता आपको, सब कुछ मिला अपार ।
ना है पति को ढूँढना, आवे वह तव द्वार ।।

हीरा अपने स्थान में, बैठे तेज पसार ।
चमक ढूँढता जौहरी, आता उसके द्वार ।।

यदि पति पाने के लिए, करती हैं तप-जाप ।
कहो कौन है निर्दयी, किये जा रहा पाप ।।

या तो उसको है नहीं, हीरे की पहिचान ।
या फिर उसको है नहीं, सत्-असत् का ज्ञान ।।

या तो उसमें है भरा, घमंड का अज्ञान ।
पतिव्रता के योग का, नहीं उसे सम्मान ।।

कहिये वह शठ कौन है, क्या है उसका नाम ।
किस नगरी में है बसा, कहिये उसका धाम ।।

लूँगा उसकी खबर मैं, मिला अगर नादान ।
अगर दर्प से भी उसे, प्यारी अपनी जान ।।

(पार्वती)

दोहा॰ सुन कर ब्राह्मण अतिथि के, प्रीत भरे वे शब्द ।
लजा गयी थी पार्वती, और होगई स्तब्ध ।।

देने उत्तर प्रश्न का, पूर्ण सत्य समेत ।
किया उमा ने नैन से, दासी को संकेत ।।

दासी ने द्विज से कहा, सुनो सत्य, भगवान! ।
"जिसे चाहती पार्वती, महादेव शुभ नाम ।।

"रहते हैं कैलास पर, तप में सुबहो-शाम ।
उन्हीं के लिए पार्वती, करती जप-तप काम ।।

"उनको पाने के लिए, व्रत है लिया कठोर ।

447

बनी हुई है जोगिनी, महादेव की तौर ।।

"शिव को माना है पति, करिए जी विश्वास ।
"उसके मन में है यही, ना है यह उपहास" ।।

(द्विज, शिवजी)

दोहा॰   सुन कर दासी का कहा, द्विज को अति आश्चर्य ।
बोले, बहु अनुचित मुझे, लगता है यह कार्य ।।

रहता वह शमशान में, भूत-प्रेत के साथ ।
विभूति उसके देह पर, मलीन उसका गात ।।

लंबे बिखरे बाल हैं, सिर पर जटा विशाल ।
आँखे उसकी तीन हैं, रहती बंद त्रिकाल ।।

नंगा उसका देह है, ढकता मृग की छाल ।
उसके कुल का न पता, किस माई का लाल ।।

डमरू उसके हाथ में, माला में कंकाल ।
घर में उसके कुछ नहीं, लगता है कंगाल ।।

वर में जो गुण चाहिएँ, उसमें ना है एक ।
अवगुण जितने भी कहो, उसमें है प्रत्येक ।।

मृगनयनी गुणशालिनी, सुस्वरूप हैं आप ।
बैरागी से प्रीत का, क्यों करती हैं पाप? ।।

(पार्वती)

दोहा॰   सुन कर द्विज का वह कहा, गिरिजा को संताप ।
निंदा वह ना सह सकीं, अतः रही थीं काँप ।।

बोली, तुमको क्या पता, शिवजी का वर्चस्व ।
निंदा करते लोग वे, सोच जिन्हें है ह्रस्व ।।

मेरा हिरदय है रमा, गाते शिव के गान ।
तुम जो चाहो सो कहो, मैं ना दूँगी ध्यान ।।

द्विज फिर कुछ कहने लगा, आगे अपनी बात ।

मगर पार्वती ने तभी, रोका उसे हठात् ।।

बोली, झूठा जो कहे, उसको लगता पाप ।
जो सुनता है झूठ वो, पापी बनता आप ।।

(शिवजी)

दोहा॰ गिरिजा फिर जाने लगी, उठ कर द्विज को छोड़ ।
प्रकट हुए शिवजी तभी, अपनी माया जोड़ ।।

सिहर उठी लख पार्वती, महादेव का रूप ।
शांत खड़े थे सामने, निलकण्ठ सुरभूप ।।

शिवजी ने उससे कहा, घबराओ मत आप ।
मोल लिया तुमने मुझे, करके व्रत तप जाप ।।

मैं हूँ प्रिय अब आपका, यथा तिहारी चाह ।
जब चाहेंगे तव पिता, संपन्न हो विवाह ।।

(हिमालय)

दोहा॰ सुन कर शिवजी का कहा, हिमवत को आनंद ।
देव-देवता को खुशी, "अब हो गिरिजानंद" ।।

भविष्य वाणी सत्य हो, तारक का हो अंत ।
विमुख अत्याचार से, होंगे जीव अनंत ।।

करने तुरत विवाह की, हिमालया से बात ।
सप्त ऋषि शिव से मिले, अरुंधती के साथ ।।

शिवजी बोले जाइये, हिमगिरिवर के पास ।
मिलना ओषधिप्रस्थ में, उनका जहाँ निवास ।।

लेकर शुभ प्रस्ताव वो, आए ऋषिवर सात ।
गिरिवर ने स्वागत किया, पूजा विधि के साथ ।।

सुन कर उस प्रस्ताव को, गिरिवर सुखी अपार ।
सम्मति कन्या से लियी, करने को स्वीकार ।।

अंगीरस ऋषि से हुई, बात सहित विस्तार ।

विवाह जल्दी से करें, कीन्हा यही विचार ।।

मेना माता ने दिया, शिव को आशीर्वाद ।
बोली, शिवजी से हमें, उम्मीद है अगाध ।।

विवाह की तिथि तय किए, निकले ऋषिजन सात ।
महाकेशि के तीर पर, कहने शिव को बात ।।

(कैलास)

दोहा॰ महादेव कैलास पर, सजे बिना-श्रृंगार ।
वेश ब्याह के योग्य था, चकित हुआ संसार ।।

नंदी वृष था सज गया, सुमधुर घंटी नाद ।
पुष्प गुच्छ थे श्रृंग पर, पग में घुँघरू बाँध ।।

बरात निकली जोश में, शिवजी वृषभ सवार ।
मंगल तुरही बज उठी, शंख ढोल करताल ।।

विश्वावसु गंधर्व ने, बोले मंगल श्लोक ।
ब्रह्म-विष्णु जय गा रहे, देव-देवता लोक ।।

शिव पर पकड़ा छत्र था, विश्वंकर ने आप ।
गंगा-यमुना जप रहीं, ओम्-ओम् का जाप ।।

चँवर डुलावत इंद्र थे, सोम देव के साथ ।
साधु-सिद्ध थे चल रहे, जोड़े दोनों हाथ ।।

(विवाह)

दोहा॰ तीन दिवस में होगया, परिणय था संपन्न ।
शुक्ल पक्ष का सातवाँ, शुभ क्षण जब उत्पन्न ।।

सजी-धजी थी पार्वती, किए सात श्रृंगार ।
मणि-मुक्ता नग रत्न के, दिव्य गले में हार ।।

वेश-केश भूषा करी, सुंदर परी समान ।
कंकण पैंजन कनक के, कुण्डल थे परिधान ।।

आयी जब कैलास से, शिवजी की बारात ।

स्वागत हिमगिरि ने किया, वैदिक विधि से सात ।।

लग्नपुरोहित ने जभी, बाँधे परिणय सूत्र ।
बोले, सुरसेनापति, होगा तुमरा पुत्र ।।

लक्ष्मी देवी शारदा, दीन्हे आशीर्वाद ।
सब पर कीन्ही अप्सरा, फूलों की बरसात ।।

विवाह कर शिव-पार्वती, कुछ दिन हिमगिरि ठैर ।
निकले करने के लिए, नंदनवन की सैर ।।

२. कार्तिकेय

दोहा॰ पुत्र हुआ जब सांब का, छह थे उसके शीष ।
आनंदित थी पार्वती, प्रसन्न शिव जगदीश ।।

सुर जन सब कृतकाम थे, सबके मन में आस ।
असुरों का अब नाश हो, तारक सत्यानास ।।

नाम षडानन पुत्र का, अर्थात् कार्तिकेय ।
असुरों का हो खातमा, यही जन्म का ध्येय ।।

केवल छह दिन में हुआ, बालक पुत्र जवान ।
अवगत करके सब कला, शस्त्र-शास्त्र विद्वान ।।

(एक दिन)

दोहा॰ उसी वक्त पर आगए, शक्र इन्द्र भगवान ।
तारक से थे वे डरे, शिव की शरण प्रदान ।।

शिव को माथा टेक कर, करके नम्र प्रणाम ।
बोले, सेनापति बने, कार्तिकेय अभिराम ।।

तथास्तु कह कर सांब ने, सुत वह किया प्रदान ।
कार्तिकेय शिशु बन गया, सुर पक्ष का प्रधान ।।

आशिष शिवजी ने दिया, माँ ने दीन्हा प्यार ।
"जाओ बेटा युद्ध पर, आना अरि को मार" ।।

शिवजी का वह लाड़ला, योद्धा बालक वीर ।
पहने बाना युद्ध का, निकला लेकर तीर ।।

उसके पीछे इन्द्र की, सुर वाहिनी विशाल ।
चली असुर को मारने, करके युद्ध-कमाल ।।

(कार्तिकेय।

दोहा॰ सुन कर आना इन्द्र का, सुर-सेना के साथ ।
तारक भी तैयार था, करने दो-दो हाथ ।।

नन्हा बालक देख कर, सेनापति के स्थान ।
तारक राक्षस हँस पड़ा, और किया अपमान ।।

कार्तिकेय ने देख कर, अभद्र तारक तौर ।
इन्द्र-सैनिकों को कहा, बढ़ो स्वर्ग की ओर ।।

नारद मुनि, गंधर्व ने, गाए स्तुति के गान ।
आकाश-गंग ने किया, स्वागत का ऐलान ।।

(इन्द्रपुरी)

दोहा॰ नंदनवन में आगए, सुर सैनिक बलवान ।
सुंदर वन उध्वस्त था, इन्द्र हुआ हैरान ।।

तारक ने सब तोड़ कर, नष्ट किया उद्यान ।
विनष्ट थी अमरावती, जला दिया था स्थान ।।

लीला-उपवन भग्न था, भवन हुए थे नष्ट ।
उजाड़ नगरी देख कर, हुआ इन्द्र को कष्ट ।।

इन्द्रपुरी बेहाल थी, टूटे मंदिर द्वार ।
असुरों ने सब लूट कर, हुए नरक फरार ।।

कल्पवृक्ष सूखा पड़ा, पारिजात बेजान ।
त्रिलोक सुंदर देश था, बना हुआ वीरान ।।

कश्यप ऋषि थे रो रहे, माता अदिति उदास ।
दृश्य देख कर, इन्द्र को, नहीं हुआ विश्वास ।।

१२२. युद्ध

दोहा० कार्तिकेय व्याकुल हुए, देख स्वर्ग का हाल ।
फरमाया सुर पक्ष को, हमला हो तत्काल ।।

कार्तिकेय आरूढ़ थे, रथ पर अग्र स्थान ।
नाम "विजित्वर" था जिसे, रथ था दिव्य महान ।।

रथ को घोड़े सात थे, विद्युत गति कहलाय ।
धरती पर वह भागता, उड़ा हवा में जाय ।।

(सेना)

दोहा० ऐरावत पर आगए, इन्द्रदेव भगवान ।
वज्र हाथ में था धरा, भीषण शस्त्र महान ।।

मेढ़े पर आरूढ़ थे, अग्निदेव बड़भाग ।
अनल अस्त्र था हाथ में, उग्र दहकती आग ।।

भैंसे पर यमराज थे, करने सुरगण त्राण ।
दंड धरा था हाथ में, हर लेने अरि प्राण ।।

नैऋत आया प्रेत पर, मतवाला असुरेश ।
तारक से था लड़ पड़ा, करने उसे निशेष ।।

वरुण देव घड़ियाल पर, लेकर कर में फाँस ।
उनका लक्ष्य अचूक था, करने असुर खलास ।।

मृग पर पवन सवार थे, करने तारक नाश ।
भ्रमण करे अविराम वे, धरती से आकाश ।।

कुबेर अपने यान में, लाए वित्त अपार ।
गदा धरी थी हाथ में, करने प्रखर प्रहार ।।

आये ग्यारह रुद्र थे, होकर बैल सवार ।
कर में त्रिशूल तीर औ, जलती मशाल धार ।।

बजा रहे थे दुंदुभी, ढोल नगाड़े घोष ।
गूँज रही आवाज थी, रुद्रों में था जोश ।।

(युद्ध)

दोहा॰   सुमेरु पर्बत के तले, उतरा जब सुर सैन्य ।
करने रण, मैदान में, असुर होगए दैन्य ।।

हाथी की चिंघाड़ का, ध्वनि था कर्ण कठोर ।
अश्व की हिनहिनाहटें, कीन्ही गर्जन घोर ।।

रथों की घड़घड़ाहटें, करती भीषण शोर ।
पैदल सैनिक बढ़ रहे, जब थी निकली भोर ।।

फैले सब रण भूमि पर, वड़वानल की तौर ।
करने को प्रतिपक्ष का, महानाश घनघोर ।।

(तारकासुर)

दोहा॰   असुरों का दल छा गया, भूमि से आसमान ।
तारक के आदेश से, युद्ध छिड़ा घमसान ।।

कोलाहल भीषण हुआ, असगुन थे सब ओर ।
असुरों पर मँडरा रहे, गिद्ध-काक की तौर ।।

उठीं गगन में आँधियाँ, गिरे सितारे टूट ।
भूकम्प की भाँति ढही, गिरि-चट्टानें फूट ।।

सागर तांडव कर रहा, लिया हिलोरे नीर ।
आँधी के सम चल पड़े, चंड सुरों के तीर ।।

बाणों की बरसात से, डरा न तारक आप ।
झपट पड़ा वह इन्द्र पर, दिखलाने परताप ।।

तारक का रथ देख कर, डरे सुरों के वीर ।
रण पर सुर गण की हुई, परिस्थिति गंभीर ।।

(षडानन)

दोहा॰   तभी षडानन ने किया, सुर दल को आह्वान ।
जीतेंगे हम शत्रु को, लड़ो लगा कर ध्यान ।।

पैदल पैदल से लड़े, रथ से रथ सरदार ।

हाथी से हाथी भिड़े, आपस अश्व सवार ।।

मार-काट भीषण हुई, रक्त पात घमसान ।
वीर लड़े तलवार से, भाले तीर कमान ।।

हार रहे जब असुर थे, त्याग रहे थे प्राण ।
तारक राक्षस ने तभी, फेंका अंधड़-बाण ।।

उस अंधड़ से आगया, महा चंड तूफान ।
देव लोग सब त्रस्त थे, जुगत न पाए जान ।।

कार्तिकेय ने तब चला, ऐसा माया बाण ।
जिससे झंझा रुक गया, अमन हुआ निर्माण ।।

तारक ने उस पर चला, अग्नि बाण घमसान ।
कार्तिकेय ने फिर चला, वरुण शस्त्र का बाण ।।

तारक ने रथ छोड़ कर, कर में ली तलवार ।
टूट षडानन पर पड़ा, करने अंतिम वार ।।

कार्त्तिकेय ने अंत में, कीन्हा शक्ति प्रयोग ।
तारक वह सह ना सका, मिला स्वर्ग का भोग ।।

मुक्त हुई अमरावती, मिला इंद्र को मान ।
हुए देव निश्चिंत थे, स्वर्ग में समाधान ।।

पुष्प कल्पतरु से गिरे, अंबर से बरसात ।
शिवजी खुश कैलास पर, त्रिभुवन तत्पश्चात् ।।

सुरेन्द्र राजा स्वर्ग के, पुनः हुए सन्मान्य ।
कार्तिकेय को था मिला, रण विजय असामान्य ।।

१२३. सूक्तियाँ

नमामि देवं वरदं वरेण्यं, नमामि देवं च सदा सनातनम् ।
नमामि देवाधिमपीश्वरं हरं नमामि शम्भु जगदेकबन्धुम् ।।

नमामि विश्वेश्वरविश्वरूपं सनातनं ब्रह्म निजात्मरूपम् ।
नमामि सर्वं निजभावगम्यं वरं वरेण्यं वरदं नतोऽस्मि ।।

दोहा॰ **जगद्‌बंधु शिव शंभु कोनमन करूँ शत बार ।**
वरदाता प्रभु श्रेष्ठ को, नत शीश नमस्कार ।।

सर्व सनातन ब्रह्म जो, परमेश्वर सुखधाम ।
देवदेव भगवान वो, करे हमें कृतकाम ।।

धर्मो हि महतामेश शरणागतपालनं ।
शरणागतं च विप्रं च रोगिणम् वृद्धमेव च ।
य एतान्न च रक्षन्ति ते वै ब्राहम्हणों नराः ।।

दोहा॰ **शरणागत नर वृद्ध हो, रुग्ण विप्र या क्षात्र ।**
रक्षा जिसका धर्म है, महापुष वह पात्र ।।

ये मदान्धा दुराचाराः कामुक विषयात्मकाः ।
विप्रनामवमानेन पतन्ति नरकेऽशुचौ ।।

तस्मात् सर्वप्रयत्नेन पदं प्राप्य विचक्षणैः ।
अप्रमत्तैर्निर्भाव्यमिहामुत्र च लब्धये ।।

दोहा॰ **दुराचारी मदांध जो, कामुक विषयासक्त ।**
भद्रों का अपमान कर, पाता नरक, अभक्त ।।

बुद्धिमान को चाहिए, रहे कार्य में निष्ठ ।
करे यत्न इहलोक में, पाने स्वर्ग वरिष्ठ ।।

दशम्यां चैव नक्तं च एकादश्यामुपोषणम् ।

द्वादश्यामेकभुक्तं च अखण्डा इति कथ्यते ।।

दोहा॰ **करो "नक्तव्रत" दशम में, एकादश उपवास ।**
द्वादश में हो पारणा, अखंड हो अरदास ।।

उपवृत्तस्तु पापेभ्यो यस्तु वासो गुणै: सह ।
उपवासः स विज्ञेयो न शरीरस्य शोषणम ॥

दोहा॰   पापों से निवृत्त जो, करता गुण सहवास ।
अन्नभुक्त होते हुए, पाता है उपवास ॥

अन्यत्र हि कृतं पापं तीर्थमासाद्यं नश्यति ।
तीर्थेषु यत्कृतं पापं वज्रलेपो भविष्यति ॥

दोहा॰   किया पाप अन्यत्र जो, मिटाय तीर्थस्थान ।
पाप किया जो तीर्थ में, बनता है पाषाण ॥

जाह्नवी वृद्धगङ्गा च कालिन्दी च सरस्वती ।
कावेरी नर्मदा वेणी सप्तगङ्गा प्रकीर्तिता ॥

दोहा॰   गंगा यमुना नर्मदा, सरस्वती के साथ ।
कावेरी गोदावरी, वेणी, अमृत सात ॥

कृते यद् वत्सरात्साध्यम् पुण्यं माधवतोषणम् ।
त्रेतायां मासतः साध्यम् द्वापरे पक्षातो नृपः ।

तस्मादृशगुणं पुण्यं कलौ विष्णुस्मृतेर्भवेत् ।

दोहा॰   विष्णुभक्ति से पुण्य जो, देता सत्युग साल ।
त्रेतायुग में पुण्य वो, एक माह का काल ॥

द्वारपरयुग में पुण्य वो, एक माह का काम ।
कलियुग देता दस गुणा, लिए विष्णु का नाम ॥

सत्यं क्षमाऽऽर्जवं ध्यानमानृशंस्यमहिंसनम् ।
दमः प्रसादो माधुर्य मृदुतेति यमा दश ॥

शौचं स्नानं तपो दानं मौनेज्याध्ययनम् व्रतम् ।
उपोषणोपस्थदण्डौ दशैते नियमाः स्मृता ॥

दोहा॰   ध्यान सरलता सत् क्षमा, त्याग अहिंसा भाव ।
संयम मार्दव मधु खुशी, "यम" हैं कहे स्वभाव ॥

शौच स्नान तप दान औ, मौन यज्ञ उपवास ।
व्रत पालन स्वाध्याय भी, दमन, "नियम" दस खास ॥

जायते चैकलः प्राणी म्रियते च तथैकलः ।
एकलः सुकृतं भुङ्क्ते भुङ्क्ते दुष्कृतमेकलः ।।

देहे पञ्चत्वमापन्ने त्यक्त्वैकम् काष्ठलोष्टवत् ।
बान्धवा विमुखा यान्ति धर्मो यान्तमनु व्रजेत् ।।

दोहा० **आता जाता जीव है, एक अकेला आप ।**
पुण्य अकेला भोगता, और अकेला पाप ।।

मर कर शरीर त्यागता, छोड़ बंधु का हाथ ।
जाता है परलोक में, धर्म अकेला साथ ।।

अतिथिर्यस्य भग्नाशो गृहात्प्रतिनिवर्तते ।
स दत्वा दुष्कृतं तस्मै पुण्यमादाय गच्छति ।।

दोहा० **अतिथि दुखी जब लौटता, देकर जाता पाप ।**
लेकर जाता पुण्य है, दे जाता है शाप ।।

मितं ददाति हि पिता मितं भ्राता मितं सुतः ।
अमितस्य हि दातारं भर्तारं का न पूजयेत् ।।

भर्ता देवो गुरुर्भर्ता धर्मतीर्थव्रतानि च ।
तस्मात् सर्वं परित्यज्य पतिमेकम् समर्चयेत् ।।

दोहा० **अपने पुत्र भाई पिया, पाते सीमित दान ।**
पत्नी को पति देवता, करता सर्व प्रदान ।।

भर्ता गुरु है, धर्म है, व्रत है, तीर्थस्थान ।
पत्नी का पति सर्व है, वही उसे भगवान ।।

किं तस्य बहुभिर्मन्त्रैः किं तीर्थैः किं तपोऽध्वरैः ।
यस्यो नमः शिवायेति मन्त्रो हृदयगोचरः ।।

दोहा० **जिसके हिरदय मंत्र है, "ओम् नमः शिवाय" ।**
नर वह सार्थक, मंत्र तीर्थ, तप यज्ञ के सिवाय ।।

न हि मासं तृणात् काष्ठाद्युत्पलादपि जायते ।
हते जन्तौ भवेन्मासं तस्मात्तत्परिवर्जयेत् ।।

दोहा० **जो जीवों को मारता, और डालता काट ।**
खरीदता या बेचता, पातक जाने आठ ।।

देता अनुमति मारने, पकाय करता ठाठ ।
परोसता जो माँस है, या खाता है बाँट ।।

यः स्वार्थं माँसपचनं कुरुते पापमोहितः ।
यावन्त्यस्य तु रोमणि तावत्स नरके वसेत ।।

दोहा॰ जो नर खाता माँस है, नरक उसे हैं साल ।
उस बेबस पशु मूक के, तन पर जितने बाल ।।

ध्यानपूते ज्ञानजले रागद्वेषमलापहे ।
यः स्नाति मानसे तीर्थे स याति परमां गतिम् ।।

दोहा॰ इंद्रिय निग्रह में किए, जहाँ करे नर वास ।
कुरुक्षेत्र पुष्कर वहीं, नैमिष उसे निवास ।।

अनन्तपारा दुष्पूरा तृष्णा दुःखशतावहा ।
अधर्मबहुला चैव तस्मात्ताम् परिवर्जयेत् ।।

दोहा॰ यथा देह की वृद्धि में, बढ़ता है हर अंग ।
तृष्णा भी बढ़ती तथा, द्रविण-वृद्धि के संग ।।

या दुस्त्यजा दुर्मतिभिर्यां न जीर्यति जीर्यतः ।
यासौ प्राणान्तको रोगस्ताम् तृष्णां त्यजतः सुखम् ।।

दोहा॰ तृष्णा आश्रय, अहित का, घातक रोग समान ।
अजर अमर इस व्याधि का, त्याग है समाधान ।।

तपः कृते प्रशंसन्ति त्रेतायां ध्यानमेव च ।

द्वापरे यज्ञदाने च दानमेकं कलौ युगे ।।

दोहा॰ सत् युग में तप श्रेष्ठ है, त्रेता युग में ध्यान ।
द्वापर युग में यज्ञ है, कलि युग में है दान ।।

येनर्चितो महादेवस्यतस्य तुष्यति केशवः ।
अनर्चिते नीलकण्ठे न गृह्णात्यर्चनं हरिः ।।

दोहा॰ पूजा जो शिव की करे, उस पर विष्णु प्रसन्न ।
बिन शिव की पूजा किए, हरि रहते अप्रसन्न ।।

१२४. श्री सत्यनारायण व्रत की नए रूप में कथा

गीत

राग मालकंस, कहरवा ताल 8 मात्रा

श्री सत्य नारायण

स्थायी

श्री सत्य नारायण साँई रे, तेरी आरती बड़ी सुखदाई, रे ।

अंतरा-1

लक्ष्मीपति जग स्वामी हैं, मेरे माता-पिता अरु भाई, रे । श्री॰

अंतरा-2

किरपावान गोसाँई हैं, अरु निश-दिन मेरे सहाई, रे ।

अंतरा-3

पूजा पाठ सजाओ रे, अजी! गान कथा भी सुनाओ, रे ।

(अस्मिन्पुस्तके)

सत्यव्रतकथा रम्या सूतस्य कृपया मया ।
सुलभा सुगमा गेया लिखिता चित्तमोहिका ।।

(यहाँ)

फटका॰ सत्यव्रत की पूर्ण कहानी, सहज सुगम नित गाने को ।
सूत मुनि से प्रसाद पाने, लिखी यहाँ मन भाने को ।।

(ततः रत्नाकर उवाच)

सत्यव्रतकथाः पञ्च, भक्ताः शृण्वन्तु श्रद्धया ।
रेवात्स्कन्दपुराणस्य खण्डाद्विस्तारिता मया ।।

(फिर रत्नाकरजी ने कहा)

फटका॰ सत्य व्रत की पाँच कथाएँ, आज सुनलो प्यार से ।
स्कन्द पुराण के रेवा खण्ड से, मैंने कहीं विस्तार से ।।

सत्यनारायण व्रत कथा, अध्याय पहला

१. श्री नारद जी की कथा और सूत जी का वृत्त

(रत्नाकर उवाच)

फटका छंद[9]

फटका॰ हे ऋषि मुनियों, कहना सुनियो, परम हित की, बात है ।
सत्य का पूजन, पुण्य लगाता, पाप मिटाता, तात! है ।।

(रत्नाकर कह रहे हैं)

सत्यव्रतस्य शृण्वन्तु निष्ठया प्रथमां कथाम् ।
मनसि यादृशो भावो फलं दास्यति तादृशम् ।।
भक्ताः शृण्वन्तु वृत्तान्तं व्यासेनोक्तं पुरातनम् ।
कथनं फलदं सत्यं सर्वहिताय दीयते ।।

फटका॰ सत्य व्रत की प्रथम कहानी, श्रवण करलो शांति से ।
मन में जैसा भाव होगा, फल मिले उसी भाँति से ।।
बात पुरानी सुनलो भगतों, कह गये मुनिवर व्यास हैं ।
सबके हित के सत्य वचन हैं, जो फल दायी खास हैं ।।

(तर्हि भक्तजनाः प्रथमकथां शृण्वन्तु)

पुरा हि नैमिषारण्ये मुनयः निवसन्ति स्म ।
शौनकस्य मठस्तत्र चासीत्सूताश्रमांतिके ।।

(तो भक्तों सुनिये पहली कथा)

फटका॰ नैमिष नामक एक अरण्य में, ऋषि मुनियों का वास था ।
शौनक ऋषि का मठ उस वन में, सूत–आश्रम के पास था ।।

---

[9] **फटका छन्द :** इस छन्द में 29 या 30 मात्राएँ आती हैं । 30 मात्रा 8, 8, 8, 6 अथवा 29 मात्रा 8, 8, 8, 5 के प्रमाण से होती हैं । इसके दूसरे एवं चौथे चरणों के अन्त में अनुप्रास होता है । फटकों की पंक्तियों में एक मात्रा अधिक या कम प्रस्तुत हो सकती है फिर और इसको कहरवा या तीन ताल में सजाने के लिए चौबीस वी मात्रा दीर्घ करके गायी जाती है ।

लक्षण गीत दोहा॰ **आभूषित कल तीस से, देता मन आनंद ।**
सोलह कल पर यति जहाँ, मम प्रिय "फटका" छंद ।।

(तत्र, तस्मिन् नैमिषारण्ये)

तदाऽऽसन्नैमिषे तत्र साधवो मुनयस्तथा ।
आचार्याः पण्डिताश्छात्राः स्वस्वभावानुसारतः ।।

(वहाँ, उस नैमिष वन में)

फटका॰ नैमिष वन में महामुनि थे, कई ऋषि, कोई छात्र थे ।
कोई आचार्य थे, कोई पण्डित थे, भिन्न सभी के गात्र थे ।।

(आचार्यः शौनकश्च सूतदेवश्च)

वेदज्ञः शौनकाचार्यः गहनो ज्ञानसागरः ।
शिष्यस्तस्य महानासीत्सूतो देवः पुराणविद् ।।

(शौनक ऋषि तथा सूत मुनि)

शौनक ऋषि एक वेदाचार्य थे, महान जिनका ज्ञान था ।
सूत व्यास के परम शिष्य थे, उनका पुराणों में ध्यान था ।।

(अन्-अनुभवी शिष्यः सशंकः)

सशंकस्तेषु तत्रैकः सूतस्य शिष्यनूतनः ।
काशीत आगतः सद्यः संन्यासी भवितुं किल ।।
आधुनिकः स्वतन्त्रश्च व्यावहारिकप्रकृतिः ।
प्रामाणिकश्च जिज्ञासुः सशंको भक्तिवानपि ।।
आध्यात्मिकः स अभ्यासी भवसागरपीडितः ।
इतो मुक्तिः कथं वै में चिन्तायां स सदा रतः ।।

(अनाड़ी शिष्य सशंक)

फटका॰ सशंक उनका एक छात्र था, परदेसी संन्यासी था ।
अतपस्काय था, निरुपाय था, नया नया वनवासी था ।।
आधुनिक था, प्रामाणिक था, पढ़ा लिखा था काशी का ।
व्यावहारिक था, मनमालिक था, भोला अंतेवासी था ।।
आभ्यासिक था, आध्यात्मिक था, भवसागर से ऊबा था ।
किस उपाय से मुक्ति मिलेगी, इस चिंता में डूबा था ।।

(एकदा)

एकदा सूतसङ्काशे-आसीनः शौनकादयः ।
प्रश्नस्तेषां मनस्येको जनकल्याणचिन्तकः ।।

(एक दिन)

फटका० शौनकादि सब ऋषि मुनि एक दिन, सूत चरणों में बैठे थे ।
सबके मन में प्रश्न एक था, जन हित चिंतक ऐसे थे ।।

(ततः)

प्रष्टुं महाजनैः प्रश्नं मुनिः सूतः स प्रार्थितः ।
अनुमतिं तदा सूतः सस्नेहं दत्तवांश्च तान् ।।

(फिर)

फटका० ऋषिजनों ने प्रश्न पूछने, सूत मुनि से आज्ञा ली ।
ऋषिवरों को बड़े प्रेम से, सूत जी ने प्रज्ञा दी ।।

(ततः सशंकादयः ऋषयः सूतं तं परमं प्रश्नं पृष्टवन्तः)

एकमेवं व्रतं श्रेष्ठं किमस्तीह महामुने ।
यत्कृत्वा हि जगत्यस्मिन्-वाञ्छितान्प्राप्स्यते नरः ।।

(अर्थात्)

किमेकं दैवतं लोके किं वाऽप्येकं शुभं व्रतम् ।
किमर्चन्मुच्यते प्राणी मृत्युसंसारसागरात् ।।

(सशंकादि ऋषियों ने सूत जी से वह एक परम प्रश्न पूछा)

फटका० ऐसा कौनसा एक व्रत है, जो श्रेष्ठ माना जाता है ।
जिसके बल से नर इस जग में, वांछित फल को पाता है ।।

(ततः)

प्रश्नं श्रुत्वा मुनीनां तं सूतेनैकं स्मृतं वचः ।
नारदेन पुरा विष्णुः पृष्ट आसीदमुत्र यत् ।।

(फिर)

फटका० मुनिजनों के प्रश्न को सुन कर, सूत जी को आया याद ।
नारद मुनि का नारायण से, बहुत पुराना एक संवाद ।।

(श्री सूत उवाच)

नारदमुनिना प्रश्न एष एव कृतस्तदा ।
ऋषयस्तद्धि शृण्वन्तु प्रभुणा दत्तमुत्तरम् ।।
शृणुत प्रभुणा प्रोक्तं व्रतं विश्वहिताय यत् ।
पापघ्नं पुण्यदातारं सत्यव्रतस्य पावनम् ।।
यस्य तु व्रतमात्रेण जन्मसंसारबन्धनात् ।

463

मुच्यते ना नमस्तस्मै लक्ष्मीनारायणाय नः ।।

(श्री सूत जी ने कहा)

फटका॰ नारद जी ने श्री विष्णु से, प्रश्न एक दिन किया यही ।
भगवन् ने जो दिया था उत्तर, आज मुझसे सुनो वही ।।
हे ऋषि मुनियों कहना सुनियो, जगत हित की बात है ।
सत्य का पूजन पुण्य लगाता, पाप मिटाता तात है ।।

(सशंकेन शंका कृता)

शंका कृता सशंकेन श्रुत्वा सूतस्य तद्वचः ।
ऋषेर्वचसि विश्वासं स तु कर्तुं न शक्तवान् ।।
'आश्चर्यमस्ति खल्वेतद्,' सशंक आह संकुलम् ।
'सूतवर्यैदृशात्प्रश्नात्-मुनेः किन्नु प्रयोजनम्' ।।
श्रुत्वा तद्वचनं तस्य मुनयो विस्मयान्विताः ।
सान्त्वनार्थं तदा तेषां शान्त्या सूत उवाच तान् ।।

(सशंक जी को शंका आयी)

फटका॰ सूत वचन को सुन कर आयी, शंका मन में सशंक के ।
विश्वास मगर वे न कर सके, शब्दों पर भी महंत के ।।

(अतः सशंक जी कथा के बीच में ही बोल पड़े)

फटका॰ बीच कथा के, सशंक बोले, अचरज की ये बात है ।
नारद मुनि को ऐसे प्रश्न से, मतलब ही क्यों, तात! है ।।
सशंक जी की बात को सुन कर, मुनिजन सारे चकित बड़े ।
उन मुनियों को फिर समझाने, सूत जी आगे बोल पड़े ।।

(सूतः मुनिजनानां सान्त्वनां कृतवान्)

श्रुत्वा शंकां सशंकस्य भवन्तो यदि विस्मिताः ।
किन्तु स्वाभाविका साऽस्ति जिज्ञासासहिता खलु ।।

(सूत जी समझाने लगे)

फटका॰ सशंक जी का सवाल सुन कर, अचरज सबको बड़ा हुआ ।
सूत ने कहा, स्वाभाविक है, जिज्ञासा से भरा हुआ ।।

उत्तरमस्य ज्ञानार्हं तथा रञ्जकं मनसस्तथा ।
दोषमोचकमार्तानां दुःखविनाशकं च तत् ।।

उत्तर इसका बड़ा ही रोचक, सबके मन का रंजक है ।

आर्तजनों के दोष का मोचक, और दु:खों का भंजक है ।।

(तर्हि भक्ता: प्रेम्णा शृण्वन्तु)

भो: ऋषिमुनयस्तर्हि शृण्वन्तु तां कथामथ ।
आख्याता विश्वलाभाय व्यासदेवेन या पुरा ।।

(तो फिर प्रेम से सुनिए)

फटका॰ हे ऋषि मुनियों तो फिर सुनियो, नारद जी की वो कथा ।
सद्गुरु ज्ञानी व्यास महामुनि, बोले हैं जो यथा, तथा ।।

(व्यास उवाच)

अथ भूतहितार्थे स विश्वमासीद्भ्रमन्यदा ।
भुवनाद्भुवनं गत्वाऽऽगतो भूमौ स नारद: ।।
दृष्ट्वा च दुर्दशामत्र खिन्नो मनसि सोऽभवत् ।
प्राणा दु:खेषु सर्वेषां सर्वे दु:खेन पीडिता: ।।

(व्यास जी बोले)

फटका॰ जग हित हेतु मुनिवर एक दिन, विश्व भ्रमण को चल पड़े ।
भुवन भुवन फिर घुमते हुए, जब धरती पर हुए खड़े ।।
यहाँ उन्होंने हाल जो देखा, मन में वे हैरान थे ।
लोग यहाँ के दु:ख में डूबे, पीड़ित सबके प्राण थे ।।

नरो दु:खेषु सर्वत्र कर्मफलेन बन्धित: ।
योनेर्योनिं भ्रमञ्चक्रे नरयोनिं तु लब्धवान् ।।
व्यथया क्लिशित: कश्चित्-कश्चिच्च जरया तथा ।
दैवस्य च यथाऽऽदेश: पतित: संकटे तथा ।।

फटका॰ हर यहाँ का नर दु:खी था, कर्म फलों को भोगता ।
नाना योनियाँ गुजर के उसको, मिला भूमि का लोग था ।।
किसी को व्यथा, किसी को जरा, किसी को लगा रोग था ।
किसी को गिला, किसी को मिला, यथा दैव का योग था ।।

(ततश्चिन्तातुरो नारद:)

केनोपायेन सर्वेषां निस्सन्देहेन सर्वथा ।
हरामि दु:खमेतेषां चिन्तयन्स्वर्गमागत: ।।

(इस तरह से चिन्तातुर नारद जी)

फटका॰ किस उपाय से नियत रूप से, दूर होंगे दु:ख सबके ।
सोच में पड़े नारद मुनि जी, विष्णु लोक में आ टपके ।।

(नारदस्य वीणां श्रुत्वा)

श्रुत्वा विणाध्वनिं तस्य विष्णुरुवाच नारदम् ।
किमर्थमद्य खल्वस्ति भवतः स्वर्गमागमम् ।।

(नारद जी की वाणी सुन कर श्री सत्य देव बोले)

फटका॰ सुन कर वीणा नारद जी की, श्री भगवन् ने उन्हें कहा ।
आज मुनीश्वर हेतु कौनसा, ले आया है तुम्हें यहाँ ।।

(नारदः प्रहसन्नुवाच)

प्रभुमुवाच भक्तः स महर्षिः प्रहसन्निव ।
भवान्स्वयं हि सर्वज्ञ एष प्रश्नः प्रभो कथम् ।।

(नारद जी बोले)

फटका॰ हँस कर मुनिवर बोले प्रभु से, जान कर क्यों अंजान यों ।
सरबस ज्ञाता स्वयं आप हैं, इस प्रश्न की फिर तान क्यों ।।

प्राणान्समर्पयित्वा ते तत्र भूमौ धनेच्छुकाः ।
काष्ठपुत्तलिकाक्रीडां तव क्रीडन्ति भूतले ।।
धृत्वा रज्जुं करे तेषां त्वं नर्तयसि मानवान् ।।
पुत्तल्यश्च नरा नार्याः मोहमायासमावृताः ।
भवतः पूजनेनैव लक्ष्मीरप्यस्ति पूजिता ।
नैतं ज्ञात्वा हि सत्यं वै लक्ष्मीमेवार्चयन्ति ते ।।
रहस्यमिति सामान्यं न ते जानन्ति पामराः ।
नरयोनिं परां प्राप्त्वा पापैर्दुःखे पतन्ति ते ।।

फटका॰ ऊपर लेटे आप यहाँ पर, लक्ष्मी जी हैं साथ में ।
भू पर नीचे खेल रचा कर, डोरी थामी हाथ में ।।
सब नारी नर उस धरती पर, अलक्ष्मी जी तरसाये हैं ।
खेल में लगे, सत्य भूल कर, मोह में भरमाये हैं ।।
जनम जनम के बाद में ऊँची, नर की योनि पाये हैं ।
फिर भी उन पर पाप करम से, दु:ख अनेकों छाये हैं ।।

मयि प्रभो कृपां कृत्वा भवान्वदतु मां खलु ।
तेषां दुःखानि दूराणि भविष्यन्ति कथं ननु ।।

उपायं क्वचिदेवं यो सर्वेषां सुलभो भवेत् ।
यं शक्नुवन्ति सर्वेऽपि कर्तुमकिञ्चना जनाः ।।

फटका॰ यदि कृपा है कहिये स्वामी, गम उनके कम कैसे हों ।
उपाय कोई सबके बस का, चाहे पास कम पैसे हों ।।

(नारदेन स सनातनः प्रश्नः पृष्टः)

वदतु व्रतमेकं मां यत्स्याच्छ्रेष्ठतमं भुवि ।
नराः सर्वेऽपि कृत्वा यं प्राप्स्यन्ति वै मनोरथम् ।।

(श्री नारद जी का वह सनातन प्रश्न)

फटका॰ कोई ऐसा एक व्रत कहो, जो श्रेष्ठ जाना जाएगा ।
जिसको करके नर धरती पर, फल इच्छित को पाएगा ।।

(श्रीविष्णुर्नारदमुवाच)

श्लोकः

(सुभाषितम्)

यदा यदा हि धर्मस्य हानिर्भवति नारद ।
अभ्युत्थानमधर्मस्य पृथिव्यां मम कर्म वै ।।

दोहा॰ **नारद! जग कल्याण का, तुमरा है उद्देश ।**
अतः कहूँ मैं आपको, बोले, श्री कमलेश ।।
भव भूतों के स्नेह की, सोचूँ मैं दिन रात ।
भक्त मेरे तुम हो, मुने! अतः कहूँ मैं बात ।।

भवतस्तात देवर्षे स्नेहः सत्योऽस्ति नारद ।
शोभनो भवतो हेतुः-भूतानां परमार्थकः ।।

(श्री विष्णु भगवान् का नारद मुनि को उत्तर)

फटका॰ हे वत्स नारद! भ्रमण विशारद! स्नेह तुम्हारा सच्चा है ।
भूत भले की भावना भरा, भाव तुम्हारा अच्छा है ।।

अहं हितं हि भूतानां चिन्तयामि दिवानिशम् ।
स्नेहपात्रो भवानस्ति कथयिष्यामि ते ततः ।।

फटका॰ जन हित का हल निस दिन हर पल, मैं भी सोचता रहता हूँ ।
मेरे प्रेम के पात्र तुम हो, अतः तुम्हें मैं कहता हूँ ।।

(स उपायः)

दुःखं कृत्स्नं कथं नश्येत्-उपायश्चिन्तितो मया ।

467

संतुष्टं मां च यः कुर्याल्लाभमिष्टं लभेत सः ।।

(वह उपाय)

फटका॰ उपाय ऐसा सोचा मैंने, जिससे कष्ट सब नष्ट हों ।
मुझे तुष्ट जो नर करेगा, लाभ उसको इष्ट हों ।।

बलशालि तदस्त्यैकं नारद सुगमं व्रतम् ।
सत्कर्मिणं नरं कुर्यात्सज्जनं सधनं तथा ।।

फटका॰ एक व्रत अति शक्तिशाली है, सुलभ है और सुगम भी है ।
प्रभाव जिसका नर को करता, सुधन है और सुजन भी है ।।

व्रतमिदं यथोक्तं यो नरो भूमौ करिष्यति ।
दुःखं हित्वा सुखं लब्ध्वा स्वर्गे तस्य गतिस्ततः ।।

फटका॰ सत्यव्रत को जो करेगा, विधि विधान से सर्ग में ।
जाएगा दुख, आएगा सुख, पाएगा पद स्वर्ग में ।।

सर्वश्रेष्ठमहंमन्ये व्रतमिदमसंशयम् ।
इतः श्रेष्ठं व्रतं नास्ति भुवि स्वर्गेऽपि नारद ।।

फटका॰ सबसे ऊँचा व्रत यही है, इस भरे संसार में ।
इससे बढ़ कर कोई व्रत नहीं, स्वर्ग के संभार में ।।

(ततो नारदो नाना प्रश्नान्पृष्टवान्)

व्रतमेतत्कदा कुर्यात्-फलं च लभते कदा ।
व्रतस्यास्य फलं किञ्च विधिस्तस्य च किं प्रभो ।।

(फिर नारद जी के कई प्रश्न)

फटका॰ सत्यव्रत को करता कौन है, फल में कल क्या भोग्य है ।
सत्यव्रत का विधि है कैसा, समय कौनसा योग्य है ।।
इसका बल क्या, इसका फल क्या, इससे कल क्या मिलता है ।
काम इससे किसका चलता, भाग्य किसका खिलता है ।।

(श्रीभगवानुवाच)

यशः ददाति भाग्यं च मानं पुण्यं ददाति यत् ।
प्रभावो मङ्गलः सुष्ठु शुभ एतस्य नारद ।।
ददाति सुखमोदौ च तापपापे व्यपोहति ।
सारमेतच्च सर्वेषां व्रतानां नात्र संशयः ।।

(श्री भगवान् ने बतलाया)

468

फटका० सत्यव्रत है यश का दाता, भाग्य जगाता आप है ।
मान बढ़ाता, पुण्य लगाता और भगाता पाप है ।।
सत्य का व्रत है सबका त्राता, सत् चित् करता आप है ।
आनंद वरता, हर्ष है भरता, हरदम हरता ताप है ।।
सत्य का व्रत सार है जाना, सभी व्रतों का आप है ।
इसीलिये है इसको माना, सभी व्रतों का बाप है ।।

(सत्यव्रतस्य विधिः)

पूजनं सत्यदेवस्य कुर्यात्सायं कदापि हि ।
बन्धुजनान्समाहूय करणीयं यथाविधि ।।

(व्रत का विधि)

फटका० सत्य का पूजन जिस किसी भी दिन, साँझ समय में प्यार से ।
बंधुजनों के साथ कीजिये, विधि विहित आचार से ।।

पक्वं रम्भाफलं दुग्धं गुडं वा शर्करां घृतम् ।
गोधूमशालिपिष्टं[10] वा सपादं परिमाणकम् ।।
एतानि सर्वभक्ष्याणि भक्तिभावेन नारद ।
मोहनभोगरूपेण नैवेद्यं परिपाचयेत् ।।
तीर्थांबु च दक्षिणां दत्वा प्रसादं च निवेदयेत् ।
तत्रैकाग्रं मनः कृत्वा सत्यनारायणं स्मरेत् ।।
कृत्वा कथां व्रतस्यास्य भक्तिगानादिकं चरेत् ।
एवं श्रद्धायुतो भूत्वा भुञ्जाच्च बन्धुभिः सह ।।

फटका० आटा दूध घी चीनी केले, सवा मान से लीजिये ।
भक्ति भाव को साथ मिला कर, नैवेद्य उत्तम कीजिये ।।
उस प्रसाद को पवित्र मन से, भक्तजनों को दीजिये ।
सत्य देव के नाम को लेकर, नीर तीर्थ का पीजिये ।।
विप्रजनों का लेकर आशिष, सत्य कथा को गाइये ।
भक्ति गान का श्रवण करके, कृपा प्रभु की पाइये ।।
अतिथिजनों के साथ बैठ कर, प्रीतिभोज को खाइये ।

---

[10] **शालीपिष्टम् :- शाली** = चावल; **पिष्ट** = आटा ।

स्मरण सत्य का करते करते, प्रेम से घर फिर जाइये ।।

(तर्हि रत्नाकर उवाच)

ध्येयमन्यव्रतानां यत्-सत्यनारायणस्य तत् ।
सत्यमवगतं येन चिन्ता तं नु करोति किम् ।।

(और, रत्नाकर कहते हैं)

फटका॰ अन्य व्रतों के ध्येय को देखा, सत्य व्रत का सो ही है ।
सत्य व्रत को जिसने सीखा, फिकर न फाँका कोई है ।।

अस्मिन्कलियुगे भूमौ सर्वस्य सुलभं व्रतम् ।
व्रतस्यास्य प्रभावेन वाञ्छितं लभते फलम् ।।

फटका॰ इस कलियुग में, इस धरती पर, हर कोई कर पाता है ।
सत्य व्रत से मन चाहा फल, हर कोई नर पाता है ।।

२. सत्यनारायण व्रत कथा, अध्याय दूसरा
काशी के पंडित की कथा

(पृष्ठत उपविष्टः सशंक उवाच)

यदि प्रभुर्मुनिं स्वर्ग उपायमुक्तवान्तदा ।
व्रतविधिस्ततो भूमावागतः स कदा कथम् ।।

(पीछे बैठे हुए सशंक जी फिर बोल पड़े)

फटका॰ माना मैंने, उपाय मुनि को, प्रभु जी ने था बतलाया ।
मगर प्रश्न है, विधि उस व्रत का, धरती पर किसने लाया ।।

प्रश्नं तस्यर्षयः श्रुत्वा उचूः सर्वे परस्परम् ।
व्रतविधिं ततस्तेन ह्यानीतो नारदेन स्यात् ।।

फटका॰ प्रश्न छात्र का सुन कर मुनिजन, बोल पड़े थे आपस में ।
व्रत भूमि पर नारद मुनि जी, लाये होंगे वापस में ।।

(ततो मुनिजनाः पृष्टवन्तः)

सूतो मुनैः पुनः पृष्टः को वाऽऽसीत्प्रथमो नरः ।
यो हि सत्यव्रतं कृत्वा सुखं स्वर्गं गतस्ततः ।।

(फिर मुनिजनों ने दूसरा प्रश्न पूछा)

फटका॰ मुनिजन बोले कहिये सूत जी, सबसे पहला कौन था ।
सत्य व्रत से फल पाकर जो, सुख शांति में मौन था ।।

470

(त्रयोरपि प्रश्नयोरेकमुत्तरम्)

साधु प्रश्नत्रयः पृष्टः सूत आह मुनीन्स्ततः ।
एकं ददाम्यहं तेषाम्-आकर्णयन्तु चोत्तरम् ।।

(दोनों प्रश्नों का एक उत्तर)

फटका॰ सूत जी बोले प्रश्न आपके, तीनों ही हैं ज्ञान के ।
उत्तर उनका एक ही दूँगा, सुनलो उसको ध्यान से ।।

(सूत उवाच)

भोः मुनयो भवन्तोऽद्य प्रेम्णा शृणुत तां कथाम् ।
व्रतस्यास्य प्रभावेन काश्या विप्रः परं गतः ।।

(सूत जी बोले)

फटका॰ हे ऋषि मुनियों प्रेम से सुनियो, कथा काशी के विप्र की ।
सत्यव्रत से धन सुख पाकर, विमुक्ति जिसने क्षिप्र की ।।

(काशिपुर्याः शतानंदद्विजस्य कथा)

एक आसीत्पुरा काश्यां नगर्यां विप्रनिर्धनः ।
व्याकुलो हि स क्षुत्तृड्भ्यां तत्र बभ्राम भिक्षुकः ।।
कदा नंक्ष्यन्ति दुःखानि मम सर्वाणि हे प्रभो ।
विचिन्त्येति दिवानक्तं क्रन्दति स्म स दुःखितः ।।

(शतानंद नामक काशी के विप्र की कथा)

फटका॰ पवित्र काशी नगरी में एक, विप्र निर्धन रहता था ।
भूखा प्यासा घूमता हुआ, दुःख अनेकों सहता था ।।
दूर होंगे दुःख गेरे कब, रोज प्रभु से कहता था ।
बुरे हाल यों सह कर उसकी, आँखों पानी बहता था ।।

(नारदः प्रभुमुवाच)

श्रुत्वाऽऽर्तां तस्य याञ्चां तां नारद आह हे विभो ।
विधिं व्रतस्य श्रीशब्दैर्विश्वं दत्तात्स्वयं भवान् ।।

(अतः नारद मुनि प्रभु से बोले)

फटका॰ सुन कर उसकी आर्त प्रार्थना, नारद बोले, दया निधान! ।
सत्य व्रत का विधि विश्व को, स्वयं आप ही करो प्रदान ।।

(ततः)

मुनेः स्तद्वचः श्रुत्वा नारायणः स्वयं ततः ।

निर्गत्य स्वर्गलोकाद्धि काश्यां श्रीविष्णुरागतः ।।

वृद्धद्विजस्य रूपेण विष्णुनारायणप्रभुः ।
काश्यां पुर्यां मिलित्वा तं स्नेहेनोवाच पण्डितम् ।।

(फिर)

फटका॰ सत्य व्रत के प्रभाव का एक, जगत को देने सत्य प्रमाण ।
वृद्ध द्विज के रूप में भगवन्, विप्र से मिलने हुए प्रयाण ।।
एक दिन भगवन् द्विज के रूप में, काशी नगर में उसे मिले ।
बड़े प्रेम से उस पंडित को, पास बिठा कर वे बोले ।।

(श्रीभगवान्तमुवाच)

क्षुधितस्तृषितो विप्र सकलं दिनमातपे ।
मार्गात्मार्गं किमर्थं भोः एवं भ्रम्यसि पत्तने ।।

(श्री भगवान ने उसे पूछा)

फटका॰ यों नगरी में क्यों फिरते हो, भूखे प्यासे गली कुची ।
द्विजवर मुझको सब कुछ कहिये, इतने क्यों हो दीन दुःखी ।।

(निर्धनः पण्डित आह)

प्रभो भिक्षुर्दरिद्रोऽहं भ्रम्यामि वै गृहाद्गृहम् ।
ब्रूहि कश्चिदुपायं मां मुक्तिर्दुःखाद्भवेत्कथम् ।।

(गरीब पंडित बोला)

फटका॰ पंडित बोला मैं निर्धन हूँ, भीख माँगता फिरता हूँ ।
उपाय कोई कहिये प्रभु जी! विनती आपसे करता हूँ ।।

(द्विजरूपः प्रभुरुवाच)

प्रभुर्ब्रूते नु भिक्षुं तं सत्यनारायणव्रतम् ।
पूजा तस्य प्रसादश्च दुःखानि हरतः सदा ।।

(द्विज रूप वाले भगवान् ने फिर कहा)

फटका॰ सत्यनरायण विष्णु भगवन्, मन चाहा फल दाता हैं ।
पूजा उनकी और प्रसाद से, हर दुःख नर का जाता है ।।

(अर्थात्)

लक्ष्मीनारायण सत्यसाईं, नर का घर भर देते हैं ।
पूजन उनका और सत्यव्रत, दुःख नर का हर लेते हैं ।।

(ततः)

ततो व्रतविधिं कृत्स्नं विप्रमुक्त्वा च स्नेहतः ।
वृद्धद्विजावतारात्स तिरोहितोऽभवत्प्रभुः ।।

(फिर)

फटका॰ उस पंडित को बड़े प्रेम से, कह कर व्रत का विधि विधान ।
बूढ़े द्विज के रूप में भगवन्, हुए वहाँ से अंतर्धान ।।

(तदा तत् श्रुत्वा सशंकः चिन्तितवान्)

तदाकर्ण्य सशंकस्त्वचिन्तयत्स्वगतं तदा ।
विना धनं विधिं ज्ञात्वा विप्रः स किं करिष्यति ।।

(तब सशंक ने मन ही मन सोचा)

फटका॰ स्वर्ग गये जब सत्य प्रभु जी, सशंक ने सोचा ऐसे ।
विधि जान कर क्या कर लेगा, भिखारी पंडित, बिन पैसे ।।

(किन्तु तत एवमभवत्)

सत्यव्रतमहं श्वो हि करिष्यामि विचिन्त्य सः ।
प्रभुं सस्मार शय्यायां यावन्नक्तमनिद्रितः ।।

(मगर फिर हुआ ऐसे)

फटका॰ सत्य व्रत मैं कल ही करूंगा, इस विचार में लगा हुआ ।
निंदिया खोकर सोचता रहा, बहुत रात तक जगा हुआ ।।

जागरितः स शीघ्रञ्च सत्यमनुस्मरन्प्रगे ।
व्रतं सायं करोमीति बुद्ध्वा भिक्षां गतः पुरम् ।।

फटका॰ स्मरण सत्य का किये सवेरे, विप्र उठा होली-होली ।
व्रत संध्या को करूँगा, कह कर, शहर गया लेकर झोली ।।

(सायम्)

सोऽद्येश्वरकृपां भुक्त्वा प्राप्तवान्पुष्कलं धनम् ।
गृहे सायं व्रतं तेन कृतं च बन्धुभिः सह ।।

(इस तरह से भजन गाते हुए सायंकाल में)

फटका॰ प्रभु की माया, आज था आया, पैसा उसके हाथ में ।
फिर संध्या को व्रत मनाया, बन्धुजनों के साथ में ।।

स च पुण्यप्रसादेन निर्धनः सधनो गतः ।
सत्यभक्तः स विप्रो हि सर्वदुःखाद्विमोचितः ।।

सत्यव्रत के शुभ प्रभाव से, धन दौलत से युक्त हुआ ।

सत्य भक्त वो द्विजवर पंडित, सब दु:खों से मुक्त हुआ ।।

प्रतिमासं ततस्तेन व्रतं कृतं यथाविधि ।
प्रसादस्य प्रभावेन मोक्षं स प्राप्तवान्स्ततः ।।

फटका॰ हर महीने फिर उस पंडित ने, किया व्रत यथा शक्ति से ।
सब पापों से मुक्ति पाकर, मोक्ष मिलाया भक्ति से ।।

(सूतमुनिस्तत आह)

भोः ऋषिमुनयस्तर्हि भक्त्या शृण्वन्तु मे वचः ।
सत्यभक्तस्य पापानि विनश्यन्ति स्वयं सुखम् ।।

(सूत जी ने फिर बताया)

फटका॰ हे ऋषि मुनियों बात सुनियो, जो कहता हूँ आप से ।
सत्य भक्त के सब दु:ख जाकर, वह छूटता है पाप से ।।

(अर्थात्)

सत्य व्रत को नित्य जो करे, सब दु:ख उससे परे रहें ।
इस धरती पर दिन उस नर के, सभी सुखों से भरे रहें ।।

(ततः सूतं मुनयः पृष्टवन्तः)

श्रुत्वा विप्रात्ततः केन व्रतं कृतं यथाविधि ।
कथय तन्मुनिवर्य यदि स्मरसि सद्गुरो ।।

(फिर, ऋषियों ने सूत जी से पूछा)

फटका॰ उस पंडित से सुन कर किसने, व्रत किया था बाद में ।
कहिये सूत जी, हम सुनेंगे, यदि है आपकी याद में ।।

(सूत उवाच)

भोः ऋषिमुनयः प्रेम्णा शृणुध्वं तां कथां पुराम् ।
द्विजेन सह संवादं काष्ठिकस्य स्मरामि तम् ।।

(सूत जी ने कहा)

फटका॰ हे ऋषि मुनियों प्यार से सुनियो, मुझे अभी भी याद है ।
उस पंडित का लकड़हारे से, मन मोहक संवाद है ।।

लकड़हारे की कथा

(एवमेव यदा स पण्डितः कथां गायति स्म तदा)

द्विजवरः कदाचित्स गायति स्म कथां गृहे ।

गच्छति स्म बहिर्विथ्यां काष्ठिकश्चाति निर्धनः ।।

(इस तरह से)

फटका॰ एक दिन घर में सत्य कथा को, पंडित जब था गा रहा ।
बाहर रस्ते एक अकिंचन, लकड़हारा था जा रहा ।।

स्वादुं सत्यकथां श्रुत्वा स द्वारं समुपागतः ।
पावनं नाम सत्यस्य तस्याकृषच्च मानसम् ।।

फटका॰ सुन कर प्यारा गान सत्य का, वह फाटक में आगया ।
द्विज के मुख से नाम सत्य का, मन पर उसके छागया ।।

तिष्ठन्स्तत्रैव मुग्धः स शृण्वँल्लीनोऽभवत्कथाम् ।
परन्तु काष्ठभारस्तम्-अददन्मस्तके व्यथाम् ।।

फटका॰ खड़ा खड़ा वो मुग्धसा होकर, मनआनंद था ले रहा ।
भारी काष्ठ का सिर का बोझा, कष्ट मगर था दे रहा ।।

(ततः अचानक् सः)

भारं हित्वा ततो भूमौ अतिथिरभवद्व्रते ।
मग्नोऽभवत्कथां श्रृण्वन् काष्ठिकः स महाजनाः ।।

(फिर अचानक वह)

फटका॰ सिर से बोझा नीचे रख कर, व्रत में अतिथि होगया ।
सत्य कथा को सुनते सुनते, वहाँ अचानक खोगया ।।

दरिद्रः क्षुधितस्तत्र श्रुतव्रतः स काष्ठिकः ।
चरणौ विप्रवर्यस्य दण्डवत्प्रणतिं गतः ।।

भूखा प्यारा पीड़ित तन का, मन था जिसका बैठ गया ।
वह अतिथि, बाद कथा के, द्विजचरणों में लेट गया ।।

नत्वा स द्विजमपृच्छत् कस्यास्त्यैष विधिर्प्रभो ।
अस्मात्किं फलमायाति ब्रूहि तन्मे सविस्तरम् ।।

फटका॰ प्रणाम करके द्विज से बोला, कृपा कीजिये, दयानिधे! ।
इस व्रत से क्या फल मिलता है, किस व्रत का है यह विधि ।।

(पण्डित उवाच)

व्रतं तस्मै नु सत्यस्य भावोऽस्ति हृदि यस्य हि ।
प्रभावश्च व्रतस्यास्य पूरयति मनोरथम् ।।

(पंडित ने बताया, यह सत्य का व्रत है)

फटका० सत्य व्रत है उसी के लिये, जिसके मन में भाव है ।
मन की माँगें पूरीं कर दे, ऐसा इसमें प्रभाव है ।।

एककाले दरिद्रोऽहम्-आसं त्वत्तोऽप्यकिञ्चनः ।
व्रतस्यास्य प्रसादाद्धि लक्ष्म्याः प्रीतिः स्थिरा मयि ।।

फटका० किसी काल में मैं निर्धन था, तुझसे भी था गरीब मैं ।
व्रत इसी का प्रसाद पाकर, अब लक्ष्मी के करीब मैं ।।

(ततः)

श्रुत्वा सुखमुपायं तं सोऽभवद्धर्षितो हृदि ।
प्रसादतीर्थपानादिं स्वीकृत्य गृहमागतः ।।

(फिर)

फटका० उस पंडित से उपाय सुन कर, वह था मन में हरषाया ।
प्रसाद खाकर, तीर्थपान कर, सत् गुण गाता घर आया ।।

(ततश्च स रात्रौ चिन्तितवान्)

काष्ठं विक्रीणनद्याहं सहे कष्टानि सर्वशः ।
व्रतं सायं करिष्यामि दद्यादिष्टं हि यत्फलम् ।।

(और फिर रात में सोचने लगा)

फटका० दिन भर चल कर काष्ठ बेचूँगा, चाहे जितने कष्ट हों ।
यथा शक्ति फिर व्रत करूँगा, फल देता जो इष्ट हो ।।

यावन्नक्तं स्मरन्सत्यं शीघ्रं स जागृतोऽभवत् ।
प्रातश्शुद्धं मनः कृत्वा नगरं स गतस्ततः ।।

फटका० नाम सत्य का लिये रात भर, उठा सवेरे जल्दी से ।
काष्ठ बेचने निकला घर से, पवित्र होकर हल्दी से ।।

महापुरं गतो यत्र मूल्यं यच्छन्ति श्रीमतः ।
प्राप्तवाप्रचुरं द्रव्यं यथा भगवतः कृपा ।।

फटका० बड़े शहर में गया जहाँ पर, कीमत का नहीं बंधन था ।
काष्ठ वहाँ पर बेचके उसको, आज मिला दुगुना धन था ।।

सत्यस्य मायया तस्य श्रद्धाहर्षाववर्धताम् ।
व्रतस्य निश्चयस्तस्य सुदृढश्चाभवत्तदा ।।
गुडं गोधूमचूर्णं च दुग्धं रम्भाफलं घृतम् ।
क्रीत्वा च गृहमागत्य स सायमकरोद्व्रतम् ।।

पूजां कृत्वा यथाशक्ति कथां च बन्धुभिः सह ।
प्रसादं भोजनं प्रीत्या प्राप्त्वा सर्वे गृहं गताः ।।

फटका० आटा चीनी दूध घी केले, सब लेकर जब घर आया ।
हर्ष से भरा मन था उसका, पुलकित उसकी थी काया ।।
यथा शक्ति सब विधि से करने, साँझ समय में सबके साथ ।
बन्धुजनों के साथ बैठ कर, सत्य प्रभु को जोड़े हाथ ।।
सत्य कथा को सबने गाकर, सत्य देव का भजन किया ।
सबने मिल कर सत्य देव के, नाम स्मरण से यजन किया ।।
प्रसाद खाकर तीर्थपान कर, प्रीतिभोज में स्थान लिया ।
प्रसन्न मन से अपने अपने, घर सबने प्रस्थान किया ।।

(ततः)

ततः सर्वाणि कर्माणि सत्यस्य नाम्नि चाकरोत् ।
रब्धं तस्य दिनं स्मृत्वा लक्ष्मीनारायणप्रभुम् ।।

(उसके बाद)

फटका० उस दिन से फिर काम हर किया, सत्य देव के वंदन से ।
सत्य कृपा से अल्प काल में, मुक्त हुआ सब बंधन से ।।

(ततश्च)

प्राप्ता प्रभोः कृपा तस्मात्-लक्ष्म्याश्च धनसम्पदौ ।
ततः मानं च विश्वे स स्वर्गे च पदमव्ययम् ।।

(अर्थात्)

गतानि सर्वदुःखान्यवशिष्टानि सुखानि नु ।
पुत्रपौत्रादयः प्राप्ताः स्वर्गं च लब्धवान्ततः ।।

(और फिर)

फटका० नारायण से कृपा मिली और, लक्ष्मी से धनवान बना ।
जग में उसको मान मिला और स्वर्ग में उसका स्थान बना ।।
सब दुख उसके नष्ट हो गये, केवल सुख का नाम था ।
पुत्र पौत्र के लाड़ प्यार में, स्वर्ग में उसका धाम था ।।

(वीणापाणिः नारदः प्रविशति)

नारायण! नारायण!

(स्वगतम्)

विचित्रः खलु अस्य जगतः जनानां व्यवहारः!
अवश्यंभाविनं मुत्युं जानन्तोऽपि एते जनाः मोक्षोपायं कदापि न चिन्तयन्ति ।
अर्थकामार्जने मग्नाः न स्मरन्ति धर्मं न वा मोक्षम् ।

(निश्वस्य)

कथं वा एतेषां अभ्युदयः स्यात् ...?
केवलं सांसारिकविषयान् एव ध्यायतः परब्रह्मविचारम् अकुर्वतः
एतान् पश्यतः मम मनः विषादम् अनुभवति ।
प्रायः लोके सर्वेऽपि जनाः एवमेव व्यवहरन्ति ।

३. सत्यनारायण व्रत कथा, अध्याय तीसरा
भद्रशीला के उल्कामुख की कथा

(सूतस्तत उवाच)

भोः ऋषिमुनयोऽग्रे च शृणुध्वमपरां कथाम् ।
उल्कामुखस्य राजानो विदुषश्च पुरातनाम् ।।

(सूत जी ने फिर कहा)

फटका॰ हे ऋषि मुनियों आगे सुनियो, तीसरी कथा ध्यान से ।
उल्कामुख की, नृप जो सनातन, परम श्रेष्ठ था ज्ञान से ।।

ज्ञानी दानी प्रजाप्रेमी सत्यभक्तश्च सद्गुणी ।
कुशलबुद्धिरासीत्स सत्यवानात्मनिग्रही ।।

फटका॰ वह ज्ञानी था आत्मसंयमी, सत्य वचनी राजा था ।
वह दानी था प्रजा का प्रेमी, सद्‌गुणों से साजा था ।।

(अर्थात्)

मनोनिग्रही सत्य वचनी, राजा दिल का दानी था ।
कुशल बुद्धि में सत्यभक्ति में, न कोई उसका सानी था ।।

भार्या तस्य पतिव्रता नारी साऽतीव सुंदरी ।
यथा राजा तथा राज्ञी भक्तियुक्ता च श्रीमती ।।

फटका॰ भार्या उसकी अति सुंदर थी, कमल सी कली प्यारी थी ।
मन मोहक थी, पतिव्रता थी, श्रद्धा वाली नारी थी ।।

(एकदा)

एकदा सत्यभक्तौ तौ भद्रशीलानदीतटे ।

सत्यव्रतं यथानित्यम्-आचरतः स्म श्रद्धया ।।

(एक दिन)

फटका॰   राजा रानी श्रद्धा वाले, भक्त सत्य के गहन थे ।
         भद्रशीला नदिया तट पर, एक दिन व्रत में मगन थे ।।

(तत एव)

■ तस्यां नद्यां तदा तस्माद्गच्छति स्म स्वनौकया ।
व्यापारव्यवहारार्थं साधुनाम्नो वणिग्महान् ।।

(तभी उस समय)

फटका॰   उसी समय पर उस नदिया से, एक वणिक् था आगया ।
         साधु नाम था उसका फिर भी, धन बहुत था पागया ।।

■ दूरतो हि नृपं दृष्ट्वा नौका तीरे निवेशिता ।
राजानमुपसङ्गम्य साधुर्वचनमब्रवीत् ।।

फटका॰   दूर से उसने नृप को देखा, और वहाँ पर रुक गया ।
         नदी किनारे नाव लगा कर, नृप के आगे झुक गया ।।

■ सविनयं च राजानम्-उक्तवान्स महाजनः ।
कस्य व्रतं प्रभोरेतद्-एतस्यास्ति च किं फलम् ।।

फटका॰   बड़े विनय से फिर वह बोला, स्वामी आप क्या कर रहे ।
         भक्तिपूर्ण इस पूजापाठ से, देव कौनसा वर रहे ।।

(उल्कामुख उवाच)

■ पुत्रप्राप्तिनिमित्तेनैतद्विष्णोः क्रियते व्रतम् ।
फलं ददाति योग्यं च पापं हन्ति च सर्वशः ।।

(राजा ने बताया)

फटका॰   पुत्र प्राप्ति की इच्छा से यह, व्रत विष्णु का होता है ।
         इस व्रत के शुभ प्रसाद से नर, सब पापों को धोता है ।।

(साधुरुवाच)

■ व्रतमेतत्करिष्यामि पुत्रप्राप्ते प्रजापते ।
वदतु मे विधिं तस्य सविस्तरं यथातथा ।।

(साधु वणिक् ने कहा)

फटका॰   पुत्र प्राप्ति का व्रत मैं करूँगा, कल सफल निस्तार से ।
         कहिये स्वामी विधि इस व्रत का, मुझे सकल विस्तार से ।।

(व्रतस्य विधिं श्रुत्वा साधुरचिन्तयत्)

◼ **अहमपत्यमिच्छाम्युपायमपि च प्राप्तवान् ।**
विचिन्त्येति स साधुस्तु ततश्च गृहमागतः ॥

(व्रत का विधि सुन कर साधु ने अपने मन में कहा)

फटका० मुझको भी संतान चाहिये, उपाय अब मैं पागया ।
इस विचार में साधु वहीं से, घर वापस था आगया ॥

◼ **चिन्ताऽधुना न काचिद्धि पत्नीमाह प्रतिज्ञया ।**
व्रतमहं करिष्यामि प्राप्स्यामि सन्ततिं यदा ॥

फटका० पत्नी से फिर सहर्ष बोला, अब तुम्हें अप्रसन्नता न हो ।
प्रण है मेरा व्रत मैं करूँगा, जभी हमें सन्तान हो ॥

(श्रुत्वा सा पत्युः पुण्यशब्दान्)

◼ **उपायं प्रसृतेः श्रुत्वा चित्तज्योतिः प्रकाशिता ।**
रता सा पतिसेवायां लीलावती ततोऽभवत् ॥

(पति के पवित्र शब्द सुन कर)

फटका० पुत्रप्राप्ति का उपाय सुन कर, ज्योति चित्त में जग गयी ।
लीलावती फिर हुलसित होकर, पतिसेवा में लग गयी ॥

◼ **अल्पेष्वेव दिनेषु सा संजाता गर्भधारिणी ।**
वार्तां ज्ञात्वा पुरं सर्वं साधुश्च मुदितोऽभवत् ॥

फटका० अल्प दिनों में सत्य कृपा से, भारी होगये उसके पाँव ।
मुदित होगया साधु वणिक् फिर, खबर जान कर सारा गाँव ॥

(ततः)

◼ **भार्या सा नवमे मासे कन्यारत्नमजीजनत् ।**
शुक्लपक्षे यथा चन्द्रो ववर्ध सा दिने दिने ॥

(फिर)

फटका० नौ मासों में लीलावती की, नन्ही कन्या आयी थी ।
शुक्ल पक्ष के चाँद की भाँति, सबके मन को भायी थी ॥

◼ **अप्सरा सदृशी कन्या नाम दत्ता कलावती ।**
मात्रा पित्रा च स्नेहेन सत्यनारायणेन च ॥

फटका० चंद्रमुखी उस कन्या रत्न का, नाम करण विधि किया गया ।
चंद्रकला सी नन्ही परी को, नाम कलावती दिया गया ॥

(तदा)

ततो लीलावती प्राह मधुशब्दैः पतिं प्रभो ।
न करोति कथं साधो पुरा सङ्कल्पितं व्रतम् ।।

(तब)

फटका० लीलावती ने साधु वणिक् से, हँस कर पूछा तब उस दिन ।
सत्यव्रत का वचन पुराना, पूरा होगा अब किस दिन ।।

साधुराह त्वरा नास्ति चिन्ता माऽस्तु व्रतस्य वै ।
तद्भविष्यति कन्याया विवाहसमये प्रिये ।।

फटका० साधु बोला होगा व्रत फिर, मुझको क्या है अब जल्दी ।
करूँगा व्रत मैं शुभविवाह में, लगेगी इसको जब हल्दी ।।

पत्नीमाश्वासयामासानृतेन वचनेन सः ।
पण्यार्थं च गतो देशं कृत्वा देवं च कोपिनम् ।।

फटका० वचन इस तरह देकर फिर से, पत्नी को चुप कर गया ।
धंधा करने शहर गया और, फिर वादे से मुकर गया ।।

(एकदा ततो दीर्घसमयेन)

कन्यां तां युवतीं दृष्ट्वा स्मारो जातो व्रतस्य तम् ।
व्रतं परिणये पुत्र्याः तेन सङ्कल्पितं पुनः ।।

(और फिर लंबे समय के बाद, एक दिन)

फटका० कन्या रानी युवती जब हुई, एक दिन व्रत की आयी याद ।
मन में बोला, व्रत मैं करूँगा, अब इसकी मंगनी के बाद ।।

(तर्हि)

प्रेष्टवान्वरमन्वेष्टुं काञ्चननगरीं चरम् ।
आदिष्टवांश्च दूतं स कुलीनो वणिकस्तु सः ।।

(इस लिये)

फटका० उस कन्या की शादी करने, कांचन नगरी भेजा दूत ।
श्रेष्ठ गुणों का वर ढूँढ़ो तुम, किसी वणिक् का सोना पूत ।।

(अतः सत्यश्रीश्चिन्तितवन्तः)

व्रतं पुत्र्या विवाहे स बुद्ध्वा करिष्यतीति हि ।
सत्यः पुनः कृपां कृत्वा दत्तवान्वरमुत्तमम् ।।

(फिर भगवान ने सोचा)

फटका॰ कन्या की शादी में साधु, व्रत करेगा, सोच कर ।
सत्य देव ने पुनः कृपा कर, उसे दिलाया उत्तम वर ।।

(ततः केचन् दिनपश्चात्)

शोभनो वर आनीतो भद्रो दूतेन पण्यकः ।
तत्र यः कृपया लब्धः लक्ष्मीनारायणस्य हि ।।

(और फिर कुछ दिनों के बाद)

फटका॰ सत्य कृपा से वहाँ पर मिला, वणिक् पुत्र एक सुंदर सा ।
पण का ज्ञानी, धन का दानी, मन का जानी, चंदर सा ।।

दृष्ट्वा भद्रं वणिक्पुत्रं साधुः स्वीकृतवान्द्रुतम् ।
सर्वानाहूय पुत्र्याः स विवाहं कृतवाञ्शुभम् ।।

फटका॰ पुत्र सयाना देखके उसने, प्रसन्नता से हाँ कर दी ।
बंधुजनों को न्यौता देकर, बेटी की कर दी शादी ।।

(तदा लीलावती पुनः पृष्टवती)

कन्या प्राप्ता, धनं प्राप्तं, जामाताऽपि च शोभनः ।
यस्यैतत्कृपया लब्धं व्रतं तस्य भवेत्कदा ।।

(तब कलावती ने फिर से पुछा)

फटका॰ कन्या हो गई, शादी हो गई, दमाद मिला इतना अच्छा ।
धन भी पाया, प्रभु की माया, व्रत की होगी कब इच्छा? ।।

(व्रतस्य पणं स्मृत्वा साधुरुवाच)

सर्वमिदं मया प्राप्तं मात्रव्रतप्रतिज्ञया ।
तर्हीदानीं व्रतं कृत्वा प्राप्तव्यं किं मयाऽधिकम् ।।

(साधु व्रत के प्रण को याद करते हुए बोला)

फटका॰ सब कुछ पाया विना ही व्रत के, केवल प्रण की युक्ति से ।
व्रत करके अब क्या है मिलना, प्रभु की ज्यादा भक्ति से ।।

एवमुक्त्वा तदा भार्यां प्रचुरमससान्त्वयत् ।।
सत्यप्रभुस्तु साश्चर्यं पश्यन्नासीद्वचोघ्नकम् ।।

फटका॰ इतना कह कर टाल गया गया था, वह वादा व्रत का फिर से ।
देख प्रभु फिर असंतुष्ट थे, वादा तोडू काफिर से ।।

(कथाया एवं दृश्यं दृष्ट्वा सशंकोऽचिन्तयत्)

सशङ्कस्तु तदा मेने किंविधमागतः क्षणः ।
वचनभङ्गिने नास्ति दण्डं साकं प्रभोरपि ।।

(कथा का यह दृश्य देख कर हैरान हुए सशंक जी ने)

फटका॰ सशंक जी ने मन में सोचा, क्षण कितना बेचारा है ।
उस झूठे को सबक सिखाने, प्रभु के पास न चारा है ।।

(ततः किमभवत्)

साधुस्तत्र पुरे रम्ये-एकस्मिन् स्थितवान्गृहे ।
सार्धमासीत्स जामाता व्यापारज्ञानमर्जितुम् ।।

(बाद में क्या हुआ)

फटका॰ एक दिन साधु धंधा करने, दूर देश को चला गया ।
दमाद को भी काम सिखाने, अपने पण में मिला लिया ।।

रत्नसारे पुरे रम्ये-एकस्मिन्स गृहे स्थितः ।
सत्यस्य कृपया तेन तत्रार्जितं धनं भृशम् ।।
स्मृतः प्रभुर्न तत्रापि न च तेन कृतं व्रतम् ।
पापाचारं पुनः कृत्वा तेन च कोपितः प्रभुः ।।

फटका॰ रम्य नगरी रत्नसार में, साधु वणिक् ने घर लिया ।
सत्य देव की पूर्व कृपा से, धन इकट्ठा कर लिया ।।
हीरे मोती चाँदी सोना, अपने घर में भर लिया ।
स्मरण सत्य का फिर भी न करके, पातक सिर पर धर लिया ।।

रत्नसार के चंद्रकेतु की कथा

(अन्यत्र रत्नसारे)

राज्ञश्च रत्नसारस्य चन्द्रकेतोः महीपतेः ।
पार्श्वे पुरस्य प्रासाद आसीत्खल्वति शोभनः ।।

(उधर उसी नगरी में)

फटका॰ रत्नसार का महाराजा था, चंद्रकेतु शुभ नाम का ।
उस नगरी की दूसरी तरफ, सुंदर उसका धाम था ।।

चन्द्रकेतोः पुरे पुण्ये साधुना पातकं कृतम् ।
पापिनं शप्तवान्स्तर्हि सत्यनारायणः प्रभुः ।।

फटका॰ चंद्रकेतु के पूज्य राज्य में, उस साधु ने पाप किया ।
प्रणपतित उस पापी वणिक को, सत्य देव ने शाप दिया ।।

विस्मृतवान्व्रतं तस्मात्-तुभ्यं दण्डं ददाम्यहम् ।
स्मरसि चेत्करोषि तत्-तदा मुक्तिमवाप्स्यसि ।।

फटका॰ धन दौलत जो कमाई तूने, सब खोएगा अपने आप ।
कठिन भयानक दु:ख अनेकों, तेरे तन को देंगे ताप ।।

साधोर्भाग्यं ततः शीघ्रं तथैव परिवर्तितम् ।
यथाऽऽसीत्प्रभुणा शप्तं लक्ष्मीनारायणेन हि ।।

फटका॰ भाग्यवश फिर हुआ वही था, वचन सत्य का असत् नहीं था ।
राज महल तो दूर कहीं था, मगर भाग्य ने लिखा यही था ।।

मध्यरात्री महाचौराः प्राविशन्राजमंदिरम् ।
चोरयित्वा धनं तस्यागूहन्व्यापारिणो गृहे ।।

फटका॰ रात में इक दिन चोर घुस गये, चंद्रकेतु के भवन में ।
चोरी करके चोर छुप गये, साधु वणिक् के सदन में ।।

शीघ्रमनुगतास्तत्र सदण्डा रक्षका यदा ।
भीताश्चोरा धनं तत्र त्यक्त्वा ततः पलायिताः ।।

फटका॰ सिपाही सैनिक डंडे लेकर, उनके पीछे निकले थे ।
उन्हें देख कर डर के मारे, चोरों ने दम निगले थे ।।

महार्घान्हीरकान्प्राप्य साधुरतीव हर्षितः ।
विनाव्रतमहो भाग्यं धनाढ्योऽहमचिन्तयत् ।।
यदा ते रक्षकाः सर्वे गृहं तस्य समागताः ।
हीरका मौक्तिकाः स्वर्णं तत्र हस्तगतं खलु ।।

फटका॰ लेकिन क्षण में सिपाही आये, उसके घर के आगे थे ।
वणिक् सदन से हीरे मोती, हाथ में उनके लागे थे ।।
हीरे मोती वहीं छोड़ कर, चोर डर कर भागे थे ।
हीरे पाकर साधु समझा, नसीब उसके जागे थे ।।

साधोरपि धनं हृत्वा रक्षकास्तमपीडयन् ।
रज्ज्वा बद्धा ततस्तौ ते नृपसमक्षमानयन् ।।

फटका॰ सिपाहियों ने धन साधु का, छीन कर छल बड़ा किया ।
फिर दोनों को डोर बाँध कर, नृप के आगे खड़ा किया ।।

(ततः रक्षका नृपमुचुः)

चौर्यधनं भृशं प्राप्तम्–ऊचुस्ते रक्षका नृपम् ।
गृहादेतस्य प्रच्छन्नम्–आसीत्पश्यतु तद्भवान् ।।
दण्डयित्वा धनं तस्य कोशागारे च स्थापयेः ।
बद्ध्वा एतौ महादुर्गे कारागारे च प्रेषताम् ।।

(फिर राजा से सिपाही बोले)

फटका० सिपाही बोले, इनके घर में, माल बहुत था भरा हुआ ।
चोरियों से धन ला ला कर, जमा सदन में करा हुआ ।।
धन चोरी का छीनो इसका, राजकोष में रखवा दो ।
मारो पीटो कैद में ड़ालो, फल चोरी का चखवा दो ।।

(अतः)

रक्षकास्तौ ततो बद्ध्वा ताडयित्वा पुनः पुनः ।
तयोरपि धनं हृत्वा कारागारे च न्यक्षिपन् ।।

(इस लिये)

फटका० सिपाहियों ने मार पीट कर, फल चोरी का चखवाया ।
चंद्रकेतु ने बिना सोच कर, धन भी उसका रखवाया ।।
उन दोनों की एक न सुन कर, महादुर्ग में भेज दिया ।
बंदीगृह में ड़ालदो इनको, हुकूम अपना तेज दिया ।।

(एतच्छ्रुत्वा सशंक उवाच)

एष वा कीदृशो न्यायः सशङ्को विस्मितोऽभणत् ।
अल्पाया विस्मृतेर्घोरो दण्डस्तु शक्यते कथम् ।।

(यह सुन कर सशंक जी फिर बोल पड़े)

फटका० सशंक जी ने बीच में पुछा, यह क्या प्रभु का न्याय है ।
भूला व्रत की याद वणिक् तो, इतना क्यों अन्याय है ।।

(तच्छ्रुत्वा क्षुब्धान् मुनीः सूत उवाच)

श्रुत्वा तत्तु मुनीन्मुग्धान्दृष्ट्वा सूत उवाच तान् ।
विस्मृतमस्ति क्षन्तव्यं न स्वेच्छया पुनः कृतम् ।।
या प्रतिज्ञा कृता तेन वारं वारं च स्वेच्छया ।
अवहेला तु तस्या वै मन्तव्या विस्मृतिः कथम् ।।

(वह सुन कर क्षुब्ध मुनियों को सूत जी ने समझाया)

फटका॰ सशंक जी ने ठीक ही कहा, क्षमस्व प्रामाणिक भूल हो ।
मगर नित्य जो वादा तोड़े, उस झूठे को शूल हो ।।

(तर्हि)

यावत्स्नेहः प्रभोः स्निग्धः प्रभुस्तावद्धि कोपिनः ।
राजा क्षणेन रङ्कोस्ति रङ्कस्तावद्भवेन्नृपः ।।

(अतः)

फटका॰ स्नेह सत्य का जितना मीठा, क्रोध भी उतना तीखा है ।
पल में भिक्षुक राजा बनता, राजा मरता भूखा है ।।

(तच्छ्रुत्वा सशङ्कः सूतमप्रच्छत्)

सशंको लज्जया ब्रूते पृष्टुमिच्छामि त्वां मुने ।
प्रश्ना मनसि ये जाता यदि हि स्वीकृतिर्भवेत् ।।
अज्ञानं च प्रमादं च सूतदेव क्षमस्व मे ।
व्रतं किं च प्रणः कश्च ज्ञातुमिच्छामि सद्गुरो ।।
प्रणस्य वा व्रतस्यास्य भंगः पापं भवेत्कथम् ।
किं व्रतमनिवार्यं वा ब्रूहि तन्मे सुनिश्चितम् ।।

(वह सुन कर सशंक जी ने कहा)

फटका॰ सूतदेव जी कृपा कीजिये, प्रमाद मेरा क्षमस्व हो ।
व्रत क्या होता? प्रण क्या होता? व्याख्या देकर मुझे कहो ।।
व्रतभंगी को, प्रणपतित को, प्रभु पाप क्यों देते हैं ।
व्रत के विधि का पालन करना, नियत कर्म क्यों होता है ।।

(सूत उवाच)

फलेच्छुकाः मुमुक्षवः प्रभोः कृपाभिलाषिनः ।
अंगीकुर्युर्व्रतं पुण्यं सत्यनारायणस्य हि ।।
व्रतं वै स्वेच्छया कार्यं चेद्वाञ्छिता प्रभोः कृपा ।
विधिस्तस्यानिवार्यस्तु व्रतमङ्गीकृतं यदि ।।

(सूत जी ने समझाया)

फटका॰ मोक्षाकांक्षी फलाभिलाषी, ईश्वरभक्ति जिन्हें वहीं ।
व्रत करते हैं स्वेच्छा से सब, वादा तोडू लोग नहीं ।।
कोई वादा, बिना हि बाधा, अंगीकारना है प्रण जाना ।
अनुष्ठान के नियतरूप को, स्वीकृत करना व्रत माना ।।

प्रभु की कृपा जिसे चाहिये, व्रत स्वेच्छा से वही करे ।
प्रभु के विना जिसको जीना, व्रत का प्रण वह नहीं करे ।।
व्रत का प्रण जो करता उसको, विधि से करना होता है ।
व्रत विधि-पूर्वक ना करने से, नर व्रत का फल खोता है ।।

(तत्र रत्नपुर्यां नगर्याम्)

◼ लीलावतीकलावत्यौ तेन शापेन पीडिते ।
चौरैरपहृतं सर्वं गृहमागत्य लुण्ठकै: ।।

(उधर रत्नपुरी में)

फटका०   लीलावती भी दु:खी हो गई, उसी शाप की शक्ति से ।
धन उनका सब चोर ले गये, घर में आकर सख्ती से ।।

◼ द्वावत्र, द्वे च तत्रापि सङ्कटे पतितास्तदा ।
आधिव्याधिसमायुक्ता दुर्भाग्येन पराजिता: ।।

फटका०   दो इधर थे, दो उधर थे, दुख में सारे जकड़े थे ।
आधि व्याधि से पीड़ित होकर, भाग्य सभी के उजड़े थे ।।

(रत्नपुर्यां कलावतेर्वृत्तम्)

◼ दूरीकर्तुं क्षुधां तृष्णां जगाम सा गृहाद्गृहम् ।
अथैकदा गताऽऽसीत्सा विप्रद्वारं कलावती ।।

(रत्नपुरी में कलावती का वृत्त)

फटका०   कलावती फिर भीख माँगती, घूमने लगी गली गली ।
इक दिन पँहुची द्विज के द्वारे, लेकर वो अपनी झोली ।।

(एकदा)

◼ तत्रापश्यद्व्रतं पूजां सत्यनारायणस्य सा ।
द्विजमुखात्कथां श्रुत्वा प्रसादादिमभक्षयत् ।।

(एक दिन)

फटका०   द्विज के घर में उसने देखी, सत्य पूजा थी हो रही ।
वहाँ बैठ कर कथा सुनी सब, जो द्विज ने प्रेम से कही ।।

◼ यदाऽऽगता गृहं रात्रौ आह लीलावती सुताम् ।
विलम्बोऽद्य कथं जात: किमभवच्च ब्रूहि वै ।।

प्रसाद खाकर जब घर लौटी, रात बहुत थी हो गयी ।
माँ ने पूछा आज अचानक, देरी क्यों है तुम्हें भयी ।।

487

(कलावती आह)

मया सत्यव्रतं दृष्टं किं तत्कुर्यात्कथं च तत् ।
सुखं ददाति शान्तिं च पापं हरत्युवाच सा ।।

(कलावती बोली)

फटका॰ बेटी बोली, मैंने देखा, सत्यव्रत क्या होता है ।
जो सुख देता, मन को भाता, सब पापों को धोता है ।।

ते द्वे कृत्वा च सङ्कल्पं व्रतं कर्तुं यथाविधि ।
साधोः पणस्य सिद्धिं च पापं नाशयितुं च तत् ।।

फटका॰ माँ बेटी ने तभी तह किया, यथा विधि व्रत करने का ।
प्रण साधु का पूरा करके, सब पापों से तरने का ।।

(ततः)

यथा सङ्कल्पितं तस्मात्-यथाशक्यं यथाविधि ।
कृतवत्यौ कथापाठं सत्यनारायणस्य ते ।।

(उसके पश्चात्)

फटका॰ माँ बेटी ने प्रण करके फिर, सत्य पूजा की भक्ति से ।
बंधुजनों को साथ मिला कर, किया व्रत यथा शक्ति से ।।

आवयोर्हि पती शीघ्रम्-आगच्छेतां गृहं प्रभो ।
माताकन्ये सविश्वासम्-अयाचतां वरं प्रभुम् ।।
अपराधाश्च साधोस्ते क्षन्तव्या हे दयानिधे ।
क्षमस्व तस्य मिथ्याऽऽख्याम्-अयाचतां मुहुर्मुहुः ।।

फटका॰ वर माँगे फिर सत्य देव से, माँ-बेटी ने यथा विधि ।
पति हमारे जल्दी लौटें, कृपा कीजिये, दयानिधि! ।।
क्षमा करो प्रभु! अपराधों की, जो कीन्हे हैं स्वामी ने ।
वादे तोड़े, मुख हैं मोड़े, अज्ञानी खलकामी ने ।।

प्रार्थयतात्र जामाता प्रार्थयेतां च तत्र ते ।
साधाववकृपां विष्णोः जानाति स्म जनत्रयम् ।।

फटका॰ उधर सत्य की प्रार्थना करी, बेटी ने और माता ने ।
इधर सत्य की विनती की थी, रात दिवस जामाता ने ।।

(तदा)

स्व्यकरोद्याचनां प्रभुः-भक्तानां रक्षकोस्ति यः ।
तुष्टोऽभवदसौ देवो लक्ष्मीनारायणस्तदा ।।

(फिर)

फटका॰ उनकी प्रार्थना सुनी सत्य ने, भक्तों के रखवाले हैं ।
प्रसन्न थे श्री सत्यनारायण, बहुत बड़े दिलवाले हैं ।।

मायामया प्रभोर्दृष्टिः स्नेहस्तस्यां हि मिश्रितः ।
लीलैव वामहस्तस्य नृपस्य परिवर्तनम् ।।

फटका॰ प्रभु की माया जादू से भरी, उसमें स्नेह का मेल है ।
भक्त के लिये नृप को झुकाना, बाँये हाथ का खेल है ।।

भक्तार्थाय गतो देवः-चन्द्रकेतोः स चेतसि ।
अर्धरात्रौ नृपं स्वप्ने क्षणार्धे तमुवाच हि ।।

फटका॰ भक्त के लिये सत्य देव जी, चंद्रकेतु के आये मन में ।
मध्य रात सपने में आकर, बतलाया उसको क्षण में ।।

नृपमाज्ञापयत्सत्यो ममाज्ञाऽस्ति तथा कुरु ।
कारायां तव मे भक्तौ यतो मूढमतिर्भवान् ।।

फटका॰ नृप से बोले करो वही तुम, जो मैंने फरमाया है ।
भगत मेरे तू कैद किये हैं, क्योंकी तू भरमाया है ।।

भक्तौ मे चेन्न मुञ्चेस्त्वं पुत्रैः सह मरिष्यसि ।
धनमपि तयोर्देहि नो चेद्दुःखमवाप्स्यसि ।।

फटका॰ उन दोनों को छोड़ा नहीं तो, सपुत्र तू मर जाएगा ।
धन भी उनका दे दो वरना, बहुत कष्ट तू पाएगा ।।

नाशयामि च दुःखानि तयोः त्वं यानि दत्तवान् ।
धनं तौ द्विगुणं देहि येन धन्यो भविष्यसि ।।

फटका॰ कष्ट मैं उनके सब हर लूँगा, दिये जो तूने भूल से ।
धन अपना तू साथ जोड़ दे, दुगुना उनके मूल से ।।

मुक्त्वैतौ धरतात्तं यो जग्राहैतौ भ्रमात्खलु ।
चौरं वास्तविकं त्यक्त्वा साधुमदण्डयत्तदा ।।

फटका॰ पकड़ो उस अधिकारी को तुम, जिसने इनको पकड़ा था ।
असली चोर को छोड़के जिसने, डोर में इनको जकड़ा था ।।

न धनमेतयोश्चौर्यं दत्तमासीन्मया हि प्राक् ।

मत्कृपया पणं कृत्वा संग्रहितं गृहे तदा ।।

फटका॰ धन इनका नहीं चोरी का था, मैंने सारा दिया हुआ ।
मेरे वर से धंधा करके, जमा था घर में किया हुआ ।।

(साधौ नारायणस्य मातृवत् वात्सल्यं दृष्ट्वा सशंक:)

तं प्रणपतितं सोढ्वा वचनभङ्गिनं प्रभो: ।
सशङ्को मातृवत्स्नेहं दृष्टा मुग्धोऽभवत्तदा ।।

(साधु पर श्री-सत्यनारायण की असीम वत्सलता देख कर)

फटका॰ वादातोड़ू साधु पर भी, देख प्रभु का इतना प्यार ।
सशंक जी तो अचरज में थे, उतर गया था मन का भार ।।

चिन्तयति सशङ्क: स्म प्रभो: कोप: कदुर्बहु: ।
इदानींस्तु स जानाति खद्योतस्याग्निरेव स: ।।

फटका॰ वे समझे थे सत्य प्रभु का, क्रोध कितना घोर है ।
अब वे बूझे रोष प्रभु का, कच्चे धागे की डोर है ।।

(ततो भीतो राजोवाच प्रभुम्)

आह नृपो नमस्कृत्य मायैषा भवत: प्रभो ।
गृह्णाम्यहं कथं तौ वा प्रभो रक्षति यौ भवान् ।।

(फिर डरा हुआ राजा बोला)

फटका॰ हाथ जोड़ कर राजा बोला, प्रभु जी आपकी माया है ।
उनको मैं कैसे रखूँ, जिन्हें आपकी छाया है ।।

चन्द्रकेतोर्वचच्छ्रुत्वा प्रभुरगोचरोऽभवत् ।
सत्यमस्ति नृपो धन्यो यं गोचरोभवत्प्रभु: ।।

फटका॰ चंद्रकेतु का वादा सुन कर, सत्य अगोचर होगये ।
चंद्रकेतु नृप धन्य है जिसको, प्रभु जी गोचर होगये ।।

अभणत्स यथा देवं राजा मुमोच तौ प्रगे ।
प्रत्यपद्यन्धनं साधो: द्विगुणमधिकं ददौ ।।

फटका॰ दिन निकलते उस राजा ने, उन दोनों को छोड़ दिया ।
धन भी उनका वापस देकर, दुगुना उसको जोड़ दिया ।।

द्वौ तौ प्रथमं नत्वा सत्यनारायणं प्रभुम् ।
धन्यमुक्त्वा ततो राजं रत्नपुरीं कृतौ गमम् ।।

फटका॰ उन दोनों ने सबसे पहले, सत्य देव को किया प्रणाम ।

फिर राजा से विदाई लेकर, रत्नपुरी को किया प्रयाण ।।

(अत्र नैमिषारण्ये)

सशङ्कोऽचिन्तयद्भूय एतत्किं शक्यते किल ।
व्रतस्य सुफलं पत्न्याः पतिपुत्री लभेत वै ।।

(इधर नैमिष अरण्य में)

फटका० सशंक जी को हुआ अचंभा, क्या यह कभी हो सकता है ।
कलावती के व्रत के फल को, पिता और पति चखता है ।।

४. सत्यनारायण व्रत कथा, अध्याय चौथा

रत्नपुरी के साधु वणिक् की कथा

(सूतो वदनस्ति)

वीत्तं सर्वं गृहित्वा तत्-निर्गतौ तौ गृहं प्रति ।
भीत आसीत्तदा साधुः बहुमूल्यं धनं नयन् ।।

(सूत जी कह रहे हैं)

फटका० हीरे मोती सोना पैसा, लेकर साधु चल पड़ा ।
वित्त पास था बहुत इसलिये, उसके मन था डर बड़ा ।।

अधस्तृणस्य नौकायां सर्वं स्थापितवान्धनम् ।
धनस्य तु गुरुत्वान्नौः तदाऽमज्जज्जले खलु ।।

फटका० धन नौका में रख कर उसको, ढ़का घास कतवार से ।
जल में नाव बहुत डूबी थी, धन के ज्यादा भार से ।।

एको दण्डी नदीतीरे तिष्ठन्नासीदकारणम् ।
नौकां दृष्ट्वा निमग्नां तां शीघ्रं नौनिकटं ययौ ।।

फटका० नदी किनारे एक दण्डी था, डंडा लेकर हाथ में ।
काफी डूबी नाव देख कर, खड़ा होगया साथ में ।।

सज्जनावाह दण्डी तौ किमस्ति नावि भारवत् ।
तृणमेवास्ति नौकायां साधुरुवाच दण्डिनम् ।।

फटका० बोला, भाई! नौका में क्या, सामग्री है भरी हुई ।
साधु बोला, कुछ नहीं भैया! घास भरी है मरी हुई ।।

तथास्तु भोः च दण्ड्याह यथाऽस्ति भवतो वचः ।
न प्रकाशितवान्तौ स सत्यदेवो ह्यहं खलु ।।

फटका॰ दण्डी बोला तथास्तु भगवन्, जैसा आपका कहना है ।
 बताया नहीं सत्यदेव हूँ, भेस दण्डी का पहना है ।।

(ततः)

■ क्रोधेनाह वणिक्पुत्रः किं वा हेतुस्तवास्ति भोः ।
 कथं पृच्छसि त्वं दण्डिन्_धनं हर्तुं किमिच्छसि ।।

(फिर)

फटका॰ वणिक् पुत्र फिर रिस में बोला, विचार क्या है आपका ।
 धन हमारा ले जाने का, मतलब है क्या पाप का ।।

■ अन्यत्कुत्रापि गच्छ त्वं याच भिक्षां प्रियस्व वा ।
 कृत्वा वा कस्यचित्सेवामुदरपूरणं कुरु ।।

फटका॰ फूटो यहाँ से और कहीं तुम, सेवा करके पेट भरो ।
 वरना माँगो भख कहीं तुम, या फिर भूखे पेट मरो ।।

■ श्रुत्वा तान्कटुनशब्दान्स दण्डी तु निर्गतस्ततः ।
 दण्डयदृष्टो यथा जातः तावत्साधोर्धनं गतम् ।।

फटका॰ कटु शब्दों को सुन कर दण्डी, पल भर में ही गुप्त हुआ ।
 साथ-साथ ही धन साधु का, नौका में से लुप्त हुआ ।।

(अनुप्रासेन रत्नाकर उवाच तस्मात्)

■ सह सर्वैः सदा स्नैग्ध्यं सम्यक्सिध्यति साधनाम् ।
 को जानाति कथं किंवा कदाऽगच्छति केशवः ।।
 कदा किं कस्य कोऽवैति कालः कालेन क्राम्यति ।
 पतति पृथिवीपालः पलेषु पामरः पतिः ।।

(अतः, रत्नाकर कहते हैं)

फटका॰ सदा प्यार सब पर बरसाना, उपाय अच्छा जाना है ।
 पता नहीं प्रभु ने कब आना, भेस कौनसा पाना है ।।
 किस पल क्या हो, किसने जाना, नसीब पल में फिरता है ।
 क्षण में नीचा ऊपर उठता, ऊपर वाला गिरता है ।।

(अर्थात्)

 पल भर में ा बदलता, पता नहीं किस पल में है ।
 नीचा उठता ऊँचा पल में, पल में छत का तल में है ।।

(ततः)

भारेणाधोगताऽऽसीद्या नौका प्लुताऽभवज्जले ।
नौकां प्लुतां गतां दृष्ट्वा साधुर्भीतस्तदाऽभवत् ।।

(उसके बाद)

फटका॰ धन के भार से जो डूबी थी, नौका उभरी अब जल में ।
जल में उभरी नाव देख कर, साधु डर गया उस पल में ।।

यदा साधुर्धनस्थाने तृणं नावि हि दृष्टवान् ।
तथास्तुभणमानः स दण्डी दृष्टो न वै तदा ।।

फटका॰ जब साधु को धन के स्थान में, नाव में मरी घास मिली ।
तथास्तु वाले दण्डी की शकल, वहाँ कहीं ना पास मिली ।।

संक्षुब्धो मूर्च्छितः साधुः नौकायां पतितोऽभवत् ।
संशुद्धिं स पुनः प्राप्य क्रन्दितवान्मुहुर्मुहुः ।।

फटका॰ हक्का-बक्का मूर्च्छा खाकर, नाव में साधु गिर पड़ा ।
थोड़ी देर में होश में आकर, साधु रोया फिर बड़ा ।।

पुत्रः साधुं ततः प्राह दैवमेतस्य नाम भोः ।
तथास्तु गदमानस्यैतत्कर्म दण्डिनः खलु ।।

फटका॰ वणिक् पुत्र ने उसे बताया, होनी इसी का नाम है ।
अपमानित उस तथास्तु वाले, दण्डी का ये काम है ।।

धनमदृश्यकुर्वाणं गच्छान्वेषय दण्डिनम् ।
गत्वा शरणमन्विच्छ दण्डिनमपमानितम् ।।

उसको ढूँढ़ो माफी माँगो, जल्दी जाकर उसके पास ।
चरणन छूकर, विनम्र होकर, बन जाओ तुम उसके दास ।।

पुत्रस्य कथनं श्रुत्वा तं दण्डिनं स लब्धवान् ।
दयां कुरुष्व स्वामिन्मे नत्वा दण्डिनमाह सः ।।

फटका॰ बात पुत्र की सुन कर साधो, उस दण्डी के पास गया ।
बोला, कृपया क्षमा कीजिये, प्रभु जी! हम पर करो दया ।।

गर्वितोऽहमहं पापी मूढश्चाहं न ज्ञातवान् ।
दण्डिरूपो भवानस्ति सत्यनारायणः प्रभुः ।।

फटका॰ भूल हुई है भगवन् हमसे, हम दोनों ही घमण्डी हैं ।
आप दयालु सत्य देव हैं, असत् भेस में दण्डी हैं ।।

क्षमस्व चापराधं मे भ्रान्ताऽस्ति मे मतिः प्रभुः ।

न वेद्मि न विदुर्देवा तव मायां दुरत्ययाम् ।।

फटका॰ बोला, स्वामी! मैं मूरख हूँ, मन मेरा भरमाया है ।
देव न दानव जाने तेरी, अगम्य प्रभु ये माया है ।।

एवमुक्त्वा प्रभुं साधुः स प्रणिपतितोऽभवत् ।
साधुरुर्दंश्च क्रन्दञ्च शरणं गतवान्प्रभो ।।

फटका॰ इतना कह कर साधु गिर गया, दण्डी के शुभ चरण में ।
वंदन करता क्रंदन करता, आया प्रभु की शरण में ।।

(तदा दण्ड्युवाच)

दयालुर्भगवांस्तं च ब्रूते मा रोदनं कुरु ।
पूर्णं कर्तुं प्रणं स्वस्य प्रतिज्ञातं व्रतं कुरु ।।

(फिर दण्डी ने कहा)

फटका॰ दयालु भगवन् उसको बोले, रोना धोना मत करो ।
वादा अपना पूरा करने, सत्य देव का व्रत करो ।।

(अनन्तरं तदा)

एवमुक्त्वाऽभवत्सत्योऽसौ दृष्ट्यगोचरस्ततः ।
साधुस्ततोऽकरोत्तत्र सत्यव्रतं नदीतटे ।।

(उसके अनंतर)

फटका॰ इतना कह कर सत्य हो गये, दृष्टि अगोचर फिर हट कर ।
साधु वणिक् ने यथा विधि से, सत्यव्रत किया उस तट पर ।।

व्रतं कृत्वा यदा पुत्रः सभयं नावमागतः ।
अधस्तृणस्य नौकायां पूर्ववद्दृष्टवान्धनम् ।।

फटका॰ व्रत करके जब वणिक् पुत्र फिर, आया नौ पर डरा हुआ ।
देखा उसने धन है नाव में, घास के नीचे भरा हुआ ।।

(ततः)

वार्तां धनस्य जामातुः श्रुत्वा साधुः स हर्षितः ।
अचालयत्पुनः नौकां स्मारं स्मारं प्रभुंस्ततः ।।

(फिर)

फटका॰ **सु** साधु ने जभी पुत्र से, हर्षित होकर नाव चढ़ा ।
नाम सत्य का गाते गाते, रत्नपुरी की ओर बढ़ा ।।

(तत्पश्चात्)

कृत्वा च दीर्घयात्रां स रत्नपुरीं यदाऽऽगता ।
नौकागारेऽतिसम्मर्द आसीत्तस्मिन्दिने तदा ।।

(फिर)

फटका॰ लंबी यात्रा करके नौका, रत्नपुरी के निकट थी ।
नाव किनारे लगी अड्डे पर, भीड़ जहाँ पर विकट थी ।।

प्राप्य नौकाशयं साधुः गृहं गच्छाह सेवकम् ।
ततः शीघ्रं च पत्नीं मे त्वमानय च कन्यकाम् ।।

फटका॰ नाव उतर कर इक सेवक से, साधु बोला, घर जाओ ।
लीलावती और कलावती को, नदिया के तट पर लाओ ।।

यथाऽऽदिष्टश्च भृत्यः स लीलावत्या गृहं गतः ।
नत्वा कलावतीमादौ शुभां वार्तां च दत्तवान् ।।

फटका॰ आज्ञा पाकर सेवक भागा, लीलावती के घर आया ।
प्रणाम करके समाचार शुभ, कलावती को बतलाया ।।

आकर्ण्य तां शुभां वार्तां माता कृतवती व्रतम् ।
कृत्वा पूजां सुतामाह सत्यनारायणस्य सा ।।
कृत्वा पूजां प्रभोरादौ भुक्त्वा च तत्प्रसादकम् ।
भृत्येन सह त्वं शीघ्रम् आगच्छ च नदीतटे ।।

फटका॰ शुभ वार्ता को सुन माँ-बेटी सत्य शरण में हो लीं थीं ।
सत्य देव का पूजन करके, माँ बेटी से बोली थी ।।
सत्य देव की पूजा करके, प्रसाद खाकर तुम आओ ।
मैं जाती हूँ नदिया तट पर, संग दूत को तुम लाओ ।।

सत्यपूजा कृता किन्तु प्रसादो विस्मृतस्तया ।
प्रसादं तं न भुक्त्वा नु मातुराज्ञा न पालिता ।।

फटका॰ पूजा नारायण की तो की, मगर अधूरी छोड़ी थी ।
प्रसाद खाना भूल के उसने, माँ की आज्ञा तोड़ी थी ।।

कृता मातुरवज्ञा च कृतो भङ्गः प्रणस्य च ।
यथाविधि स कर्तव्यो विना त्रुटिर्विना क्षतिः ।।

फटका॰ आज्ञा माँ की तोड़ी उसने, साथ में व्रत का वादा भी ।
याथा विधि प्रण करने का था, न कम न ही कुछ ज्यादा भी ।।

(प्रणमननुसृत्य सा गता तदा)

पतिं प्राप्तुं गता शीघ्रं विना प्रसादभक्षणम् ।
सत्यदेवोऽकरोल्लीलां शिक्षां दातुं जगज्जनान् ।।

(किए हुए प्रण को तोड़ कर वह चली गई तब)

फटका॰ पति से मिलने निकल पड़ी पर, भूली प्रसाद खाने को ।
सत्य देव ने खेली लीला, सबको सबक सिखाने को ।।

अगोचरा कृता नौका शिक्षां दातुं हि लीलया ।
अन्तर्धानश्च जामाता सभृत्यश्च जलात्तदा ।।

फटका॰ सबक सिखाने सत्य देव ने, अगोचर किया नौका को ।
साथाथ ही गुप्त कर दिया, वणिक् पुत्र और नौकर को ।।

(एवम्)

नौ तत्रासीज्जले किन्तु नासीद्दृष्टिपथे तदा ।
यत एको बृहद्धोडः तयोर्मध्य उपस्थितः ।।

(ऐसे)

फटका॰ नाव वहीं थी पानी में ही, मगर नजर में नहीं पड़ी ।
नाव बड़ी सी झट से आकर, वहीं बीच में हुई खड़ी ।।

दृष्टिपथे जले नासीन्नौका कुत्रापि तत्र सा ।
गता नौका गता नौकोचुस्ते सर्वे भयं गताः ।।

फटका॰ सब ने ढूँढ़ा दिखी न नौका, पास कहीं भी पानी में ।
"नौका डूबी, नौका डूबी," बोले सब हैरानी में ।।

मूर्च्छितां खलु निर्घातात्-भूमौ स्रस्तां कलावतीम् ।
दृष्ट्वा पतिव्रतां साधुः-अतीव दुःखितोऽभवत् ।।

फटका॰ पति-विरह से मूर्छित होकर, कलावती थी गिर पड़ी ।
उसे देख कर साधु के मन को, व्यथा हुई थी फिर बड़ी ।।

प्राप्य कलावती संज्ञां मरिष्याम्यहमाह सा ।
पतिं लब्धुं जले गत्वा करोम्यात्मसमर्पणम् ।।

फटका॰ कलावती जब होश में आयी, बोली मैं मर जाऊँगी ।
पति से मिलने जल में डूब कर, आत्मघात कर जाऊँगी ।।

कन्यायाः त्यागशब्दैस्तैः पितरौ बहुदुःखितौ ।

करुणामकरोद्देवः लक्ष्मीनारायणो हि सः ।।

फटका॰ शब्द त्याग के सुन कर उसके, माता पिता थे डर गये ।
लक्ष्मीपति भी पतिव्रता पर, दया की दृष्टि कर गये ।।

सर्वान्समीक्ष्य साधुः स कृतवान्तत्र तद्व्रतम् ।
बान्धवैः सह सर्वैः स वारं वारं नतस्ततः ।।

फटका॰ सबके आगे साधु बोला, व्रत मैं करता अभी यहाँ ।
पुनः पुनः फिर प्रणाम करने, लगे बंधुजन सभी वहाँ ।।

(अतो रत्नाकर उवाच)

लक्ष्मीनारायणो विष्णुः मनःपरीक्षकः खलु ।
पूजकानां सुकर्माणि रक्षति स्मरणे सदा ।।
सत्यश्रीरभवत्तुष्टो व्रतं प्राप्य यथाविधि ।
दोषिनामपराधान्स सहिष्णुः सहते सदा ।।
शिक्षां दातुं ददाति स दण्डमपि धनं तथा ।
कलावतीमदर्शयत्-सन्मार्गं मार्गदर्शकः ।।

(अतः रत्नाकर कहते हैं)

फटका॰ सत्यनारायण विष्णु भगवन्, मन परखने वाले हैं ।
भक्तजनों के सत् कर्मों को, ध्यान में रखने वाले हैं ।।
तुष्ट होगये प्रभुजी उन पर, दिल में रहने वाले हैं ।
अपराधी के अपराधों को, प्रेम से सहने वाले हैं ।।
सत्यदेव ने दया दिखाई, बहुत बड़े दिल वाले हैं ।
कलावती को सबक सिखाई, राह दिखाने वाले हैं ।।

(ततो नभवाण्यभवत्)

नभोवाण्या प्रभुस्तत्र जनानाह नदीतटे ।
असन्तुष्टोऽस्मि तस्माद्धि कलावत्यां महाजनाः ।।
अपूर्णं मे व्रतं त्यक्त्वा साऽऽगताऽसीत्पतिव्रता ।
गृहं गत्वा प्रसादं सा खादेद्विघ्नं गमिष्यति ।।

(फिर आकाश वाणी हुई)

फटका॰ नभवाणी ने कहा, सत्य श्री, कलावती से रुष्ट हैं ।
प्रसाद व्रत का त्यागा उसने, इसीलिये सब कष्ट हैं ।।
घर जाकर वह प्रसाद खा ले, व्रत सफल हो जाएगा ।

पति उसका और धन नौका भी, सब तुमको मिल जाएगा ।।

■ गृहं गत्वा प्रसादं सा भुक्त्वाऽऽगता कलावती ।
सार्धं सार्धं बृहत्पोतो गतश्चाग्रे शनै: शनै: ।।

■ यदा नासीद्बृहन्नौका तयोर्मध्ये जले हि सा ।
तदा दृष्टा जले नौका धनं भृत्यस्तथा पति: ।।

(आकाश वाणी सुन कर)

फटका०   कलावती झट घर गई और,प्रसाद खाकर आगयी ।
बड़ी नाव भी धीरे धीरे,अदृष्टि में समा गयी ।।
नौका जल में दृष्ट होगयी, कलावती पति पागयी ।
सत्यप्रभु की अपार माया सबके मन को भा गयी ।।

(फिर)

हँस मिल जुल कर सब घर आये, श्री विष्णु की कृपा लिये ।
पूर्णिमा और संक्रांति दिन, निश्चित व्रत के लिये किये ।।

५. सत्यनारायण व्रत कथा, अध्याय पाँचवाँ
राजा तुंगध्वज की कथा

(सूत उवाच)

■ तुङ्गध्वजो महाराजा कस्मिंश्चिन्नगरे पुरा ।
लोकप्रियो गुणी श्रेष्ठ आसीत्प्रजासुरक्षक: ।।

(सूत जी ने कहा)

फटका०   हे ऋषि मुनियों आगे सुनियो, तुंगध्वज की वो कथा ।
स्कंद पुराण के रेवा खण्ड में, व्यास जी ने कही यथा ।।
किसी नगर के एक राजा का, तुंगध्वज शुभ नाम था ।
नृप लायक था, सुख दायक था, जनता को आराम था ।।

(एकस्मिन्दिने)

■ एकदा स यथा नित्यं मृगयायै गतो वनम् ।
कृत्वा च मृगया क्लान्तो योग्यस्थाने स स्तब्धवान् ।।

(एक दिन)

फटका०   यथा नियम से शिकार करने, राजा वन में था गया ।
मृग विविध का शिकार करके, एक स्थान में आ गया ।।

(तत्र वटतले)

समीपं तत्र गोपाला वटतले च गोपिकाः ।
व्रते सत्यस्य तल्लीनाः सानन्दाश्च सबान्धवाः ।।

(वहाँ पर)

फटका॰ विशाल वट के तरु के नीचे, गोप गोपियाँ वृंद में ।
भक्ति भाव से मना रहे थे, सत्यव्रत आनंद में ।।

दृष्ट्वा दर्पेण तान्राजा न गतो नानमच्च सः ।
गोपा आहूतवन्तस्तं ध्यानं न दत्तवान्नृपः ।।
गोप्यस्तमुपसङ्गम्य प्रसादं तं ददुर्नृपम् ।
स्व्यकरोन्न च तं राजा प्रसादं गर्वकारणात् ।।

फटका॰ नृप ने उनको दूर से देखा, मगर पास में नहीं गया ।
बुलाया उसे भक्तों ने पर, ध्यान उसने नहीं दिया ।।
गोपियों ने पास में आकर, प्रसाद उसको दे ही दिया ।
फिर भी उसने अहंकार में, उस प्रसाद को नहीं लिया ।।

(सोऽचिन्तयत्)

सोऽचिन्तयदहं राजा राज्ये कृत्स्नं ममास्ति वै ।
पुत्रा दारा गजा अश्वा दासा सन्ति शतानि मे ।।
धनधान्यमपारं मे प्रासादे निवसामि च ।
सुपक्वान्नानि भोज्यानि; किं पुनरेष दास्यति ।।

(उसने सोचा)

फटका॰ उसने सोचा मैं राजा हूँ, सब कुछ मेरे पास है ।
पुत्र पत्नियाँ हाथी घोड़े, सेवक सौ-सौ दास हैं ।।
धन दौलत से लदा हुआ में, महल में मेरा वास है ।
अच्छे भोजन रोज मैं खाता; प्रसाद में क्या खास है ।।

सर्वनृणामहं स्वामी सर्वेषां च महीक्षितः ।
सुखदो दुःखहा चाहं सर्वेषां तारकोऽप्यहम् ।।
सत्यकथाप्रसादाभ्यां किमस्ति मे प्रयोजनम् ।
त्यक्त्वाऽधुना प्रसादं मे किमशुभं भविष्यति ।।

फटका॰ सबका मालिक, प्रजा का पालक, राज्य का चालक मैं ही हूँ ।
मैं सुख कारक, मैं दुःख हारक, सबका तारक मैं ही हूँ ।।

सत्य कथा से, या प्रसाद से, मैंने अब क्या पाना है ।
इस प्रसाद को त्याग भी दूँ तो, अभी बिगड़ क्या जाना है ।।

(उद्धतस्य राज्ञः तानि कटुवचनानि श्रुत्वा सशंकः स्वगतम् आह)

दर्शयाह प्रभो लीलां सशंकः स्वगतं तदा ।
जहि तस्य प्रमादं च दण्डय चोद्धतं नृपम् ।।

(उस उद्धत राजा के कटु वचन सुन कर)

फटका० सशंक जी फिर मन में बोले, लीला दिखाओ प्रभु जी! आज ।
उस उद्धत को खूब सताओ, और बिगाड़ो उसके काज ।।

(ततः यदा राजा गृहं गतवान् सोऽपश्यत्)

नृपेऽक्रुध्यत्स सत्यश्री यथा सशंक इष्टवान् ।
नृपमदर्शयल्लीलां शिक्षां दातुं तमुद्धतम् ।।
गृहं गतो यदा राजा हाहाकारं स दृष्टवान् ।
पुत्रा दारा मृताः सर्वे चोरा धनमचोरयन् ।।

(फिर उद्धत राजा जब महल में लौटा तब उसने देखा)

फटका० सत्य देव का, उस उद्धत पर, क्रोध चढ़ गया घोर था ।
सबक सिखाने, उसे दिखाया, प्रभु ने अपना जोर था ।।
उद्धत राजा जब घर लौटा, महल में पड़ा शोर था ।
पुत्र पत्नियाँ मरीं हुईं थीं, धन भी ले गया चोर था ।।

(तद्दृष्ट्वा राजा स्वदोषं मत्वा वनं च पुनर्गत्वा)

दोषं मत्वा वनं गत्वा सगोपाः कृतवान्व्रतम् ।
कथां पूजां प्रसादं च सत्यनारायणस्य सः ।।

(राजा फिर होश में आया, और)

फटका० होश में आकर, वन में जाकर, सत्य को किया नमन था ।
गोप बुला कर, पूजा करके, सत्य का किया भजन था ।।
कथा को गाकर, आशिष पाकर, सत्य का किया स्मरण था ।
व्रत मना कर, प्रसाद खाकर, सत्य को गया शरण था ।।

(ततः)

सोऽपश्यद्गृहमागत्य पुत्रदाराधनादिकम् ।
मायया पूर्ववत्सर्वं लक्ष्मीनारायणस्य हि ।।

(उसके बाद)

फटका॰ घर में आकर नृप ने देखा, पुत्र पत्नियाँ सजीव हैं ।
धन दौलत भी ज्यों की त्यों थी, सत्य की माया अजीब है ।।

(ततः स राजा निरहङ्कारी भूत्वा स्वर्गं गतः)

सत्यव्रतस्य पुण्येन बभूव स निरामयः ।
गतः स्वर्गं सुखं तीर्त्वा मृत्युसंसारसागरम् ।।

(फिर, राजा का गर्व जाकर वह स्वर्ग में गया)

फटका॰ सत्य प्रसाद के सत् प्रभाव से, तुंगध्वज का गर्व हिला ।
पुत्र पौत्र और धन दौलत के, सुख भोगों में स्वर्ग मिला ।।

६. सत्यनारायण व्रत महीमा

(अतः सूत उवाच)

भोः ऋषिमुनयः प्रेम्णा शृण्वन्तु हितदं व्रतम् ।
भाग्यं ददाति पुण्यं च सत्यनारायणस्य यत् ।।

(अतः सूत जी कहते हैं)

फटका॰ हे सद् गुणियों प्रेम से सुनियो, सबके हित की बात है ।
नर इस व्रत से पाप मिटाता, भाग्य जगाता, तात! है ।।

अस्मिन्कलियुगे पूजा कर्तव्या सर्वदा हि सा ।
कश्चिद्वदति सत्यं तमन्ये कालं प्रभुं तथा ।।
स्वामीनमीश्वरं केचित्–सत्यनारायणं परम् ।
तं विष्णुभगवन्तं ते सत्यं सर्वे वदन्ति वै ।।

फटका॰ इस कलियुग में सत्य की पूजा, वाँच्छित फलदा नित्य है ।
कोई कहता काल प्रभु को, कोई साईं, सत्य है ।।
कोई कहता सत्यनारायण, कोई ईश्वर–स्तुत्य है ।
कोई कहता विष्णु भगवन्, सभी का कहना सत्य है ।।

(ततः सूतोऽवदतुदाहरणानि सत्यकृपायाः)

भोः ऋषिमुनयो भूयः शृण्वन्तु हितकारकम् ।
परं पदं कथं दत्तः सत्यपूजा तथा कथा ।।

(फिर सूत जी बोले : अब सत्यकृपा के कुछ उदाहरण सुनिए)

फटका॰ हे ऋषि मुनियों फिर से सुनियो, बड़े काम की बाते हैं ।
सत्य की पूजा और कथा से, लोग परम पद पाते हैं ।।

(अत:)

भो: ऋषिमुनयोऽन्ते च शृण्वन्तु महिमा विधे: ।
येषु येषु प्रभोश्छाया तेषां परं पदं तत: ।।

(अत:)

फटका० हे ऋषि मुनियों अन्त में सुनियो, सत्य का जिन पर साया था ।
उन पुरुषों ने सत्य कृपा से, पूज्य परम पद पाया था ।।

(शतानंदो सुदामा भूत्वा)

पुरा विप्र: शतानन्द: सत्यव्रतप्रसादत: ।
सुदामा जन्मजन्मान्ते कृष्णभक्त: परं गत: ।।

(शतानंद पंडित अगले जनम में सुदामा बन गया)

फटका० पूर्व जनम का शतानंद द्विज, सत्य देव के प्रसाद से ।
सुदामा बन कर मोक्ष पा गया, कृष्ण भक्ति के प्रभाव से ।।

(काश्या: काष्ठक्रेता निषाद्भूत्वा)

दरिद्र: काष्ठविक्रेता सत्यभक्त्या हि स्वर्-गत: ।
पुनर्जन्मनि रामस्य निषाद: सेवकोऽभवत् ।।

(काशी का लकड़हारा निषाद् बन गया)

फटका० लकड़हारा गरीब होकर, सत्य भक्ति से तर गया ।
अगले जनम में निषाद् बन कर, राम की सेवा कर गया ।।

(कथाया: पश्चात् सशंक: सूतमभणत्)

सशंक आह सूतं तु चेदेतद्धि महाव्रतम् ।
नरं परं पदं दद्यात्-एतदियद्वृजु: कथम् ।।
नास्मिन्व्रते च यज्ञो हि मूर्तिपूजा न चात्र वा ।
न नाम मन्त्रतन्त्राणां न दानदक्षिणा द्विजान् ।।

(सूत: स्पष्टं करोति)

स्वाहा सत्य: स्वधा सत्यो वषट् सत्य: स स्वस्ति च ।
यज्ञ: सत्यो हवि: सत्यो ब्रह्म सत्यस्य नाम हि ।।
सत्य: साम च होमश्च ओङ्कार: सत्यरूपक: ।
सत्यो व्योम तथा भौम रोमरोमसु सत्यकम् ।।
पुष्पं सत्यो फलं सत्यो जलं सत्यस्य पूजनम् ।

502

मनननमने सत्य: सत्यो भजनगायने ।।
गुरु: सत्यो मनु: सत्य: सत्य: पुरुषप्रकृती ।
विष्णु: सत्यो तथा जिष्णु: कृष्ण: सत्य: शिवश्च स: ।।

(अन्ते सर्वेऽपि भक्ता उक्तवन्त:)

नमस्तुभ्यं प्रभो सत्य नारदाय कृतज्ञता ।
वेदव्यासं सशंकं च रत्नाकरं च मन्महे ।।
श्रुत्वा पूर्वा: कथा या हि, संदेहा मनस्यागता: ।
नावगतं रहस्यं वा गूढं व्यासेन मिश्रितम् ।।
प्रश्नैरासीन्मनो व्याप्तं शंकाभिर्भ्रमिता वयम् ।
ज्ञात्वा व्यासस्य गूढार्थं सत्यार्थ: स्वयमागत: ।।
प्रभोर्लीलां न पश्यन्तो टीकां कुर्वन्त आस्म वै ।
सत्यं सत्यमितो ज्ञात्वा मनसि हर्षिता वयम् ।।

(कथा के बाद सशंक मुनि बोले)

फटका०   सशंक बोले इस व्रत से यदि, तर जाता है आदमी ।
कहये सूत जी महान व्रत में, इतनी क्यों है सादगी ।।
न कोई इसमें रज्ज कहा है, न मूर्तिपूजा नाम है ।
न ब्राह्मणों को दान बताया, न ही मंत्रों का काम है ।।

अन्त में सभी भक्तजन बोले

(धन्यवाद हैं)

धन्यवाद हैं श्री प्रभु को, नारद मुनि को धन्यावाद ।
वेद व्यास को, सशंक जी को, रत्नाकर को धन्यवाद ।।
कथा जो हमने पहले सुनी थी, अनर्थ मन में आये थे ।
अर्थ कथा का समझ न पाये, व्यर्थ गति भरमाये थे ।।
शंकाओं से हम उलझे थे, मन प्रश्नों से था भरा ।
गूढ़ कथा का स्पष्ट जान कर, ज्ञान मिला है आज खरा ।।
लीला उसकी नहीं जान कर, गीला करते आये हैं ।
सत्य कथा का सत्य आज जान कर, मन ही मन शरमाये हैं ।।

श्री सत्य साँई

पद

सत्य नारायण पिता सुबंधु, माता दाता तथा सखा ।
प्रणाम तुमको, श्री सत्य साँई, नमस्तुभ्यं नमो नम: ।।

दाता मेरा श्री सत्य साँई, पालन करता है जग सारा ।
सत्य हमारा एक सहारा, निश दिन पाहि मम संसारा ।
भाई हमारा अरु रखवारा, दूर करेगा सब अँधियारा ।
सत्य साँई हैं एक किनारा, जा के अँधेरा, जग उजियारा ।।

मैं रत्नाकर

गीत

राग कल्याण

१२५. मन्दमति रत्नाकर

स्थायी

बेद पुरान दस पढ़े, हमें ज्ञान आया नहीं ।

तकरीर प्रवचन सब सुने, मगर ध्यान पाया नहीं ।।

अंतरा-1

इल्म था जब बँट रहा, हमरे तक आया नहीं ।

सिलसिला तो आगया, मगर ऐलान आया नहीं ।।

अंतरा-2

अक्ल पर ताले पड़े, हमें जेहन आया नहीं ।

उस्ताद बजा कर थक गए, हमें गान आया नहीं ।।

अंतरा-3

मुकद्दर का सिकंदर, नसीब पाया है वही ।

फरिश्ता बगल से निकल गया, हमें जान पाया नहीं ।।

गीत

राग मालकंस, कहरवा ताल

१२६. संगीत प्रेमी रत्नाकर

दोहा

सुर मधु तेरी वेणु का, जबसे सुना अनूप ।

आस दरस की है लगी, सपनन आ सुर भूप ।।

स्थायी

प्यार हुआ है मुझको सुर से ।

अंतरा-1

प्यार हुआ है मुझको जब से, मुरली मनोहर दामोदर से ।

ग्रीष्म गया है मेरे चित से, बसंत बरखा नित बरसे ।।

अंतरा-2

रात न सूनीं अब अँधियारी, तरसाये चिंता न घनेरी ।

प्रीत मेरी धनुधर से जिगरी, बंसीधर से, श्रीधर से ।।

अंतरा-3

मीरा राधा जस बलिहारी, पार्थ सुदामा की जस यारी ।
चाह मेरी यदुवर से गहरी, बनवारी से, गिरिधर से ।।

१२७. नमस्कृतो रत्नाकरः

गीत

सत्यमेव जयते

स्थायी

सत्यमेवो हि जयते नानृतं, सत्यं ऋतम् अमृतम् ।
सत्यं शिवं सुंदरम् ।।

अंतरा-1

सत्य ब्रह्म है, सत्य आत्म है, सत्य कर्म परम् ।
सत्यं शुभं मंगलम् ।।

अंतरा-2

सत्य अर्थ है, सत्य धर्म है, सत्य मोक्ष स्वयम् ।
सत्यं परं भूषणम् ।।

अंतरा-3

सत्य नित्य है, सत्य प्रीत्य है, सत्य कृत्य वरम् ।
सत्यं सदा वन्दितम् ।।

गीत

राग भैरवी, कहरवा ताल

वसुधैव कुटुम्बकम्

श्लोक

सहचलेम सम्मिल्यागच्छत शाँतिप्रेमिणः ।
सहजीवेम सर्वे च वर्धेमहि च वै वयम् ।।

स्थायी

सब लोग जहाँ के भाई हैं, सब एक ही पथ के राही हैं,
"वसुधैव कुटुंब" सचाई है ।

सब एक जगत के वासी हैं, सब की ये वसुधा माई है,

सब एक ही कुल के सगाई हैं ।।

सानि़ सा-ग रेसा- नि़- सा-रेम ग-, गम मगप म गग रेसा सा-रेम ग-,

"गगगरेसासा सारे-ग" मगरेसानि़ सा- ।

सानि़ सा-ग रेसासा नि़सा सा-रेगसारे ग-, गम मग प मग-रेसा सा-रेम ग-,

गग गरेसासा सा सारे ग मगरेसानि़ सा- ।।

अंतरा-1

सब वेदों की ये वाणी है, सब शुभ वचनों की राणी है ।

बस एक हमारी भूमि है, अरु एक हमारा स्वामी है ।

बस एक सभी का साँई है ।।

पप मरेम- प- पम पनिधप प-, पप मग गसासाग म प गरेसानि़ सा- ।

सानि़ सा-ग रेसा-नि़- सा-रेम ग-, गम मगप मग-रेसा सा-रेम ग- ।

गग गरेसासा सारे- गम गरेसानि़ सा- ।।

अंतरा-2

सब जगत का एक ही ज्ञानी है, और एक ही अंतर्यामी है ।

बस एक हमारा दाता है, अरु एक हमारा विधाता है ।

बस एक सभी का सहाई है ।।

अंतरा-3

ऋषिमुनियों कीऽ ये बखानी है, और सबसे परम कहानी है ।

"बस एक हमारा कर्ता है, जिसने जग रीत बनाई है ।

उसने भव प्रीत बसाई है" ।।

गीत

राग रत्नाकर, दादरा ताल 6 मात्रा

वसुधैव कुटुम्बकम्

स्थायी

इस दुनिया में सारे हैं भाई, वसुधैव कुटुंबऽ की नाई ।

ये वसुधा सभी की है माई, एक कुल के सभी हैं सगाई ।।

रेग ममम- म प-म- ग रे-ग-, सारेग-ग- गप-म- ग रे-सा- ।

ग मप-प- पनि- ध- प म-प-, निध पप प- मग- प- मग-रे- ।।

अंतरा–1

सब वेदों की अमृत की वाणी, शुभ वचनों की जानी है राणी ।

सारी भूमि का है एक स्वामी, सारी दुनिया का है एक साईं।।

रेग म–म– म ध–पप म ग–प–, गम पपप– प ध–प– म ग–रे– ।

सा–रे ग–ग– ग ध– प–म रे–ग–, म–प धधध– नि ध– प–म ग–रे– ।।

अंतरा–2

एक सबका हमारा है दाता, एक सबका हमारा विधाता ।

इस संसार का एक ज्ञाता, एक जानो सभी का सहाई ।।

अंतरा–3

ऋषि–मुनियों की ये है बखानी, सबसे पावन यही है कहानी ।

रीत दुनिया की जिसने बनाई, प्रीत भव में उसी ने बसाई ।।

REFERENCES

1. The Agni Purana, N. Gangadharan, MLBD, 1954
2. Kurma Purana, Great Epics of India: Bibek Debroy, Dipavali Debroy, Books for All, 1991
3. कूर्म पुराण, Dr. Vinay, Diamond books, 2016
4. गरुड़ पुराण, Pt. Keval Krishna Shastri, Pradeep Publishers, 2020
5. नारद पुराण, Pt. Dev Narayan pathak, Prakash Publication, 2017
6. ब्रह्म पुराण, Gita Press Gorakhpur, 2015
7. ब्रह्मवैवर्त पुराण, Gita Press Gorakhpur, 2015
8. The Brahmanda Purana, G.V. Tagare, MLBD, 1958
9. भविष्यपुराण, Gita Press, Gorakhpur, 2014
10. The Bhāgavata Purāna, Ravi M. Gupta and Kenneth R. Valpey, Columbia University Press, 2016
11. Matsya Purana: 2 Volumes, K.L. Joshi, Parimal Publications Pvt. Ltd, 2020
12. मार्कण्डेय पुराण, Gita Press Gorakhpur, Gorakhpur, 2015
13. Linga Purana, Dr. B K Chaturvedi B.K. Chaturvedi, Diamond Books, 2004
14. The Varaha Purana, Anand Swarup Gupta, All India Kashiraj Trust, Varanasi, 1981
15. The Vamana-Purana, Dr. R.S. Shiva Ganesh Murthy, MLBD, 1954
16. वायुपुराणम्, श्री शिवजीत सिंह, Chaukhamba Vidya Bhavan, 2020
17. The Vishnu Purana, Horace Hayman Wilson, MLBD, 2018
18. The Shiva Purana, J. L. Shastri, MLBD, 1970
19. स्कन्दपुराण, Gita Press Gorakhpur, 2015

www.ingramcontent.com/pod-product-compliance
Lightning Source LLC
Chambersburg PA
CBHW080414030426
42335CB00020B/2449